Wenn Hunde sprechen könnten

Verstand und Verstandesleistungen von Hunden

Vilmos Csányi

KYNOS VERLAG

Titel der ungarischen Originalausgabe: *Bukfenc és Jeromos: Hogyan gondolkodnak a kutyák?*
Vince Kiadó Kft, Ungarn

Titel der amerikanischen Ausgabe: *If Dogs could talk*
North Point Press, New York, 2005

Aus dem Englischen übertragen von Gisela Rau

2. Auflage 2007

Gedruckt in Lettland

ISBN 978-3-938071-23-6

Für Eva

Inhaltsverzeichnis

Teil Eins

Das Bündnis zweier Arten

Seit Zehntausenden von Jahren haben Menschen mit einem seltsamen, geselligen Raubtier zusammengelebt, das vom Wolf abstammt: Dem Hund. In all dieser Zeit haben wir viel Wissen über Hunde angesammelt. Manches von diesem Wissen ist in gut geschriebenen Hundesachbüchern zugänglich, während anderes mündlich oder in Form von Erzählungen und Berichten überliefert ist. Nur ein sehr kleiner Teil dieses Wissens hat seinen Weg in die wissenschaftliche Literatur über Hunde gefunden. Beim Durchsuchen der praktischen und theoretischen Literatur über Hunde finden wir viel über Hundezucht, Hundehaltung, Hundeerziehung oder die Merkmale bestimmter Rassen. Über das Verhalten der Hunde und darüber, wie ihr Verstand funktioniert, finden wir hingegen nur sehr wenig. Und Werke, die sich explizit mit der Ethologie von Hunden befassen, gibt es so gut wie gar nicht.

Warum gibt es keine Hunde-Ethologie? [1]

Wenn Ethologen sich eine Spezies zur besonderen Untersuchung und Beobachtung aussuchen, lassen sie sich dabei von mehreren Motiven leiten, von denen einige sehr widersprüchlich erscheinen können. So ist es einerseits hilfreich, wenn das zum Studium ausgewählte Tier leicht aufzufinden und zu beobachten ist, aber andererseits auch gut, wenn es seinen Habitat weit weg in exotischen Regionen hat und schwierig zu beobachten ist. Es ist unserem Zweck dienlich, wenn das ausgesuchte Tier ein einfaches Nervensystem besitzt, aber für die Beantwortung unserer wissenschaftlichen Fragen ist es auch gut, wenn sein Nervensystem zu den am weitest entwickelten überhaupt gehört – und noch besser, wenn das Tier eng mit dem Menschen verwandt ist. Auch die Frage, in welchem Umfang sich frühere Wissenschaftler bereits mit dem fraglichen Tier beschäftigt haben, ist relevant: Wenn sie es intensiv studiert haben, müssen wir uns nicht mehr mit der Beobachtung der einfachsten Merkmale abgeben, aber wenn sie es bislang kaum berücksichtigt haben, ist praktisch jede Beobachtung, die wir an ihm machen, ein neuer Beitrag zur Wissenschaft.

Diese widersprüchlichen Überlegungen treffen ganz besonders im Fall von Hunden zu: Sie sind gleichzeitig sowohl extrem wünschenswerte als auch ungeeignete Gegenstände für ethologische Beobachtungen. Hunde leben mitten unter uns und ihre natürliche Umgebung ist die menschliche Gesellschaft. Folglich stehen sie problemlos für Beobachtungen zur Verfügung, sind aber gleichzeitig auch sehr schwierig zu beobachten, weil wir uns zu diesem Zweck in einen wilden Dschungel vorarbeiten müssen – in das Zuhause einer Familie. Weil sie Säugetiere sind, ist ihr Nervensystem recht weit entwickelt, erreicht aber nicht das gleiche Niveau wie bei den Affen. Diese Widersprüche sind zweifellos der Grund dafür, dass es außer etwa zwölf wissenschaftlichen Artikeln keine Bücher über Hundeethologie gibt. Die Zurückhaltung der Ethologen, sich mit Hunden zu beschäftigen, wird weiter durch die Tatsache gefördert, dass das Verhalten von Hunden sehr viel höhere Variationen zeigt als das wild lebender Arten. Es gibt zwei Ausnahmen von der Regel, dass das Verhalten innerhalb einer Spezies wenig variiert: Menschen und Hunde. Der Grund für die Variabilität des Verhaltens bei Hunden ist nicht nur darin zu suchen, dass es mehrere hundert genetisch voneinander verschiedene Hunderassen gibt, sondern auch darin, dass ihr individuelles Verhalten durch Lernen, Erziehung, Disziplin und die Entwicklung von Gewohnheiten beeinflusst werden kann.[2]

Die Ethologie bietet dem Wissenschaftler zwei grundlegende Möglichkeiten zur Beobachtung. Die erste ist die Beobachtung von Verhalten eines Tieres in dessen natürlichem Habitat. Wenn ein Hund ein Familienhund ist, lebt er natürlich in menschlicher Umgebung. Aber auch wenn er ein Arbeitshund ist oder seine Aufgabe nur im Bewachen des Grundstücks besteht, wird er enge Kontakte zu Menschen haben. Das Feld der Beobachtungen kann daher sehr variabel sein. Jeder, der sich mit der Hundeethologie befassen möchte, muss sich bis zu einem gewissen Grad auch in menschlicher Ethologie und Psychologie auskennen, denn jede Bewertung von Hundeverhalten muss an das Verständnis von menschlichem Verhalten gekoppelt sein. Daraus folgt, dass wir uns eine neue Methodologie aneignen müssen, in der es Voraussetzung für unsere Versuche ist, dass sowohl die Hunde als auch deren Halter daran teilnehmen.

Eine alternative Vorgehensweise könnte sein, das Tier in einer vollkommen künstlichen Umgebung, also unter Laborbedingungen, zu untersuchen. Wir haben aber nie ernsthaft in Erwägung gezogen, Hunde in Zwingern zu halten und den einen oder anderen daraus in regelmäßigen Abständen zum Zwecke von Versuchen oder Beobachtungen herauszunehmen. Isolierte Hunde werden früher oder später psychisch gestört und damit ungeeignet als Versuchsobjekte für verhaltenskundliche Beobachtungen. Andererseits beobachten in Gruppen gehaltene Hunde begierig die Abläufe des Geschehens, was auch wiederum das objektive Studium stört. So haben wir zum Beispiel einmal das Bindungsverhalten unter Hunden beobachtet, die von einer Tierschutzorganisation in einem gemeinsamen Auslauf gehalten wurden. Schnell stellten wir fest, dass die Hunde miteinander um die Ehre wetteiferten, wer von ihnen für einen Versuch ausgesucht werden würde. Hunde, die öfter ausgewählt wurden, wurden schon bald von den anderen mit aggressivem Verhalten bestraft. Hunde mögen keine Ausnahmen.

Der Leser wird in diesem Band viele Fakten und Daten finden: Darunter Ergebnisse von Tests und Versuchen von ethologischer Signifikanz, die ich mit meinen Mitarbeitern zusammen durchgeführt habe. Er wird außerdem auf die Ergebnisse anderer Versuche stoßen, die vielleicht nicht direkt mit der Ethologie zu tun haben, aber zweifellos von wissenschaftlicher Bedeutung sind. Auch werden wir Beobachtungen diskutieren, die ich selbst über einen Zeitraum von zehn Jahren an meinen eigenen Hunden gemacht habe. Dies sind natürlich individuelle Beobachtungen, aber ihr wissenschaftlicher Wert lässt sich aus der Tatsache ableiten, dass sie uns dabei geholfen haben, unsere Versuche sorgfältig aufzubauen und zu kontrollieren. Letzten Endes werde ich auch einige Anekdoten aus erster Hand beisteuern, um das Buch interessanter zu machen. Betrachten Sie als Leser meine Ansichten zum Verstand des Hundes als Hypothese einer wissenschaftlichen Theorie, die erst noch anhand wissenschaftlicher Arbeit in den kommenden Jahren bewiesen werden muss. Da aber vorerst keine weiteren Forschungen zur Verfügung stehen, sind dies meine Ansichten von hier und heute und ich werde versuchen, sie so gut wie irgend möglich zu begründen. Leser mit vertieftem wissenschaftlichem Interesse finden gegen Buchende ein langes Kapitel über wissenschaftliche Untersuchungen zum Verstand von Tieren und über die Stolpersteine in der Forschung. Diese Stolpersteine sind offensichtlich auch für meine Theorien von Bedeutung. Aus diesem Grund muss der Leser unbedingt der Versuchung widerstehen, zu glauben, Hunde wären genau so, wie wir sie sehen.

Fangen wir also an. Wie wurde der Wolf zum Hund?

Kapitel 1

Der Wolf

Die Evolution der Caniden

In Kapitel Drei werde ich überzeugende Beweise dafür anführen, dass der Vorfahr des Hundes der Wolf ist – und nur der Wolf. Lassen Sie uns ihm bis dahin etwas detailliertere Aufmerksamkeit widmen.[1] Der wissenschaftliche Name für den Wolf ist *Canis lupus*, Grauwolf (der amerikanische schwarze Wolf ist auch als Timberwolf bekannt) und er ist ein Beutegreifer. Beutegreifer können in verschiedene Familien klassifiziert werden: die Bärenartigen (*Ursidae*), die Katzenartigen (*Felidae*), die Hyänenartigen (*Hyaenidae*), die Schleichkatzen (*Viverridae*), die Marderartigen (*Mustelidae*), die Kleinbären (*Procyonidae*) und die Hundeartigen (*Canidae*) (s. Abb. 1). Diese Familien können bis zu einem gemeinsamen Beutegreifervorfahren zurückverfolgt werden, dem *Creodontum*, der vor über hundert Millionen Jahren auf der nördlichen Erdhalbkugel lebte. Sein Nachkomme war der *Miacis* (s. Abb. 2), der vor etwa vierzig bis fünfzig Millionen Jahren lebte. Einige der heute lebenden Beutegreiferfamilien stammen von diesem Tier ab. Der Miacis war ein wieselgroßer Baumbewohner mit kurzen Läufen und einem langen Schwanz. Die Linie der Caniden führt von ihm zum *Cynodictus*, der vor etwa zwanzig Millionen Jahren im Pliozän auftauchte (s. Abb. 3). Letzterer hielt sich die meiste Zeit auf dem Boden auf und seine Gliedmaßen waren besser zum Laufen geeignet als die von Miacis. Nach dem Miacis trennte sich die Familie der Katzen von der der Caniden, welche vom *Tomarctus* abstammte (s. Abb. 4). Der Tomarctus ähnelte schon eher unseren heutigen Hunden, war aber deutlich weniger intelligent. Heute zählen zur Familie der Caniden etwa zehn verschiedene Gattungen und ungefähr neununddreißig Arten. Die Gattung Canis umfasst neben dem Hund (*Canis familiaris*) und dem Wolf (*Canis lupus*) den Präriewolf (*Canis latrans*), den Goldschakal (*Canis aureus*), den Schabrackenschakal (*Canis mesomelas*), den Streifenschakal (*Canis adustus*) und verschiedene Fuchsarten. Weitere caniforme Beutegreifer gehören in verschiedene andere Gattungen; von denen die best bekannte vermutlich der afrikanische Wildhund (*Lyacaon pictus*) ist.

Wissenschaftlich anerkannt sind dreißig bis vierzig Unterarten des Wolfes, wobei die Zahl davon abhängig ist, welche Taxonomie man als verbindlich anerkennt. Die

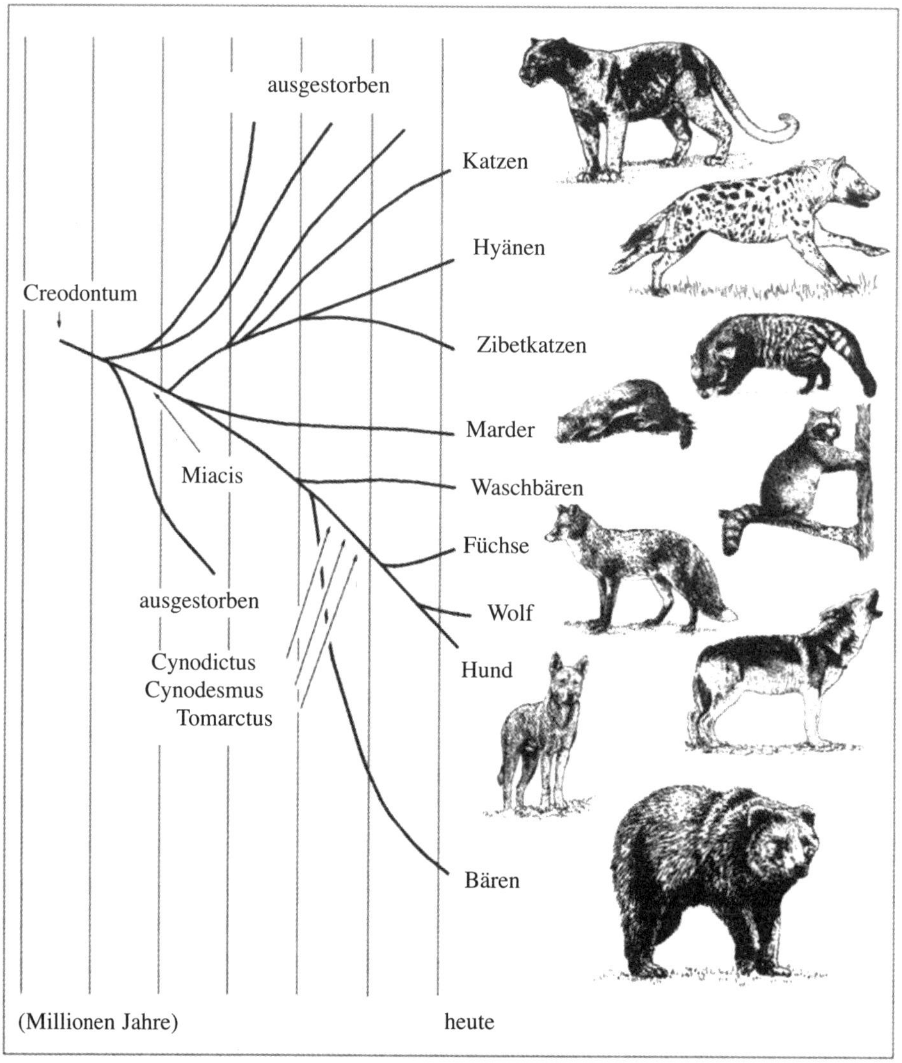

ausgestorben
Katzen
Hyänen
Creodontum
Zibetkatzen
Marder
Miacis
Waschbären
Füchse
ausgestorben
Wolf
Cynodictus
Cynodesmus
Tomarctus
Hund
Bären
(Millionen Jahre)
heute

Abb. 1: Evolutionsbaum der Hundeartigen

Abb. 2: Miacis

Abb. 3: Cynodictus

Abb. 4: Tomarctus

Mitglieder der verschiedenen Unterarten (Subspezies) unterscheiden sich voneinander in Körpergewicht, Fellbeschaffenheit und durchschnittlicher Größe bestimmter Knochen.

Der Wolf

Der Wolf ist mit 40 bis 50 Kilogramm Gewicht der größte unter den Caniden, auch wenn Einzelexemplare mit über 60 Kilo Gewicht gefunden wurden. Der Wolf jagt in kooperierenden Rudeln Beutetiere, die größer sind als er selbst. Sein Habitat erstreckt sich über die gesamte nördliche Hemisphäre mit Ausnahme tropischer Wälder und trockener Wüsten und umfasst Tundra, Taiga, Steppe, Savanne und Wälder, solange kein zu großer menschlicher Einfluss vorliegt. Er ist hervorragend auf ausdauerndes Laufen eingerichtet und kann auf kurzen Distanzen Geschwindigkeiten von sechzig bis siebzig Stundenkilometern erreichen. In mittlerer Geschwindigkeit ist er dazu in der Lage, seine Beute 15 bis 20 Minuten lang zu verfolgen. Nach solch einer Anstrengung muss er in etwa ebenso lange ruhen. Er hat eine herausragende Fähigkeit zum Schwimmen und es wurden schon Wölfe dabei beobachtet, wie sie ihre Beute im Wasser töteten. Im Gegensatz zu anderen Caniden fressen Wölfe nur Fleisch und Knochen. Gehör und Geruchssinn sind exquisit. Rudelmitglieder können die Witterung eines Elches über eine Distanz von zwei bis zweieinhalb Kilometern wahrnehmen und von zahmen Wölfen ist berichtet, dass sie auf das imitierte Wolfsheulen eines ihnen bekannten Menschen über eine Distanz von sechs Kilometern geantwortet haben. Dies bedeutet, dass sie sehr wahrscheinlich auch echtes Wolfsheulen über diese Entfernung hören können. Das Sehvermögen des Wolfes ist besonders gut auf die Wahrnehmung von Bewegung eingerichtet.

Es ist nicht übertrieben zu sagen, dass es sich beim Wolf um den intelligentesten Beutegreifer handelt. Sein Gehirnvolumen beträgt zwischen 150 und 170 Kubikzentimetern. Wölfe haben ihre außergewöhnlichen mentalen Fähigkeiten anhand sozialer Interaktionen entwickelt. Die Größe eines Rudels wird von mehreren Faktoren bestimmt: Manchmal besteht es nur aus zwei oder drei Individuen, aber es scheint, dass die optimale Anzahl bei sieben oder acht Tieren liegt. Größere Rudel sind selten. Oft teilen sich auch kleine Rudel in zwei Rudel auf und vereinen sich später wieder. Oft trifft man auf einzelne (solitäre) Wölfe, wobei es sich in der Regel um ältere Tiere oder aus dem Rudel ausgestoßene Individuen handelt. Die Zusammensetzung von Rudeln und das Leben darin werden meist an in Gefangenschaft lebenden Wölfen studiert, denn bislang ist es noch niemandem gelungen, einem Rudel in dessen natürlichem Habitat über Jahre hinweg zu folgen oder die Rudelmitglieder präzise zu identifizieren. Kurzfristiger angelegte Beobachtungen jedoch wurden bereits von mehreren Wissenschaftlern vorgenommen und diese gewonnenen Informationen haben viele Erkenntnisse über das soziale System der Wölfe zutage gefördert.

Das sich fortpflanzende Wolfspaar stellt die Schlüsselfiguren des Rudels dar, welches außerdem aus Jungtieren und ein paar wenigen adulten Tieren beiden Geschlechts besteht. Wölfe sind mit zwei Jahren erwachsen, aber ein hoher Prozentsatz der Jungtiere erreicht dieses Alter gar nicht erst. Viele Beobachter waren der Meinung, dass die übrigen erwachsenen Tiere des Rudels auch durchaus ältere Nachkommen des Zuchtpaares sein könnten. Fremde Wölfe werden rigoros aus dem Revier des Rudels vertrieben. Nur um die Zeit der Welpengeburt herum können auch fremde Erwachsene zum Rudel dazustoßen und andere Erwachsene es verlassen; das Rudel kann sich so in mehrere Teile aufsplitten.

Die Rudel bewohnen ein überwiegend exklusives Revier, das sich über ein großes Gebiet erstreckt und von einem Rudel mehrere Jahre lang bewohnt wird. Je nach Größe des Rudels kann es bis zu dreihundert Quadratkilometer groß sein.[2] Das Rudel bewegt sich innerhalb dieses Reviers ausgiebig, wobei die einzelnen Tagesetappen aber nur 5 bis 6 Kilometer betragen. Das gesamte Gebiet wird in etwa drei Wochen abgedeckt. Das Rudel benutzt dabei gut ausgetretene Pfade, feste Treffpunkte und für den Zeitraum des Werfens auch Höhlen. Bei den täglichen Exkursionen markieren die dominanten Individuen das Revier ausgiebig mit Urin, Losung und Kratzen. Wölfe haben Duftdrüsen an ihren Pfotenballen, deren Absonderungen Spuren auf dem Boden hinterlassen. Beobachtungen haben gezeigt, dass solche Markierungen durchschnittlich alle 250 Meter auftreten und dass die Marken am häufigsten entlang oft benutzter Pfade sowie in der Nähe von Abzweigungen und der Reviergrenze zu finden sind. Wenn die Wölfe auf die Duftmarke eines fremden Wolfes stoßen, markieren sie selbst ausgiebig darüber. Nach Aussagen der Beobachter ist es sicher, dass die Wölfe mit einer kognitiven Landkarte arbeiten[3], da sie oft Abkürzungen nehmen, wenn sie ein bestimmtes Ziel anstreben. Sie stellen sich das Bild ihrer Landkarte aus den Duftmarken und der Geländebeschaffenheit zusammen. Es sieht ganz so aus, als würden Wölfe sich die Karte in ihrem Kopf aus den gleichen Elementen zusammensetzen, wie das auch Menschen tun: Plätze, Straßen und Grenzen. Sie richten ihre Fortbewegung nach den gewöhnlichen Aufenthaltsorten ihrer Beutetiere, den Stellen, an denen sie nach der letzten Jagd einen Kadaver liegen gelassen haben, nach Treffpunkten oder einem Bau. Das Revier eines Rudels ist von einem etwa ein Kilometer breiten Streifen Niemandsland umgeben. Dieses wird gemeinsam mit dem Nachbarrudel genutzt, aber niemals zur gleichen Zeit. Auch einzeln lebende Individuen bewegen sich an der Peripherie des Reviers. Beobachtungen des Revierverhaltens benachbarter Rudel zeigen, dass zwar jedes Rudel ein genau definiertes Revier hat, dessen Grenzen jedoch nicht wie bei anderen sozial organisierten Tieren wie zum Beispiel Hyänen systematisch kontrolliert werden, weil die Eigentumsrechte am Territorium auch von den Nachbarn anerkannt werden. Es kommt, wenn auch selten, vor, dass Wölfe in ein benachbartes Revier eindringen, sie ziehen sich aber nach dessen flüchtiger Untersuchung stets schnell wieder zurück. Die aus der Aufteilung des alten Rudels entstandenen neuen Rudel verhalten sich freundlich zueinander und können sich sogar zeitweise wieder miteinander vereinigen.

Das Wolfsrudel ist eine sich selbst tragende und sich fortpflanzende Einheit, in der die Einzeltiere gemeinsam und in Kooperation für die Nahrungsbeschaffung sorgen und gemeinsam die nächste Generation aufziehen. Die Eltern sind dabei nicht alleine, sondern werden von so gut wie allen Rudelmitgliedern unterstützt, insbesondere von den jüngeren. Grundlage für die Zusammenarbeit des Rudels ist die Rangfolge seiner Mitglieder, die sowohl durch Kämpfe um eigene Vorteile als auch durch das Eingehen von Bindungen festgelegt wird. Zusammenarbeit erfordert eine weit entwickelte soziale Intelligenz, gute Problemlösungsfähigkeiten und ein flexibles Verhalten, das sich leicht an veränderte Umstände anpassen kann. Der Wolf besitzt alle diese Merkmale und war der vorherrschende Beutegreifer in seinem Lebensraum, bevor der Mensch ihm diesen Rang ablief.

Bindungsverhalten

Die wichtigste Voraussetzung für das Überleben des Rudels das Verhalten betreffend ist, dass die Mitglieder untereinander Bindungen eingehen. Für dieses Bindungsverhalten (engl.: Bonding) gibt es keine allgemein akzeptierte Definition. Grundsätzlich versteht man darunter die gegenseitige Anziehung zwischen Mitgliedern der gleichen Spezies, die sich in einer ganzen Anzahl verschiedener Verhalten manifestieren kann. Der dazugehörige Gefühlszustand wird während einer kurzen Phase der Sozialisation im Jugendalter geformt. Gerade einmal drei Wochen alte Welpen sind mächtig und dauerhaft zu ihren Eltern und anderen älteren Rudelmitgliedern hingezogen. Werden ihnen diese Bindungen vereitelt, zeigen sie Anzeichen von Stress und entspannen sich erst dann, wenn sie wieder mit der Gruppe vereint sind. In Gefangenschaft lebende Wölfe können sich an Hunde und sogar an Menschen binden. Am stärksten binden sich Welpen dann an Menschen, wenn man sie der Mutter wegnimmt, bevor sie die Augen geöffnet haben und wenn sie ausschließlich von Menschen versorgt werden. Unter normalen, natürlichen Umständen treffen die Welpen an ihrem zwanzigsten Lebenstag auf andere erwachsene Rudelmitglieder – dann, wenn ihre Bereitschaft zur Bindung am stärksten ist. Sie verlassen den Bau im Allgemeinen im Alter von acht bis zehn Wochen, danach nimmt ihre Bindungsbereitschaft rapide ab. Sie binden sich nicht nur an erwachsene Tiere, sondern auch stark an ihre Wurfgeschwister, weil sie mit diesen die meiste Zeit verbringen. Ab ihrem siebten Lebensmonat begleiten die Jungtiere das Rudel und sind ab diesem Zeitpunkt nicht mehr so gut in der Lage, soziale Bindungen mit unbekannten Individuen einzugehen, es sei denn, sie verbringen sehr viel Zeit mit ihnen. Von künstlich herbeigeführten Situationen einmal abgesehen tritt dies ein, wenn erwachsene Individuen sexuelle Anziehungskraft erfahren. Dies ist möglicherweise der Grund dafür, warum die Phase des Werbungsverhaltens beim Wolf sehr lange anhält, manchmal über ein Jahr lang. Gelegentlich ist der Zeitraum zwischen der Bildung eines Paares und dem Beginn sexueller Beziehungen sogar noch länger. Die Bindung von Paaren ist sehr dauerhaft und kann über mehrere Jahre hinweg bestehen bleiben.

Die stärkste Bindung bauen die Rudelmitglieder zu dem stärksten Rüden auf. Ethologen nennen diesen Rüden den Alphawolf und sein Weibchen die Alphawölfin. Die Rangfolge der übrigen Rudelmitglieder wird ebenfalls mit griechischen Buchstaben bezeichnet. Der Alpharüde bindet sich am stärksten an seine Partnerin und unter den übrigen Rüden am stärksten an den im Rang direkt unter ihm stehenden Betarüden. Die Tiere am unteren Ende der Rangleiter binden sich gegenseitig weniger stark aneinander, sind aber besonders freundlich zu den Welpen und versuchen möglicherweise, Beziehungen zu erwachsenen Fremdtieren aufzubauen.

Ein Teil des Bindungsverhaltens besteht darin, dass der Alpharüde seine Beziehungen zu allen übrigen Rudelmitgliedern sorgfältig pflegt. Ein weiterer Aspekt ist, dass das Alphatier und oft auch die übrigen Rudelmitglieder gelegentlich auftauchende Außenseiter sofort angreifen. In Gefangenschaft gehaltene Gehegewölfe neigen zu Drohverhalten gegenüber fremden Menschen. Bindungen sind das, was die gemeinsame Fortbewegung und die Zusammenarbeit des Rudels auf der Jagd ermöglicht.

Bindungsverhalten äußert sich in zahllosen, leicht erkennbaren Zeichen. Dazu zählen in erster Linie die verschiedenen Formen von Körperkontakt und das spielerische Unterwerfungsverhalten der rangniedrigeren Tiere. Vielleicht noch wichtiger ist, dass erwachsene Wölfe immer zum Spielen bereit sind. Wenn sie gerade nicht jagen oder sich ausruhen, stärken und formen die Rudelmitglieder ihre gegenseitigen Bindungen häufig durch spielerisches Verhalten. Erwachsene spielen immer mit Tieren, die ihnen im Rang nahe stehen. Rangniedrigere Tiere spielen mehr. Die Aufforderung zum Spielen ist die gleiche wie bei Hunden: Das zum Spiel einladende Tier senkt seine Vorderläufe auf den Boden. Es kommt auch oft vor, dass die Spielaufforderung mit einer aggressiven Verfolgungsjagd eingeleitet wird. Der aufgeforderte Wolf zieht seine Rute zwischen die Läufe, legt die Ohren zurück und versucht, schnell zu fliehen – so, als ob er tatsächlich angegriffen würde. Er flieht aber nicht wie bei einem echten Angriff auf gerader Linie, sondern in einem großen Bogen. Kommt er dann zum Herausforderer zurück, wird der Verfolgte zum Verfolger und das Spiel geht eine ganze Zeit lang mit immer wieder vertauschten Rollen weiter.

Während dieses Spiels können viele Verhaltenselemente auftauchen, die sonst bei der ernsthaften Verfolgung echter Ziele wie bei der Jagd oder bei aggressiven Handlungen gezeigt werden. Typisch für das Spielverhalten ist aber, dass die üblichen Verhaltensmuster aufgelöst, mit anderen Elementen vollkommen durchmischt und oft wiederholt werden. Die Stimmung ist die ganze Zeit über entspannt und die Endhandlung, das Töten, fällt weg.

Das Spiel als solches verfolgt keine ernsthafte Absicht, kann aber zum Erreichen bestimmter Ziele eingesetzt werden.[4] Wenn zum Beispiel die Rudelmitglieder gerne zur Jagd aufbrechen würden, das Alphatier sich aber aus irgendeinem Grund nicht bewegt, dann können die Rudelmitglieder versuchen, es mit Hilfe von Spiel dazu zu bewegen. Exakt das Gleiche tut auch das Alphatier, wenn es das Rudel dazu bringen möchte, ihm zu folgen. Es packt einen Stock, rennt damit weg und lockt so das Rudel hinterher, kommt dann wieder zurück, hänselt das Rudel und versucht, alle Mitglieder in das Spiel mit einzubeziehen. In einem bestimmten Moment lässt es den Stock fallen und bewegt sich zielbewusst weiter, woraufhin das Rudel ihm folgt. Auch ein ohne Eile dahinwanderndes Rudel bleibt beisammen. Zwar führt der Alpharüde immer, ist aber nicht der Einzige, der die Bewegung des Rudels bestimmt. Alle arbeiten bis zu einem gewissen Punkt zusammen, aber es kann vorkommen, dass der Anführer und das Rudel in zwei verschiedene Richtungen möchten. In diesem Fall tut das Alphatier sein Bestes, um das Rudel zum Nachfolgen zu bewegen, wird aber auf keinen Fall alleine in die gewählte Richtung gehen.

Bindungen sind die Grundlage für die Zusammenarbeit im Rudel. Diese Tatsache manifestiert sich darin, wie die Richtung einer Jagd bestimmt und wie ein Beutetier ausgewählt und getötet wird. Wenn das Rudel die Beute umzingelt, versucht jedes Tier, den jeweils gleichen Abstand zu seinen beiden Nachbarn einzuhalten. In der Regel findet der Angriff auf Initiative des Alpharüden statt. Jedes Rudelmitglied erfüllt seine Aufgabe intelligent und in Zusammenarbeit mit den anderen. Die Jagd im Rudel ist gut organisiert und effizient.

Die starken Bindungen finden einen häufigen Gegenpart in hitzigen Auseinandersetzungen und wiederholten Ausbrüchen von Aggression zur Erreichung eines jeweils höheren Ranges innerhalb des Rudels. Dies ist vermutlich der Grund dafür, warum die individuelle Körperdistanz zwischen den einzelnen Rudelmitgliedern zwar niedrig, aber sehr genau definiert ist und auch im Schlafen bestehen bleibt. Sie kann nur durch spielerische Herausforderung verletzt werden. Ab ihrer vierten Lebenswoche schlafen Wolfswelpen alleine.

Ein typisches Merkmal für Wölfe ist auch ihre Xenophobie, die Furcht vor Fremden. Wenn sich ein fremder Wolf nähert,[5] reagiert ein drei Monate alter Jungwolf nervös und ab einem Alter von fünf Monaten deutlich ängstlich.

Aggression

Aggression manifestiert sich auf drei verschiedene Arten.[6] Ihre stärkste Form ist, wenn ein angreifender Wolf ohne jegliche Vorwarnung losspringt und zubeißt, sofern das Opfer nicht fliehen kann. Eine zweite Form ist Aggression mit eingeschränkter Verfolgung, die immer auf ein rangniedrigeres Individuum gerichtet ist. Der Aggressor fixiert das für den Angriff ausgewählte Individuum mit starrem Blick und nähert sich ihm langsam, fast kriechend. Dann wird die Annäherung schneller, und in der Regel macht der Angreifer einen großen Sprung, um die letzte Lücke zu schließen. Wenn seine vier Pfoten auf den Boden treffen, macht er ein besonderes Geräusch. Wenn das angegriffene Tier den Angreifer zuvor nicht bemerkt hatte, tut es das jetzt und flieht. Die Absicht des Angreifers ist eindeutig, das andere Tier nicht anzugreifen, sondern es zu verjagen, weil der gesamte Prozess in der Flucht endet. Die dritte Form ist der spielerische Angriff. Der Verlauf ist exakt der gleiche wie bei der Verfolgung, mit der Ausnahme, dass der Aggressor seinen Kopf in weiten Bogenbewegungen schüttelt oder im Zickzack springt. Das Opfer flieht daraufhin nicht, sondern bleibt stehen und die Handlung mündet in ein raues Spiel.

Aggression hat für das Leben im Rudel viele Funktionen. Die wichtigste ist die Etablierung der Rangordnung, die in Streitfällen entscheidet, wer automatisch Vorrecht hat, wenn es um die Verteilung von Ressourcen geht. In einem Wolfsrudel pflanzen sich nur die Alphatiere fort, mit dem Vorbehalt, dass die Alphawölfin sich auch mit einem Betarüden verpaaren kann, wenn der Alpharüde ein älteres Tier ist. In jedem Fall können sich nur solche Tiere fortpflanzen, die sehr nah an der Spitze der Rangordnung stehen. Hier liegt auch der Grund für die erbitterten Bemühungen, in der Rangfolge aufzusteigen. Individuen, die in diesem Kampf unterliegen, haben keine Nachkommen – damit werden ihre Eigenschaften aus dem Genpool gelöscht. Der Wettbewerb um die eigene Position ist deshalb die wichtigste Determinante für das Verhalten eines Wolfes innerhalb des Rudels.

Nicht nur Erwachsene kämpfen um die Position in der Rangordnung. Selbst unter Welpen wird schnell eine Hierarchie aufgebaut und Aggression ist das Mittel, mit dem eine etablierte Position periodisch bekräftigt wird. Die Alphawölfin setzt Aggression ein, um sexuelle Aktivitäten anderer Wölfinnen zu unterbinden. Eine besondere Rolle spielt außerdem eine eigene Form des Verhaltens, die von rangniedrigeren Tieren initiiert wird und simulierte zeremonielle Aggression genannt wird. Ein rangniedrigeres Individuum verhält sich provokativ gegenüber einem höherrangigen, gibt dann aber schnell auf, indem es Unterwerfungsverhalten zeigt. Möglicherweise dient diese Art des Verhaltens der Stärkung von Bindungen. Aggression ermöglicht auch die freie Bewegung von Individuen und ihren Zugang zu Beute. Oft wurde beobachtet, dass ein großes Beutetier nach dem Töten relativ friedlich verzehrt wird, während kleinere Beutetiere häufig vehement gegen Mitfresser verteidigt werden. Versuche mit hungrigen Wölfen haben gezeigt, dass ein niederrangiges Tier, wenn es ein kleines Stück Fleisch ergattert hat, dieses nicht an ranghöhere abtritt und diese auch gar nicht erst versuchen, es ihm abzunehmen. Größere Fleischstücke hingegen werden meist von den Alphatieren genommen.

Weiterhin wurde beobachtet, dass erwachsene Wölfe nicht nur den Welpen Fleisch mitbringen, sondern auch den Erwachsenen, die die Welpen beaufsichtigen. Wölfe sind also mit dem wichtigsten Verhaltensmerkmal sozial höher organisierter Arten bekannt: dem Teilen von Nahrung. Der amerikanische Wissenschaftler R.D. Lawrence berichtet von einem Besuch in einem Wolfsreservat, dass alle Rudelmitglieder mit Ausnahme des Alpharüden Angst vor den Besuchern zeigten.[7] Bei jedem Besuch warf der Pfleger dem Alpharüden gefrorene Hühner zu, der sie als Erstes an die Alphawölfin weitergab, die plötzlich aus ihrem Versteck hervorkam. Anschließend verteilte er an die Beta- und Gammarüden und fraß selbst erst das vierte Hühnchen. Als ich einmal den weißen Wölfen des Ungarn Frigyes Fischl einen Besuch abstattete, brachte ich eine große Menge Truthahnknochen mit. Die Beute wurde sofort vom Alpharüden in Beschlag genommen, der sie unbekümmert zu verzehren begann. Die anderen, fünf erwachsene Tiere, bildeten einen großen Kreis um ihn herum. Eine Zeit lang sahen sie nur zu, dann schlichen sie sich einer nach dem anderen langsam heran, nahmen vorsichtig einen Knochen und rannten fort. Mein Freund Frigyes sagte, dass sie sich dabei genau an ihre Rangordnung hielten. Der Alpharüde fraß die meisten Knochen, tolerierte aber den Diebstahl von ein paar Knochen, ohne Aggressionen zu zeigen. Dieses Verhalten ähnelt bemerkenswert dem, das Schimpansen gegenüber Futterschmarotzern zeigen: Derjenige, der die gemeinsam verfolgte Beute als Erster zu fassen bekommt, macht sich nichts daraus, wenn die anderen ihm kleine Stücke davon abjagen. Im Allgemeinen aber sorgt der männliche Oberaffe allein für sein Futter und teilt es nur mit seinen Kindern; nur sehr selten gibt er auch seinem Weibchen etwas ab.

Unter Wölfen haben wir auch Beispiele für defensive Aggression, die auftritt, wenn rangniedrigere Tiere sich weigern, gegenüber ranghöheren nachzugeben. Folgende Elemente konnten bei den verschiedenen Formen der Aggression nachgewiesen werden:

- ***Unvermitteltes Beißen***
- ***Ringen***
- ***Schubsen***
- ***In die Lefzen beißen***
- ***Drohendes Knurren oder Grollen:*** Dies ist eigentlich eine Form der zurückgehaltenen Aggression: Erweist sich die Drohung als unwirksam, kann die Zurückhaltung verschwinden und das Tier greift tatsächlich an.
- ***Gegenseitiges Anspringen:*** Kommt vor allem bei fremden Tieren vor.
- ***Simuliertes Beißen:*** Kommt unter Jungtieren vor.
- ***Einschüchterung:*** Die Anfangsphase einer aggressiven Verfolgung wird immer von einem höherrangigen Tier initiiert.
- ***Aufeinander losgehen, beißen:*** Bei Wölfen entwickelt sich die Beißhemmung genau wie bei Hunden als ein Ergebnis der Sozialisation. Die Welpen lernen im Spiel, wie fest sie zubeißen dürfen, bevor es wehtut und zu Reaktionen des Gegenübers führt. Der gehemmte Biss setzt die Grenzen freundlichen Verhaltens für ein Leben lang fest. Auch ein in menschlicher Gesellschaft ohne Artgenossen aufwachsender Wolfs- oder Hundewelpe kann diese Beißhemmung lernen: Kleine Bestrafungen oder ein Klaps mit der Hand zeigen dem Welpen, dass er die Grenzen des Erlaubten überschritten hat. Findet eine solche Korrektur nicht statt, wird die Beißhemmung nicht gelernt. Das erwachsene Tier ist nicht mehr in der Lage, sie zu lernen.
- ***Verfolgung:*** Der Aggressor verfolgt das Opfer und attackiert es so lange, bis es flieht. Unterwirft sich der Verfolgte, ist dies das Gegenteil von Aggression: Es zieht seine Rute zwischen die Hinterläufe und duckt sich oder kriecht vor dem hochrangigeren Tier. Man nennt dies die aktive Form der Unterwerfung: Das untergebene Tier stößt das dominante Tier mit der Nase an, leckt es schnell ab oder nimmt dessen Lefzen vorsichtig in den Fang.[8] Häufig tritt es auch mit den Vorderpfoten auf der Stelle und wedelt dabei mit der Rute oder dem gesamten Hinterteil. Sinn dieses Verhaltens ist, dem Ranghöheren zu versichern, dass seine Position anerkannt wird, man aber trotzdem gerne weiter bei der Futterverteilung berücksichtigt werden möchte. Passive Unterwerfung lässt sich vor allem bei den Jungtieren beobachten: Das unterwürfige Tier legt sich auf den Rücken und gibt in der Regel etwas Urin ab.

Nach Konrad Lorenz wurde von vielen Autoren dargelegt, das unterlegene Tier würde dem dominanteren seine ungeschützte Kehle darbieten. Wolfexperten halten diese Behauptung jedoch für einen Fehler, zumindest wurde ein solches Verhalten noch nie beobachtet.[9]

Hochrangigere Individuen suchen oft Gelegenheiten, um ihre Dominanz zu bekräftigen. Eine Form solcher Bekräftigung ist, den Unterlegenen aus dem Hinterhalt zu überfallen – mit Anschleichen und Anspringen, als ob es sich um ein Beutetier handele. In den meisten Fällen erkennt der Unterlegene den Rang des Dominanten mit einer angemessen Verhaltensäußerung an.

Aggression wird immer von Angst begleitet. Die Motive des Aggressoren sind oft sowohl Angreifen als auch Angst. Falls die Lust auf den Angriff von der Angst überlagert wird, wird das Tier fliehen oder eine unterwürfige Position einnehmen; im entgegengesetzten Fall kommt es zum Kampf.

Andere Formen sozialen Verhaltens

Ich liste an dieser Stelle nur die wichtigsten Formen des Sozialverhaltens auf:

- ***Schwanzwedeln:*** Dieses Verhalten weist auf einen aufgeregten Gemütszustand hin. Bei freundlichen Begegnungen bewegt sich die Rute schnell, während sie bei aggressiver Annäherung steif gehalten wird und sich nur wenig bewegt. Das dominante Tier trägt seine Rute erhoben.
- ***Körperkontakt:*** Gegenseitiges Berühren, Drücken oder Schubsen, Beschnüffeln des Fells, Lecken, Beschnüffeln der Wangen, Berühren der Wangen (nur unter gleichrangigen Tieren möglich), Belecken oder sanftes Festhalten der Lefzen, Lecken von Wunden.
- ***Beschnüffeln von Genitalien, After oder Analbeutel (Duftdrüsen unter der Rute):*** Treffen zwei gleichrangige Tiere aufeinander, führen beide diese Aktivitäten gleichermaßen aus, während rangniedrigere Tiere ihre Analbeutel mit der Rute bedecken und das dominante Tier nicht beschnüffeln.
- ***Ausdrücken von Dominanz:*** Kann neben den unterschiedlichen Äußerungen von Aggression auf verschiedene Art stattfinden. Das dominante Tier kann beispielsweise einen Lauf auf den Körper des rangniedrigeren legen oder sich mit steifen Läufen über einen liegenden Untergeordneten stellen.
- ***Das Begrüßungsritual:*** Zwei Mitglieder des gleichen Rudels begrüßen sich auch nach nur kurzer Abwesenheit. Das Grüßen ist eigentlich eine Form der aktiven Unterwerfung. Das untergebene Tier leckt, knabbert und schnüffelt aufgeregt am Fang des dominanten Tieres. Begrüßungen finden auch oft gruppenweise statt, zum Beispiel dann, wenn ein zuvor abgewandertes Tier wieder zum Rudel stößt. In einem solchen Fall wird das zurückkehrende Tier versuchen, den Anführer – selbst aus Entfernung – mit der Nase zu berühren, ihn zu belecken und dessen

Wangen in seinen Fang zu nehmen. Rangniedrige Wölfe benehmen sich genauso, wenn das Rudel während einer Jagd neue Spuren von Beutetieren entdeckt. Nach dem berühmten Wolfsforscher David Mech sind dies die typischen Futterbettelgesten.[10]

- ***Vokalisierungen:*** Wölfe haben ein überraschend großes Repertoire an Lautäußerungen, das aus Knurren, Winseln, Wimmern, Heulen, Bellen und dem Aufeinanderschlagen der Zähne besteht. Knurren vermittelt aggressive Gefühle, während die verschiedenen Formen des Winselns und Wimmerns von freundlicher Gesinnung zeugen. Das Bellen, das eher wie kurzes Jaulen klingt, kann eine Warnung an das Rudel bedeuten oder eine Drohung an einen fremden Eindringling. Das Aufeinanderschlagen der Zähne ist ein Signal, das im Rudel zur Synchronisation des Aufbruchs dient. Das Heulen kann zwischen einer halben und elf Sekunden lang dauern. Es ist ein anhaltender und recht melodischer Ton, der wichtige soziale Funktionen erfüllt. Wenn das Rudel zerstreut wurde, hört man oft die Einzeltiere heulen. Wenn alle Rudelmitglieder gemeinsam über längere Zeit heulen, bekräftigen sie damit ihre Besitzansprüche über ihr Revier. Ein solches Heulen kann oft bis zu einer halben Stunde lang dauern. Dem synchronen Heulen im Rudel geht eine freundliche Begrüßung voraus. Wölfe scheinen gerne zu heulen.
- ***Teilen von Futter:*** Wie bereits erwähnt, teilen Wölfe unter bestimmten Umständen untereinander ihr Futter. Die Welpen betteln um Futter, indem sie in die Lefzen der Erwachsenen beißen. Mit der gleichen Geste zeigen Jungtiere ihren Respekt gegenüber dem Anführer und Erwachsene bitten damit den Alpha um Aufbruch zur Jagd.
- ***Sexualverhalten:*** Sexualverhalten, Gebären, Pflege der Jungtiere, Mutter-Kind-Beziehung und die verschiedenen Arten von Komfortverhalten sind alle Teil des Wolfsverhaltens, unterscheiden sich aber nur gering vom entsprechenden Verhalten bei Hunden und werden deshalb hier nicht näher beschrieben.
- ***Komplexere Verhaltensformen:*** Ein Beispiel dafür ist die von Affen bekannte Täuschung. Manchmal kommt es unter erwachsenen Individuen vor, dass ein angegriffenes Tier versucht, die Attacke durch eine Spielaufforderung abzulenken. Oder es versucht, die Aufmerksamkeit seines Gefährten mit spielerischem Verhalten von einem leckeren Stückchen Futter abzulenken. Die älteren Tiere durchschauen solche Absichten meistens, woraufhin die Stimmung gespannt sein kann. Ein weiteres Beispiel könnte das »Aussuchen eines Sündenbocks« genannt werden, ein Verhalten, dessen Funktion wir noch nicht ganz verstehen. Manchmal greifen vier oder fünf Individuen ein rangniedrigeres an – den Sündenbock. Der Angriff führt oft dazu, dass der Sündenbock aus dem Rudel ausgestoßen wird. Die plausibelste Erklärung ist, dass dieses Verhalten der Bevölkerungskontrolle dient, weil es nicht die Jungen und Starken sind, die mit dem Aufwachsen das Rudel verlassen, sondern die Schwachen und Unterlegenen. So bleibt die effektivste Zusammenstellung von Einzeltieren im Rudel.

Eine besondere Form des Futterwerbeverhaltens der Wölfe ist, dass Herden größerer Beutetiere verfolgt, zusammengetrieben und manchmal auch gehetzt werden. Wird so ein schwaches, älteres oder verwundetes Tier zwischen den anderen entdeckt, wird es angegriffen und getötet.

Wenn wir zusammenfassen, was wir über die Ethologie von Wölfen wissen, können wir schlussfolgern, dass Wölfe die differenziertesten unter den Caniden sind, weil sie in organisierten Gesellschaften leben, die anderen aber alleine oder in kleinen Familienverbänden. Aus diesem Grund ist die soziale Intelligenz des Wolfes besonders gut entwickelt und Ereignisse im Rudel beeinflussen ständig den Rang der Einzeltiere.

Konflikte um einen Aufstieg in der Rangordnung oder Erhalt des eigenen Ranges sind häufig. Aus diesem Grund ist es für die Einzeltiere wichtig, nicht nur die im Rang unmittelbar über ihnen Stehenden ständig zu beobachten, sondern das ganze Rudel, weil opportunistische Interessen und Bündnisse im Kampf um die Rangordnung sehr wichtig sind. Es wäre aber ein Irrtum, anzunehmen, dass quasi pausenlos Kämpfe stattfänden, weil auch das die Bildung einer stabilen Rangordnung behindern würde. Tatsache ist, dass Wölfe sich gegenseitig sehr genau beobachten und keine Möglichkeit zum Aufstieg in der Rangordnung auslassen. Es kann sein, dass wochenlang kein einziger Konflikt ausgetragen wird, aber wenn ein hochrangiges Tier sich verletzt oder aus anderem Grund geschwächt ist, werden die anderen sofort Vorteile zur Verbesserung der eigenen Position aus dieser Situation ziehen. Dieses Verhalten unterscheidet sich deutlich von menschlichem Verhalten. Auch Menschen erreichen gerne einen höheren Status, nutzen in der Regel aber nicht gnadenlos und sofort die Schwäche ihrer Vorgesetzten aus. Wenn der Anführer einer menschlichen Gruppe sich den Knöchel verstaucht, werden die Gruppenmitglieder ihm im Normalfall helfen und seine Behinderung nicht dazu ausnutzen, ihn von der Spitze der Rangordnung zu stoßen.

Ein angegriffenes Individuum kann die verschiedenen Formen von Aggression nur dann richtig analysieren, wenn es seine eigene Rangposition und die des Angreifers genau kennt und einschätzen kann, welches Ziel der Aggressor in der gegebenen Situation mit seinem Verhalten verfolgt. Bei seinen Reaktionen muss es auch die Rangpositionen der übrigen Rudelmitglieder mitberücksichtigen. Dieses Verständnis wird sehr durch die reiche Körpersprache der Wölfe erleichtert, die unbedingt stets im jeweiligen Kontext interpretiert werden muss.

Während andere Tiere mit Signalen kommunizieren, deren Bedeutung genetisch festgelegt ist, müssen Wölfe die Zeichen stets aufs Neue interpretieren. Anders gesagt: Die Reaktionen von Wölfen sind nicht eindeutig. Was sie meinen, wird nicht nur von der Form der Äußerung bestimmt, sondern auch vom jeweiligen Kontext. Ein solches Verhalten setzt erhebliche Gehirnaktivität voraus und es ist kein Zufall, dass das Wolfsverhalten auch einen großen Teil individueller Variation aufweist. Wir können sogar von Persönlichkeiten innerhalb eines Rudels sprechen, weil auch das Lernen eine bedeutende Rolle in der Formung des individuellen Verhaltens spielt.

Nach H. Frank lassen sich leicht zwei verschiedene Leitprinzipien des Wolfsverhaltens ausmachen.[12] Das erste, ältere und primitivere Instinktsystem besteht aus festen Verhaltensmustern und stellt die Leitprinzipien für die wichtigsten Überlebensmechanismen wie Fortpflanzung, Nahrungssuche und Verteidigung. Das kognitive System, welches bis zu einem gewissen Maß von dem vorhergehenden unabhängig ist, ist das neuere System und abhängig von Lernen sowie Problemlösungsfähigkeit des Gehirns und entwickelt sich während des Jagens in der Gruppe. Geraten beide Systeme miteinander in Konflikt, behält das erste immer die Oberhand. Aus diesem Grund ist es schwierig, Wölfen etwas beizubringen, obwohl sie so hervorragende Fähigkeiten zur unabhängigen Problemlösung haben. Es ist deshalb schwierig, Wölfe zu trainieren und mit ihnen umzugehen, weil es kaum gelingt, Einfluss auf ihre Unabhängigkeit zu nehmen und ihre wilden Instinkte mit Lehren und Lernen zu beeinflussen. Nach Ansicht von Frank sind die beiden Leitprinzipien mit der Domestikation des Wolfes zum Hund in ein einziges System verschmolzen. Das grundlegendste Merkmal dieses vereinten Mechanismus ist, dass man das Verhalten des Tieres beeinflussen kann.

Zahme Wölfe

Wir wissen eine ganze Menge über das Verhalten zahmer, in Gefangenschaft lebender Wölfe.[13] Wenn man einen Welpen von seiner Mutter wegnimmt, bevor er die Augen geöffnet hat und sich dann sorgfältig um ihn kümmert und ihn füttert, wird er relativ leicht zahm (allerdings nicht immer). Er wird die Beißhemmung lernen, seinem Herrn gerne nachfolgen und in der Lage sein, die wolfsrudelüblichen Verhaltensmuster auf seine Beziehungen zu Menschen anzuwenden. Beispielsweise könnte er einen Menschen so begrüßen, wie er auch ein Rudelmitglied begrüßt: Er springt ihn an und versucht, seine Nase in den Fang zu nehmen. Er wird seine Nase immer wieder auf die Augen der Person drücken wollen und sie großzügig ablecken. Aber der zahme Wolf ist kein Hund. Er wird nicht auf menschliche Wortäußerungen achten und sich nicht dafür interessieren, worüber Menschen sprechen, und wenn er seinen Namen hört, wird er nicht zu seinem Herrn laufen. Nach Ansicht des deutschen Wissenschaftlers Erik Zimen und der einiger Kollegen wird ein zahmer Wolf, der einmal entlaufen ist und streunt, nie wieder nach Hause zurückkehren, aber er wird auf ein gut nachgeahmtes Wolfsheulen reagieren und in das Heulen mit einstimmen.[14]

Zahme Wölfe werden ihrem Herrn zwar gelegentlich nachlaufen, ihm aber nicht gehorchen. Welpen haben Angst vor Menschen, die Gegenstände mit sich tragen[15] und sogar Mischlinge aus Wolf und Hund zeigen Scheu und Misstrauen gegenüber Menschen. Nur Wölfe aus der Polarregion haben keine Angst vor Menschen und sind auch zueinander freundlicher.[16] Die Wölfe haben gute Gründe für ihre Angst: Menschen haben ihre Art gnadenlos ausgerottet. Vielleicht spielt auch hier die natürliche Auslese eine Rolle: Die überlebenden Wölfe sind die Nachkommen besonders scheuer und misstrauischer Individuen, die Menschen eher aus dem Weg gegangen sind.

Es kommt häufig vor, dass in menschlicher Umgebung sozialisierte Wölfe ihren Herrn angreifen. Erik Zimen nennt dafür mehrere Beispiele.[17] Ein Wolf, der durch und durch an Menschen gewöhnt war, begann plötzlich – etwa zum Zeitpunkt seiner Geschlechtsreife – Besucher anzugreifen und biss männliche Besucher in die Genitalgegend. Der Wolf kannte die angegriffenen Personen gut und war immer freundlich zu ihnen gewesen.

Ein anderes Beispiel ist ein Paar, das einen sehr zahmen Wolf besaß. Er war so friedlich, dass er oft zum Anschauungsunterricht mit in Schulen genommen wurde. Im Alter von vier Jahren griff er plötzlich seinen Herrn an, als dieser aufgrund eines Wirbelsäulenproblems zu hinken begann.[18] Vermutlich dachte der Wolf, jetzt sei eine günstige Gelegenheit zum Aufstieg in der Rangordnung gekommen. Der zahme Wolf behält also sein unvorhersehbares Verhalten eines Wildtieres. Der Kampf um die Position in der Rangordnung ist ein so grundlegendes Merkmal für Wölfe, dass auch die durch Zähmung entstandene Selbstkontrolle es nicht schafft, es aus den Verhaltensmechanismen des Wolfes zu löschen. Der zahme Wolf, der sich an Menschen bindet, akzeptiert Menschen als Rudelmitglieder, und das bedeutet auch, dass sie in die Kämpfe um die Rangordnung mit einbezogen werden.

David Mech beschreibt, wie seine elf Monate alte zahme Wölfin einmal eines Nachts mit einem seiner Hunde ausriss und die halbe Nacht lang draußen umherstreifte. Als beide mitten in der Nacht wiederkamen, kettete Mech den Wolf an, der daraufhin wild wieder freizukommen versuchte. Mech berichtet:[19]

»Zu mir war sie immer noch zahm und freundlich, aber endlich hatte sie eine Ahnung davon bekommen, wie es war, so zu handeln, wie es ihr Erbe ihr befahl, wild und frei zu sein. Als ich zusah, wie Lightning verzweifelt an ihrer Kette zerrte, strampelte, winselte und wie von Sinnen hochsprang, begriff ich, wie durch und durch falsch es ist, einen Wolf zu zähmen.«

Kapitel 2

Die Menschen

Nach Ansicht der Biologen können wir Eigenheiten und Lebensweise eines beliebigen Lebewesens ganz leicht verstehen, wenn wir uns seine Evolutionsgeschichte anschauen. In den folgenden Kapiteln werden wir deshalb kurz erzählen, wie aus Wölfen Hunde wurden. Da aber im Verlauf der Domestikation die Geschichte von Hund und Mensch eng zusammenhing, müssen wir auch einige Dinge über Menschen lernen. In diesem Kapitel geht es hauptsächlich um diejenigen Merkmale des Menschen, die für das Verständnis der Beziehung zwischen Mensch und Hund am wichtigsten sind.[20]

Menschliche Gruppen

Ein paar Millionen Jahre vor der Zeit, als sie erstmals Interesse an Wölfen zeigten, begannen die Vorfahren der heutigen Menschen in Afrika in kleinen, geschlossenen Gruppen zu leben, die je etwa vierzig bis fünfzig Mitglieder zählten (diese Tatsache ist oft Grundlage für einige sehr interessante Mutmaßungen).

Das Leben in festen Gemeinschaften änderte die sozialen Merkmale unserer Vorfahren tiefgreifend. Sie ähnelten den heutigen Affen, hielten sich aber aufrecht, gingen auf zwei Beinen und konnten primitive Werkzeuge nutzen.

Über Millionen von Jahren hinweg formten evolutionäre Veränderungen allmählich den Komplex menschlichen Verhaltens, dasjenige funktionale System von Verhaltensmustern, welches das menschliche Wesen kennzeichnet.

Relativ hoch entwickelte Wesen können nur dann in einer geschlossenen Gruppe leben, wenn sie sich aneinander binden, wenn sie in der Nahrungsbeschaffung zusammenarbeiten können und wenn ihre Neigungen zur gegenseitigen Aggression schwächer geworden sind.

Diese Faktoren sind verantwortlich für die Dauerhaftigkeit der Beziehungen innerhalb der Gruppe und die bestehen bleibende Aggression gegenüber Außenseitern. Zusammenarbeit ist wichtig, weil vierzig bis fünfzig »Säugetiere«, die gemeinsam in einer festen Gruppe umherziehen, nicht genug Nahrung zum Überleben finden können. Sie müssen sich deshalb von Zeit zu Zeit an einem festen Ort niederlassen und kleinere Teile der Gruppe zum Jagen und Sammeln losschicken.[21]

Der Druck, miteinander zu kommunizieren

Kompliziertere Formen der Zusammenarbeit können nur dann funktionieren, wenn die einzelnen Individuen ein Interesse an den Ideen, Plänen und Zielen ihrer Kameraden haben. Gemeinsame Aktionen können nur dann geplant werden, wenn die Gedanken der anderen berücksichtigt werden. Dieser Druck, miteinander kommunizieren zu müssen, manifestierte sich vermutlich zuerst in verschiedenartigen Mitteilungen auf Gefühlsebene und führte zur Entwicklung des Einfühlungsvermögens. Die mit uns verwandten Schimpansen interessieren sich nicht besonders für das, was die anderen fühlen oder denken, die Mutter-Kind-Beziehung einmal ausgenommen. Und selbst wenn sie in die Gedanken der anderen eingeweiht wären, würde ihnen das nicht viel Gutes bringen, weil sie sich mit Ausnahme gelegentlicher gemeinsamer Jagdzüge allein um ihre Nahrung kümmern und alleine schlafen. In den Bäumen haben erwachsene Schimpansen keine Feinde, gegen die sie gemeinsam kämpfen müssten.

Im Gegensatz dazu war es für unsere in Siedlungen lebenden menschlichen Vorfahren sehr wichtig, über Körper- und Gefühlszustand der übrigen Gruppenmitglieder Bescheid zu wissen – mit wem man jagen konnte beispielsweise, und wem man die Bewachung des Lagers anvertrauen könnte. Die Notwendigkeit, sich mitzuteilen, führte zu Nachahmung und Mimikry und letzten Endes zur Entwicklung von Sprache. Ein Mime drückt seine Gedanken mit dem gesamten Körper aus. Er kann Menschen, Tiere und Handlungen nachahmen und so selbst komplizierte Geschichten erzählen. Der Geist kann Körpersprache interpretieren und der Zuschauer kann so die Gedanken des Mimen verstehen. Er kann zum Beispiel einen einfachen Aufgabenkomplex mit Körper- und Zeichensprache erklären: Zwei Leute sollen Wasser holen gehen, drei Pilze sammeln und fünf sollen jagen gehen. Es gibt aber keine einzige zehnköpfige Schimpansengruppe, der man das Gleiche verständlich machen könnte. Sie würden vor allem deshalb nicht verstehen, weil sie nicht interessiert sind: Die Fragen »Warum springt er so herum?«, »Was will er?« oder »Was denkt er?« sind für die Schimpansen vollkommen ohne Bedeutung, solange sie nicht eine feindliche Absicht spüren oder ein Alarmsignal empfangen. Der Grund dafür, dass menschliche Gruppen in der Lage sind, sich gut zu organisieren und den Gruppenmitgliedern verschiedene Aufgaben zuzuteilen, ist, dass Sequenzen genetischer Veränderungen zur Entwicklung psychologischer Mechanismen führten, die Verhalten harmonisieren und synchronisieren können. Hier liegt der Grund dafür, dass wir an den Aktivitäten anderer teilnehmen können: Wir arbeiten zusammen, singen zusammen, machen zusammen Musik oder tanzen – kein anderes Lebewesen tut dies.

Wir Menschen haben Freude an diesen gemeinsamen und harmonischen Aktivitäten. Wir sind dazu bereit, Regeln zu befolgen, und diese Regeln sind unerlässlich, um das Leben in der Gruppe zum Wohle aller zu organisieren. Eine Regel ist ein Verhaltensmuster, das von der Gruppe akzeptiert wird und dem sich, wenn nötig, jeder unterwirft. Das Befolgen von Regeln ist ein grundlegendes menschliches Merkmal und eng verbunden mit Rangordnung und Dominanz oder der aus der Rangordnung entstandenen dominanten Position. Sogar Regeln können einer Rangordnung unterworfen sein und sie werden befolgt, als ob sie den Willen einer dominanten Persönlichkeit ausdrücken würden. Eine Regel ist unpersönliche Dominanz. Verschiedene Regeln nehmen verschiedene Plätze in der Rangordnung ein und wir gehorchen immer der »mächtigeren« Regel. Natürlich ändert sich aber das Leben von in Gruppen organisierten Menschen und ihre Beziehung zur Rangordnung nicht nur durch die Einführung von Regeln.

Im Allgemeinen können wir feststellen, dass die Rangordnung von in Gruppen lebenden Menschen weniger streng geworden ist. Motivationen und Verhaltensmuster sind zwar an der Schaffung einer Rangordnung beteiligt, aber in jeder Gruppe kann es auch verschiedene simultane und parallele Rangordnungen geben. Der Erfolg der Gruppenmitglieder in der Fortpflanzung hängt nicht unbedingt nur von deren jeweiliger Position in der Rangordnung ab, sondern kann auch der Verringerung ihrer aggressiven Instinkte zugeordnet werden.

Die Fähigkeit, konstruktiv zu sein

Menschen, die sich aneinander binden, aufeinander achten und in der Lage sind, ihre Handlungen zu koordinieren, besitzen eine zusätzliche Fähigkeit, die wir im Tierreich nur selten beobachten. Es ist dies die Fähigkeit zum Bauen, Schaffen und Konstruktivsein. Auch sie hat sich aus den Lebensumständen in der geschlossenen Gruppe ergeben. Die eben bereits erwähnte Zuteilung von Aufgaben ist an sich schon eine Art von Konstrukt; ein gesellschaftliches Konstrukt mit einer inneren Struktur. In diesem Konstrukt werden verschiedene Aufgaben definiert und verschiedenen Personen zugeordnet. Die Aufgabe selbst ist Teil einer größeren Struktur, welche die gesamte Existenz der Gruppe organisiert und die Ziele, Pläne, Rollen und andere Aufgaben beinhaltet. Geschichte oder Geschichten, die mit den Mitteln der Sprache geschaffen wurden, sind selbst Konstrukte, in denen es Schauspieler, Handlungen, Orte, Probleme und Lösungen gibt. Auch Gegenstände sind Konstrukte: Die Steinaxt, der Feuerplatz, die Hütte oder der Computer. Im alltäglichen Leben bedienen sich Menschen eines gemeinsamen und harmonisierten Systems von verschiedenen Konstrukten. Ein Opferaltar ist zum Beispiel nicht nur ein Gegenstand, sondern auch ein komplexes religiöses Konstrukt, das aus Glauben, Handlungen und sozialer Organisation besteht.

Der Geist erwachsener Menschen mit all ihrem Wissen, ihren Annahmen, ihren Gewohnheiten, Plänen, Vorstellungen und Zielen ist wiederum das Endergebnis ihrer konstruktiven Aktivitäten. Der menschliche Geist ist in der Lage, sich selbst zu konstruieren.

Kapitel 3

Das Bündnis

Es werden viele Geschichten über den Ursprung des Bündnisses zwischen Wölfen und Menschen erzählt. Meine Geschichte beruht auf der verblüffenden Ähnlichkeit der Lebensgewohnheiten und des sozialen Verhaltens von Mensch und Wolf. Wölfe waren die herrschenden intelligenten und sozial organisierten Räuber der nördlichen Hemisphäre, als vor etwa 130.000 oder 150.000 Jahren ein noch schlauerer, noch sozialer organisierter großer Räuber afrikanischen Ursprungs in ihrem Lebensraum auftauchte: Der Mensch. Möglicherweise jagten beide die gleichen großen Beutetiere und bewohnten den gleichen Lebensraum, lebten also Seite an Seite. Beide Räuber hatten einen gut entwickelten Sinn für ihre Umwelt[22] und wir können mit gutem Grund annehmen, dass sie neugierig aufeinander waren und genau beobachteten, was der andere tat. Es ist gut möglich, dass sie Zehntausende Jahre lang friedlich nebeneinander lebten, denn Menschen waren ziemlich selten und es gab mehr als genug Beute für alle. Die frühen Menschen lebten in vierzig bis fünfzig Köpfe starken Gruppen, die sich in jeweils respektabler Entfernung voneinander hielten. Sie fürchteten Fremde, aber es ist möglich, dass sie den Wolf zunächst nicht zu fürchten brauchten. Warum und wie begannen diese beiden unterschiedlichen Arten, sich einander anzunähern?[23]

Vorteile für beide Seiten

Es ist sinnvoll, bei unseren Überlegungen von der Frage des gegenseitigen Nutzens auszugehen. Wölfe jagten nicht nur große Pflanzenfresser, sondern auch kleine Nagetiere und verschmähten auch gelegentlich selbst Kadaver nicht. Einzeltiere, die aus dem Rudel verstoßen wurden, waren alleine nicht in der Lage, große Beutetiere zu töten. Dank ihrer Waffen waren Menschen zu sehr erfolgreichen Jägern geworden und hatten es nicht mehr nötig, die erlegte Beute bis auf den letzten kleinsten Bissen zu verzehren. Wahrscheinlich häuteten sie es, nahmen sich die schmackhaftesten Teile und warfen den Rest fort. Ergebnis war, dass die menschlichen Siedlungen von ganzen Haufen mit Nahrungsabfällen umgeben waren. Fleischfressende Tiere konnten sich daran bedienen, falls ihre Furcht vor den lauten und lärmenden Menschen sie nicht fernhielt. Vielleicht waren es anfangs die einsamen, ausgestoßenen Wölfe, die sich den Menschen anzuschließen begannen. Vielleicht kamen diese Einzelwölfe durch das leicht verdiente Futter wieder zu Kräften und gründeten neue Rudel. Sie brachten ihren Jungen bei, dass Menschen keine Feinde sind, sondern für luxuriöses Essen sorgen. Langsam entwickelte sich eine Wolfspopulation, die vollkommen an Menschen gewöhnt war. Und da immer Menschen in der Nähe waren, ist es gut denkbar, dass Wölfe die für sie typischen Formen der Bindung auch auf Menschen anwendeten. Auch die beträchtliche genetische Diversität des Wolfes könnte zu dieser Entwicklung beigetragen haben.[24]

Lassen Sie uns dies einmal aus Sicht der Menschen betrachten. Sie mussten diese weniger wertvollen Essensreste loswerden können, aber die Überbleibsel zogen auch Schakale oder Geier an oder sie verfaulten einfach. Es war daher vorteilhaft, einen selbsternannten Aufräumer zu haben, vor dem man sich nicht fürchten musste, weil er zahm war, der praktisch zur menschlichen Gruppe gehörte und der die unangenehmeren Mitesser auf Abstand hielt. Der erste große Nutzen, den Menschen vom Wolf hatten, war also ein Putz- und Aufräumservice, der immer zur Hand war. Aber wir sprechen nicht nur von fortgeworfenen Knochen. Hunde haben die – heutzutage als eklig empfundene – Angewohnheit, menschliche Ausscheidungen zu fressen. Und sie lecken gern an allem möglichen – nicht nur an Bratpfannen und Tellern, sondern auch an menschlichen Allerwertesten oder sogar an den Genitalien menstruierender Frauen. Wenn kein Wasser zur Verfügung steht, könnten solche »Dienste« durchaus wertvoll sein. In den Filmaufnahmen des Wolfsforschers Erik Zimen zum Hundeverhalten finden sich Beispiele für diese Reinigungsaktivitäten.

Und wenn die Lage schlecht und die Menschengruppe hungrig war, konnte sie immer noch ein paar Tiere der Reinigungsbrigade töten und aufessen. Auch die Pelze waren von großem Nutzen für unsere Vorfahren, die immer weiter nach Norden in kühlere Temperaturzonen vorstießen. Nicht nur die Pelze wärmten sie, sondern auch die lebenden, zahmen Wölfe. In gemäßigten Temperaturzonen frieren nackte Menschen nachts im Schlaf. Eine Möglichkeit, etwas dagegen zu tun, war, mit erheblichem Aufwand Tierfelle zu gewinnen und zu lernen, wie man sie verarbeitet und konserviert. In den frühzeitlichen Gesellschaften bestand eine Methode zur Fellkonservierung darin, dass Frauen solange an der Tierhaut kauten und nagten, bis alle verderblichen Fleisch- und Gewebereste entfernt waren. Die im Speichel enthaltenen Enzyme führten außerdem dazu, dass die Haut auch nach dem Trocknen weich blieb. (Versuchen Sie nicht, dies nachzumachen, auch wenn es anfangs vielleicht sogar ganz schmackhaft ist: Die Haut muss wirklich sehr lange gekaut werden, bevor sie nutzbar wird). Ein zahmer Wolf hingegen wärmt, ohne dass man kauen muss. Eine ganze Gruppe nackter Menschen konnte warm schlafen, wenn sie genug Wölfe zur Verfügung hatte.

Die Aborigines, die australischen Ureinwohner, nutzen sogar heute noch Dingos als »Bettdecken«. Ein Anthropologe berichtete von etwa zwanzig Dingos, die sich in der westaustralischen Wüste rund um das Lager einer kleinen Gruppe von Aborigines dauerhaft niedergelassen hatten. Die Aborigines streichelten die Dingos häufig, fütterten sie aber nicht und gaben ihnen auch keine Namen und die Dingos hatten keinen persönlichen Kontakt mit den Menschen. Die Dingos jagten für sich selbst und sammelten alles Essbare im Lager auf – anders gesagt, sie stahlen Nahrung, wenn man nicht auf sie aufpasste. Wenn die Gruppe zu einer Jagd aufbrach, war sie bestrebt, die Dingos im Lager zurückzulassen, damit sie nicht bei der Jagd stören sollten. Die Menschen tolerierten die Dingos hauptsächlich deshalb bei sich, weil sie eine Wärmequelle waren. In der Wüste fällt die Temperatur nachts bis fast auf den Gefrierpunkt, aber die Aborigines froren nicht, wenn sie sich mit den Dingos zusammenkuschelten. Der Anthropologe fotografierte die eng beieinander liegenden Menschen und Dingos, aber das Blitzlicht der Kamera erschreckte die Dingos so sehr, dass sie fortliefen und tagelang nicht zurückkamen, sodass die Aborigines einige Nächte lang frieren mussten.[25]

In einem Bericht über die Belagerung von Budapest im Jahr 1945 ist zu lesen: »Den Männern in den vorderen Positionen wurden Hunde zugeteilt, um sie vor der Kälte zu schützen, denn die Körpertemperatur von Tieren ist wesentlich höher als die von Menschen.«[26]

In anderen Worten: Nicht nur in grauer Vorzeit waren Menschen dazu bereit, mit Hunden ihre Schlafstatt zu teilen. Eine meiner Kolleginnen, Szima Naderi, befragte eine Reihe von Hundebesitzern auf ihren täglichen Spaziergängen. Sie stellte ihnen mehrere Fragen, unter anderem die, ob sie die Hunde in ihr Bett ließen. Zu unserer Überraschung gab fast die Hälfte – teils selbstbewusst, teils verlegen – an, dass dies häufig der Fall sei.

Die urzeitlichen Menschengruppen profitierten auch davon, dass die mit ihnen die Lagerstatt teilenden Wölfe sie warnten, wenn ein großes Raubtier in der Nähe des Lagers umherschlich. Geruchssinn und Gehör sind beim Wolf um ein Vielfaches feiner als beim Menschen. Zweifellos fanden einige Menschengruppen auch heraus, dass Wölfe beim Aufspüren und Stellen der Beute auf der Jagd nützlich waren. Viel später, erst vor wenigen Tausend Jahren, begannen Menschen auch damit, die Hüteeigenschaften der inzwischen domestizierten Wölfe zu nutzen. Mit der Entwicklung der Agrarkultur förderten die Menschen vermutlich diese Talente durch Zuchtauswahl. Ich erwähnte ja bereits zuvor, dass Wölfe gelegentlich Herden größerer Tiere hetzen, um diejenigen herauszufinden, die am leichtesten zu erbeuten sind. Auf Grundlage dieser Eigenschaft und entsprechender Zuchtauswahl ist es nicht schwierig, einen echten Schafhütehund zu züchten. Möglich ist auch, dass der Beginn der Feindschaft zwischen Wolf und Mensch exakt am Zeitpunkt des Entstehens der ersten Siedlungen und der Domestikation großer Nutztierherden festzumachen ist. Als die Menschengruppen noch weit verstreut lebten und ihren Lebensunterhalt allein durch die Jagd bestritten, störten die Wölfe sie nicht. Die nordamerikanischen Indianerstämme beispielsweise hatten weder Angst vor Wölfen noch hassten sie sie. Die Konflikte begannen erst nach der Bildung sesshafter Agrargesellschaften, die große Herden zahmer Tiere hielten: Jetzt hatten die Menschen einiges zu fürchten, denn die Herden wurden zur begehrten Beute für die Wölfe. Zu dieser Zeit waren natürlich auch schon Hunde zu Begleitern der Menschen geworden und das grausame Abschlachten der Wölfe hatte begonnen.

Was erzählen uns die Gene?

Die Geschichte zahmer Haustiere ist uns durch Knochenfunde aus menschlichen Siedlungen gut bekannt. Lange waren Archäologen der Meinung, dass der Hund das erste domestizierte Tier war und es wurde viel darüber debattiert, welche Umstände es möglich machen, Knochenfunde eindeutig entweder Hund oder Wolf zuzuordnen. Der Übergang geschah so allmählich, dass die Archäologen sogar das Konzept eines zahmen Wolfes einführten: Man fand Kieferknochen von Wölfen, die etwas kürzer waren als die wilder Wölfe, und deshalb nahm man an, dass sie von zahmen Wölfen stammen müssten.

Die ältesten Knochen, bei denen es sich zweifelsfrei um Hundeknochen handelt, sind etwa 14.000 Jahre alt,[27] aber in Sibirien und China fand man 20.000 Jahre alte Knochen, von denen man annimmt, dass sie zahmen Wölfen zuzuordnen sind.[28]

Reste, die allerdings auf Grundlage der Knochen nicht von denen von Wölfen zu unterscheiden sind, wurden auch mit früherer Datierung gefunden, zum Beispiel in Südfrankreich mit einem Alter von 150.000 Jahren[29] und älter, auch an Stellen frühmenschlicher Siedlungen. Man nahm an, dass diese Tiere Beute der Menschen waren und dass ihre Überreste zufällig mit denen der menschlichen Wohnstätten vermischt worden waren.

Die außerordentlich gründlichen DNA-Tests von Professor Robert Wayne und seinem aus acht Mitarbeitern bestehenden Forschungsteam an der Universität von Kalifornien haben vor kurzem aktuelle Daten aus dem Bereich der Molekularbiologie geliefert.[30]

Die Tests umfassten den Vergleich mitochondrialer DNA-Proben von 162 Wölfen aus Nordamerika, Europa, Asien und der arabischen Halbinsel sowie von 140 Hunden (davon 67 bekannte Varietäten und fünf Mischlinge) und von einigen Schakalarten und Präriewölfen (letztere trennten sich schon vor etwa einer Million Jahren von den echten Wölfen und bildeten einen eigenen Zweig).[31] Die Wissenschaftler bestimmten die präzise Reihenfolge der 261 Nukleotidpaare im Kontrollbereich der mitochondrialen DNA und zogen ihre Schlussfolgerungen aus diesen Daten sowie aus einer sekundären Analyse von DNA aus dem Zellkern.

Grundlage für die Tests war die Tatsache, dass die mitochondriale DNA nur von der Mutter an die Nachkommen vererbt wird und sie sich deshalb besonders gut für die Analyse genetischer Linien eignet, die über lange Zeiträume hinweg durch Mutationen entstanden sind. Wenn kleine Gruppen oder sogar Einzeltiere sich von einer Population abtrennen und ihre Nachkommen isoliert von der Ausgangsgruppe weiterleben, können sie selbst wieder eine größere Population hervorbringen. Anhand einer Analyse der Nukleotidreihenfolge in deren DNA kann man das Ausmaß der Mutationen seit dem Zeitpunkt der Abtrennung von der Elternpopulation bestimmen. Von da ausgehend kann man weiterhin die verwandtschaftlichen Beziehungen zwischen Gruppen, Populationen oder Individuen untersuchen. Man kann sogar die Mutationsrate schätzen und daraus ableiten, wann oder vor wie langer Zeit sich die verschiedenen Gruppen voneinander getrennt haben.

Das wichtigste Ergebnis dieser Untersuchung ist, dass nur Wölfe als Vorfahren der Hunde infrage kommen: Hund und Wolf unterscheiden sich nur durch 12 Mutationen, während die DNA von Hunden sich an 22 Orten von derjenigen von Schakalen und Präriewölfen unterscheidet. Vor ein paar Jahrzehnten hatte Konrad Lorenz noch angenommen, dass manche Hunderassen vom Goldschakal abstammten, aber die Taxonomen hatten ihn, hauptsächlich anhand von Verhaltensmerkmalen, davon überzeugt, dass Hunde ausschließlich vom Wolf abstammen.[32] Die Vokalisation von Hunden und Wölfen ist die gleiche, aber die Vokalisation des Goldschakals ähnelt eher der des Präriewolfes.

Das nächste überraschende Ergebnis ist, dass die Trennung des Hundes vom Wolf nicht vor ein paar Tausend Jahren stattfand, sondern eher vor etwa 135.000 Jahren. Das ist besonders deshalb interessant, weil unsere eigene Art, Homo sapiens, ungefähr um die gleiche Zeit entstand. Wayne erklärt die zehnfache Diskrepanz zwischen der Schätzung der Archäologen (14.000 Jahre) und der obigen Zeitspanne so: Hundevarietäten, die sich anatomisch vom Wolf unterschieden, traten erst vor 14.000 - 20.000 Jahren auf. Vor dieser Zeit unterschieden sich die Hunde von den Wölfen ausschließlich in ihrem Verhalten, aber nicht in ihrem Aussehen oder ihrer Skelettstruktur. Dies erscheint recht logisch in Anbetracht des Versuches der Archäologen, die erwähnten kaum wahrnehmbaren Unterschiede in den Knochenfunden zu denen vom Wolf damit zu erklären, dass es einen »zahmen Wolf« gegeben haben muss.

Allerdings müssen wir natürlich berücksichtigen, dass Zeitbestimmungen alleine auf der Grundlage von DNA-Analysen nicht absolut sicher sind und mit Hilfe anderer Methoden bestätigt werden müssen. Eine neue, auf breiter Probenentnahme basierende DNA-Studie von Wölfen und Hunden kommt zu der Einschätzung, dass die beiden Arten sich vor fünfzehn- bis vierzigtausend Jahren voneinander trennten und argumentiert schlüssig, dass es der kleinere asiatische Wolf war, der domestiziert wurde.[33]

Neben diesen wichtigen Schlussfolgerungen ergab die Studie aber auch noch einige andere interessante Ergebnisse. Es ist inzwischen unstrittig, dass die Domestikation an zwei verschiedenen Zeitpunkten stattfand und ein außerordentliches Ereignis war, das große Intelligenz voraussetzte. Die von Menschen geschaffene Hundepopulation vermehrte sich schnell und erreichte zusammen mit den Menschen bald jeden Teil des Erdballs. Es lässt sich auch zeigen, dass genau die Wolfs-

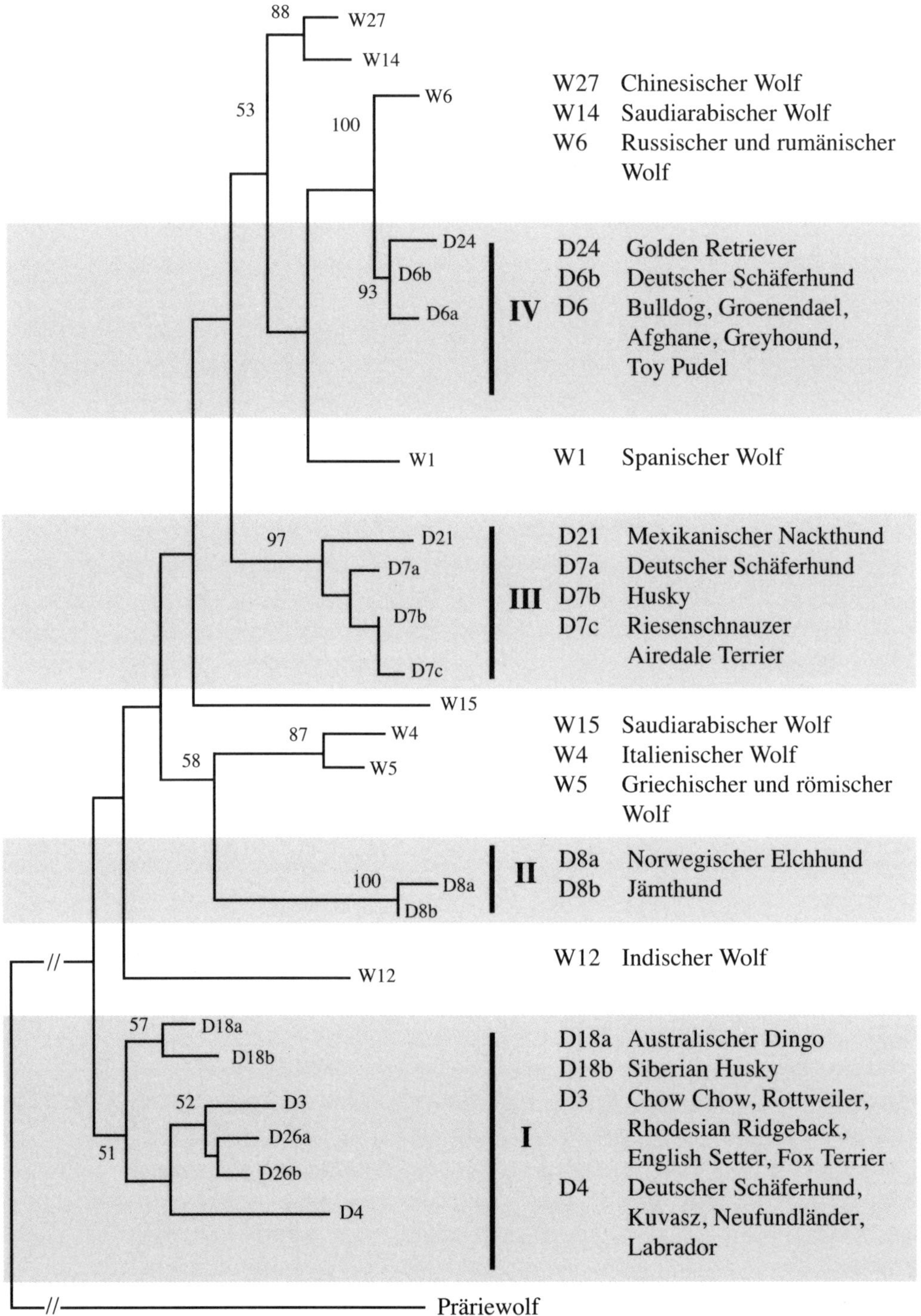

Abb. 5: Die Verwandtschaft von Hund und Wolf auf Grundlage von vier DNA-Fragmenten

populationen, aus denen die Hunde hervorgegangen waren, ausstarben und manche Hunderassen als Ergebnis neuerer Kreuzungszucht wieder neue Wolfs-DNA gewonnen haben. Anders gesagt trug die große genetische Vielfalt wilder Wölfe dazu bei, dass es zur Schaffung verschiedener Hunderassen mit verschiedener Spezialisierung kam. Eine interessante Erkenntnis der neueren Forschung ist, dass die verschiedenen Hunderassen genetisch nicht homogen sind. Die Ähnlichkeiten in Aussehen und Verhalten der Hunderassen verbergen einen genetisch diversifizierten Hintergrund, in dem der Hund nur einer einzigen anderen Spezies gleicht – dem Menschen. Jeder einzelne je untersuchte Hund lässt sich einer von vier DNA-Kategorien zuordnen, auch wenn bei einer bestimmten Rasse mehrere Kategorien vorkommen können (siehe Abb. 5). Zum Beispiel können drei Kategorien beim mexikanischen Nackthund und zwei beim Deutschen Schäferhund nachgewiesen werden.

Die Ergebnisse aus der Molekularbiologie untermauern deutlich, was ich bisher über den möglichen Verlauf der Domestikation gesagt habe. Hinzufügen sollte ich noch Folgendes: Zwar erfüllten zahme Wölfe lange Zeit zufriedenstellend die Funktionen »Lager aufräumen«, »Menschen nachts wärmen« und »vor Eindringlingen warnen«, aber irgendwann – genauer gesagt, an zwei verschiedenen Zeitpunkten, nach den Ergebnissen von Waynes Studie – traten so vorteilhafte Verhaltensmutationen auf, dass unsere Vorfahren, die Gruppen von Homo sapiens, einen starken Anreiz dazu hatten, sie durch gezielte Zuchtwahl zu verstärken. Hunde stammen von diesen mutierten Wölfen ab. Wir können nur Vermutungen anstellen, was genau diese für Menschen wertvollen Verhaltenseigenschaften waren, weil das Verhalten von Wölfen und Hunden sich in vielerlei Hinsicht unterscheidet.

Hunde sind neu geschaffene Tiere und sehr vom Wolf verschieden

Vielleicht sollte man besser nicht mit den Unterschieden beginnen, sondern mit den offensichtlichen Gemeinsamkeiten, die es den Wölfen möglich gemacht haben, auch schon vor Auftreten der oben erwähnten Mutationen unter Menschen zu leben. Menschen und Wölfe sind beide hoch sozial veranlagte Lebewesen, bei denen die Akzeptanz von Rangordnung und Dominanz im Erbgut verankert ist. Die Mehrheit der freien Wölfe lebt in untergeordneter Position. Diejenigen Wölfe, die sich den Menschen anschlossen, mussten deren dauernde Dominanz akzeptieren. Diese Bedingung war für die Wölfe nicht sonderlich schwer zu verkraften, denn sie wurde damit ausgeglichen, dass die Menschen Futter verteilten. Der einzige bedeutende Unterschied zwischen dem wölfischen und dem menschlichen Rangordnungskonzept besteht darin, dass Wölfe oft und sehr aggressiv um den Aufstieg kämpfen, die entsprechende Aktivität unter Menschen jedoch sehr viel freundlicher ausfällt. Daraus lässt sich folgern, dass in der Frühzeit der Domestikation diejenigen Tiere aussortiert werden mussten, die sich von Zeit zu Zeit gegen die menschliche Dominanz auflehnten. Wenn Wölfe oder frühzeitliche Hunde Menschen angriffen, wurden sie getötet. Die Selektion ging also schnell vonstatten: Ergebnis war ein freundlicher, vertrauenswürdiger Hund, der sich disziplinieren ließ. Bei sozial organisierten Spezies entwickeln sich verschiedene Bindungsmechanismen, welche die gegenseitige Anziehungskraft der Mitglieder einer Spezies stärken. Diese Mechanismen waren sowohl beim Menschen als auch beim Wolf vorhanden. Der Unterschied ist nur, dass bei den Wölfen die erste kurze Lebensphase eine Rolle für ihre Sozialisation spielt und sich auf ihr gesamtes weiteres Leben auswirkt. Ein domestizierter Hund kann mehrere Herrchen hintereinander haben. Der neue Besitzer wird auch dann erwarten, dass sein Hund sich an ihn bindet, wenn er ihn als erwachsenen oder älteren Hund bekommen hat. Diese Bindung findet auch statt, wenn der Mensch den Hund richtig behandelt. Eine wichtige Änderung des genetischen Aufbaus vom Wolf zum Hund bestand also darin, dass die Sozialisationsperiode sich erheblich verlängerte und dass der Hund sein ganzes Leben lang in der Lage ist, dauerhafte Bindungen einzugehen.

Ein typisches Merkmal beider Arten ist die Kooperation. Wölfe beobachten die Aktivitäten ihrer Rudelgefährten genau und kooperieren sehr gerne mit ihnen, wenn sie Möglichkeiten für gemeinsame Unternehmungen wahrnehmen. Jagen, Verteidigung und interne Gruppenstreitigkeiten bieten zahlreiche Möglichkeiten zur Zusammenarbeit. Während seiner Verwandlung zum Hund musste der Wolf lernen (und auch dazu waren genetische Veränderungen notwendig), dass alles, woran Menschen ein Interesse haben, zu einem Auslöser für gemeinsame Aktion werden kann. Hunde werden mit Begeisterung helfen, man kann sie aber auch lehren, sich zurückzuhalten und bewusst zu regulieren, ihre Aktivitäten zu stoppen oder wieder aufzunehmen, und das insbesondere in Übereinstimmung mit den Wünschen des Menschen.

Das letzte Merkmal, das ich als wichtig für die Unterscheidung zwischen Wolf und Hund erachte, gehört in den Bereich der Kommunikation: Es ist die Fähigkeit, zu interpretieren. Wir haben bereits gesehen, dass die Kommunikationssignale von Wölfen sich erheblich von denen anderer Tierarten unterscheiden können. Ihre genaue Bedeutung kann nur im Zusammenhang der Geschehnisse entschlüsselt werden – daraus folgt, dass der Vorgang der Interpretation Teil einer erfolgreichen Kommunikation ist. In dieser Hinsicht ist die menschliche Kommunikation sehr viel weiter fortgeschritten und hat sich mit Hilfe der gesprochenen Sprache auf ein neues evolutionäres Niveau angehoben. Zu Beginn ihrer Domestikation müssen Wölfe ständig Interpretationsschwierigkeiten gehabt haben. Menschen haben keine Rute, können ihre Ohren nicht bewegen und haben ungewohnte Körpergerüche. Andererseits haben sie Hände, mit denen sie über unverständliche Dinge gestikulieren können. Aus diesem Grund haben Gebrauch und Interpretation erlernter Signale in der Kommunikation zwischen Menschen und Hunden eine viel größere Bedeutung. Die

Nachkommen der Wölfe konnten nur dann in der menschlichen Gemeinschaft bleiben, wenn ihr Verstand dazu in der Lage war, die menschlichen Handlungen zu verfolgen und die ihnen vorausgehenden kleinen, kaum merklichen Hinweise richtig zu interpretieren.

Sie mussten außerdem anhand dieser Hinweise voraussehen können, welche Rolle sie bei diesen Aktivitäten spielen würden. Die Interpretation wurde weiter erschwert durch die Tatsache, dass bei Menschen die Vokalisation oder gesprochene Sprache eine so herausragende Bedeutung für die Kommunikation hat. Hunde sehen sich einem fast endlosen Redefluss von Seiten der Menschen konfrontiert, aus dem sie diejenigen Worte herausfiltern müssen, die für sie von Bedeutung sind. Dies war möglicherweise die größte Herausforderung für die Wölfe, die ein Bündnis mit den Menschen eingingen – aber eine, die sie sehr erfolgreich meisterten.

Selbst die reine Aufzählung der Unterschiede zwischen Hunden und Wölfen ist schwierig, vor allem deshalb, weil wir kaum wissen, was in den Köpfen von Hunden wirklich vorgeht. Trotz der langen Freundschaft zwischen Hund und Mensch gibt es nur sehr wenige akzeptable wissenschaftliche Untersuchungen. Und über Wölfe wissen wir noch weniger.

Wie in Studien herausgearbeitet wurde, macht es einen großen Unterschied, ob wir nur erwachsene Tiere miteinander vergleichen oder ob wir auch die Jungtiere mit einbeziehen. Beim erwachsenen Hund sind sehr viele Merkmale vorhanden, die sich beim Wolf nur bei den Welpen zeigen. Dieser Unterschied manifestiert sich auch in der Körpersprache oder in Verhalten wie Bellen. Wolfswelpen bellen viel, erwachsene Wölfe aber nur selten. Aber die Bellbereitschaft der erwachsenen Hunde ist ein typisches Merkmal der Spezies Hund. Evolutionsbiologen betrachten dies als einen typischen Fall von Neotenie. Neotenie ist ein evolutionärer Prozess, in dem sich eine Spezies so verändert, dass die während der Jugendentwicklung eines Individuums auftretenden und normalerweise später wieder verschwindenden Merkmale beim erwachsenen Tier erhalten bleiben. Mit Neotenie lässt sich auch die Bildung vieler typisch menschlicher Eigenschaften erklären. Als Babys ähneln Schimpansen dem Menschen viel stärker, als sie es später als Erwachsene tun. Auch Wolfswelpen ähneln im Allgemeinen Hunden stärker, als erwachsene Wölfe das tun. Für erhebliche Komplikationen sorgt allerdings die Tatsache, dass die vielen hundert Hunderassen sich erheblich und in zahllosen Merkmalen voneinander unterscheiden[34]. Bei einem Eins-zu-Eins-Vergleich von Hunderassen mit Wölfen würden wir wahrscheinlich feststellen, dass viele typische Wolfseigenschaften bei Hunden fehlen. Würden wir aber die Gesamtsumme aller Hunde als eine einzige Gruppe betrachten, so wie Biologen das tun, dann könnte man jedes wölfische Merkmal in irgendeiner der Hunderassen wiederfinden. Natürlich könnten wir nicht so allgemeine Schlussfolgerungen ziehen wie beispielsweise »Hunde haben kürzere Wangenknochen als Wölfe«[35], weil dies zwar für Welpen und Bulldogs zutrifft, aber für viele andere Hunderassen nicht. Genauso würden wir nicht sagen können, dass Hunde im Gegensatz zu Wölfen sehr gern mit Gegenständen spielen, weil das zwar für Retriever zutrifft, aber nicht für Malamutes.

Bemerkenswert kleine Unterschiede finden wir, wenn wir die tiefsten Schichten der Verhaltensstrukturen untersuchen oder Verhaltensmuster vergleichen. Das klassische Werk der Professoren Scott und Fuller zu Hundeverhalten und Genetik[36] enthält detaillierte Vergleiche von Verhaltensmustern verschiedener Hunderassen. Dabei finden sich nur wenige, die auch von Wölfen geteilt werden. Dazu gehören die verschiedenen Arten des Hygieneverhaltens.

Weitere Unterschiede finden sich in den höheren Schichten der Verhaltensstrukturen. Wir haben bereits festgestellt, dass bei Hunden, genau wie bei Menschen, Aggressionen innerhalb der eigenen Gruppe stark reduziert sind. Klar ist auch, dass die vom Menschen vorgenommene genetische Selektion das praktisch unaufhörliche Streben der Wölfe nach Aufstieg in der Rangordnung stoppt. Mit Menschen zusammen lebende Hunde zeigen eher freundliches Wettbewerbsverhalten – der Grund dafür, dass Gruppen von mehreren hundert Tieren auf kleinem und begrenztem Raum zusammen gehalten werden können. Tierheime sind ein gutes Beispiel hierfür. Würde man Wölfe – selbst in geringerer Anzahl – unter solchen Umständen einsperren, würden sie sich gegenseitig an die Kehle gehen. Charakteristisch für Hunde ist auch, dass sie Menschen wie Artgenossen behandeln und sich sogar von menschlicher Gegenwart und Berührung durch Menschen besonders angezogen fühlen. Hundebesitzer wissen, dass Futter nicht die einzig mögliche Belohnung ist, sondern dass Lob und ein Streicheln ebenfalls ausreichen können – auch wenn natürlich köstliche Leckerbissen als Teil der sozialen Belohnungsstruktur betrachtet werden können.

Erhebliche Unterschiede zwischen Hunden und Wölfen bestehen im Jagd- und Treibverhalten, bei sozialen Merkmalen und in der Vokalisation. Man kann Hunden beibringen, eine Beute zu verfolgen und zu fangen, aber der durchschnittliche, in der Familie aufgewachsene Hund wird nicht wissen, was er damit anfangen soll, wenn er sie erst erwischt hat. Bei Jungwölfen hingegen ist die Fähigkeit zum schnellen Töten der Beute fest verankert. Manche Hütehundrassen wie zum Beispiel Border Collies zeigen wolfsähnliche Manöver zum Stellen ihrer »Beute«, wissen aber nicht, wie sie die letzte Verhaltenssequenz und das Töten ausführen sollen. Wäre das anders, könnte man sie auch selbstverständlich nicht als Hütehunde einsetzen. Andere Rassen wiederum, so wie der Kuvasz in Ungarn oder der Komondor in Transsylvanien, schützen die Schafherden vor Beutegreifern, hüten sie aber nicht.

Es ist charakteristisch für Hunde, dass man sie zurückrufen kann und dass sie selbst sich zurückhalten und geduldig die Erlaubnis des Menschen abwarten können, was für einen Schäfer sehr wichtig ist. Das gleiche Merkmal trifft übrigens auch auf Menschen zu. Am Lehrstuhl für Ethologie der Eötvös Lóránd Universität (ELTE) [37] haben wir einmal einen Fuchs aufgezogen. Er kam im Alter von wenigen Wochen zu uns und wurde zu einem sehr freundlichen Tier, das man sich auf den

Schoß setzen und streicheln konnte. Es gab nur eine Ausnahme von diesem Verhalten, nämlich die Futterzeit. Wenn der kleine Fuchs einen Teller voll Rinderleber bekam, stürzte er sich sofort auf das Futter und schlang es hinunter. Als einer meiner Kollegen einmal nachträglich den Teller zurechtrücken wollte, griff der Fuchs ihn wütend an und biss ihn in den Finger. Aus ähnlichen Fällen lernten wir später, dass es nicht ratsam war, sich dem Fuchs zur Fütterungszeit auf mehr als etwa zwei Meter zu nähern, weil er sonst angriff. Ein gut erzogener Hund lernt hingegen leicht, neben seinem gefüllten Napf zu warten, bis man ihm die Erlaubnis zum Fressen gibt – selbst wenn ihm der Speichel schon von den Lefzen tropft.

Meine eigenen Hunde leben in einem Haus, das mit vielen kleinen Gegenständen geradezu vollgestopft ist, aber sie haben noch nie etwas umgeworfen oder kaputt gemacht, obwohl es im Alltag oft recht lebhaft hergeht. Und das, ohne dass man es ihnen je speziell beigebracht hätte.

Wenn ich ihnen befehle, mir einen weiter weg liegenden Gegenstand wie einen Ball oder einen hölzernen Gegenstand zu bringen, nehmen sie ihn äußerst vorsichtig auf und wenn sie dabei versehentlich etwas anderes verrücken, halten sie sofort inne und bitten mich mit Blicken oder Bellen um Hilfe. Nie habe ich ihnen beigebracht, all diese Gegenstände, die für sie ja keinerlei Bedeutung haben, zu respektieren, aber sie tun es trotzdem. Vielleicht ist dieses Verhalten die Konsequenz eines neuen Merkmales, auf das ich in Kürze näher eingehen werde: Die Beachtung von Regeln.

Auch die Vokalisation hat sich vom Wolf zum Hund verändert. Das Heulen existiert immer noch und kann gelegentlich auftreten, aber erwachsene Hunde bellen wie Wolfsjunge, wenn auch auf strukturiertere Art und Weise. Eine Forschungsgruppe zum Thema Verhalten und Genetik unter Leitung des russischen Professors Belyaev untersuchte unter anderem die Domestikation von Silberfüchsen[38]. Silberfüchse werden in großer Zahl gezüchtet und die Tatsache, dass sie ihr wildes, ungeselliges und aggressives Wesen behalten haben, stellt die Pfleger oft vor Probleme. Belyaevs Gruppe selektierte die Silberfüchse nun über mehrere Generationen hinweg nur nach dem Merkmal Zahmheit gegenüber Menschen. In der achten oder neunten Generation ließen sich die Füchse recht gut zähmen und waren zu Menschen hingezogen. Dabei trat aber noch ein weiteres, sehr interessantes Merkmal zutage: Diese zahmen Füchse bellten viel, genau wie Hunde[39]. Ich habe diese Füchse selbst gesehen und als mögliche Erklärung vorgeschlagen, dass die Fähigkeit der Füchse zur Wiedererkennung von Artgenossen durch die züchterische Selektion abgenommen haben könnte und dass sie deshalb Menschen so betrachteten wie Mitglieder ihrer eigenen Spezies. Dies führt dazu, dass sie zahm werden und Menschen auf ihre eigene Art und Weise zu imitieren beginnen. Meiner Vermutung, dass das Bellen der zahmen Füchse der Versuch einer groben Nachahmung der menschlichen Sprache sein könnte, wurden von den russischen Wissenschaftlern nicht widersprochen.

Noch einen weiteren Unterschied zwischen Hunden und Wölfen sollten wir erwähnen: Die Hirnrinde des Hundes ist um etwa 30% kleiner als die des Wolfes. Man könnte also annehmen, dass Wölfe viel klüger sein müssten, aber dafür gibt es keinerlei Beweis. Erstens deshalb, weil die gemessenen Größenunterschiede vor allem diejenigen Gehirnbereiche betreffen, die für die Kontrolle der Sinneswahrnehmungen zuständig sind. Hunde sind also möglicherweise ihren Vorfahren hinsichtlich Seh-, Hör- und Riechvermögen unterlegen, weil kein dauernder äußerer Druck bestand, diese oft lebensrettenden Fähigkeiten mittels natürlicher Auslese so weit wie möglich zu optimieren. Der zweite Beweis dafür, dass Wölfe nicht zwangsläufig klüger sind, ist, dass die wahren Unterschiede in der geistigen Beweglichkeit liegen: Hunde sind viel leichter erziehbar[40] und sie können sich selbst zurücknehmen, wenn die erfolgreiche Lösung einer Aufgabe dies erfordert. Anders gesagt: Die Funktion des Wolfsverstandes ist viel stärker von genetischen Determinanten beeinflusst, während der Verstand des Hundes besser durch Umwelteinflüsse und Lernen weiterentwickelt werden kann und zu Mechanismen geformt wurde, die denen des menschlichen Verstandes in vielerlei Hinsicht gleichen. Der Erfolg dieser Umbildung ist mehr als nur eine Funktion der hündischen Gehirnmasse.

Das ist leicht zu verstehen, wenn wir darüber nachdenken, für welche Aufgaben Menschen Hunde einsetzen. Wir haben bereits die Funktionen Aufräumen und Saubermachen, Alarm schlagen, Körperwärme abgeben sowie Jagen und Viehhüten erwähnt. Davon gibt es natürlich wiederum verschiedene spezielle Unterfunktionen, wie beispielsweise die von Schäferhunden, Retrievern und Settern erfüllten. Es gibt sogar Berichte von Hunden, die darauf spezialisiert sind, Tiger lebendig zu fangen. Im Zweiten Weltkrieg wurden Armeehunde verbreitet als Nachrichtenübermittler eingesetzt.[41] Von Wachhunden einmal abgesehen ist der am meisten verbreitete Hund heute der Familienhund, den wir zu unserem Vergnügen und zur Erfüllung emotionaler Bedürfnisse halten. Wir benützen Hunde auch zu unserem Schutz, als Blindenführhunde oder als Assistenzhunde für Körperbehinderte. Letztere können Geldmünzen vom Boden aufheben, einen Telefonhörer abnehmen und wieder auflegen, das Licht an- oder ausschalten und auf Kommando Gegenstände apportieren. Vielen Hunden bringt man auch bei, nach bestimmten Gegenständen oder Menschen zu suchen. Rettungshunde, Sprengstoff- oder Drogenspürhunde und Hunde, die nach versteckten, verletzten oder toten Menschen suchen, sind für Polizei und Rettungsdienste eine große Hilfe. Brasilianische Indianer setzen Hunde zur Warnung vor Giftschlangen auf den Urwaldpfaden ein. Hunde können mit ihrem feinen Geruchssinn die bevorstehende Geburt eines Kälbchens wahrnehmen und anzeigen oder Waldarbeiter auf schädliche Insekten hinweisen. Sie können sogar noch kompliziertere Aufgaben wahrnehmen und beispielsweise ihren Herrn vor einem bevorstehenden Epilepsieanfall warnen oder verschiedene Arten von Hautkrebs identifizieren. Hunde tun auch so mancherlei Dienst im medizinischen Bereich, und ich denke hierbei nicht an die Versuchshunde im Labor, an denen man neue Medikamente oder Operationsverfahren testet (der Gedanke hieran ist mir sehr zuwider). Vielmehr habe ich diejenigen Hunde im Sinn, die zu therapeutischen Zwecken eingesetzt werden. Sie werden dazu ausgebildet, sich von fremden Menschen willig streicheln und umarmen zu lassen und auch dann nicht ihre Zähne einzusetzen, wenn eine ungeschickte Hand ihnen Schmerzen zufügt. Man bringt sie regelmäßig in Altenheime und Waisenhäuser, denn es ist wissenschaftlich erwiesen, dass das Streicheln und Umarmen von Tieren den mentalen Zustand der Patienten oder Bewohner verbessert. Der Mensch braucht sein Leben lang Umarmungen und Berührungen. Beides regt im Körper die Produktion von Endorphinen an, denjenigen Stoffen, die eine so tiefgreifende Wirkung auf unsere komplizierten sozialen Regulationsmechanismen haben. Die im Gehirn freigesetzten Endorphine spielen eine wichtige Rolle für das Wohlbefinden. Alte Menschen, die regelmäßig Umgang mit Therapiehunden haben, sind weniger anfällig für Depressionen, ihre Durchblutung verbessert sich und ihre Lebenserwartung steigt nachweislich an.[42]

Bislang noch unerwähnt blieben die verschiedenen Sporthunde. Neuerdings zählt man auch Schlittenhunde zu dieser Kategorie, aber in vielen Fällen sind sie immer noch wichtige Helfer im Alltag. Lassen Sie uns auch nicht die vielen Hunde vergessen, die in Film, Fernsehen und Zirkus auftreten. Und schließlich erfreuen sich zahlreiche Menschen am spannenden und von einem gewissen Wettbewerbscharakter geprägten Hobby des Züchtens von Hunden nach den Erfordernissen eines bestimmten Rassestandards. Persönlich befürworte ich dieses wettbewerbsmäßige Züchten nicht, weil die Richter bei der Beurteilung die Wesenseigenschaften der Hunde nicht oder zumindest in nur sehr geringem Umfang berücksichtigen. In vielen Fällen führt dies zur Verschlechterung ganzer Rassen – aber mehr dazu später. Ganz gleich wie viele Witze man über Schoßhündchen machen mag – sie sind genauso nützlich wie Therapiehunde. Hunde werden aber auch zu Zwecken eingesetzt, die in unserer Kultur verboten oder geächtet sind. So gibt es leider immer noch blutige Hundekämpfe und im fernen Osten werden Hunde auch heute noch gegessen. Die zu letzterem bestimmten Rassen sind angeblich besonders unintelligent und von trägem Verstand, aber das ist – besonders für einen Ethologen – nur ein schwacher Trost.

Diese Aufzählung ist sicher nicht vollständig und erhebt auch keinen Anspruch auf Vollständigkeit. Sie möchte einfach zeigen, welche verschiedenen Nutzen Menschen aus ihrem »Bündnis« mit Hunden ziehen. Kein anderes Haustier hat so viele verschiedene Nutzen.

Natürlich gehören zu einem Bündnis immer zwei. Auch der Hund zieht Vorteile daraus: Unterkunft, Futter und manchmal auch echte Freundschaft und Liebe. Es ist irgendwie seltsam, wie die Menschen, doch so sichtlich von der Natur entfremdet, Hunde in ihre künstliche Umgebung und mit menschengemachten Gegenständen vollgestopften Häuser bringen. Sicher ist, dass der Hund nicht einfach eines von vielen anderen Tieren ist, sondern eher eine Kreatur des Menschen – ein »künstliches«

Tier, dessen Verhalten und Aussehen von menschlichen Wünschen geformt wurde. Es ist durchaus vorstellbar – und ich hoffe, man wird es eines Tages auch beweisen können – dass die parallele Evolution von Menschen und Hunden nicht nur letztere verändert hat. Bemerkenswert ist, dass der Beginn der Domestikation von Hunden und die Erscheinung des Homo sapiens ungefähr zur gleichen Zeit stattfanden. Für einen Biologen ist der Gedanke nicht so abwegig, dass in den Frühphasen der Domestikation diejenigen Menschengruppen einen Vorteil gegenüber anderen hatten, die Wölfe in ihrer Mitte akzeptierten. Sollte dies stimmen, müsste sich auch das Erbmaterial des Menschen mit der Domestikation des Hundes verändert haben. Möglicherweise haben wir es hier mit einer gemeinsamen Entwicklung oder Co-Evolution zu tun, und es wäre sicher eine spannende Aufgabe, nach Beweisen dafür zu suchen, falls solche existieren sollten. Vielleicht sind wir die Nachfahren früher Menschen, die eine besondere Vorliebe für Hunde hatten oder gerne emotionale Bindungen zu Hunden eingingen. Vielleicht wurde unser Verhalten so verändert, dass wir heute ein angeborenes Bedürfnis nach dem Kontakt zu Hunden verspüren. Solche Veränderungen könnten die Leidenschaft der Hundehalter erklären, mit der diese ihre Tiere als Begleiter, emotionale Partner und manchmal auch als Kinderersatz betrachten. Natürlich können Sitten und Gebräuche einer beliebigen Kultur solche Einstellungen komplett verändern und umkehren.

Meine Theorie ist, dass Menschen und Hunde deshalb so enge Bindungen miteinander eingehen konnten, weil die Hunde durch Domestikation und unbewusste Zuchtauswahl mentale Merkmale erwarben, die denen von Menschen in vielerlei Hinsicht ähneln.[43] Anders gesagt: Einerseits ist es ein künstlich geschaffenes Tier, andererseits ähnelt es uns. Diese Ähnlichkeiten sind, wenn sie wirklich existieren, sehr wichtig, denn sie ermöglichen uns einen kurzen Blick in die frühe Periode unserer eigenen Evolution. Wir begannen unsere Forschungsarbeiten an Hunden am Lehrstuhl für Ethologie der Eötvös Lóránd Universität deshalb, weil wir folgende, bereits in den vorigen Kapiteln erwähnte Hypothese aufgestellt hatten: Diejenigen Merkmale, welche den Menschen vom Tier unterscheiden, der so genannte menschliche Verhaltenskomplex, weist einige wichtige Elemente auf, die in einfacherer Form auch bei Hunden vorhanden sein müssen, denn ohne sie hätten Hunde nicht so lange in Gemeinschaft mit den Menschen überleben können. Die natürliche Umwelt ist für Hunde die menschliche Gesellschaft. Im Verlauf der Domestikation haben wir mit denjenigen Hunden weiter gezüchtet, die besonders anhänglich waren, die unsere Art der Kommunikation am besten verstanden und die sich am leichtesten an unsere gesellschaftlichen Umstände anpassten. Aber hinter diesen zahllosen praktischen Absichten der Zuchtauswahl gibt es einen bestimmten gemeinsamen Nenner. Zu welchem Einatzzweck auch immer ein Hund bestimmt ist, wichtig ist, dass er gehorcht, versteht, was man von ihm möchte und dass er zur Einschätzung der Situation fähig ist, in der er eine bestimmte Aufgabe lösen soll. Menschen sprechen andauernd zu Hunden, geben ihnen Kommandos, loben sie und schimpfen auch mit ihnen, wenn es nötig ist.[44] Nur diejenigen Hunde, die eine solche Kommunikation verstehen und in der Lage sind, ihr Verhalten entsprechend anzupassen, können gute Leistung zeigen. Die Zuchtauswahl während der Domestikation begünstigt genau solche Individuen, weil die Menschen ihre Nachkommen eher als andere behalten. Es sind nur kleine, allerdings über mehrere Generationen hinweg bestehen bleibende Bevorzugungen in der Selektion notwendig, damit in der Evolution genetische Veränderungen stattfinden. Der durchschnittliche in menschlicher Umgebung lebende Hund versteht – bis zu einem gewissen Grad – mindestens vierzig bis fünfzig Begriffe, befolgt Kommandos und ist auch in schwierigen Situation fähig, angemessen zu reagieren. Er ist willens, mit seinem Herrn zusammenzuarbeiten und sogar sehr erpicht darauf, er spiegelt Stimmungsänderungen seines Herrn wider und er versucht sogar, seinen Herrn nachzuahmen.

Sollte diese Hypothese nicht vollkommen haltlos sein und jeder Grundlage entbehren, dann könnten Hunde auch als Modell für die frühe Evolution des Menschen dienen. Wenn wir wissenschaftlich nachweisen könnten, dass Hunde einen Verhaltenskomplex erworben haben, der dem unseren ähnelt, dann wären dessen einzelne Komponenten nicht durch Zufall entstanden, sondern unterliegen irgendeinem wichtigen Mechanismus der Verhaltensevolution. Die Beobachtung von Hunden könnte uns also wichtige Dinge über die frühe Phase der Evolution des menschlichen Verhaltens lehren.

Es gibt in der Wissenschaft Versuche, das Verhalten von Menschen der Frühzeit zu rekonstruieren. Dabei versucht man, die wichtigen Entwicklungsschritte menschlichen Verhaltens aus dem Verhalten unserer nächsten Verwandten, der Affen (ganz besonders der Schimpansen und Bonobos), abzuleiten. Dieser Forschungszweig zieht seine Schlussfolgerungen auf der Grundlage einer Homologie des Verhaltens. Die Theorie der evolutionären Analogie und Homologie erklärt Änlichkeiten und Unterschiede; sie ist in der Biologie von großer Bedeutung. Die Ähnlichkeit von Merkmalen kann sowohl Ergebnis einer evolutionären Analogie als auch einer Homologie sein, aber in ersterem Fall resultieren die Ähnlichkeiten nur aus identischen Umweltbedingungen, während in letzterem Fall zwei sich ähnelnde Merkmalskomplexe auch gemeinsame strukturelle Ursprünge haben. Ein Beispiel: Die Flossen von Delfinen sehen denen von Fischen der gleichen Größe sehr ähnlich. Der Grund dafür ist, dass sie beiden zur Fortbewegung im Wasser dienen. Die Delfinflossen haben sich aber nachweislich erst sehr viel später aus den Gliedmaßen von Säugetieren entwickelt, denn ihre Vorfahren waren vor etwa dreißig Millionen Jahren Landsäugetiere (siehe Abb. 6).

Die Ähnlichkeit zwischen Delfin- und Fischflossen entspricht also einer Analogie, während die funktionale Beziehung zwischen Delfinflossen und Säugetierbeinen auf einer Homologie basiert. Das duale Konzept von Analogie und Homologie hilft Ethologen dabei, Schlussfolgerungen aus dem Vergleich von Verhalten verschiedener Spezies zu ziehen. Eine Homologie kann aber auch irreführend sein, weil

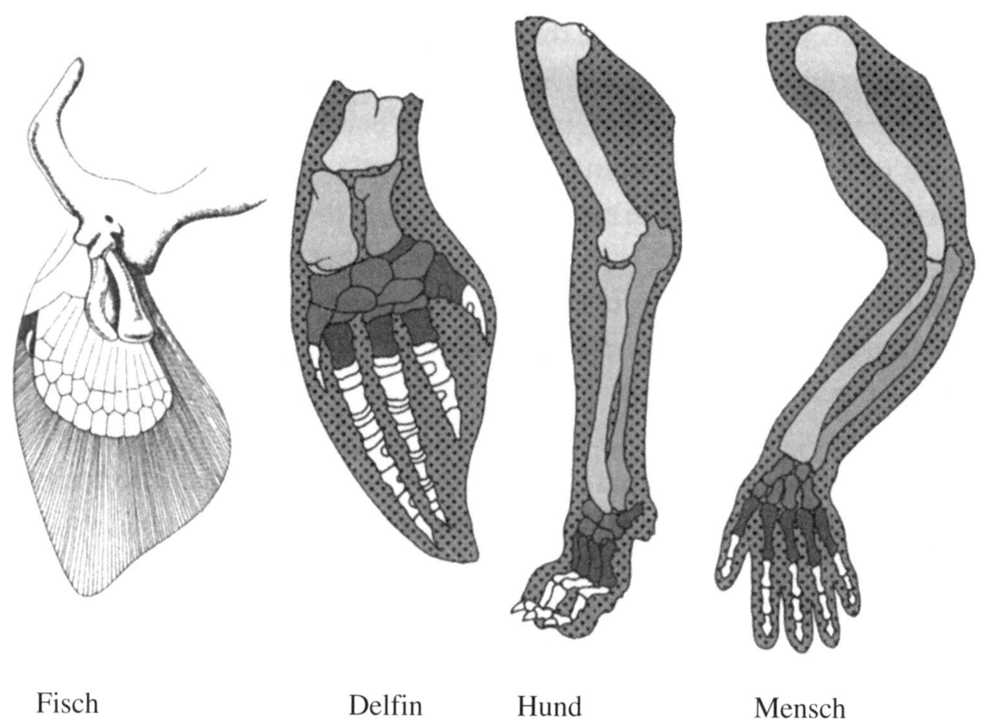

*Abb. 6: Homologie und Analogie auf Grundlage körperlicher Merkmale**

* Knochen gemeinsamen Ursprungs schattiert dargestellt

sie Verhaltensmechanismen verbergen kann, die als Antwort auf neuen evolutionären Druck hin entstanden sind. Analogien spiegeln die Charakteristika evolutionären Druckes sehr viel genauer wider, besonders, wenn wir Parallelentwicklungen zweier nur entfernt verwandter Spezies wie Mensch und Hund untersuchen. Wenn wir im Verhalten von Hunden grundlegende Merkmale des menschlichen Verhaltenskomplexes nachweisen können (wobei wir die sich in diesem Fall gering auswirkende Homologie, dass beides Säugetiere sind, vernachlässigen oder außer Acht lassen können), dann können wir ein besseres Verständnis derjenigen funktional miteinander verbundenen Mechanismen gewinnen, die während der Evolution durch menschliche Lebensgewohnheiten entstanden sind.

In den nächsten Kapiteln werde ich einige bescheidene Ergebnisse dieser Forschungsarbeit vorstellen.

Teil Zwei

Ähnlichkeiten im Verhalten von Mensch und Hund

Menschen und Hunde sind beide soziale Wesen. Sie haben deshalb eine besondere soziale Intelligenz entwickelt, weil sie sich zu anderen Mitgliedern ihrer Gruppe hingezogen fühlen und mit ihnen Bindungen eingehen. Das Bündnis zwischen Wölfen und Menschen schuf eine ganz neue Situation, deren wichtigstes Ergebnis eben genau das Entstehen von Bindungen zwischen beiden war.

Kapitel 4

Bindungen

Hunde binden sich an Menschen

In Gruppen lebende Tiere haben schon bald nach ihrer Geburt zwei große Probleme zu lösen. Das erste besteht darin, andere als Mitglieder der gleichen Spezies zu erkennen. Natürlich benötigen auch Tiere mit einzelgängerischer Lebensweise diese Fähigkeit, denn in der Paarungszeit treffen sie ja ebenfalls auf Angehörige der gleichen Art. Es ist ein angeborenes Merkmal vieler Spezies, dass sie Tiere anhand bestimmter Merkmale als Ihresgleichen erkennen. Viele neugeborene Tiere machen zusätzlich spezielle Lernprozesse durch, um Artgenossen besser erkennen zu können. Dieses Lernen muss sinnvollerweise so schnell wie möglich stattfinden. Ein bekanntes Beispiel dafür ist die von Konrad Lorenz an Vögeln studierte Prägung.

Gruppenbildende Tiere erkennen nicht nur Tiere der gleichen Spezies, sondern sie ziehen sich auch gegenseitig mehr oder weniger stark an. In den meisten Fällen beruht diese Anziehung aber hauptsächlich auf der Furcht, den engen Kontakt zu den anderen zu verlieren, weil die Gruppe gewissen Schutz gegen Beutegreifer bietet. In Gruppen lebende Tiere fürchten aber nicht nur Beutegreifer, sondern auch sich gegenseitig wegen der ständigen Konkurrenz um Futter, Schlafplatz und Sexualpartner. Das Gleichgewicht zwischen der Angst vor dem Alleinsein und der Konkurrenz um Ressourcen führt zu den so genannten agonistischen Gruppenstrukturen: Das sind Gruppenstrukturen, die auf Wettbewerb beruhen. Die Erwachsenen konkurrieren also miteinander und binden sich kaum aneinander, können aber gleichzeitig trotzdem nicht ohne den Schutz der Gruppe auskommen. Für die meisten Affen ist eine solche Art von Arrangement typisch. Hier und da kann man bei ihnen jedoch Untergruppen oder Bündnisse mit leisen Anzeichen für einen Zusammenhalt finden, der auf der Wahrung gemeinsamer Interessen beruht.[45]

Primatenforschern zufolge gibt es nur drei Spezies – Menschen, Bonobos und Schimpansen, die durch eine hedonistische Gruppenstruktur charakterisiert sind, d.h. eine Struktur, in der die einzelnen Mitglieder ihr Dasein genießen. In hedonistischen Gruppen ist das Ausmaß an Aggression eingeschränkt, stattdessen treten Versöhnungs- und Beschwichtigungsverhalten auf. Im Fall der Schimpansen finden wir jedoch keine besonders starke Bindung zwischen den Erwachsenen. Alles, was geschieht, ist, dass ihre Beziehungen untereinander etwas freundlicher sind und dass ihre Furcht voreinander deutlich reduziert ist.

Menschen sind das beste Beispiel für hedonistische Gruppenstrukturen. Sie fühlen sich definitiv zu anderen Menschen hingezogen, und diese Anziehung beruht nicht nur auf der Angst vor dem Alleinesein. Menschen unternehmen gern gemeinsam mit anderen Menschen etwas, sie ruhen, spielen, gehen, sprechen und arbeiten gern mit ihren Mitmenschen zusammen. Menschen verspüren auch eine besonders starke Anziehung zu bestimmten Gruppen und Personen, was ein typisches Merkmal für menschliche Bindungen ist.

Es gibt auch bei Tieren eine gut bekannte Form der Bindung, nämlich die zwischen Eltern und Nachwuchs – in den meisten Fällen die zwischen Mutter und Kind Sie dauert in der Regel nicht lange, nur so lang, wie die Mutter sich um die Jungen kümmert, also sie ernährt. Die Bindung zwischen Schimpansenmüttern und ihren Kindern dauert etwas länger, aber auch sie wird schwächer und verliert an Bedeutung, wenn die Jungen ins Erwachsenenalter kommen. Bei uns Menschen sind Bindungen nicht nur während der Kindheit wichtig, sondern sie begleiten uns unser ganzes Leben lang. Die zwischen erwachsenen Menschen entstehenden Bindungen sind eines unserer typischsten biologischen Merkmale.

Der renommierte Anthropologe Émile Durkheim und seine Studenten[46] fanden heraus, dass in Gruppen oder zwischen zwei Erwachsenen entstehende Bindungen von vier Faktoren charakterisiert sind. Erstens gemeinsame Unternehmungen, zweitens das Gewähren moralischer Unterstützung und drittens Aufopferungsbereitschaft. Der vierte Faktor, die so genannte Umwandlung, ist durch Verhalten charakterisiert, das die Beteiligten als Mitglieder einer neuen, übergeordneten Einheit handeln lässt.[47] In primitiven Religionen, unter den Gläubigen verschiedener Sekten und in archaischen Gesellschaftsordnungen, sind diese vier Faktoren leicht zu identifizieren, aber sie kommen auch in zeitgenössischen Gemeinschaften vor, die auf Religion, Arbeitsplatz, Familie oder Freundschaft beruhen.

Jeder, der schon einmal eine Zeit lang einen Hund besessen und ihn nicht an der Kette gehalten hat, weiß sehr gut, dass die genannten vier Faktoren auf die Beziehung zwischen Hund und seinem Besitzer zutreffen, selbst wenn wir sie für gewöhnlich nicht mit so feierlichen Begriffen wie Moral oder Aufopferung beschreiben. Unsere Hunde sind stets zu gemeinsamen Unternehmungen mit uns bereit, genauso wie dazu, Verhaltensregeln zu befolgen und uns, sollten es die Umstände erfordern, zu verteidigen oder zu Diensten zu sein, und das ohne Rücksicht auf ihre eigenen Interessen. Hund und Herr, die sich aneinander gewöhnt haben und zusammengewachsen sind, handeln bei gemeinsamen Aktivitäten tatsächlich wie eine Einheit. Hüten Sie sich aber vor dem Gedanken, dass ein solches Verhalten doch auch typisch für Wölfe sei und als eine Art Rudelinstinkt erklärt werden könne. Wie im vorigen Kapitel bereits dargelegt, ist das Wolfsrudel eine gut funktionierende

Fortpflanzungseinheit, die auf Alpharüde und Alphahündin beruht und nach unseren Maßstäben eher grausam zu nennen ist. Alle Ressourcen werden den Alphas gewidmet, nur in Zeiten des Überflusses können sich auch die anderen in heftigen Kämpfen einen Anteil daran sichern. Es gibt dort keine Verhaltensregeln im Sinne von erlernten Verhaltensformaten. Eine Selbstaufopferung findet nicht statt, jede Handlung ist vielmehr von direkter genetischer Zweckbestimmung geprägt.

Von der wissenschaftlichen Literatur einmal abgesehen wissen wir schon seit langem, dass Hunde sich von Menschen besonders angezogen fühlen. In Büchern, Zeitungen und mündlicher Überlieferung wird von zahllosen Beispielen der sprichwörtlichen Treue und Aufopferung des Hundes berichtet. Viele Geschichten erzählen von der ganz besonderen Beziehung zwischen Herr und Hund oder davon, wie Hunde nur zu oft ihr eigenes Leben riskieren, um ihre menschlichen Begleiter zu verteidigen.

Nun könnte man meinen, solche Berichte träfen nur auf Hunde zu, die von Welpenbeinen nur einen einzigen Herrn gekannt haben und die ohne weitere Hundegesellschaft im Haus aufwuchsen, aber nichts könnte der Wahrheit ferner sein. Selbst in hohem Alter sind Hunde noch dazu fähig, tiefe und bleibende Bindungen zu knüpfen, wenn ihre Liebe und Bindungsbereitschaft erwidert wird. Als wir vor vielen Jahren einmal Experimente mit Hunden am Lehrstuhl für Ethologie an der ELTE durchgeführt hatten, vermittelten wir die Hunde danach an neue Besitzer. Ein besonders netter Hund namens Balthasar lief seinem neuen Herrn dreimal hintereinander fort und kam zu uns an die Universität zurück, und so behielten wir ihn letzten Endes.

Wir nahmen an, dass er sich so eng an uns gebunden hatte, dass er nicht mehr fähig war, eine neue Bindung aufzubauen. Also wurde Balthasar der Wachhund der Forschungsstation Göd, was alle Beteiligten, ihn selbst eingeschlossen, sehr glücklich machte.

Als er zwölf Jahre alt war und schon eher als alter Hund gelten konnte, engagierte die Forschungsstation einen älteren Herrn als Nachtwächter und Hausmeister. Eines Tages hielt ich umsonst nach Balthasar Ausschau. Meine Kollegen berichteten mir, dass er neuerdings jeden Morgen mit dem Nachtwächter wegginge und erst am Abend zum »Arbeitsbeginn« wieder mit ihm zurückkäme. Die Leute sprachen davon, dass Balthasar und der alte Nachtwächter sich wirklich mochten. »Stellen Sie sich mal vor,« sagten sie, »die beiden schlafen zusammen und er kauft Balthasar sogar Hot Dogs.«

Leider dauerte diese Beziehung nur ein paar Monate lang, weil der Nachtwächter krank wurde, ins Krankenhaus musste und schließlich starb. Trotzdem verschwand Balthasar immer noch hin und wieder, besonders morgens. Wir forschten nach, was er in dieser Zeit tat und fanden schließlich heraus, dass er eine verkehrsreiche Hauptstraße überquerte und zum ehemaligen Haus seines Adoptivvaters im Dorf ging, um dort stundenlang vor der Tür zu sitzen.

Sozialisation, Erkennung von Artgenossen und Bindung

Sozialisation ist diejenige Lebensphase, in der ein Hund sowohl andere Hunde als auch Menschen kennen lernt und in der seine Beziehungen und Bindungen zu anderen geformt wird. Wie Hunde sich binden, war natürlich schon häufig Gegenstand psychologischer Untersuchungen, aber oft unterscheidet selbst die wissenschaftliche Literatur nicht zwischen »einfachen« Bindungen und dauerhafteren Bindungen zu erkannten und akzeptierten Mitgliedern der eigenen Spezies. Man kann nachweisen, dass die Erkennung eines Artgenossen (engl. »species mate«)[48] und die möglicherweise darauf folgende Bindung für Hunde zwei verschiedene Prozesse sind, die sich allerdings in vielerlei Hinsicht überlappen.

Im Alter von vier bis zwölf Wochen durchlaufen Hunde eine besonders empfindsame Lebensphase: Jetzt wird ihre Fähigkeit geformt, ein anderes Lebewesen als Artgenossen zu erkennen. Diese Fähigkeit geht dann langsam in den Prozess der persönlichen Bindung über. Damit ein Welpe einen Menschen als Artgenossen akzeptieren kann, reicht es schon aus, wenn er in dieser Phase einen Menschen ein paar Minuten lang sehen oder ihn berühren kann. Ist das der Fall, wird der Hund in seinem späteren Leben in der Lage sein, lang andauernde Bindungen zu Menschen aufzubauen. Persönliche Bindungen können also nicht nur in der Sozialisationsphase entstehen, sondern auch noch im Erwachsenenalter – unter der Voraussetzung, dass eine angemessene Frühsozialisation stattgefunden hat.

Lernt ein Welpe seinen nächsten und bleibenden Herrn in diesem frühen Lebensabschnitt schon kennen, entwickelt sich die Bindung an ihn besonders schnell und wird besonders dauerhaft. Lernt er in der Sozialisationsphase verschiedene Menschen kennen, wird er anschließend in der Lage sein, sich an jeden zu binden. Mit anderen Worten: Er wird zu einem Hund, der mehrere Besitzer verkraften kann[49], aber natürlich nur nacheinander.[50] Man hat auch nachgewiesen, dass Welpen während der frühen Sozialisationsphase ihnen unbekannte Lebewesen oder Gegenstände viel weniger fürchten als im späteren Leben. Nur diese geringe Abneigung gegenüber Fremdem erlaubt es ihnen, die nötigen Verknüpfungen im Gehirn aufzubauen, die zur Erkennung von Artgenossen gebraucht werden. Blindenhundeschulen wissen, wie wichtig die Kenntnis dieser typischen Merkmale hündischen Bindungsverhaltens für sie ist, denn ein Blindenführhund muss seinen Trainer genauso als Herrn betrachten wie später die sehbehinderte Person.[51]

Es ist möglich, dass sich während dieser Phase auch eine gewisse Anziehung zu anderen Tierarten entwickeln kann,[52] weil die Prozesse der Artgenossenerkennung und der Bindung sich miteinander vermischen. Ich persönlich bin der Meinung, dass ein Hund außerdem im Erwachsenenalter auch eine persönliche Beziehung zu einem anderen Tier aufbauen kann, obwohl ich keine wissenschaftlichen Beweise dafür gefunden habe. Allerdings habe ich eine Erfahrung aus erster Hand zu bieten:

Die Nachbarn unseres Landhauses besaßen einen dackelähnlichen Hund namens Jumpy. Jumpys Besitzer kochten oft Kaninchgulasch und gaben dem Hund seinen Teil davon ab. Einmal bekamen sie zu Ostern ein lebendes Kaninchen geschenkt, das zu Jumpys bevorzugtem Spielkameraden wurde. Die Zeit verging, das Kaninchen wuchs, und als der Winter kam, wurde es unpraktisch, viel Zeit draußen im Garten zu verbringen. Die Familie beschloss also, dass dieses Kaninchen das Schicksal seiner vielen Artgenossen teilen und sein Leben als Gulasch vom glücklichen Kaninchen beschließen sollte. Genau dies geschah dann auch – aber Jumpy fraß auch nicht einen einzigen Bissen von diesem Gulasch und trat in einen drei Tage lang dauernden schweigenden und niedergeschlagenen Hungerstreik. Von da an fraß er nie wieder irgendwelches Futter, das Kaninchenfleisch enthielt.

Im Gegensatz zu ihren wölfischen Vorfahren können Hunde nicht nur während eines kurzen Abschnittes in ihrem Leben, sondern lebenslang dauerhafte Beziehungen bilden. Außerdem sind sie in der Lage, solche Beziehungen nicht nur mit Artgenossen einzugehen, sondern auch mit anderen Lebewesen und insbesondere mit Menschen.

Meine Kollegin Márta Gácsi hat im Erwachsenenalter entstehende Bindungen unter Hunden erforscht.[53] Ihre Untersuchungen in Tierheimen ergaben, dass der Prozess der Bindung sehr schnell einsetzen kann – schon eine halbe Stunde Zusammensein mit dem Hund kann ausreichen. Man muss kein Experte sein, um zu erkennen, dass diese Tierheimhunde unbedingt und verzweifelt einen neuen Herrn suchen.

Vom ethologischen Standpunkt aus betrachtet ist das Besondere an dieser Situation, dass es sich beim Objekt der Bindung nicht um einen Artgenossen, sondern um einen Menschen handelt. Einer der Gründe dafür ist, dass der Welpe während seiner Sozialisationsphase gelernt hat, Menschen als Artgenossen zu betrachten. In der Realität ist die gesamte Angelegenheit vermutlich aber noch komplizierter. Tierpsychologen haben in mehreren Versuchen nachzuweisen versucht, dass die besondere und dauerhafte Anziehungskraft, die Menschen auf Welpen ausüben, ein angeborenes, genetisches Merkmal ist.[54] Bei sorgfältigem Versuchsaufbau können wir sogar nachweisen, dass Welpen sich stärker zu Menschen als zu ihren eigenen Artgenossen hingezogen fühlen.[55]

Welpen sehnen sich sogar dann noch nach Menschen, wenn sie in ihrer Gegenwart Schmerzen oder andere unangenehme Dinge erfahren – was in anderen Worten bedeutet, dass sie in solchen Versuchssituationen nicht lernen, dass sie Menschen aus dem Weg gehen sollten. Diese Anziehungskraft ist ein sehr wichtiges Merkmal der Spezies Hund und es ist auch nichts Seltsames an diesem Phänomen, soweit es unser Wissen von der Verhaltensgenetik betrifft. Wenn wir versuchen würden, einen Wolfswelpen zu zähmen, würden wir feststellen, dass er eine angeborene Furcht vor Menschen hat und dass man ihm nur mit sehr viel Geduld und Aufwand beibringen könnte, bei deren Anblick nicht sofort in ein sicheres Versteck zu fliehen. Die scheueren Individuen unter den domestizierten Wölfen neigten stets zum Verstecken oder

Weglaufen und riefen folglich bei den Menschen keine fürsorglichen Gefühle hervor. Solche Tiere hatten kaum, wenn überhaupt, Nachkommen. Also verschwanden diese Merkmale nach und nach über die Generationen hinweg aus dem Verhaltensinventar des Hundes. Es übernahmen diejenigen Individuen die Vorherrschaft, die sich in Gegenwart von Menschen wohl fühlten und die deren Nähe und Berührungen suchten.

Wie man Bindungen messen kann

Dauerhafte Bindungen spielten auch eine wichtige Rolle in der Evolution des Menschen. Viele menschliche Merkmale bildeten sich deshalb heraus, weil Individuen sich in der Nähe anderer sicher fühlen. Dies wird bei Kleinkindern besonders gut sichtbar. Psychologen untersuchen seit langem die Art der Mutter-Kind-Bindung mit Hilfe eines recht komplizierten Tests, des so genannten Fremde-Situations-Tests.[56] Wenn man ein Kind in einem mit Spielzeugen ausgestatteten Labor jeweils einige Minuten lang mit seiner Mutter oder einem Fremden zusammen oder ganz alleine lässt, und das in einer bestimmten Reihenfolge, kann man die Art seiner Bindung verlässlich aus seinen Verhaltensreaktionen ablesen, wobei die Ergebnisse reproduzierbar sind. Die Art der Bindung ist ein recht bleibendes Persönlichkeitsmerkmal.

Meine Kollegen József Topál, Ádám Miklósi, Antal Dóka und ich haben diesen Test mit ein paar Veränderungen an Hunden durchgeführt.[57] Die freiwillig teilnehmenden Hundebesitzer brachten ihre Hunde ins Labor, in dem wir einen Raum speziell für diesen Test eingerichtet hatten.

Statistische Zählungen ermöglichten es, die drei Bindungsfaktoren des Test zu bestimmen: das Ausmaß der Angst, die Neigung zur Akzeptanz von Fremden und die Stärke des Hingezogenseins zum Besitzer. Diese Faktoren charakterisieren die Bindung. Die statistische Verteilung der gemessenen Werte dieser Faktoren wurde aus einer großen Versuchsgruppe von Hunden gewonnen, darunter auch von meinen eigenen Hunde Flip und Jerry, von denen in den folgenden Kapiteln noch oft die Rede sein wird. In Abb. 7 sind einige typische Verhaltenssituationen verglichen. Wir können hieraus Einsichten gewinnen, welche Beobachtungsgrundlagen nötig sind, um die Bindungseigenschaften eines Lebewesens zu bestimmen. Die Tests zeigten, dass die Verhaltensreaktionen von Kleinkindern und Hunden sehr ähnlich waren. Ein stark an seinen Herrn gebundener Hund verhielt sich in den verschiedenen Testphasen ähnlich wie ein stark an seine Mutter gebundenes Kind. Auch weniger stark gebundene Kinder und Hunde ähnelten sich in ihren Reaktionen.

Die außergewöhnliche Ähnlichkeit in den Bindungsvorgängen bei Menschen und Hunden wurde auch durch Tests gezeigt, in denen man nachwies, dass die offensichtliche Depression von Hunden, die von ihrem Herrn getrennt waren, mit genau den gleichen Medikamenten gelindert werden kann wie beim Menschen. Es

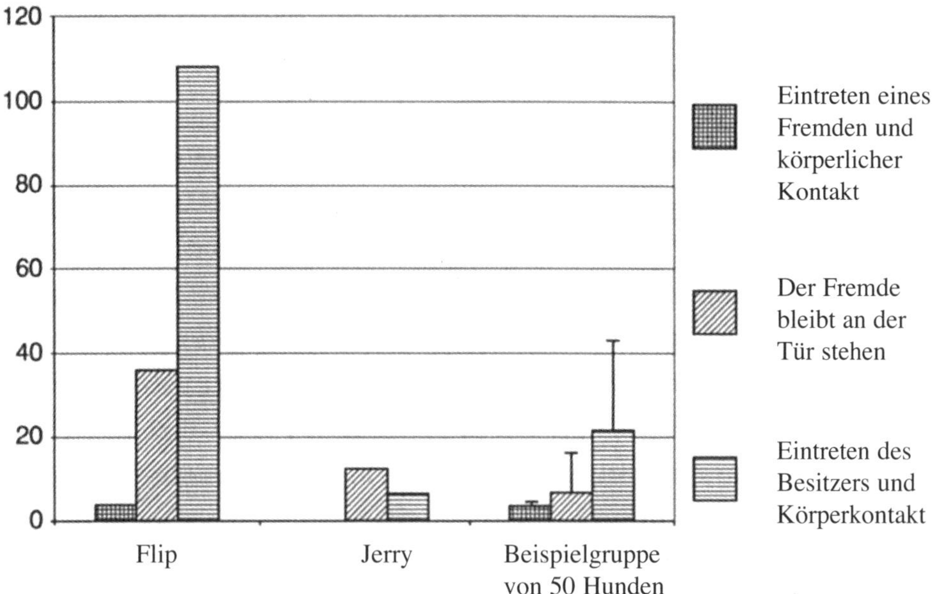

Abb. 7: Durchschnittswerte für Verhaltenselemente, die typisch für die verschiedenen beobachteten Faktoren im Fremde-Situationen-Test sind, sowie spezifische Werte für Flip und Jerry.

ist also ziemlich sicher, dass bei beiden die gleichen biochemischen Vorgänge stattfinden.[58] Hunde, die sich binden, erfahren bei Verlust ihres Herrn starken Stress, auch wenn er nur vorübergehend ist. Geschieht das in vertrauter Umgebung, ist der Stress von mäßiger Intensität, aber an einem fremden Ort kommt große Angst hinzu. Bei Hunden, die an einem Laternenpfosten vor einem Laden angebunden sind und darauf warten, dass ihr Besitzer wieder herauskommt, kann man oft Angst beobachten. Hunde, die ständig ihre Besitzer, ihre »Familie«, verlieren, erleben ein besonders intensives Gefühlstrauma, dessen Symptome exakt denjenigen gleichen, die Kinder mit dem gleichen Schicksal zeigen. Ein Hund, der zur Last geworden ist, aus dem Auto gestoßen und irgendwo sich selbst überlassen ausgesetzt wird, sucht tagelang nach seinem Besitzer, frisst nicht und leidet ganz offensichtlich.

Wer sich seines Haustieres auf solche Art entledigt, versucht sich vielleicht damit ein besseres Gewissen einzureden, dass es sich ja »nur um ein Tier« handele. Solche Menschen sind sich nicht bewusst, dass Hunde genauso zu leiden fähig sind wie Menschen und dass sie in der Beziehung eine Ausnahme unter den Tieren darstellen, dass sie Zurückweisung ähnlich wie Menschen und Menschenkinder erleben. Wer einen Hund erwirbt, nimmt also eine erhebliche Verantwortung auf sich. Kann er seinen Hund aus irgendwelchen Gründen nicht mehr halten, sollte er zumindest dafür sorgen, dass er einen guten neuen Besitzer bekommt. Selbst Euthanasie ist humaner als das Aussetzen eines Hundes. Wenn ein ausgesetzter Hund diese schwierigste Phase seines Lebens übersteht, wird er die Situation irgendwann langsam akzeptieren und versuchen, einen neuen Herrn zu finden. Hat er damit Erfolg, kann wieder eine neue, dauerhafte Bindung entstehen.

Menschengruppe statt Rudel

Bindungen sind auch die Grundlage des Gruppenverhaltens von Hunden. »Rudelmitgliedschaft« ist schon unter Wölfen gut entwickelt, und die Individuen binden sich nicht nur an die Alphas, sondern bis zu gewissem Maß auch an die anderen; sie erkennen ihre Rudelgenossen und können sie von Fremden unterscheiden. In menschlichen Gruppen lebende Hunde handeln ebenso und wissen genau, wer zum engsten Familienkreis gehört, wer willkommener Gast und wer Fremder ist. Aber ihr Verhalten gleicht nur auf den ersten Blick dem von Wölfen. Ich habe bereits erwähnt, dass wir unter Hunden nicht den gleichen gnadenlosen Kampf um Rangordnungsplatz Nummer eins finden, wie er für Wölfe typisch ist. Auch ihr Bindungsverhalten ist anders und sie fühlen sich sogar etwas mehr zu Menschen hingezogen als zu ihren Artgenossen. Das gemischte Mensch-Hund-Rudel gleicht deshalb nicht dem Wolfsrudel, sondern eher einem menschlichen Team. Hunde kooperieren bereitwillig mit Menschen und haben gelernt, Regeln zu befolgen – was sie dazu befähigt, zu unseren vertrauenswürdigen, intelligenten und treuen Begleitern zu werden.

Einmal hatten wir an der Forschungsstation Göd Gelegenheit, den Prozess einer Eingliederung ins Rudel zu beobachten. Irgendein Unbekannter hatte einen hässlichen kleinen Mischling in den Garten der Forschungsstation geworfen, vielleicht in der Hoffnung, dass die Mitarbeiter sich um ihn kümmern würden. Zu dieser Zeit forschten wir gerade an Fischen, und der fremde Hund kam in einen der Aquarienräume hineinspaziert. Wir streichelten ihn, gaben ihm etwas zu fressen und tauften ihn auf den passenden Namen Corky. Corky machte es sich dann in einer höhlenähnlichen Ecke gemütlich. Jedesmal wenn die Tür aufging und ein Corky bis dahin noch Unbekannter eintrat, kam er aus seinem Versteck hervor und »stellte sich dem Besucher vor«, indem er heftig mit dem Schwanz wedelte. Er beschnüffelte den Neuen, ließ sich von ihm kraulen und zog sich dann wieder zurück. »Was für ein netter und freundlicher Hund,« sagten wir. »Was soll's, lassen wir ihn hierbleiben.« Corky war tatsächlich nett und freundlich zu all denjenigen Menschen, die er am ersten Tag kennen gelernt hatte.

Danach aber begrüßte er jeden, den er zuvor noch nicht gesehen hatte, darunter auch einen wissenschaftlichen Mitarbeiter des Aquariums, mit entschiedenem Bellen. Es kostete Wochen und viel Mühe, bis er diese »Zuspätgekommenen« akzeptierte. Fremde griff er immer noch an.

Hunde haben also eine Vorstellung von der Gruppe und von deren Mitgliedern, sie beobachten die Beziehungen innerhalb der Gruppe genau und verhalten sich entsprechend. Sie wissen beispielsweise genau, wer der Boss ist, auch wenn sie selbst gar keinen engen Kontakt zu ihm oder zu ihr haben. Wir waren am Lehrstuhl für Ethologie sehr über die Tatsache amüsiert, dass alle die frei bei uns herumlaufenden Hunde sich einen Herrn aussuchten, ihm gehorchten und sich an ihn banden; aber trotz der Tatsache, dass ich nicht viel mit ihnen zu tun hatte, gehorchten sie alle ohne Ausnahme außerdem auch mir, weil ich der Lehrstuhlinhaber und damit der Top-Boss war. Hingegen waren sie viel weniger geneigt, Anweisungen von Kollegen zu befolgen, die sie sich nicht als Herrn ausgesucht hatten und die sie folglich als »rangniedriger« einstuften.

Die Fähigkeit zur Gruppenzugehörigkeit manifestiert sich auch in den Beziehungen, die zu Freunden außerhalb der Gruppe geknüpft werden. Flip und Jerry mögen einige unserer Freunde sehr, und die Gefühle beruhen auch auf Gegenseitigkeit. Sie sind sehr aufgeregt, wenn einer von ihnen zu Besuch kommt und drücken ihre Zuneigung gegenüber dem Gast auf vielfältige Weise aus. Niemals aber zeigen sie Anzeichen dafür, dass sie gerne mit ihm nach Hause gehen möchten. Sie sind gut dazu in der Lage, Freundschaft und Gruppenzugehörigkeit voneinander zu unterscheiden. Wegen einer längeren Auslandsreise half uns mein Freund Thomas damals beim Großziehen von Jerry. Jerry behandelt Thomas zwar heute wie einen seiner Favoriten, aber er behandelt ihn nicht genauso wie uns, seine Herren. Ab und zu holt Thomas Jerry zu einem mehr oder weniger langen Spaziergang ab, zu dem ich stets meine »Erlaubnis« geben muss. »Geh nur mit Thomas,« sage ich dann, woraufhin er glücklich mit Thomas des Wegs trottet. Kommt diese Erlaubnis nicht, bleibt er zurück und versucht noch nicht einmal, mitzugehen.

Kapitel 5

Gefühle bei Hunden

Die grundlegenden Gefühlsarten, nämlich Leiden, Ärger und Angst, existieren auch bei Tieren. Die Signale, die das Nervensystem von diesen inneren Zuständen liefert, sind ein wichtiger Bestandteil der Kommunikation unter Tieren. Ist ein Tier ärgerlich, ist die Wahrscheinlichkeit hoch, dass es aggressiv reagiert, während Furcht bedeuten kann, dass eines von zwei miteinander kämpfenden Tieren eine Niederlage erwartet. Bei in Gruppen lebenden Tieren kann ein Leidenssignal Hilfsreaktionen der Artgenossen auslösen. Diese Signale hindern Tiere daran, ihre Energien unnötig zu verschwenden.

Beim Menschen entstanden im Verlauf der Evolution ganz neue Ausdrucksformen für Gefühle. Solche offenen Gefühlsbekundungen sind bei Tieren unbekannt. Uns Menschen sind beispielsweise die Anzeichen für einen inneren Zustand vertraut, den wir als Ekel beschreiben könnten – bei Tieren existieren solche Zeichen nicht. Es ist nicht schwer, den Grund dafür zu erklären. Ekel ist ein Signal, das den Artgenossen sehr wichtige Informationen liefern kann, wenn es um ungenießbares Essen geht. Jemand, der seinen Ekel nach außen hin ausdrückt, hat selbst nichts davon. Eine Person allerdings, die zuschaut, wie ihr Mitmensch ein Stück Essen mit offensichtlichem Ekel wegschiebt, erhält eine wichtige Information. Anders gesagt: Dieses Signal ist selbstlos und dient dem Wohlergehen der übrigen Gruppenmitglieder. Die Signale für Schuld, Scham, Überraschung, Verachtung oder Stolz sind ebenfalls leicht im menschlichen Gesichtsausdruck erkennbar, aber bei Tieren unbekannt – zumindest dann, wenn wir die Leistungen einiger Hunde außer Acht lassen. Welche Funktionen könnten Signale haben, die diese Gefühle für andere sichtbar machen? In der menschlichen Gesellschaft müssen wir ständig darauf achten, dass die gültigen kulturellen Normen eingehalten werden. Daraus folgt, dass der Ausdruck der oben genannten Gefühle ein Mechanismus ist, der uns dabei hilft, unsere Verpflichtungen gegenüber der Gruppe zu erfüllen. Schuld ist ein Eingeständnis, dass die Person Regeln verletzt hat und gleichzeitig eine Absichtserklärung, dass sie dies in Zukunft zu vermeiden versuchen wird. Die Gruppe braucht eine alternative Möglichkeit, mit einer Person umzugehen, die der Meinung ist, sie habe keine Regeln überschritten, obwohl das der Fall war. Scham ist ein schwächeres Signal, das aber ebenfalls von einer Regelverletzung zeugt. Was Schuld- oder alternativ Schamgefühle verursachen, hängt von der jeweiligen Kultur ab, aber die Signale dafür sind überall gleich.

Bei der Verachtung sind immer zwei beteiligt. Derjenige, dem gegenüber sie ausgedrückt wird, erhält eine wichtige Information. Ihm wird zu verstehen gegeben, dass er nicht angemessen gehandelt hat und dass sein sozialer Status deshalb gelitten hat. Es handelt sich also um einen Reintegrations-Mechanismus, der dem Erhalt der Gruppe dient. Überraschung ist kein neues Gefühl und kommt auch bei Tieren vor, aber sie auszudrücken, ist typisch menschlich. Für die internen, reziproken Beziehungen in der Gruppe ist dieser Ausdruck ein wichtiger Informationsübermittler. Es ist nicht schwierig, sich Situationen auszudenken, in denen Überraschung die Ehrlichkeit oder Unschuld einer Person beweisen kann. Also dient das Signalisieren von Überraschung nach außen hin wiederum den Interessen der Gruppe.

Die Gefühlszustände und der Ausdruck von Mitleid, Sorge und Trauer sind ebenfalls bei Tieren unbekannt, mit Ausnahme vielleicht von Elefanten und Schimpansen. Nur Menschen mit ihrem hoch entwickelten Verhalten, anderen zu helfen und sich um sie zu kümmern, zeigen diese Regungen. Die Verpflichtung zur Gewährung von Hilfe ist in vielen Kulturen recht universell.

Mitgefühl und Einfühlungsvermögen spielen eine Sonderrolle. Mitgefühl bedeutet im Grunde, den Gefühlszustand einer anderen Person zu übernehmen. Wenn wir beispielsweise sehen, dass unser Freund traurig ist, fühlen wir uns auch traurig. Beim Einfühlungsvermögen empfinden wir zwar Trauer und Mitleid für eine Person, die in Schwierigkeiten steckt, übernehmen dabei aber nicht deren Gefühlszustände. Nur Menschen sind durch diese beiden Gefühle charakterisiert, die eine wichtige Rolle bei der Aktivierung von hilfeleistendem Verhalten spielen.

Beim Menschen stellt die Akzeptanz moralischer Prinzipien und Wertesysteme eine wichtige Kategorie emotionaler Mechanismen zum Erhalt des gemeinschaftlichen Lebens dar. Was Moral betrifft, so werden Regeln zunächst einmal deshalb befolgt, weil die Gruppe Druck ausübt. Eine zweite Stufe wird dann erreicht, wenn die Gruppe die Instanz, die bei Moralverstößen Sanktionen ausübt, nach außen verlagert und sie zum Beispiel den Vorfahren, Rachegeistern oder göttlichem Willen zuschreibt. Die dritte und am weitesten entwickelte Stufe ist Moral, die auf innerer Überzeugung beruht. Moral ist eine außergewöhnliche Form von Verhalten, die nur beim Menschen vorkommt und bei Tieren nicht zu beobachten ist.

Ein erheblicher Teil der Verhaltensformen, die das Gefühlsleben von Menschen ausdrücken, ist nur für die Spezies Mensch typisch. Unser kompliziertes gesellschaftliches Leben macht es nötig, dass Beziehung und Gefühlszustände immer präziser ausgedrückt werden, damit diese tatsächlich transparent werden. Wir senden unseren Gemützustand mittels Sprache und mittels Zeigen oder Verbergen unserer Emotionen ständig an die Menschen um uns herum, und wir verlangen das Gleiche auch von anderen. Für das Zusammenleben in Gemeinschaften und das Funktionieren von abgeschlossenen Gruppenstrukturen ist es wichtig, dass die Mitglieder der

Gemeinschaft sich füreinander interessieren. Dies ist einer der wichtigsten Verhaltensmechanismen, um Harmonie innerhalb der Gruppe zu schaffen und um sicherzustellen, dass sich alle auf der »gleichen Wellenlänge« befinden.

Tiere zeigen nur selten Gefühle

Von den wenigen grundlegenden Gefühlen abgesehen, die wir in der Einleitung zu diesem Kapitel erwähnt haben, wäre es für Tiere von Nachteil, wenn sie ihre Emotionen auf eine nach außen hin klar erkennbare Art und Weise zeigen würden. Und zwar deshalb, weil sich in ihrem Leben alles endlos um Konkurrenz dreht und nur denjenigen das Glück hold ist, die für sich selbst und allenfalls noch ihren Nachwuchs sorgen. Würde ein erwachsener Affe als Mitglied einer Horde zu erkennen geben, dass er schlechte Laune oder Kopfschmerzen hat oder sich im Moment für gar nichts interessiert, würden die anderen diese Information sofort zu ihrem eigenen Vorteil ausnutzen. Sie würden nicht trösten oder helfen, sondern den momentanen Schwächezustand gnadenlos zur Verbesserung ihrer Konkurrenzsituation ausnutzen.

Tiere zeigen ihre Gefühle zwar nicht, aber dies bedeutet nicht gleichzeitig, dass sie keine hätten. Diese Frage würde weitere wissenschaftliche Untersuchungen verdienen. Es ist eine echte Kuriosität in der Geschichte der Wissenschaft, dass die Menschen sich immer bemüht haben, sich von den Tieren abzugrenzen und dass dieses Bemühen sich bis heute darin äußert, dass man Tieren rundweg auch nur die Möglichkeit abspricht, Gefühle empfinden zu können.[59]

In den Frühzeiten der medizinischen und biologischen Wissenschaften war es üblich, Sezierungen an lebenden Hunden und Katzen ohne Betäubung vorzunehmen. Obwohl die Tiere während der Prozedur schrieen, war man der Meinung, dass sie keine Gefühle hätten und keine Schmerzen empfinden könnten, weil sie nicht menschlich waren. Aus weltanschaulichen Gesichtpunkten war es wichtig, zu beweisen, und das nicht nur im Mittelalter, dass Tiere von niedrigerer Ordnung sind als Menschen. Es ist gerade einmal zehn Jahre her, dass meine eigene Universität Vorschriften für die humane Durchführung von Tierversuchen erließ und ich hatte einen Kollegen, der genau mit der Begründung gegen die neuen Regeln argumentierte, dass Tiere ja keine Gefühle hätten. Noch bis in die 1980er Jahre waren Mediziner der Meinung, dass auch neugeborene Säuglinge keine Gefühle hätten. Folglich erhielten auch sie bei operativen Eingriffen keine Anästhetika mit der Begründung, dass sie kein Schmerzempfinden hätten und dass man ihren Körper nicht unnötig mit chemischen Wirkstoffen belasten solle.[60] Das Schreien der Babys wurde einfach als Vokalisation gedeutet. Man gab diese grausame Praxis erst dann auf, als man feststellte, dass die ohne Anästhetika operierten Babys doppelt so lange zur Genesung benötigten wie diejenigen, die man zuvor sediert hatte. Zum Glück sind operative Eingriffe an Säuglingen nicht allzu häufig, und mit dem Fortschritt der Zeit sind die unwissenschaftlichen Ansichten über ihre Gefühle ad acta gelegt worden; aber Millionen unglücklicher Hunde, Katzen und anderer Versuchstiere haben sinnlos in Labors gelitten, bis nüchterne Überlegung und neue Tierschutzgesetze dieser wissenschaftlichen Form der Tierquälerei ein Ende gesetzt haben.

Weil man der Meinung war, dass Gefühle bei Tieren nicht existieren, hat man sie natürlich auch niemals wissenschaftlich untersucht, sodass wir heute über keine geeigneten Untersuchungsmethoden verfügen und uns hauptsächlich auf Einzelbeobachtungen verlassen müssen.

Aus den oben erwähnten Gründen ist es für Tiere unvorteilhaft, ihre Gefühle zu zeigen, aber jeder gute Beobachter, der sich mit einer Spezies beschäftigt, weiß nur zu gut, dass sie existieren. Zahllose kleine Hinweise deuten in diese Richtung. Vergleichende Studien zur Evolution haben gezeigt, dass sich die Gehirnstrukturen von Menschen und Säugetieren ähneln. Auf Grundlage dieser Daten ist es praktisch unmöglich, dass diese identischen oder hochgradig ähnlichen neurobiologischen und biomechanischen Mechanismen zu unterschiedlichen emotionalen Zuständen führen sollten.

Die Literatur von Konrad Lorenz über Graugänse enthält zahllose Anmerkungen über den Gefühlszustand der Tiere. Er verwendet Adjetkive wie verzagt, sich aufgebend, siegessicher, unsicher, angespannt, ängstlich, fröhlich, wachsam, befreit, drohend, freundlich und so weiter. In verschiedenen Beiträgen erläuterte er, welch wichtige Rolle die Gefühle bei der Regulierung des tierischen Verhaltens spielen, auch wenn der Ausdruck der Gefühle anders aussieht als beim Menschen. Auch Jane Goodall musste lange kämpfen, bis sie ihren Berufsstand davon überzeugen konnte, dass Gefühle bei Schimpansen tatsächlich existieren.

Abgesehen von der Tatsache, dass bestimmte Gefühle nur für Menschen charakteristisch sind, gibt es einen weiteren großen Unterschied: Menschen sind kreative und konstruktive Wesen und dazu fähig, ihre Gefühle in eine komplizierte Verhaltensmatrix einzuweben. Ein gutes Theaterdrama kann Gefühlen Struktur verleihen, sie erklären und Emotionen verstärken. Schauspielkunst wird von uns nach Darstellung und Auftreten beurteilt. Wenn wir aber ohne jede Verschönerung, Bewertung und ohne jeden Vergleich von »Rohgefühlen« sprechen, wie zum Beispiel in Situationen, in denen wir von etwas berichten, das uns schmerzt oder fehlt, dann ist es sehr wahrscheinlich, dass die höher entwickelten Tiere oft das Gleiche empfinden.

J. Moussaieff Masson und S. McCarthy beschreiben zahlreiche Beobachtungen an Elefanten, die zeigen, dass diese Tiere zu tiefen Gefühlen in der Lage sind. Ein Elefantenkalb zum Beispiel erlebte mit, wie Wilderer seine Mutter und Herdengenossen töteten, ihre Körper aufschnitten und ihre Stoßzähne herausbrachen. Das Kalb überlebte die Tragödie und landete in einem Elefantenwaisenhaus in Kenia, wo man über mehrere Jahre hinweg beobachtete, dass es offensichtlich häufig schlechte Träume hatte: Es warf sich im Schlaf herum, zuckte zusammen und trompetete laut. Höher organisierte Tiere träumen – so kann man auch bei Hunden gelegentlich sehen, wie sie im Schlaf rennen oder jagen. Es erscheint schwierig, Tieren Gefühle abzusprechen, die sich erinnern und die träumen können.

Ich besuchte einmal ein kenianisches Elefantenhaus, das sich die Aufzucht von verwaisten Elefanten und ihre Wiedereingliederung in die freie Wildbahn zur Aufgabe gemacht hat. Ziel ist nicht die Aufzucht zahmer, sondern die wilder Elefanten, und das bedeutet fünf bis sechs Jahre hingebungsvoller Pflege. Die Kälber brauchen einen ständigen Pfleger, eine Art Ersatzmutter, an den sie sich binden können und ohne den sie zugrunde gehen würden. Die Leitung dieser Institution nimmt zu diesem Zweck junge männliche Universitätsabsolventen für sechs Jahre unter Vertrag. Der Vertrag sieht vor, dass die Pfleger mit Ausnahme weniger Tage im Jahr die ganze Zeit bei ihrem Elefanten sein und sogar bei ihren Schützlingen im Stall schlafen müssen. Der Elefant schläft auf dem Boden und der Wärter auf einem regalähnlichen Bett, das jedes Jahr etwas höher angehoben wird, damit der Elefant nicht versehentlich darüberrollen kann. Im Schlaf tastet der Elefant hin und wieder mit dem Rüssel nach seinem Wärter, um sich zu vergewissern, dass er noch da ist. Findet er ihn nicht, gerät er in Panik und beginnt ihn zu suchen. Die Wärter sorgen auch dafür, dass sich der Elefant nicht generell an Menschen gewöhnt: Er hat nur mit seinem Pfleger Kontakt. Andere Menschen dürfen nicht in seine Nähe und ihn nicht streicheln, außerhalb des Stalles wird er in einer Umgebung gehalten, die so natürlich wie möglich ist. In etwa sechs Jahren ist der Elefant erwachsen und wird nahe des Waisenhauses in den kenianischen Nationalpark gebracht, wo man ihm bei der Eingliederung in eine Elefantenherde behilflich ist.

Ein paar Tage vor meiner Ankunft passierte dort eine seltsame Sache. Etwa ein halbes Jahr zuvor hatten sie eine Elefantenkuh freigelassen, die im Waisenhaus aufgezogen worden war und sich an eine wilde Herde angeschlossen hatte. Am fraglichen Tag drang ein wilder Elefant unter lautem Trompeten in das Gelände des Waisenhauses ein. Die Angestellten liefen in Panik weg und der Elefant trabte um mehrere Ställe herum, bis er schließlich in einen einbrach, in dem er seinen ehemaligen Pfleger entdeckte. Zum Glück erkannte der Pfleger den Elefanten als seinen ehemaligen Schützling, der vor einem halben Jahr freigelassen worden war. Also rannte er nicht weg, sondern erlaubte dem Elefant, ihm seine Zuneigung zu zeigen: Dieser befühlte ihn von Kopf bis Fuß mit dem Rüssel, umarmte ihn vorsichtig damit und trabte nach einer halben Stunde wieder laut trompetend davon. Der Pfleger selbst erzählte mir diese Geschichte, und die Tränen in seinen Augen ließen keinen Zweifel an der Echtheit seiner Gefühle und der Wahrheit der Geschichte.

Was war geschehen? Der Elefant lebte endlich ein natürliches Leben und hatte Verbindung zu seinen Artgenossen gefunden. Plötzlich erinnerte er sich an ein Wesen einer anderen Art, mit dem zusammen er seine Jugend verbracht hatte, das sich um ihn gekümmert, ihn gebadet und zugedeckt hatte und zu dem er ein dauerhaftes gefühlsmäßiges Band geknüpft hatte. Diese Erinnerung reichte aus, um den Elefanten sechs Monate später an diesen seltsamen Ort zurückkehren zu lassen und vor Angst nervös trompetend nach der Person zu suchen, die er liebte. Ich denke, die einfachste wissenschaftliche Erklärung für dieses Verhalten ist, dass der Elefant seinen Pfleger liebte.

Hunde können viele Arten von Gefühlen zeigen

Lassen Sie uns wieder von Hunden sprechen. Fast alle Hundehalter sind davon überzeugt, dass Hunde ein reiches Gefühlsleben haben und dass es viele leicht erkennbare äußere Hinweise dafür gibt, dass dem so ist. Diese Hinweise tauchten möglicherweise deshalb auf, weil Hunde Vorteile davon hatten, die Gefühle von Menschen zu erkennen und ihre eigenen Gefühle an die der Menschen anzupassen. Ein fröhlicher Hund verschafft dem Menschen gute Laune und die Traurigkeit des Besitzers deprimiert auch den Hund und umgekehrt. Diese Gegenseitigkeit der Gefühle ist für beide Parteien von Vorteil – ein weiteres Beispiel für die Verhaltensähnlichkeiten zwischen Mensch und Hund, die sich unter dem Einfluss der Evolutionsmechanismen in den vielen zehntausend Jahren der Domestikation entwickelt haben.

Natürlich übertreiben Hundebesitzer in ihren Berichten häufig und es ist angebracht, die Stichhaltigkeit der Behauptungen in Sachen Emotionen näher zu überprüfen. Masson und McCarthy schlagen in ihrem Buch listigerweise vor, dass wir einmal über die folgenden drei verschiedenen Beschreibungen für das Verhalten eines bestimmten Hundes nachdenken sollten: (1) Fido ist irritiert, weil wir seinen Geburtstag vergessen haben; (2) Fido denkt, wir hätten ihn vergessen und versucht, unsere Aufmerksamkeit auf sich zu lenken; (3) Fido zeigt das unterwürfige Verhaltensmuster eines niederrangigen Hundes.

Die beiden ersten Annahmen sind offensichtlich anthropomorphisch, d.h. vermenschlichend, während die dritte eine trockene wissenschaftliche Beobachtung ist, die nur von Ethologen verstanden wird. Allerdings gibt es zwischen den beiden ersten Statements einen großen Unterschied: Wäre das erste wahr, würden wir davon ausgehen, dass Hunde sich ihren Geburtstag merken können, also Monate und Tage zählen können, und dass es außerdem in ihrem Kopf feststeht, dass man jemandes Geburtstag einfach nicht vergisst. Selbst der fanatischste Hundenarr würde so etwas nicht von seinem Tier behaupten, weil es keinerlei Anzeichen für das Vorhandensein solcher Fähigkeiten gibt. Zwar kann es sein, dass der Hund ausgerechnet an seinem Geburtstag schlechte Laune hat, aber es ergibt keinen Sinn, diese Tatsache mit unserem Brauch des Geburtstagfeierns in Verbindung zu bringen. Wahrscheinlicher ist, dass der Hund Blähungen, Zahnschmerzen oder sonst ein Wehwehchen hat. Das zweite Statement ist ebenfalls anthropomorphisch, weil es von Emotionen spricht. Wir können es aber nur dann als ungültig verwerfen, wenn wir der Überzeugung sind, dass Hunde keine Gefühle haben, nicht merken, wenn wir sie vergessen und nie unsere Aufmerksamkeit auf sich zu ziehen versuchen. Die meisten Hundebesitzer wissen, dass das nicht stimmt. Daraus folgt, dass die zweite Aussage vom Gesichtspunkt der Alltagstauglichkeit her gesehen die nützlichste ist.

Im vorigen Kapitel sprachen wir von der Bindung zwischen Hund und Herr. Wenn die Wissenschaft diesen Begriff gebraucht, bezieht sie sich aber nicht auf irgendwelche Gefühle, und schon gar nicht auf Liebe. Die Wissenschaftszeitschriften hätten unseren Beitrag, in dem wir auf die Ähnlichkeit der Herr-Hund-Beziehung zur Mutter-Kind-Beziehung hinwiesen, mit Sicherheit nicht veröffentlicht, wenn wir auch die Schlussfolgerung gezogen hätten, dass manche Hunde ihre Besitzer mehr lieben als andere. Man könnte Bindungen auch in wissenschaftlicher Sprache beschreiben, ohne dem Hundeverhalten irgendeinen emotionalen Gehalt beizumessen. So könnte man zum Beispiel sagen: »Als sein Besitzer aus dem Raum gegangen war, winselte der Hund an der Tür.« Nicht sagen dürfte man hingegen, dass der Hund kläglich winselte, denn das würde bedeuten, dass man menschliche Gefühle mit in die Beschreibung einbringen würde.

Trotzdem vertrete ich entschieden die Meinung, dass manche Hunde kläglich winseln und gehe sogar so weit, zu sagen, dass »Bindung« der wissenschaftliche Ausdruck für die Liebe eines Hundes ist. Alles, was wir über Bindungen von Hunden wissen, entspricht exakt dem, was wir über Bindungen bei Kindern wissen. Wenn wir also nicht dazu gezwungen sind, die Ideologie einer menschlichen Obrigkeit zu akzeptieren, können wir »Bindung« großzügig mit »Liebe« gleichsetzen.

Dass Hunde tatsächlich eine Gefühlswelt besitzen, lässt sich aber nicht nur am Beispiel Bindung nachweisen. Viele weitere Beobachtungen sprechen ebenfalls dafür. Der interessierte Leser findet viele Beispiele dafür in Massons Buch[61], aber einige möchte ich auch aus dem Leben meiner eigenen Hunde beisteuern. Flip, der ältere der beiden, war zu der Zeit, als ich dieses Buch schrieb, zehn Jahre alt und Jerry zwei. Wir wohnen im fünften Stock eines sechsstöckigen Hauses, der Flur zu unserem Apartment wird von einer schmiedeeisernen Tür abgeschlossen. Jerry war etwa ein Jahr alt, als sich Folgendes zutrug: Als wir eines Abends nach Hause kamen, sprang er ungeduldig vor der Tür herum und wartete darauf, dass ich sie öffnete. Beim Aufgehen stieß sie recht heftig an seine Pfote. Zum Glück war nichts weiter passiert und wir vergaßen den Vorfall. Nicht so Jerry. Als ich am nächsten Tag den Schlüssel ins Türschloss steckte, bemerkte ich, dass Jerry in einer Entfernung von etwa einem Meter vor der Tür wartete. Kein Problem, dachte ich, er lernt, Respekt vor der Tür zu haben. Als die Tür aufging, wollte Flip sich durch den Spalt drängeln. In diesem Moment winselte Jerry so ängstlich und verzweifelt, dass Flip sofort innehielt und wartete, bis die Tür ganz geöffnet war. Ich fand es eindeutig, dass Jerry wegen der Tür Angst um Flip hatte.

Manchmal haben die Hunde auch Angst um mich. In einem kalten und schneereichen Winter rutschte ich einmal bei einem unserer Spaziergänge an den steilen Hügeln Budapests auf einer Treppe aus. Die Hunde waren vorangelaufen, kamen aber sofort zurück, als sie mein Stöhnen hörten. Sie leckten an mir und blieben, sichtlich beunruhigt, bei mir, bis ich wieder aufstehen konnte. Nach diesem Unfall gingen wir längere Zeit nicht mehr an diesem Hügel spazieren. Im nächsten Winter, der wieder kalt und schneereich war, war ich vorsichtiger. Und es sah so aus, als ob der ältere und besonnenere Flip sich an den Zwischenfall erinnerte. Immer, wenn wir eine vereiste Treppe hinabstiegen, kam er zu mir gerannt und ging langsam an meiner Seite, wobei er ängstlich jeden meiner Schritte verfolgte. Sobald wir unten angekommen waren, schaute er zu mir hoch und lief dann wieder vorweg. Bei warmem Wetter, wenn kein Eis auf den Treppenstufen war, tat er das niemals, sondern rannte wie immer mit Jerry vorweg.[62]

Ich kenne auch Beispiele dafür, wie ein Hund mit seinem eigenen Kummer umgeht. Als Flip noch unser einziger Hund und damals etwa drei Jahre alt war, geschah Folgendes: Eines frühen Abends hatte ich kurz Besuch bekommen und war danach wieder alleine zuhause. Ich brachte den Gast zur Tür und ging in mein Büro zurück, um weiter zu arbeiten. Nach etwa einer Stunde hörte ich ein seltsames Geräusch aus Richtung der Diele, versuchte aber, es zu ignorieren, weil meine Arbeit vollste Konzentration verlangte. Das Geräusch wurde lauter und lauter, bis ich schließlich realisierte, dass der Hund nirgends zu sehen war. Ich rief ihn, aber er kam nicht und das verdächtige Geräusch wurde noch lauter. Schnell wurde mir klar, dass ich ihn versehentlich ausgesperrt hatte, und weil Bellen nicht seine Angewohnheit war, versuchte er, mit Kratzen an der Türe um Einlass zu bitten. Ich ließ ihn hinein und bemühte mich, mich für meine Gedankenlosigkeit mit Streicheleinheiten und einem kleinen spielerischen Ringkampf zu entschuldigen. Es sah aus, als ob ich damit Erfolg gehabt hätte, denn die vorwurfsvollen Blicke verschwanden und er nahm wieder seinen Lieblingsplatz neben meinem Schreibtisch ein. So vergingen ein paar Stunden, bis meine Frau Eva nach Hause kam. Anstatt wie sonst ausgelassen und fröhlich begrüßte Flip sie mit einer Litanei von Beschwerden und mit einem deutlichen Ausdruck hündischen Unglücks. Eva kam in mein Büro und fragte: »Was hast Du mit dem Hund gemacht?« »Lass es dir erzählen ...«

Wenn ich diese Geschichte aus fachlicher Sicht des Ethologen analysiere, der ich bin, dann bin ich geneigt zu sagen, dass der Hund etwas Unangenehmes erfahren hatte, was von einer angenehmen Erfahrung danach wieder neutralisiert wurde. Aber die Ethologie weiß nichts mit der Tatsache anzufangen, dass sich der Hund einige Stunden später bei einer ihm gut bekannten Person, die er sehr mochte, über eine Stunden zuvor erlittene Ungerechtigkeit beschwerte, die eigentlich schon wieder gut gemacht worden war. Das sind Hundegefühle vom Feinsten: Kummer, Beschwerde, Verstimmung.

Die grundlegenden Gefühle

Lassen Sie uns schauen, welche der im Eingangstext zu diesem Kapitel beschriebenen menschlichen Gefühle eine Entsprechung beim Hund finden können. In der

Fachliteratur gibt es überhaupt keine Debatte über die grundlegenden Gefühle bei Hunden. Alle stimmen vollkommen darin überein, dass Hunde Schmerzen, Ärger und Angst empfinden und dass die Zeichen dafür leicht zu beobachten sind. Schmerzen werden oft mit Stimmäußerungen ausgedrückt, Ärger mit aufgeregtem Knurren und Bellen und Angst durch Einziehen der Rute zwischen die Hinterläufe und den Versuch, sich so klein wie möglich zu machen. Das Signalisieren dieser Gefühle ist auch wichtig für Wölfe, die in einer Gemeinschaft leben. Stimmliche Schmerzäußerungen sind wichtig, damit eine Beißhemmung entstehen kann und man sich gegenseitig im Spiel keine unnötigen Verletzungen zufügt. Das Zeigen von Ärger und Angst ist wichtig, um auf Aggression oder Unterwerfung hinzuweisen, wie wir ja schon gesehen haben.

An dieser Stelle sollte man noch hinzufügen, dass Hunde gelegentlich dazu in der Lage sind, ihre Gefühle zu verbergen – noch ein Beweis für ihr weit entwickeltes Gefühlsleben. Mein Hund Flip war schon oft beim Tierarzt und hat bei diesen Gelegenheiten auch mehrmals Spritzen bekommen, die er immer klaglos ertragen hat. Die Tierärzte behandelten Flip immer freundlich und mit professioneller Erfahrung. Zu mehreren Gelegenheiten meinten sie festzustellen, dass Hunde ein anderes Schmerzempfinden als Menschen hätten und dass beispielsweise Nadelstiche ihnen gar nicht wehtun. Da Flip sich auch nie beklagt hatte, begann ich diese Theorie zu glauben, bis sich herausstellte, dass dies ein großer Irrtum war: Als Flip einmal zu einem kleineren operativen Eingriff bestellt war und wir im Wartezimmer saßen, kam der Tierarzt herein und schlug vor, dass er Flip die Schmerzspritze schon einmal schnell im Warteraum geben wolle, um so nachher Zeit zu sparen. Genau dies tat er: Von Flip unbeobachtet setzte er mit geübter Hand von hinten die Nadel in seine Haut, woraufhin Flip aufsprang und jaulte, als ob man ihm bei lebendigem Leibe das Fell abzöge. Was für uns bedeutet: Die Spritze tut doch weh, selbstverständlich tut sie weh, aber auf dem Untersuchungstisch rechnet der Hund mit etwas Unangenehmen und gibt nicht das kleinste Schmerzzeichen von sich – so wie ein Kind, dem man beigebracht hat, solche Unannehmlichkeiten heldenhaft still zu ertragen.

Sicher muss man auch niemanden davon überzeugen, dass Hunde Gefühle wie Freude, Kummer und Aufregung empfinden können. Jeder, der schon einmal gesehen hat, wie sich ein Hund über die Rückkehr seines Herrn freut oder traurig darüber ist, dass er alleine zuhause gelassen und nicht mit auf den Spaziergang genommen wurde, kennt diese hündischen Gefühle gut. Hunde drücken auch Aufregung auf vielerlei Art und Weise aus. Flip zum Beispiel zittert dann am ganzen Körper, während Jerry jaulend umherspringt. Liebe erwähnte ich bereits im Zusammenhang mit Bindung, und wer mehr als einen Hund oder einen Hund und Kinder hat, dem ist auch Eifersucht bekannt.

Wenn ich Jerry streichle, tut Flip nach einer Weile mit Knurren kund, dass es nun genug sein muss. Dieser Affront kann nur wieder gutgemacht werden, wenn ich ihn auch streichle. Wenn ich einen fremden Hund streichle, muss ich darauf achten, dies nur kurz zu tun, denn wenn einer meiner Hunde dies bemerkt, werde ich mit Sicherheit etwas von ihm zu hören bekommen.

Hunde achten auf jeden einzelnen Futterbissen und jede einzelne Streicheleinheit und möchten an allem teilhaben. Ignoriert ihr Besitzer dies, sind sie ernstlich niedergeschlagen oder werden dem bevorzugten Tier gegenüber aggressiv.

Verachtung ist ein Mittel, um seinen Rang ohne Anwendung von Aggression zu verteidigen. Hunde sind Meister darin. Als wir eines Sommers ein paar Tage in dem Sommerhaus von Freunden verbrachten, bekamen wir jeden Morgen Besuch von Betty, einer jungen Deutschen Schäferhündin aus der Nachbarschaft. Unser Flip war damals noch ein Welpe und die beiden Hunde hatten viel Spaß am gemeinsamen Spiel. Betty fühlte sich in unserem Sommerhaus schon so zuhause, dass sie ernsthaftes Interesse an unseren Tellern auf dem Tisch zu zeigen begann, die so köstliche Aromen verströmten. Ich schickte sie weg und sagte mehr oder weniger gedankenlos zu Flip, er solle Betty nicht mehr an den Tisch lassen. Ich habe keine Ahnung, was Flip aus meinen Worten oder Gesten verstanden hatte, aber von diesem Moment an schaffte Betty es nicht mehr, sich dem Tisch auf mehr als zwei Meter zu nähern – Flip knurrte und attackierte sie sogar. Flips Feindseligkeit ihr gegenüber zeigte sich aber ausschließlich am Esstisch, ansonsten verstanden die beiden Hunde sich bestens. Vermutlich wird nicht jeder mit mir darin übereinstimmen, dass diese Begebenheit ein Beispiel für Verachtung oder Geringschätzung ist, aber wenn man sah, wie Flip um den Tisch stolzierte und Betty in einiger Entfernung davon kauerte, halte ich dies für die passendste Beschreibung. Möglich ist auch, dass es sich hier um einen Fall selektiver Aggression handelt, weil Flip sich nur um den Tisch herum feindselig verhielt. Andererseits ist es auch möglich, dass wir selektiv aggressiv gegenüber jemanden sind, für den wir Verachtung empfinden.

Die grundlegenden menschlichen Gefühle können in fein differenzierte Unterkategorien unterteilt werden. Wir können eine Person lieben, mögen oder bewundern. Unsere Zuneigung kann anhaltend sein oder es kann sich um einen Fall von Liebe auf den ersten Blick handeln. Ich bin der Meinung, dass auch Hunde mit solch verfeinerten Gefühlen charakterisiert werden können, und ich werde das anhand zweier selbst erlebter Geschichten illustrieren: In einem Jahr gingen wir mit Flip oft am Burgberg spazieren, an dem es neben dem Parkplatz mehrere Freigelände mit vielen Büschen gibt. Einmal trafen wir unterwegs auf mehrere Hundebesitzer, die ihre Tiere spazieren führten, darunter eine Dame mittleren Alters mit einem Irish Setter. Mir fiel auf, dass der Irish Setter nur Augen für seine Besitzerin hatte, während alle anderen Hunde sich miteinander verbrüderten. Er aber spielte ausschließlich mit ihr und schien ausschließlich auf sie zu achten und aufzupassen. Dieses Verhalten war so auffallend, dass ich die Dame ansprach und nach der Vergangenheit ihres Hundes fragte. Sie erzählte mir eine erstaunliche Geschichte: Sie lebte alleine und hatte den Setter vor etwa einem Jahr entdeckt. Er lebte in einem Haus, an dem sie normalerweise auf ihrem Weg zur Arbeit vorbeiging. Jeden Tag blieb sie auf dem Weg zur und von der Arbeit um ungefähr die gleiche Zeit für ein paar Minuten dort am Zaun stehen, um mit dem Hund zu sprechen und ihn durch den Zaun zu streicheln. Dies ging eine ganze Weile lang so und sie begann, sich zusehends mehr auf die Begegnungen mit diesem liebenswerten Hund zu freuen. Manchmal war der Hund da, manchmal nicht.

Ein halbes Jahr, bevor ich die Dame auf dem Spaziergang getroffen hatte, war dann etwas Seltsames geschehen. Als sie eines Tages auf dem Nachhauseweg an dem Grundstück vorbeikam, war der Hund da, aber außerdem auch ein älterer, gut angezogener Herr, der eine Leine in den Händen hielt. Der Herr öffnete die Gartentür und sagte der Dame, dass er und seine Frau den Hund ja sehr liebten, aber es nun wirklich nicht länger mit ansehen könnten. Jeden Tag würde er etwa eine Stunde vor ihrem Erscheinen sehr unruhig, in den Garten gehen und dort sitzend auf sie warten. Wenn sie ihn im Haus einsperren würden, würde er winselnd und jaulend umherspringen. Er habe daher die Schlussfolgerung gezogen, dass der Hund eine ganz besondere Zuneigung zu der Dame auf der anderen Seite des Zaunes entwickelt haben müsse. Er habe deshalb beschlossen, ihn nicht länger zu quälen und ihn ihr zu überlassen, wenn sie denn gewillt wäre, ihn zu übernehmen. Sprachs und überreichte ihr die Leine. Die Dame war angesichts dieses galanten Angebotes mehr als sprachlos – der Setter war ein teurer Rassehund, den sie sich nie hätte leisten können. Mit Tränen in den Augen dankte sie dem Herrn und ging schnell mit dem offensichtlich glücklichen Hund davon. Wenn das nicht Liebe ist? Besondere Hochachtung habe ich für die Großherzigkeit des ursprünglichen Besitzers. Nur wenige Menschen wären zu einer solchen Handlung fähig.

Wenn es in meiner ersten Geschichte eher um Bewunderung ging, so erzählt die zweite, meine eigene, von einem plötzlichen Erkennen großer Sympathie. Vorausschicken muss man der Erzählung, dass unser Flip in seiner Welpenzeit eine besonders große Vorliebe für das kleine, mausähnliche Plüschtier meiner Frau Eva entwickelt hatte. (Eva behauptete immer, es handelte sich um einen Plüschhund, aber beim näheren Hinschauen wird klar, dass es sich um den missglückten Versuch handelt, eine Maus darstellen zu wollen). Die Maus also lag immer auf einem kleinen Tisch und Flip borgte sie sich gelegentlich aus. Eva sah das nicht gern und bestrafte Flips Frechheit jedes Mal mit Schimpfen. Nach ein paar Wochen begann Flip, die Besitzrechte zu akzeptieren und rührte die Maus mehrere Jahre lang nicht ein einziges Mal mehr an.

In der Zwischenzeit waren wir umgezogen, die Maus wurde woanders aufbewahrt und Flip war erwachsen geworden. Die Jahre vergingen, bis mich eines Tages eine Wochenzeitschrift um ein Interview bat. Die Reporterin, die mich dann befragte, stellte sich als sympathische, attraktive, positiv eingestellte und hübsche, blonde, junge Dame heraus. Flip begrüßte sie mit ungewöhnlich großer Freude, sprang um sie herum, beleckte sie und rollte sich neben ihr zusammen, als wir uns zum Arbeiten hinsetzten. Als wir uns so unterhielten, sprang Flip plötzlich auf, verließ den

Raum und kam nach ein paar Minuten mit der Spielzeugmaus im Fang wieder zurück. Er trug sie zur Reporterin und legte sie ihr vorsichtig in den Schoß. Das muss wohl nicht weiter kommentiert werden.

Treue, Mitgefühl und Trauer

Die legendäre Treue von Hunden lässt sich leicht durch ihre Fähigkeit zum Eingehen von Bindungen erklären. Ein Hund, der sich stark gebunden hat, fühlt sich nur in Gegenwart seines Besitzers wohl und ist zu allem Möglichen fähig, nur um bei ihm sein zu dürfen oder zu ihm zu gelangen. Wie stark die Bindung eines Hundes an seinen Herrn ist, lässt sich leicht überprüfen: Beobachten Sie, wie der Hund sich in einer ihm fremden Umgebung selbst positioniert, wenn der Besitzer sich für längere Zeit hinsetzt. Stark gebundene Hunde legen sich so hin, dass ein körperlicher Kontakt bestehen bleibt, während weniger stark gebundene Hunde sich zwar in die Nähe legen, aber ohne Körperkontakt. Berührung drückt, genau wie unter Menschen, eine enge Verbindung aus. Natürlich gibt es auch Rassen, wie zum Beispiel der Chow Chow, die Körperkontakt eher vermeiden, die sich aber trotzdem genauso stark binden können.

Die Fähigkeit, mit einem anderen mitfühlen zu können, ist eine typisch menschliche Eigenschaft und war damals wie heute wichtig, um Gruppen zu synchronisieren. Mitgefühl hilft uns zu verstehen, was unsere Gefährten tun, warum sie es tun und wie wir ihnen bei ihren Bemühungen helfen können. Oder es motiviert uns im Gegenteil dazu, ihnen ihr Vorhaben auszureden. Ein mitempfundener, gleicher Gefühlszustand aktiviert in uns die Verhaltensmechanismen, mit denen wir jemanden helfen können. Wir können einem kranken Familienmitglied oder Freund dann wirklich helfen, wenn wir seinen Schmerz selbst spüren können. Im Gegensatz zu allen anderen Tieren sind Hunde, die ihren Besitzer lieben, zu Mitgefühl fähig. Wenn jemand in unserer Familie krank und bettlägerig ist (was glücklicherweise nicht oft vorkommt), weicht Flip nicht von der Bettseite. Er verzichtet selbst auf seinen vielgeliebten Spaziergang und erledigt sein Geschäft gleich vor der Haustür, um so schnell wie möglich wieder zu der kranken Person zu eilen. Einmal fühlte Eva sich plötzlich so krank, dass wir Katarina, eine befreundete Ärztin, anrufen mussten. Die Ärztin überlegte hin und her, was den inneren Krampf verursacht haben könnte, der Eva so starke Übelkeit bereitete. Mehr als erstaunt war sie dann darüber, dass Flip, der nicht vom Bett gewichen war, die gleichen äußeren Symptome zeigte wie die Patientin. Er würgte, ächzte, krächzte und es ging ihm sichtlich schlecht. Der erste Gedanke der Ärztin war, dass beide vielleicht irgendetwas Giftiges geschluckt haben könnten. Glücklicherweise verschwand der mysteriöse Krampf aber nach ein paar Stunden von selbst. Ob er eine Nebenwirkung der Spritzen war, die Eva damals bekam oder ob er einfach so auftrat, konnte nie geklärt werden, aber sie fühlte sich mit einem Schlag besser. Innerhalb von zwei Minuten erholte sich auch Flip ohne jede Behandlung und begleitete unsere Freundin mit fröhlichen Sprüngen zur Tür. Als Katarina aus dem Haus ging, murmelte sie kopfschüttelnd: »So was habe ich noch nie gesehen und so was hätte ich mir auch nie vorstellen können.« Ich habe die Begebenheit zusammen mit anderen ähnlichen Vorfällen in meinem Notizbuch festgehalten.

Gefühlsmäßige Identifikation bei Hunden dient nicht nur dem Erreichen irgendeiner Form von passiver Harmonie, sondern befähigt sie auch zu intelligenten Handlungen, von denen Masson einige beschrieben hat.[63] So bemerkte ein Border Collie namens Gilly, dass das neugeborene Kind in der Familie plötzlich nicht mehr atmete. Er weckte die Eltern aus dem Schlaf, woraufhin sie das Leben des Kindes retten konnten. Angespornt von diesem Erfolg zeigt Gilly von da ab jedes Mal an, wenn das unbeaufsichtigte Baby zu weinen begann. In einem anderen Fall hatte ein Hund, der als Signalhund für einen Gehörlosen ausgebildet worden war, bemerkt, wie die Katze des Hauses beim Herumklettern auf dem kalten Küchenherd zufällig das Gas angedreht hatte. Natürlich hatten die Hundeausbilder eine solche Eventualität niemals vorausgesehen und bedacht, aber der Hund geleitete seinen Besitzer trotzdem in die Küche und zeigte an, dass etwas mit dem Herd nicht stimmte.

Außerdem kann ich noch ein paar Flip-Geschichten als Illustration dafür anführen, dass Hunde mitfühlen können und bereit sind, intelligente Hilfe anzubieten. Als ich einmal nach einem harten Arbeitstag sehr müde war, bat ich Eva, mich beim Spaziergang mit Flip zu vertreten. Es war schon spät am Abend, daher war der Spaziergang kurz und ich hörte schon bald wieder, wie die Haustür bei der Rückkehr der beiden ins Schloss schlug. Gewöhnlich kam Flip nach seinen Spaziergängen immer kurz herein, um »Bescheid zu sagen, dass er da war« und legte sich dann nach ein paar Streicheleinheiten auf seinen gewohnten Schlafplatz. Auch an diesem Abend kam er ins Zimmer, aber anstatt sich bei mir seine Streicheleinheiten abzuholen, blieb er zitternd an der Tür stehen und »rief« mich mit seiner charakteristischen Körpersprache. Ich verstand nicht, was hätte vorgefallen sein können: Er hatte schon sein Abendfutter bekommen, Wasser ist immer genug im Napf, und er war gerade erst spazieren gewesen. Was konnte er wollen? Ich stand auf und folgte ihm. Er führte mich durch mehrere Räume bis zur geschlossenen Badezimmertür, vor der er stehen blieb. Er nickte in Richtung Tür und äußerte ein spitzes »arf«. Das Licht im Bad brannte und ich hörte, wie drinnen das Wasser lief und jemand weinte. Wie sich herausstellte, hatte Eva sich die eiserne Haustür auf einen Finger geschlagen. Flip hatte ganz klar ihren Gefühlszustand erkannt. Wäre das aber alles gewesen, hätte er auch einfach bei ihr bleiben und sie trösten können. Stattdessen kam er mich holen, offensichtlich in der Hoffnung, ich könne helfen.

In einer anderen Geschichte spielte ein uns bekannter Hund die Hauptrolle. Flip muss damals etwa zwei Jahre alt gewesen sein. Auf unseren Spaziergängen trafen wir häufig Onkel Georg, einen pensionierten Forstbeamten, und seine Deutsch Kurzhaar-Hündin Jacky, die absolut verrückt nach Bällen war. Jacky hatte einen

Riesenspaß daran, wenn man Tennisbälle für sie warf, denen sie dann nachjagen konnte. Stundenlang konnte sie sich damit beschäftigen. Immer wenn Onkel Georg keine Lust mehr zum Bällchenwerfen hatte, legte Jacky den vor Speichel tropfenden und durchweichten Tennisball irgendeinem Fremden vor die Füße – immer in der Hoffnung, einen Mitspieler zu finden. Jacky und der Tennisball waren unzertrennlich. Onkel Georg mochte unseren Flip sehr und als Jacky wieder einmal in die Hitze kam, äußerte er den Gedanken, dass Flip doch der ideale Vater für ihre Welpen sein könne. Also besprachen wir weitere Einzelheiten und bestimmten unsere Wohnung zum Ort des Geschehens für das amouröse Treffen. Flips Freude kannte keine Grenzen, als zur vereinbarten Zeit die Türglocke ging und die liebesbereite Hündin mit ihrem Besitzer erschien. Nachdem beide Hunde ein wenig Nachjagen miteinander gespielt hatten, erschien es uns jedoch, als sei das Treffen möglicherweise etwas verfrüht, denn Jacky legte sich neben dem Stuhl ihres Herrn zur Ruhe. Flip verschwand für ein paar Augenblicke in den Tiefen unserer Wohnung und kam mit einem Tennisball zurück, den er vorsichtig und präzise genau vor Jackys Nase ablegte. Natürlich schnappte Jacky ihn und gab ihn auch nicht mehr her, bis die beiden nach Hause gingen. In anderen Worten: Flip erkannte Jackys Vorliebe für Bälle, war in der Lage, darüber nachzudenken und war in der gegebenen Situation aus reiner Liebe bereit, trotz seiner unerwiderten Sehnsucht ihr etwas Gutes zu tun.

Das wirklich Interessante bei Hunden mit starker Bindung ist, dass sich diese Art des Sorgens um andere nicht nur in so offensichtlichen Gesten manifestiert. Nie werde ich jenen Sommer vergessen, in dem ich einmal unseren Rasen mähte und es plötzlich heftig zu regnen begann. Es waren nur noch ein paar Quadratmeter ungemähtes Gras übrig und ich dachte, dass ich die Arbeit noch schnell zu Ende machen könne. In diesem Moment kam Jerry hinzu und bedeutete mir mit lautem Bellen, dass ich aufhören und mich unterstellen solle. Ich mähte trotzdem weiter, während Jerry auf mich wartete. Als ich endlich fertig war, begleitete er mich mit empörtem Bellen zum Haus. »Na, da hat er dir wohl die Meinung gesagt, was?«, bemerkte Eva, die das Ganze beobachtet hatte.

Gefühlsmäßige Identifikation ist ein wichtiges Element für die Zusammenarbeit innerhalb von Gruppen. In seinem hervorragenden Buch beschreibt Alaine Polcz folgende Begebenheit[64]: An einem kalten Wintertag 1944, im Zweiten Weltkrieg, versuchte eine kleine Gruppe von Männern und Frauen, sich durch die russische Front hindurchzuschleichen, um zu einem von russischen Truppen verteidigten Dorf zu gelangen. Kurz zuvor hatten sich zwei erwachsene Viszlas der Gruppe angeschlossen. Die Männer und Frauen beobachteten, wie die russischen Soldaten systematisch an der Stelle auf und ab patrouillierten, die sie überqueren wollten. Nach einigem Hin und Her beschlossen sie, sich immer dann flach in den Schnee zu legen, wenn die Wachen auf sie zukamen und jeweils dann aufzuspringen und loszurennen, sobald sie weggingen. Bevor sie sich wieder umdrehten, würden sie sich wieder in den Schnee werfen. Mit diesem Wechsel zwischen Rennen und Hinlegen hofften sie, die gefährliche Stelle überwinden zu können. Allerdings hatten sie keine Ahnung, was sie mit den beiden Hunden machen sollten. Wegjagen konnten sie sie nicht, weil die Wachen dann aufmerksam geworden wären. Was aber, wenn die Hunde ausgerechnet dann herumliefen, wenn gerade Hinlegen angesagt war? Sie hatten keine Zeit mehr, sich weiter über dieses Problem Gedanken zu machen und liefen einfach wie geplant los. Sie rannten und warfen sich abwechselnd hin, und zu ihrer größten Überraschung taten die beiden Viszlas es ihnen exakt nach.

Natürlich ist emotionale Identifikation keine einfache Sache. Wir Menschen beispielsweise sind dazu in der Lage, im Widerspruch zu unseren Gefühlen zu handeln. Wenn uns jemand in der U-Bahn auf die Zehen tritt und dabei eine Entschuldigung murmelt, sind wir dazu bereit, unsere durch die Handlung geweckten aggressiven Gefühle zu unterdrücken, auch wenn die Erfahrung sehr unangenehm war und die Zehen schmerzen. Dieses Element ist für unsere sozialen Beziehungen sehr wichtig. Auch Hunde sind dazu fähig, entgegen ihren Gefühle zu handeln. Es kann – wenn auch nicht oft – vorkommen, dass ich meinem Hund beim Spielen oder Spazierengehen unabsichtlich weh tue, zum Beispiel, indem ich ihm auf die Pfote trete. Wie es sich für einen anständigen Menschen gehört, entschuldige ich mich dann auf der Stelle und der Hund weiß sofort ganz genau, dass es keine Absicht war. Manchmal kommt es dann vor, dass Jerry sich an mich drückt und mich mit einem tiefen Grummeln in seiner Kehle wissen lässt, dass seine Pfote schmerzt – aber gleichzeitig leckt er meine Hand und sucht den Körperkontakt. Anders gesagt, er verzeiht mir. Das Gleiche gilt aber auch andersherum, wenn die Hunde mir unabsichtlich weh tun. Meistens passiert das, wenn sie mich in einem aufgeregten Spiel versehentlich beißen. Ich schreie dann laut »Aua!« und die Hunde teilen mir schwanzwedelnd und leckend mit, dass das Ganze ein Irrtum war und dass es ihnen leid tut.

Versöhnungsverhalten ist natürlich auch von Affen gut bekannt. Außerdem hat man bei Wölfen Folgendes beobachtet: Wenn ein rangniedriges Tier es schafft, einen »unerlaubten« Vorteil für sich herauszuschlagen, für den es von den dominanten Tieren bestraft wird, wird es sich später den Dominanten nähern und auf alle mögliche Art und Weise zu zeigen versuchen, dass es seine rangniedrige Position im Rudel akzeptiert und keinerlei Absicht hatte, das gewonnene Privileg als Zeichen der eigenen Überlegenheit zu betrachten. Wenn meine Hunde für irgendetwas bestraft werden, teile ich ihnen meine Missbilligung zum Beispiel mit, indem ich leicht an Hautfalten schüttele oder ihnen einen leichten Klaps gebe. Sie leiden dann offensichtlich, nehmen sofort eine unterwürfige Haltung ein und versuchen, sich so weit wie möglich von mir zu distanzieren. Ein paar Minuten später möchten sie aber die guten Beziehungen wieder herstellen: Heftig wedelnd und Streicheleinheiten fordernd kommen sie zurück. Flip nimmt bei solchen Gelegenheiten vorsichtig meine Hand in seinen Fang und hält sie mitunter minutenlang fest, bis er das Gefühl hat, dass ich ihm verziehen habe. Auch Jerry entschuldigt sich immer auf sehr eindrucksvolle Art und Weise.

Es gibt viele weitere gut dokumentierte Geschichten, die zeigen, dass Hunde in Ausnahmefällen dazu fähig sind, Trauerschmerz zu empfinden.[65] Es sind Fälle bekannt, in denen Hunde nach dem Tod ihres Herrn nicht mehr gefressen haben, sein Grab bewacht haben und oftmals sogar starben. Ich möchte aus dem Brief zitieren, den mir eine Leserin geschickt hat und in dem es um das Verhalten im Zusammenhang mit einem Todesfall geht.

> Mein achtzig Jahre alter Vater starb am Neujahrstag 1990 an den Folgen eines eigentlich kleinen Unfalls, der sich aber letztendlich als tödlich erwies. Er starb zuhause. Er war wochenlang bettlägerig gewesen und manchmal hatten wir den Hund – einen Deutschen Schäferhund namens Manny – zu ihm gelassen, weil er ihn so mochte. Er starb um neun Uhr morgens und der Arzt kam um elf. Es war kalt. Normalerweise verbrachte der Hund die Abende in der Küche und die Nächte draußen auf dem Hof. Ich war sehr traurig und streichelte leise sprechend den Hund. Der Arzt sagte, dass man meinen Vater erst am nächsten Tag wegbringen werde, also schickten wir den Hund auf den Hof. Dann kam aber doch der Leichenwagen des Beerdigungsinstitutes um vier Uhr nachmittags. Der Hund schien plötzlich verstummt zu sein, denn normalerweise bellte er immer laut, sprang wild umher und war schwer unter Kontrolle zu halten, wenn es am Tor klingelte. Diesmal aber war er vollkommen still, obwohl vier oder fünf schwarz gekleidete Männer vor der Pforte standen. Ich hatte befürchtet, den Hund vielleicht nicht bändigen zu können, aber als ich ihn rief, kam er sofort leise zu mir. Ich brachte ihn in die Küche, damit er nicht im Weg sein sollte. Es war das erste Mal, dass er sich so brav verhielt: Er wusste, dass etwas Außergewöhnliches geschehen war und dass er weder bellen noch umherspringen sollte, sondern ruhig in die Küche gehen, sich hinlegen und dort bleiben sollte. Genau das tat er auch. Am nächsten Tag ließ ich ihn in das Zimmer meines Vaters. Er lief nicht umher, schnüffelte nicht rechts und nicht links und suchte nicht nach etwas zum Spielen, sondern ging zu dem leeren Bett und legte sich daneben, den Kopf auf den Vorderpfoten.

Egal, wie wir diese Geschichte zu interpretieren versuchen, es ist recht sicher, dass Hunde fähig sind, die tiefsten menschlichen Gefühle zu erkennen und sich damit zu identifizieren.

Stolz, Ekel und Moral

Es wird häufig von Hunden berichtet, die auf eine vollbrachte Leistung stolz waren. Masson berichtet in seinem Buch von der Erfahrung vieler Hundetrainer, nach der ein Tier immer selbstbewusster wird und sich immer mehr über Lob freut, je weiter es eine bestimmte Aufgabe beherrscht.[66] Er erwähnt sogar einen Fall, in dem ein Hund stolz auf seine eigene Entdeckung war. In einer Zwingeranlage wurde jeder Hund in einer eigenen Gitterbox gehalten, und eine junge Deutsche Schäferhündin hatte gelernt, wie man die Boxentüre öffnet. Sie machte nicht nur ihren eigenen Käfig auf, sondern ging vor dem Morgentraining von Tür zu Tür und ließ auch alle anderen Hunde hinaus, um anschließend die aufgebrachten Trainer mit fröhlichem Schwanzwedeln zu begrüßen. Diese wechselten zweimal den gesamten Schließmechanismus der Türen aus, und beide Male fand die Hündin heraus, wie man sie öffnet. Mit wachsendem Stolz signalisierte sie, dass sie auch zur Lösung dieses Problems in der Lage war – obwohl niemand sie dafür gelobt hatte.

Früher hatte ich immer mit Skepsis solche Berichte gehört, bis Flip mir eines Tages draußen auf dem Land ein vielsagendes Beispiel für das Empfinden von Stolz bei Hunden lieferte. An diesem Nachmittag befasste sich Flip auf einem Spaziergang begeistert mit dem Ausgraben von Mäuselöchern. Seit wir unser Sommerhaus auf dem Land gekauft hatten, hatte er das monatelang praktiziert, aber noch nie eine Maus gefangen, weil die Feldmäuse stets irgendwie verschwanden. An diesem Nachmittag aber zahlte sich seine Beharrlichkeit aus. Flip grub auf einem Spaziergang mit Eva ein Mäusenest aus, dessen unglückliche Bewohner – ein paar nackte Babys – nicht zu fliehen imstande waren. Flip war überglücklich, nahm eins der leblosen Mäusebabys in den Fang und nahm es mit nach Hause.

Viele haben behauptet, darunter der berühmte Ethologe Desmond Morris,[67] dass Hunde sich schämen können, wenn sie eine Regel verletzt haben – zum Beispiel dann, wenn sie die Schuhe ihres Herrn zerbissen haben und das Vergehen entdeckt wird. Das Problem bei diesem Phänomen ist, dass der Besitzer sich bei Entdeckung des corpus delicti meist in harschem Tonfall an den Hund wendet: »Was hast du da gemacht?« Worauf der Hund mit dem üblichen Verhalten eines Unterwürfigen reagiert. Ich neige dazu, dieses Verhalten eher der Tatsache zuzuschreiben, dass die Ansprache immer ein Element der Drohung enthält, die Hunde dies möglicherweise erkennen und die vermutlich folgende Strafe fürchten. Das Gefühl »Scham« gehört in eine sehr hohe Kategorie und ist bei Menschen Ausdruck sehr komplexer sozialer Beziehungen, die Hunde, wie ich meine, im Verlauf ihrer Domestikation nicht benötigten. Für sie war es viel wichtiger, die kleinsten Anzeichen für Missbilligung ihres Herrn zu verstehen, damit sie darauf mit unterwürfigen Gesten reagieren konnten.

Ich glaube auch nicht, dass Hunde in irgendeiner Form Ekel ausdrücken können. Sie haben kaum jemals Veranlassung dazu, denn ihr Verdauungsapparat lässt sich genau wie der aller anderen Beutegreifer kaum von verdorbener Nahrung beeindrucken.

Auch Überraschung fehlt im Repertoire der Verhaltensäußerungen von Hunden. Geschieht etwas Unerwartetes, reagieren sie vielleicht ängstlich oder aggressiv, aber sie zeigen nicht die Art von Überraschung, die in bestimmten Situationen für Menschen typisch ist.

Es lässt sich leicht erkennen, dass Hunde Regeln folgen. De La Malle beschrieb im neunzehnten Jahrhundert einen sehr interessanten Fall[68]: In den Wirtshausküchen wurden die Bratspieße damals mit Hilfe eines raffinierten kleinen Mechanismus gedreht, der von im Kreis gehenden Hunden in Gang gesetzt wurde. In einer geschäftigen Küche waren gleich mehrere Hunde für diese Aufgabe eingeteilt. Dem Bericht nach fand man zu einer Gelegenheit gerade nicht den Hund, der für die nächste Bestellung zum »Dienst eingeteilt« war und nahm stattdessen einen anderen, der eigentlich erst später Schicht gehabt hätte. Dieser leistete aber Widerstand, bleckte die Zähne und knurrte die Küchenhelfer von unter einem Stuhl aus an. Schließlich gaben die Köche auf und gingen den fehlenden Hund suchen. Sie fanden ihn und er ließ sich auch problemlos an den Mechanismus anschirren – genau wie der zuvor so widerspenstige Hund, als dann seine tatsächliche Arbeitszeit gekommen war. Schicht ist schließlich Schicht. Nach Meinung des Autors ist diese Geschichte ein schönes Beispiel für den Gerechtigkeitssinn von Hunden. Masson erwähnt einen Fall aus jüngerer Vergangenheit: Ein amerikanischer Polizist verstieß einmal gegen den Verhaltenskodex der Polizei und bedrängte eine Frau mit Hilfe seines Schlagstockes, woraufhin der ausgebildete Polizeihund ihn attackierte und ihm den Schlagstock wegnahm[69]. Nach Massons Meinung können wir dies so interpretieren, dass der Hund irgendeine Art von Moralvorstellung hatte oder wusste, was sich gehört und was nicht – wir können aber genauso gut annehmen, dass er einfach den erlernten Regeln folgte.

Darwin glaubte, dass einige einzelne Hunde sogar noch zu höheren Gefühlen fähig seien. Manche Hunde sind ihren Besitzern besonders treu, während andere eine besonders starke Liebe zu ihnen empfinden. Dieses Gefühl müsse ungefähr eine Vorahnung dessen sein, was Menschen für ihren Gott empfänden.[70]

Ich stimme mit Darwin darüber überein, dass das Entstehen von Moral beim Menschen das Ergebnis komplexer sozialer Beziehungen auf sehr hohem Niveau ist und dass auch das Potenzial zur Entwicklung von Moral vermutlich nur dem Menschen vorbehalten ist. Wenn Hunde tatsächlich eines Tages das Sprechen lernen könnten, wie manche Autoren sich in ihrer Fantasie ausgemalt haben,[71] und die Fähigkeit entwickeln würden, sich ausführlich über ihre sozialen Beziehungen und ihre eigenen Gefühle Gedanken zu machen – dann, und nur dann gäbe es eine Grundlage für die Entstehung moralischen Verhaltens. Lassen Sie uns bis dahin damit zufrieden sein, dass Hunde im Gegensatz zu allen anderen Tieren dazu in der Lage sind, Regeln zu befolgen, wie ich im nächsten Kapitel zeigen werde. Gefühle sind dabei natürlich nicht der einzige Faktor, der eine Rolle spielt.

Kapitel 6

Regelbefolgung

Persönliche Rituale und Stereotypen

Menschen entwickeln persönliche Gewohnheiten, die dann über die Jahre hinweg irgendwie ritualisiert werden und sich zu Regeln entwickeln. Psychologen bezeichnen solche Gewohnheiten als Stereotypen. Ein Beispiel: Wenn wir morgens aufstehen und uns für den Weg zur Arbeit fertig machen, tun wir ganz bestimmte Dinge in ganz bestimmter Reihenfolge. Daraus wird mit der Zeit ein Ritual. Es macht eigentlich keinen großen Unterschied, ob wir zuerst Kaffee trinken und uns dann anziehen oder umgekehrt, aber wir alle haben in dieser Hinsicht unsere Gewohnheiten, an denen wir festhalten.

Menschen fühlen sich wohler, wenn sie ihre Aufgaben in der richtigen Reihenfolge erledigen. Ein großer Vorteil solcher Rituale ist, dass wir nicht mehr über die anliegenden Aufgaben nachdenken müssen: Alles geschieht sozusagen wie von selbst, man vergisst nichts, Brille und Geldbeutel liegen am gewohnten Platz und wir müssen uns nicht ständig mit dem Gedanken quälen, vielleicht etwas vergessen zu haben, denn wir wissen: Wenn wir unser Morgenritual streng befolgen, wird alles in Ordnung sein.

Die Bildung von Stereotypen kann auch bei Tieren beobachtet werden. Auf begrenztem Raum eingesperrte Tiere laufen oft vor und zurück oder zeigen ein anderes systematisches, regelmäßiges Verhalten.

Aber Rituale entstehen nicht nur aus Gefangenschaft. Sie können sich auch unter mehreren Aktiven entwickeln und zu einem sozialen Verhaltensmuster werden. Am leichtesten lässt sich das beobachten, wenn Tiere miteinander spielen, und zwar ganz besonders gut bei Affen.[72] Zwei Individuen, die häufig miteinander spielen, lernen mit der Zeit Verhaltensformen, mit denen sie das gewohnte Spiel in Gang bringen oder fortsetzen können. Der jeweils andere reagiert auf eine solche Einladung in der Regel mit vorhersehbarem Verhalten. Die beiden beobachten sich gegenseitig und lernen ganz leicht, mit dem Ergebnis, dass ein Spiel mit einheitlichen Konventionen und Grundregeln entsteht. Schimpanse A weiß genau, dass heftiges Kitzeln folgt, wenn Schimpanse B den Arm hebt und winkt. A akzeptiert, indem er die entsprechende erlernte Äußerung zeigt, welche B ebenfalls gelernt hat. Die

Bildung persönlicher Rituale macht es uns leicht, das Verhalten bestimmter Individuen vorherzusehen, weil sie sich in bestimmten Situationen immer gleich verhalten.[73]

Hunde bilden ebenfalls leicht solche Verhaltensrituale. Vielleicht bemerken wir es nicht einmal, aber falls wir nicht gerade ein sehr regelloses Dasein pflegen, gewöhnen sich unsere Hunde in unserem Alltag an eine bestimmte Art und Weise, wie Dinge getan werden, welche Dinge getan werden und in welcher Reihenfolge. Wir werden im Kapitel über den Verstand von Hunden[74] noch einmal auf die Frage der Rituale zurückkommen, weil diese sehr wichtig dafür sind, dass der Verstand ohne Beeinflussung durch die Umwelt arbeiten kann. Hier soll vorerst nur die Rede von der Entstehung rituellen Verhaltens sein, weil es möglicherweise eine wichtige Komponente der Regelbefolgung ist.

Jerrys Rituale

Zur Veranschaulichung möchte ich kurz Jerrys tägliche Rituale kurz erklären:

1. Das Weck-Wuff am Morgen. Ich stehe morgens meist zu unterschiedlichen Zeiten auf, vor allem, wenn ich nachts gearbeitet habe. Flip schläft zu jeder Tages- und Nachtzeit gerne, aber Jerry hat das Faulenzen gegen halb acht satt und kommt in mein Schlafzimmer, um die Lage zu prüfen. Meistens werde ich davon wach, aber ich lasse dann die Augen zu und höre, was er macht. Zuerst kommt er zum Bett und schaut, ob meine Augen offen sind. Wenn ja, springt er fröhlich umher, als wolle er sagen »Los komm, wir gehen spazieren!«. Habe ich die Augen noch geschlossen, zieht er sich wieder leise zurück, so wie die meisten Hunde einen schlafenden Menschen in Ruhe lassen. Nach etwa fünf Minuten kommt er nochmals zurück, und wieder ein wenig später versucht er dann, mich mit einem welpenähnlichen, hoch klingenden Winseln aufzuwecken. Falls das keinen Erfolg zeigt, kommt er direkt bis ans Bett und weckt mich mit einem ganz bestimmten lauten »Wuff«. Ich beschreibe lieber nicht, was geschieht, wenn ich an diesem Punkt immer noch nicht reagiere, denn man könnte meine Hunde sonst für sehr schlecht erzogen halten.

2. Das Bettdecken-Spiel. Als Flip und nach ihm Jerry noch Welpen waren, machten wir mit ihnen gerne ein auch bei Kleinkindern beliebtes Spiel: Wir legten ihnen ein Handtuch über den Kopf und fragten »Wo ist der Hund?«. Hunde halten in dieser Situation ein oder zwei Sekunden lang bewegungslos still, als würden sie, genau wie ein Kind, sagen: »Weg.« Dann plötzlich befreien sie sich von dem Handtuch und spielen begeistert die Begrüßung »Hier ist der Hund!« mit. Als Jerry schon zwei Jahre alt war, wollte er dieses Spiel immer noch um nichts in der Welt missen. Ich musste es jeden Morgen beim Bettenmachen mit ihm spielen und ihm die Bettdecke mit dem Ausruf »Wo ist denn Jerry?« überwerfen. Während ich dann »Ach daaa ist

Jerry!« rief, half ich ihm wieder unter der schweren Decke hervorzukriechen. Wenn Jerry morgens, während ich das Bett wegräumte (wir haben ein Schlafsofa), irgendwo anders in der Wohnung war, kam er sofort angelaufen, wenn er die typischen Geräusche des Bettenmachens hörte, um nur ja nicht das Spiel zu verpassen. Abends, wenn ich das Bett wieder auszog und die Bettdecke auflegte, verlangte er nie nach dem Spiel.

3. Mit Knurren um einen Keks bitten. Nach dem Aufstehen gehe ich meistens zuerst in die Küche. Jerry geht mit und stellt sich wartend neben die Keksdose. Falls das zu nichts führt, »bettelt« er mit einem tiefen Knurren, dessen Ursprung ich später erklären werde. Falls nötig, wiederholt er das mehrmals.

4. Hosenbeine ziehen. Wenn ich mein eigenes Badezimmerritual beendet habe, beginne ich mit dem Ankleiden. Das Hoseanziehen ist ein offensichtlicher Teil davon und ruft ein unwiderstehliches Bedürfnis nach Festhalten und Zerren in Flip und Jerry hervor. Mit tiefem Knurren packen sie meine beiden Hosenbeine, was das Anziehen natürlich sehr erschwert. Sie haben großen Spaß daran, vor allem dann, wenn ich es eilig habe.

5. Abschiedsbellen für Bubu. Bubu ist ein Pekingese, der ein Stockwerk über uns lebt und meistens an einem Fenster sitzt, das man von der Haustür aus gut sehen kann. Wenn er sieht, dass wir zu unserem Morgenspaziergang aufbrechen, begrüßt er uns mit beleidigtem Bellen. Unseren Hunden ist nicht erlaubt, ihm zu antworten, und so gehen wir meist in Ruhe fort. Wenn Bubu aber einmal nicht an seinem gewohnten Posten sitzt, bellt Jerry laut, egal was ich tue, und schaut zum Fenster hoch. Manchmal, aber nicht immer, erscheint Bubu daraufhin.

6. Urinieren an einer bestimmten Wegstelle. Die Hunde dürfen sich erst dann lösen, wenn sie an einem fünf Minuten von unserem Haus entfernten Hügel abgeleint wurden. Das ist die Regel, aber auf dem Weg dorthin setzt Jerry jedes Mal eine kleine Duftmarke vor der Brücke, und zwar immer an der gleichen Stelle.

7. Spielerisch an der Leine ziehen, wenn wir auf dem Hügel sind. Am Fuß des Hügels angekommen lasse ich beide Hunde von der Leine, damit sie frei laufen, mit anderen Hunden spielen oder bei mir bleiben und die Büsche durchsuchen können. Oben auf dem Hügel kommt Jerry jeden Tag zu mir und verlangt eindeutig nach der Leine, die ich dann in der Tasche habe. Ich werfe ihm ein Ende der Leine zu, das er mit lautem Knurren fängt und dann versucht, mir die Leine zu entreißen. Sobald Flip das merkt, kommt er mir zur Hilfe und »attackiert« Jerry. Dieses Leinenzerrspiel kann ein oder zwei Minuten lang dauern.

8. Ein Spiel mit der Leine auf dem Nachhauseweg, am Brückenkopf. Danach rühren beide die Leine nicht mehr an, bis wir den Heimweg antreten. Dann versucht Jerry, mit der an seinem Halsband befestigten Leine zu spielen und sie zu packen, lässt sie aber nach etwa zehn Metern wieder in Ruhe.

9. Handtuch bringen bei Regen. Wenn wir an einem regnerischen Tag nach Hause kommen, werden die Hunde immer mit einem Handtuch trocken gerieben. Sehr oft geht Jerry dann selbstständig und ohne dass man es ihm gesagt hätte ins Badezimmer und bringt sein Handtuch.

10. Jerrys Frühstück. Jerry ist ein eher dünner Hund, der sich sehr viel bewegt. Der Tierarzt hatte geraten, ihn auch morgens zu füttern. Jerry weiß, wann er Frühstück bekommt. Wenn ich zu langsam damit bin, setzt er sich in hundetypischer Bettelpose vor mich hin und leckt sich die Lefzen. Nur das Frühstück kann ihn von diesem Verhalten abbringen.

11. Mich zum Streicheln ans Bett rufen. Nach dem Morgenspaziergang (egal, ob Eva oder ich gegangen sind) sitze ich meistens vor dem Computer und arbeite. Nach einer Zeit höre ich dann Jerry von meinem Bett aus in hoher Stimmlage, wie ein Welpe »rufen«. Das tut er so lange, bis ich endlich aufstehe, ihn streichle und kräftig abklopfe. Danach nimmt er schnell wieder seinen Wachposten in der Diele ein, damit er draußen vorbeigehende Leute anbellen kann.

12. Aufforderung zum Nachmittagsspaziergang. Etwa gegen 15 Uhr, wenn ich bis dahin noch kein definitives Zeichen zum Aufbruch für den Spaziergang gegeben habe, erscheint Jerry und schaut mich in eindeutig fragender Weise an. Meistens versuche ich dann, mit Worten wie »noch nicht« und »gleich« oder »warte noch ein bisschen« Zeit zu gewinnen, schaffe damit aber höchstens ein paar Minuten. Wenn ich keine Anstalten zum Losgehen mache, beginnt Jerry zu bellen und fordert seinen Nachmittagsspaziergang nach und nach immer deutlicher ein. Wenn das passiert, ich aber wirklich erst später Zeit zum Spazierengehen habe, kann ich Jerrys Drängeln mit einem lauten und scharfen »Nein« ein Ende machen, woraufhin er sich beleidigt wieder auf seinen Wachposten zurückzieht. Nach einer Stunde kommt er wieder und fragt nochmals nach, wann wir denn gehen. Früher oder später ist es dann endlich soweit – ein so hartes Leben führen unsere Versuchshunde!

13. Ums Abendbrot betteln. Auf den Nachmittagsspaziergang folgt das Abendessen für die Hunde. Kommt es nicht schnell genug herbei, stellt Jerry die entsprechende Frage, indem er sich ostentativ die Lefzen leckt.

14. Beim Zubereiten des Futters betteln. Die Vorbereitung der abendlichen Hundefütterung ist bei uns etwas kompliziert, weil beide Hunde unterschiedliches Futter bekommen.
Flip ist älter und schwerer und bekommt ein spezielles Diätfutter für Seniorenhunde, das wir mit etwas Fleischbrühe vermengen. Jerry bekommt Fleisch und ein kohlehydratreiches Hundefutter, das er mit einer Suppe frisst. Wenn ich zum Schrank gehe, um die Tagesrationen hervorzuholen, folgt Jerry mir jedes Mal und bettelt um ein kleines Stückchen von Flips Futter (das er dann auch bekommt), das er ansonsten gar nicht gerne frisst.

15. Um einen Spaziergang bitten, nachdem wir Computer oder Fernseher ausgeschaltet haben. Der Abendspaziergang ist meistens kurz und findet zu unbestimmter Zeit statt. Meistens fragt Jerry dann danach, wenn er hört, dass ich meinen Computer ausschalte. Er stürmt dann von der Diele herein und zeigt auf jede nur erdenkliche Art und Weise, dass wir nun wirklich dringend sofort gehen müssen. Das Gleiche geschieht zu den seltenen Gelegenheiten, wenn die ganze Familie zusammen fernsieht und ich am Ende das Gerät ausschalte. Jerry reagiert auf dieses Signal mit Umherspringen und deutlicher Aufforderung zum Gehen.

16. Zu anderen Zeiten um Spaziergänge bitten. Wenn Jerry weder durch das Ausschalten des Computers noch das Ausschalten des Fernsehers ein Signal für den bevorstehenden Spaziergang bekommt, bittet er trotzdem gegen 11 Uhr abends darum.

17. Einen sich verabschiedenden Gast zum Aufzug begleiten. Jerry hört Gesprächen mit Gästen sehr aufmerksam zu. Wenn er der Meinung ist, dass die Konversation nun beendet ist, kommt er an, schaut fragend und winselt manchmal bittend.

18. Zur Schlafenszeit um die Decke bitten. In unserem Sommerhaus hat Jerry seinen Schlafplatz in einem Raum mit Steinfußboden und bekommt deshalb zum Schlafen eine Decke. Wenn er abends müde ist, aber sonst noch niemand Anstalten zum ins Bett gehen macht, kommt er her und bittet um seine Decke.

19. Aufforderung zu einem Versteckspiel mit einem Ball oder Gummispielzeug. Abends spielen wir oft ein Versteckspiel. Jerry bringt uns den Gegenstand, mit dem er spielen möchte und fordert uns auf.

20. Nach dem letzten Spaziergang um ein Betthupferl bitten. Nach dem Abendspaziergang halten die Hunde nach einem bequemen Schlafplatz Ausschau. Bei Jerry steht allerdings noch etwas auf der Tagesordnung: Er setzt sich vor mich hin und leckt sich sehnsüchtig die Lefzen. Seit ich ihm einmal abends nach dem Spaziergang mehr oder weniger gedankenlos einen kleinen Happen aus dem Kühl-

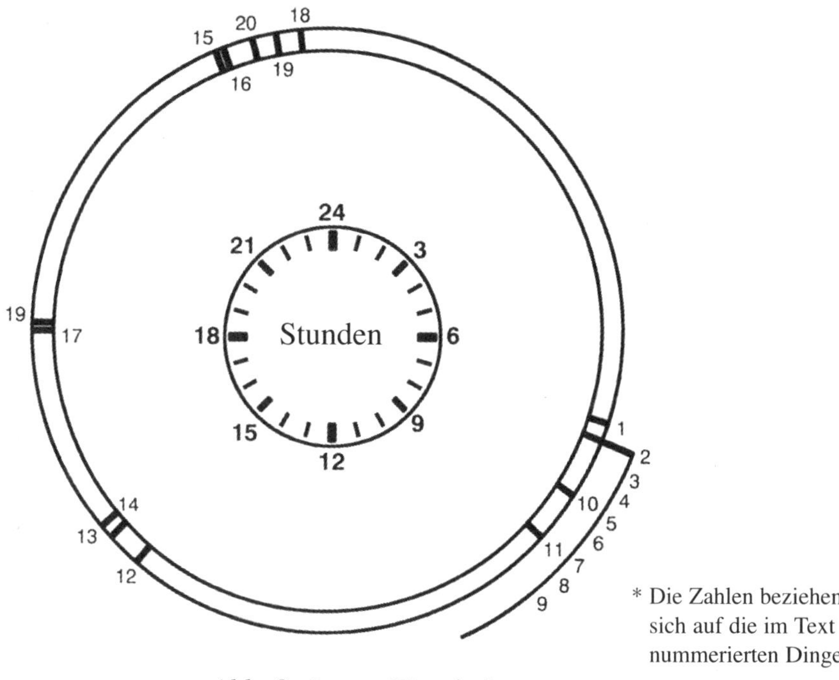

* Die Zahlen beziehen sich auf die im Text nummerierten Dinge

*Abb. 8: Jerrys Rituale **

schrank gegeben habe, bittet er nun jeden Tag darum, obwohl es damals nur ein winziges Stückchen kalter Braten war. Ein klarer Fall von Ritualisierung!

Manche der beschriebenen Dinge sind an bestimmte Umstände gebunden wie z.B. den, dass ich mir die Hose anziehe. Andere sind von der Reihenfolge der Ereignisse abhängig, wie das »Betthupferl« nach dem Abendspaziergang, und wieder andere sind an die Tageszeiten gebunden, so wie die Spaziergänge (siehe Abb. 8).

Diese Merkmale spielen eine wichtige Rolle im Funktionieren des hündischen Verstandes. Ich werde später noch einmal darauf zurückkommen. An dieser Stelle sei nur gesagt, dass diese persönlichen Rituale als kleine Regeln betrachtet werden können, die sich im Gegensatz zu erlerntem Verhalten, deren Ausführung man vom Hund verlangt, zufällig im Kontext der sozialen Aktivitäten ergeben. Und die Hunde halten sich daran. Einer meiner Kollegen, Peter Pongrácz, untersucht die Bildung von Ritualen bei Hunden. Die bisherigen Daten zeigen, dass die meisten Familienhunde sechs bis zehn verschiedene Rituale haben und die Bildung von Ritualen für Hunde genauso typisch ist wie für Menschen. Es gibt keinen Zweifel daran, dass die Entwicklung regelbefolgenden Verhaltens auf solchen Ritualen beruht. Dank ihrer fein abgestimmten Gefühle gewöhnen sich Hunde sehr leicht an bestimmte kleinere Aktivitäten, die dann weiter ausgedehnt und durch Instruktion komplexer gestaltet werden können. Letzten Endes können wir dann bei regelorientiertem Verhalten ankommen, das dem menschlichen recht ähnlich ist.

Menschen beachten Regeln

Untersuchungen des Lernverhaltens von Menschen und Tieren haben gezeigt, dass der Mensch sich selbst von den am höchsten entwickelten Tierarten durch eine besondere Art des Lernens unterscheidet. Tiere können Signale und die Bedeutung von Zeitpunkten genauso schnell lernen wie wir und können ganz ähnlich wie wir bestimmte Signale oder Reize mit bestimmten Ereignissen oder Folgen verknüpfen. Aber nur Menschen sind dazu in der Lage, komplizierte soziale Regeln zu lernen und zu befolgen – eine Besonderheit unserer Art. Bei Versuchen, Menschenaffen eine Sprache beizubringen, hat sich herausgestellt, dass ein Schimpanse oder Gorilla zwar problemlos ein aus mehreren hundert verschiedenen Zeichen bestehendes »Vokabular« lernen kann, dass er aber nicht begreift, in welcher Reihenfolge Worte oder Zeichen benutzt werden müssen und welche Regeln die Beziehung zwischen den einzelnen Worten oder Zeichen beschreiben. Anders gesagt: Das tierische Gehirn ist nicht dazu in der Lage, eine Grammatik zu lernen.[75]

Vom ethologischen Gesichtspunkt aus betrachtet steht das Befolgen von Regeln für die Fähigkeit, sich selbst einer nicht personifizierten Dominanz zu unterwerfen. Eine gesellschaftlich vereinbarte Regel oder Konvention ersetzt das dominante Individuum, und die rangniedrigere Person führt die in der Regel enthaltene Anweisung aus. Menschen haben die Fähigkeit, für die verschiedenen Regeln den jeweils richtigen Platz in der Rangordnung zu finden. Die in menschlichen Gruppen bestehende Rangordnung ist also dual geartet – sie beinhaltet sowohl Personen als auch Regeln.

In einer Tiergruppe wird das Verhalten eines Individuums in einer bestimmten Situation von der sozialen Rangordnung bestimmt. Das ist auch bei Menschen wichtig, aber es kommt eben manchmal vor, dass eine bestimmte Position in der Rangordnung von einer regelhaften Anordnung besetzt wird, der die Menschen genauso gern Folge leisten wie den Anweisungen eines Vorgesetzten. Recht sicher ist, dass diesem regelbefolgenden Verhalten die Entwicklung von Ritualen vorausging. Diese Entwicklung wurde ebenfalls von bestimmten Regeln beeinflusst, aber mehr noch von emotionalen Auslösern, die keiner rationalen Erklärung bedürfen, sondern eher von Reproduzierbarkeit und exakter Wiederholung eines früher gezeigten Verhaltens abhängen. Es gibt keine allgemein akzeptierte Definition dafür, was eine Regel ist, dafür aber eine große Menge an Literatur über die Entstehung von Regeln, die Befolgung von Regeln und die Rolle von Regeln im Gesetzessystem und im praktischen Alltagsleben.[76] Ebenso relevant ist die Tatsache, dass Sprache, die Herstellung von Gegenständen, religiöse Einschränkungen und praktisch jede Komponente von Kultur nicht ohne die Existenz von Regeln entstehen oder bestehen bleiben können. Interessant ist, dass Studien zu Regeln verschiedensten Ursprungs meistens mit einer Untersuchung des Systems mündlicher oder schriftlicher Regeln beginnen, obwohl es doch viel spannender wäre, zu untersuchen, wie sich regelbefolgendes Verhalten im Verlauf der Evolution überhaupt entwickelt hat und wie man eine biologische Grundlage für dieses so menschentypische Phänomen finden kann. Seine Existenz erklärt sich jedenfalls nicht von selbst.

Sinnvoll ist also, zunächst von der Frage auszugehen, wie innerhalb von Kleingruppen Regeln entstehen, denen zwar alle folgen, die aber nirgends explizit festgelegt sind. Wenn Menschen regelmäßig aufeinander treffen, entstehen sehr schnell einige lokale Regeln, die das Zusammenleben fördern. Was zum Beispiel bringt man seinem Gastgeber mit? Oder bringt man überhaupt etwas mit? Eine Flasche Wein vielleicht? Was überreicht man der Dame des Hauses? Wie kleiden wir uns zu einer solchen Gelegenheit, um weder allzu salopp noch overdressed zu wirken? Ist es egal, wo man sich hinsetzt oder ist ein bestimmter Stuhl vielleicht für eine bestimmte Person reserviert? Muss man pünktlich sein und wann sollte man gehen? Jede kleine Gruppe bildet ohne vorherige Absprache Dutzende von Regeln, ohne sich sogar selbst darüber im Klaren zu sein, dass sie befolgt werden. Vom ethologischen Standpunkt aus betrachtet ist es ganz eindeutig, dass dieses Verhalten in der Gruppe der Konfliktvermeidung dient. Wenn wir eine der Regeln verletzen, kann es zu kleineren Unannehmlichkeiten kommen und wir müssen uns mit Dingen wie »Der Blumenladen war schon geschlossen« oder »Entschuldigung, das habe ich ganz vergessen« erklären.

Diese Art der Konfliktreduzierung kommt in allen menschlichen Gruppen vor, ist aber die simpelste Form regelbefolgenden Verhaltens. Eine höher entwickelte Form ist die der explizit aufgestellten Regeln, die von der Gruppe entworfen und dann als Teil der Gruppennorm beachtet und befolgt werden. Explizit aufgestellte Regeln kann es nur geben, wenn sich bereits Sprache entwickelt hat. Ein noch höher entwickeltes und komplexeres Verhalten ist zur Formulierung und Institutionalisierung schriftlicher Regeln nötig. Regeln zur Steuerung von Verhalten sind auch deshalb von Vorteil, weil sie erübrigen, dass man jedes Mal wieder neu überprüfen muss, ob ein bestimmtes Verhalten in dieser Situation angebracht ist. Es reicht dann voll und ganz aus, einfach der akzeptierten Regel zu folgen. Nachahmung und Anpassung an vorhandene Muster spielen weitere wichtige Rollen in der Entstehung regelbefolgenden Verhaltens beim Menschen, weil dadurch auch weniger fähige Gruppenmitglieder in der Lage sind, komplexes und intelligentes Verhalten zu zeigen, auf das sie von alleine nicht gekommen wären.

In Affengruppen funktioniert dies hingegen nicht so reibungslos. Zwar bestimmt die Rangordnung, was erlaubt ist und was nicht, aber trotzdem ist das Leben der Affen voll von Konflikten, die sie durch dauernde Aggression zu lösen versuchen. Nach F. de Waal haben nur Schimpansen die Fähigkeit, bestimmte Verhaltensweisen zu meiden und dafür aktiv andere zu zeigen, das heißt, Regeln zu befolgen. Damit können sie zwar Konflikte vermeiden, aber ihr Verhalten repräsentiert nur die ersten Schritte in Richtung Regelbefolgung.[77] Man kann einem Schimpansen vieles beibringen, mit etwas Mühe sogar die Verrichtung von Aktivitäten, wie sie in kleinen

Dörfern zusammenlebende Menschen ausführen. Aber es wäre sinnlos, diese Dinge mehreren Hundert Schimpansen beizubringen: Wenn wir sie zusammen in ein leeres Dorf setzen würden, wären sie niemals in der Lage, das für Menschen typische Sozialleben zu entwickeln. Die einzelnen Mitglieder der Kolonie wären nicht fähig, das dazu notwendige komplexe Regelsystem zu befolgen. Wenn sie Hunger hätten, würden sie sich früher oder später etwas zu Essen besorgen, egal um welchen Preis – und sie würden ihre sexuellen Bedürfnisse stets sofort, notfalls mit Gewalt, befriedigen. Ein Mensch ohne Geld hingegen wird oftmals eher hungern, anstatt Lebensmittel aus dem Laden zu stehlen. Ein Tier würde niemals so handeln. Unter Menschen ist kaum etwas so wichtig wie das Befolgen allgemeingültiger Regeln. Wir brechen sie nur zugunsten eines noch mächtigeren Regelsystems.

Im gesellschaftlichen Denken wird der Ursprung von Regeln oft mit den Vorfahren oder Göttern erklärt, aber mehrheitlich ist man davon überzeugt, dass bestimmte Dinge »eben so und nicht anders getan werden müssen«. Man kann sogar dann Gehorsam erwirken, wenn man auf nur mutmaßliche Regeln hinweist. Menschen sind sehr sensibel, was Hierarchien angeht, auch wenn sie nur von Regeln verkörpert werden. Auf dem höchsten Niveau von Regelbeachtung betrachten Menschen Regeln als ihren inneren moralischen Imperativ.

Auch Hunde respektieren die Rangordnung und akzeptieren Regeln

Jeder gewöhnliche Hundebesitzer weiß, dass ein gut aufgezogener Hund leicht zum Befolgen von Regeln gebracht werden kann. Dieses seltsame Verhalten beruht auf drei Hilfsmechanismen. Der erste ist die bereits erwähnte Konfliktvermeidung: Wenn wir in der Erziehung unseres Hundes konsequent sind, wird er früher oder später tun, was wir möchten. Er wird rechts oder links neben uns gehen, am Bordstein stehen bleiben oder nicht auf den Tisch springen. Dazu benötigen wir noch nicht einmal spezielles Training oder Strafe, es reicht, wenn wir das gewünschte Verhalten konsequent und oft genug positiv bestärken. Hunde haben großen Respekt vor der Rangordnung und gehorchen besonders gut, wenn ihr Mensch konsequent ist. Der zweite Hilfsmechanismus ist die Eigenschaft der Hunde zum Befolgen persönlicher Rituale. Wenn wir einige Male hintereinander, zur gleichen Zeit, am gleichen Ort und auf die gleiche Art und Weise eine bestimmte Aktivität mit dem Hund zusammen ausführen, dann wird der Hund bald dazu neigen, diese Aktivität auf eigene Initiative und auf die gleiche Art und Weise zu unternehmen. Der dritte Mechanismus ist das Nachahmen von Mustern, das ich in einem späteren Kapitel besprechen werde.[78]

Ein im familiären Umfeld aufgewachsener Hund realisiert schon früh im Leben, wie nützlich Konfliktminimierung ist. Er darf sich zwar nicht im Haus entleeren, er kann nicht hinaus, wann er möchte und er darf nicht an Schuhen oder Teppichen kauen, aber andererseits ermuntert man ihn, am Ball oder an Spielzeugen zu kauen. Man ermuntert ihn, bestimmte Dinge zu tun – zum Beispiel auf Zuruf zu kommen, wofür er gewöhnlich belohnt wird, oder auf Kommando die Leine zu apportieren, wofür er wiederum belohnt wird. Früher oder später versteht er, dass auf manche der vielen möglichen Aktivitäten ein Konflikt wie zum Beispiel eine Bestrafung folgt, während andere, die vielleicht sogar recht ähnlich sind, zu einer Belohnung führen. Hunde unterscheiden sich nicht nur darin von anderen Tieren, dass sie besonders großes Interesse an gemeinsamen Unternehmungen mit Menschen haben, sondern auch durch die Tatsache, dass sie im Verlauf der Domestikation genau wie wir eine Selbstregulierung entwickelt haben. Auch Hunde sind dazu in der Lage, vom Durchführen einer bestimmten Handlung abzusehen. Beispielsweise kann man einem Welpen ganz leicht beibringen, geduldig auf das Abstellen seines Futternapfes zu warten und erst nach Erlaubnis zu fressen, egal, wie hungrig er ist. Es reicht, ihn ein paar Mal mit der Hand zurückzuhalten oder ihn verbal zurechtzuweisen, und schon sind die entsprechenden Regeln aufgestellt. Es ist ein genetisches Merkmal des Hundes, einer in der Rangordnung höher stehenden Person zu gehorchen. Er wird am Bordstein stehen bleiben, zu seinem Menschen aufsehen und auf Erlaubnis zum Überqueren der Straße warten. Bestärkt man dieses Verhalten mehrere Jahre lang, wird er auch als erwachsener Hund so handeln und selbst die größte Versuchung kann ihn nicht dazu bringen, diese Regel zu brechen.

David Freedman hat in einem Experiment untersucht, inwieweit Hunde eine gelernte Regel verinnerlichen können, das heißt, sie auch dann befolgen, wenn keine Strafe droht.[79] Dazu legte man Welpen mehrmals hintereinander Fleischbrocken vor die Nase und bestrafte sie, wenn sie diese fressen wollten. Sobald die Welpen gelernt hatten, was verlangt war und das Fleisch nicht einmal mehr anschauten, verließ Freedman den Raum. Die Basenji-Welpen stürzten sich sofort auf das Futter, während die Shelties es nicht anrührten. Daraus folgt, dass genetische Faktoren eine große Rolle in der Regelbeachtung spielen und dass das Verhalten von Hunden verschiedener Rassen sehr unterschiedlich sein kann.[80]

Eine wichtige Rolle spielt das Umfeld des Hundes, zum Beispiel die Konsequenz seines Besitzers. Wenn die Regel so lautet, dass der Hund manchmal am Bordstein stehen bleiben und seinen Menschen anschauen soll, manchmal aber auch einfach geradewegs über die Straße gehen kann, wird der Hund zweifellos die für ihn angenehmere Variante auswählen. Vielleicht lernt er auch, dass Bestrafung gar nicht so etwas Schlimmes ist und dass es sich mitunter lohnt, sie in Kauf zu nehmen. Das Gleiche gilt auch für Kinder. Es stimmt ganz einfach nicht, dass die freiwillige Kontrolle des eigenen Verhaltens im Tierreich etwas Normales ist. Wenn man einige der vorher beschriebenen Verhaltensweisen beispielsweise einem Dachs beibringen wollte, würde man schon sehr bald feststellen, dass dies ein hoffnungsloses Unterfangen ist. Hindert man einen ansonsten zahmen Dachs daran, sein Vorhaben durchzusetzen, wird er unmittelbar angreifen. Er hat eben seine eigenen Vorstellungen davon, welche Aktivitäten möglich sind und die kann man nur geringfügig durch sehr gehaltvolle Belohnungen oder Strafen beeinflussen. Aus diesem Grund sehen wir im Zirkus auch dressierte Hunde, aber keine dressierten Dachse. Dachse sind keine sozialen Lebewesen und nicht fähig, konfliktvermeidendes Verhalten zu entwickeln.

Unsere Beispiele für Regeln, bei denen es um eine Entscheidung geht, basierten bis jetzt alle auf dem Ja/Nein oder Erlaubt/Nicht erlaubt-Prinzip. Das Zusammenleben der Menschen ist aber auf der Grundlage sehr viel komplexerer Regeln aufgebaut.

Ein sehr bekanntes altes Experiment aus der Psychologie bezog sich auf die Frage, ob Kinder ein Verständnis für die Dauerhaftigkeit von Gegenständen (im Fachbegriff: Objektpermanenz) haben. Das Konzept der Objektpermanenz ist für Erwachsene vollkommen normal, nicht aber für ein wenige Monate altes Kleinkind oder für ein Tier. Wenn man einem dreijährigen Kind ein Spielzeug zeigt und es anschließend vor seinen Augen unter eine Decke legt, weiß das Kind, dass das Spielzeug nicht verschwunden ist – es ist sicher, dass es noch da ist und wird deshalb am richtigen Ort danach suchen. Das Gleiche ist für ein wenige Monate altes Baby ein unlösbares Mysterium, weil es noch kein Verständnis für die Objektpermanenz entwickelt hat. Wenn ein Gegenstand verschwindet, sucht es nicht danach, weil er in seinen Augen nicht mehr existiert. Ähnliche Versuche wurden auch mit Tieren gemacht. Es stellte sich heraus, dass Menschenaffen und Hunde ein gut entwickeltes Konzept von der Objektpermanenz besitzen und auch in der Lage sind, damit verbundene Aufgaben erfolgreich zu lösen. Wir setzten einen Hund vor drei abgedeckte Körbe und zeigten ihm einen Ball. Dann versteckten wir den Ball in einem der drei Körbe, zeigten dem Hund unsere leeren Hände und ermunterten ihn, nach dem Ball zu suchen. Der Hund wusste sofort, in welchem Korb er nachschauen musste. In einer komplizierteren Version dieses Tests steckten wir unsere Hand mit dem Ball darin jeweils unter die Abdeckung jedes Korbes und zeigten sie dem Hund beim Hervorziehen, sodass er sehen konnte, ob der Ball noch in der Hand war oder nicht. Nach dem Kommando »Such den Ball« sollte der Hund dann zu demjenigen Korb gehen, aus dem wir die Hand leer wieder hervorgezogen hatten. Diese kompliziertere Aufgabe kann sowohl von drei Jahre alten Kindern als auch von den meisten Hunden gelöst werden.

Eines Tages wollte ich schauen, wie Flip in diesem Versuch abschneiden würde. Ich hatte den Test nie mit ihm gemacht und dachte, dass es sicher ziemlich schwierig werden würde, weil der Hund ja still sitzen und nur durch Zuschauen herausfinden muss, aus welchem Korb die Hand leer hervorkam. Und dann muss er sogar noch auf die Erlaubnis warten, mit dem Suchen anfangen zu dürfen. Ich ging davon aus, dass Flip dieses komplizierte Spiel in schätzungsweise vier oder fünf Tagen lernen würde. Ich gebe zu, dass ich ihn grob unterschätzt hatte: Er brauchte noch nicht einmal fünf Minuten, bis er bei den meisten Versuchen richtig den versteckten Ball fand. Dann beschlich mich der Verdacht, dass ich mit diesem Versuch vielleicht gar nicht sein Verständnis von der Objektpermanenz untersuchte, sondern vielleicht etwas völlig anderes. Wir spielten: Flip musste sich hinsetzen, ich versteckte den Ball und er musste danach suchen. Vielleicht hatte er nur unsere gemeinsamen Spielregeln gelernt? Wenn das stimmen sollte, so ließe sich dies leicht überprüfen: Wenn ich ein paar Mal nur so tat, als würde ich den Ball im Korb verstecken, ihn neben mich legen und dann die leere Hand in die Körbe steckte, würde er dann trotzdem in den Körben nach dem Ball suchen? Obwohl es da gar nichts zu suchen gab, nur, weil die Regeln es so wollten? Zu meiner größten Überraschung trat genau das ein und meine Theorie bewahrheitete sich. Flip schielte zu dem neben mir liegenden Ball, aber als ich ihm »Such« befahl, suchte er in allen drei Körben. Ganz klar hielt er sich an die zuvor gelernten Regeln.

Ein Versuch ist kein Versuch, sagt man in meinem Fachbereich, und man darf keine voreiligen Schlüsse aus der Beobachtung nur eines einzigen Hundes ziehen. Also bildeten meine Kollegen József Topál, Márta Gácsi, die Doktorandin Zsuzsanna Sárközi, viele Hunde und ich ein Forschungsteam: Wir wiederholten den Regellern-Versuch mehrfach. Da die Objektpermanenz beim Menschen ein wichtiges mentales Konstrukt ist und Menschen außerdem gerne die Regeln eines Spiels

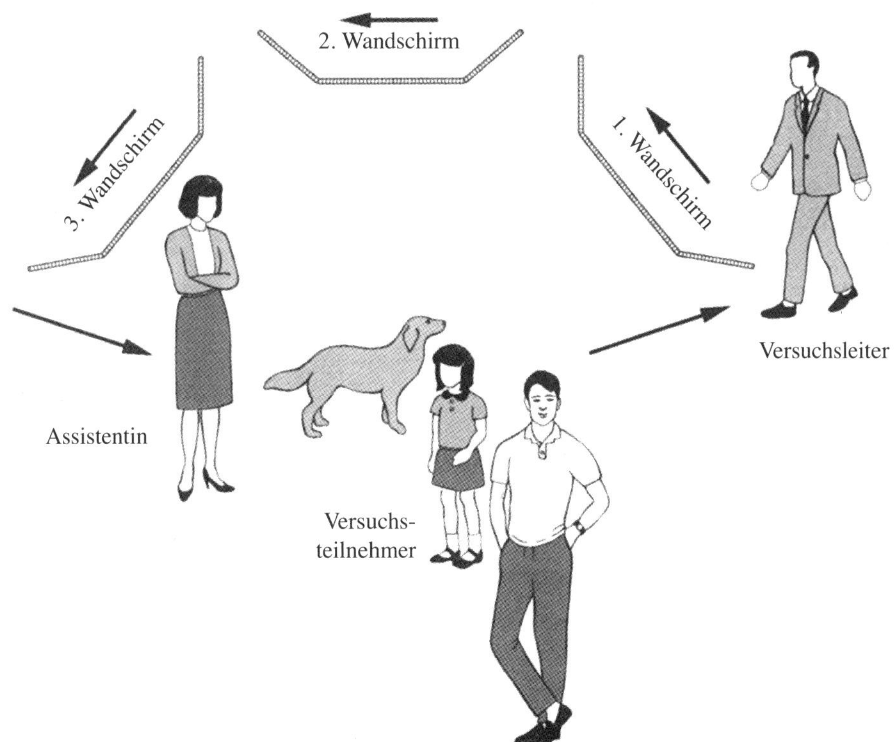

Abb. 9: Das Experiment: Nach einem Gegenstand suchen

lernen, dachten wir, es sei angesichts des Rates des Kinderpsychologen György Gergely angebracht, wenn wir den Versuch sowohl mit Kindern als auch mit Studenten wiederholen würden.[81] Es nahmen also 18 erwachsene Hunde, 24 Kinder im Alter zwischen vier und sechs sowie 24 Studenten am Versuch teil. Wir änderten die Versuchsanordnung ein wenig: Wir stellten in einem Raum drei Wandschirme auf, hinter denen man Gegenstände verstecken konnte. Die Rolle der Hand (mit Ball darin oder leer) aus dem vorigen Versuch wurde nun von einem Plastikeimer übernommen – wir legten zu Beginn des Versuches den Ball hinein, der gesucht werden sollte. Jedem Versuchsteilnehmer wurde das gezeigt. Dann ging der Versuchsleiter hinter jeden der Wandschirme, rumorte dort ein wenig herum und zeigte dann dem jeweiligen Versuchsteilnehmer, ob der Ball immer noch im Eimer war oder nicht. Der Versuchsleiter ließ den Ball hinter einem der Wandschirme zurück, ging zu seinem Ausgangspunkt zurück und zeigte den leeren Eimer vor (siehe Abb. 9). Zur gleichen Zeit gaben entweder er (bei den Studenten) oder die Kindergärtnerin bzw. die Hundebesitzer das Kommando zum Suchen.

Jeder Versuchsteilnehmer suchte mehrmals, und natürlich wurde der Ball jedes Mal hinter einem anderen Wandschirm versteckt. Damit die wissenschaftliche Vergleichbarkeit gegeben war, war es wichtig, den Menschen und den Hunden die gleichen Informationen über den Versuchsaufbau zu geben. Wir sagten also den Kindern und den Studenten nur – irgendetwas mussten wir ja sagen – dass dies ein Versuch sei, dass sie herausfinden sollten, was sie zu tun hätten und das alles, was sie tun würden, ein Teil des Experiments sei.

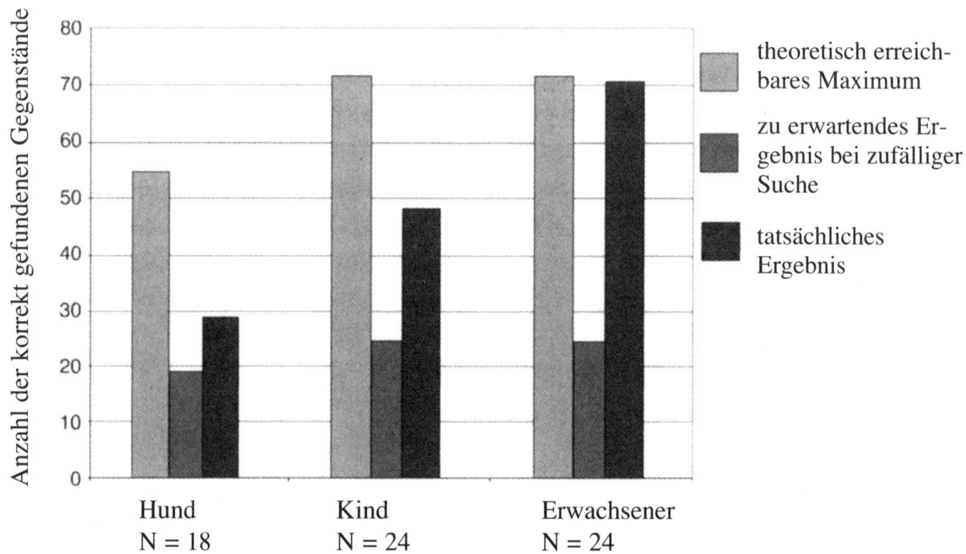

Abb. 10: Ergebnisse der einzelnen Versuchsteilnehmer im Versuch »Finden eines Gegenstandes«

In der nächsten Abbildung ist zu sehen, dass die Erwachsenen beim Suchen so gut wie keine Fehler machten, die Fehlerquote bei den Kindern und Hunden aber höher war. Trotzdem unterschieden sich selbst die Daten der Hunde statistisch signifikant von denen, die man bei zufälliger Suchmethode erwarten könnte (Abb. 10). Dieser Teil des Versuchs zeigt nur, dass Menschen und Hunde sich merken können, hinter welchem Wandschirm der Ball versteckt wurde. Natürlich gab es sowohl unter den Kindern als auch unter den Hunden solche, die außergewöhnlich gut und solche, die außergewöhnlich schlecht abschnitten, während die Erwachsenen alle die volle Punktzahl erreichten.

Der spannendste Teil des Versuchs kam aber dann, als die Versuchsteilnehmer gelernt hatten, wie sie nach dem versteckten Ball suchen sollten. Im nächsten Versuch stand der Versuchsleiter vor den Teilnehmern und steckte sich recht auffällig und offensichtlich den Ball in die Tasche. Dann zeigte er den leeren Eimer vor und verschwand hinter den Wandschirmen, wo er so tat, als würde er den Ball verstecken. Dann kam er zurück und gab das Startkommando zum Suchen. Die Versuchsteilnehmer konnten nun also nach dem Ball suchen, wenn ihnen danach war. In allen drei Gruppen – Hunde, Kinder, Erwachsene – gab es einige clevere Teilnehmer, die auf die Tasche wiesen: Da ist der Ball!

Aber helle Köpfe sind selten: Fast 50% der Studenten tat so, als würden sie hinter den Wandschirmen suchen, noch etwas mehr Kinder taten das Gleiche und fast Dreiviertel aller Hunde (Abb. 11). Wir fragten die Studenten und Kinder, warum sie das getan hätten, und alle antworteten, sie hätten gedacht, das Suchen hinter dem

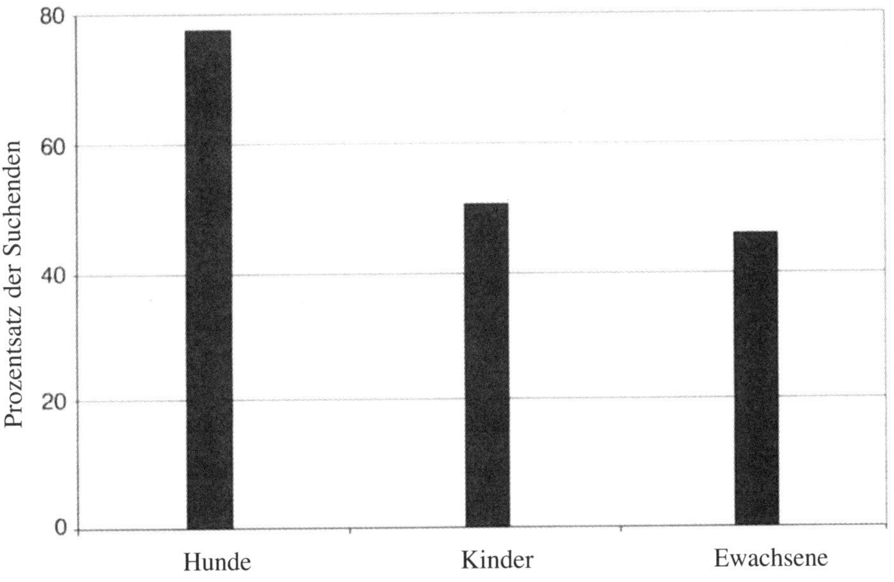

Abb. 11: Wie viele suchen nach einem gar nicht vorhandenen Ball?

Wandschirm sei der eigentliche Sinn des Spiels, egal, wo der Ball gerade tatsächlich war und dass sie sich einfach an diese Regel gehalten hätten.

Für mich gibt es keinen Grund daran zu zweifeln, dass die Hunde ähnliche Ideen hatten. Das bestätigte sich weiter anhand der Videoaufnahmen, die wir während des Versuchs gemacht hatten: Wenn die Versuchsteilnehmer – die Hunde, die Kinder und die Studenten – zuvor den Ball in der Tasche gesehen hatten, dauerte die Suche hinter den Wandschirmen wesentlich kürzer als dann, wenn sie den Ball dort versteckt wähnten. Auch sahen sie den Versuchsleiter viel öfter an als dann, wenn er den Ball tatsächlich hinter einem der Wandschirme versteckt hatte. Sowohl bei den Hunden als auch bei den Menschen war es sehr interessant zu beobachten, dass sie die Suche nur vorzugeben schienen, wenn kein Ball hinter einem der Wandschirme lag. Sie machten übertriebene Suchgesten und schauten beispielsweise sogar in die Ecken, um zu zeigen, dass sie suchten – obwohl sie sich, wie wir aus unseren früheren Beobachtungen wussten, ganz klar über die Situation waren.

Dieses komplizierte Experiment führt zu einer einfachen Schlussfolgerung, nämlich der, dass sowohl Kinder als auch Hunde schnell lernen, ein Regelsystem zu erkennen und zu befolgen, selbst wenn diese Regeln keinen Sinn ergeben oder keinem offensichtlichen Zweck dienen. Anders gesagt: Hunde können Regeln lernen, nicht nur Menschen! Weitere Versuche haben außerdem gezeigt, dass Nachahmung und das Befolgen von Mustern eine wichtige Rolle in der Entwicklung regelbefolgenden Verhaltens bilden. Davon soll später noch die Rede sein.[82]

Wenn wir unsere Beziehung zu Hunden unter diesem Gesichtspunkt betrachten, fällt es nicht schwer, weitere Beispiele für ihre Fähigkeit zum Regelnlernen zu finden. Jerry ist total vernarrt in ein bestimmtes Spielzeug, das aus drei Gummiringen besteht und das ich immer »Ball mit Ohren« nenne. Jerrys Lieblingsspiel damit ist, wenn er und ich je ein Ende packen und Wettziehen machen. Er knurrt dabei spielerisch und wir versuchen, uns das Ding gegenseitig abzunehmen. Weil ich dieses Spiels immer nach einer gewissen Zeit überdrüssig werde, habe ich bestimmte Regeln eingeführt. Zuerst werfe ich das Spielzeug und Jerry muss es zurückbringen, aber bevor das Wettziehen losgehen kann, werfe ich es nochmals und nur wenn Jerry es zum zweiten Mal apportiert hat, kann das nette, aber leicht aggressive Spiel losgehen. Nach einer Weile sage ich »Ich werf's jetzt«, was bedeutet, dass zwei weitere Runden Werfen und Apportieren folgen müssen und dass das Zerrspiel erst danach weitergehen kann. Jerry hat diese Spielregeln sehr schnell gelernt.

Beide Hunde haben auch eine Variante des Versteckspiels sehr schnell gelernt, sozusagen gleich beim ersten Versuch, und zwar als sie etwa sechs Monate alt waren. Ich nahm irgendeinen kleineren Gegenstand, ließ einen der Hunde »Sitz« machen und sagte ihm, dass wir jetzt spielen würden. Dann ging ich in ein anderes Zimmer, versteckte den Gegenstand und rief dem geduldig wartenden Hund zu, dass er jetzt kommen und suchen könne. Erst auf mein Rufen hin (nur dann!) kam er ins Zimmer gerannt und begann, aufgeregt nach dem Gegenstand zu suchen. Meistens fand er ihn auch. Manchmal spielten wir dieses Spiel auch öfter hintereinander. Oft kam Jerry mit irgendeinem Gegenstand im Fang zu mir, legte ihn mir in den Schoß und forderte mich damit zum Versteckspielen auf.

Sich an die Regeln zu halten, erfordert Aufmerksamkeit und einen bestimmten Gefühlszustand, was ich anhand einer weiteren Geschichte illustrieren möchte. Als Flip noch Welpe war, spielten wir mit ihm auch öfter Verstecken, allerdings mit mir und Eva als Spielpartner. Einer von uns hielt Flip fest, während der andere das Spielzeug versteckte. Dies funktionierte sehr gut, bis ich eines Tages alleine zuhause war und Flip sich offensichtlich langweilte. Also versuchten wir, eben nur zu zweit Verstecken zu spielen. Er kannte bereits das Kommando »Sitz«, das wir immer dann verwendeten, wenn wir ihn von irgendeiner Aktivität abhalten wollten: Zum Beispiel, wenn ein anderer Hund auf der Straße entgegen kam oder wir ihn daran hindern wollten, den Bordstein einfach zu überqueren. Also nahm ich seinen Lieblingsball und sagte »Sitz«. Flip setzte sich, ich versteckte den Ball im Nebenzimmer und rief ihn dann mit »Komm und such!« Seltsamerweise dauerte es einen Moment, bis er reagierte. Er kam sehr langsam und begann sehr zögerlich mit dem Suchen. Ich musste ihn mehrmals ermuntern, und als er den Ball schließlich gefunden hatte, nahm er ihn nicht in den Fang und brachte ihn mir, sondern berührte ihn nur mit der Nase und sah mich an, um sich zu vergewissern, dass ich den Ball gesehen hatte. Dann legte er sich hin. Danach wollte er nicht weitersuchen, egal, was ich tat. Nach langem Nachdenken kam ich endlich darauf: Ich war ein Idiot! Das »Sitz«-Kommando war zwar nicht direkt eine Strafe, aber auf jeden Fall ein Kommando mit unangenehmem emotionalen Inhalt, und wahrscheinlich war das der Grund dafür, warum Flip nicht spielen wollte.

Wie bereits erwähnt, achten Hunde sehr darauf, nichts zu tun, was ihren Herrn verärgern könnte. Außer, die Angelegenheit ist für sie sehr wichtig. Wir wollten schauen, ob wie diese Annahme beweisen konnten und spielten drei Monate lang kein Verstecken. In dieser Zeit übten wir aber ein anderes Wortkommando für »Sitz« ein, das wir nur mit angenehmen Dingen in Verbindung brachten.[83] Wir sagten es in den aufregenden Momenten vor dem Weggehen oder fröhlichen Herumtollen, in freundlicher Stimme und als Teil fröhlicher Aktivitäten. Das einer solchen Atmosphäre entsprechende Verhalten zeigte sich sehr schnell. Nach drei Monaten machten wir den Härtetest: Wieder war ich alleine mit Flip. Ich nahm den Ball, sagte das neue Wort für »Sitz« und versteckte den Ball im Nachbarzimmer. Als er mein »Komm« hörte, stürmte Flip herein und fand wie in früheren Zeiten sehr schnell den versteckten Ball. Und so ist es seitdem geblieben. Man könnte annehmen, dass es sogar eine Rangordnung der Regeln gibt, und für Flip war die erste Regel, dass er nichts tun wollte, das mich ärgern oder auch nur ärgerlich erscheinen lassen könnte.[84]

Es ist eine verlockende Frage, ob ein Hund dazu in der Lage ist, über eine Regel nachzudenken oder ob er die Regel nur automatisch als letztes Stadium eines Lernprozesses anwendet. Ich selbst finde diese Frage wirklich aufregend. Flip und Jerry gaben uns auch zufriedenstellende Antworten darauf, obwohl wir noch wesentlich mehr Versuchsergebnisse zur Bestätigung sammeln müssen.

Lange Zeit war Flip der einzige hündische Bewohner unseres Sommerhausgartens und lernte schnell, sein Geschäft woanders zu verrichten. Wenn er musste, bat er darum, hinausgelassen zu werden. Unsere Nachbarn waren sehr überrascht darüber, dass er niemals durch die Blumenbeete lief, sondern sich immer auf den schmalen Gartenpfaden hielt. Wir waren ihm sehr dankbar dafür. Als Jerry in seiner Eigenschaft als Hund Nummer zwei im Alter von sechs Wochen bei uns einzog, wurde schnell klar, dass Flips Verhalten im Garten alles andere als naturgegeben war. Jerry pflügte mitten durch die Blumenbeete, wenn er irgendetwas Spannendes – wie zum Beispiel einen Vogel – verfolgte oder wenn er auf unseren Ruf hin kam. Je kürzer und schneller der Weg, desto besser! Wir waren ziemlich verärgert darüber, aber schon bald unterstützte Flip uns glücklicherweise im Durchsetzen der Gartenordnung. Wenn ich die Hunde rief und Jerry unsere schönsten Blumen zertrampelte, während Flip über die Pfade eilte, wurde Jerry von Flip ernsthaft bestraft. Bis zum heutigen Tag hält sich nun auch Jerry an die Pfade, oder genauer gesagt, er trampelt nicht mehr durch die Beete, sondern überspringt sie an den schmaleren Stellen mit großen Sätzen. So hält er sich an die Regeln und kommt trotzdem als Erster bei uns an.

Hundebesitzer kennen viele Beispiele dafür, wie ein alter, dominanter Hund so den jüngeren »instruiert«: Verletzt der jüngere eine Regel, knurrt der ältere ihn an und diszipliniert ihn. Von der Warte der Untersuchung evolutionärer Ähnlichkeiten aus betrachtet ist es sehr wichtig, dass die Regelbeachtung der Hunde mit der Rangordnung zusammenhängt. Es ist deshalb nicht zu weit hergeholt zu sagen, dass sich das regelbeachtende Verhalten sowohl beim Menschen als auch beim Hund durch identische Mechanismen und ähnliche Kräfte der natürlichen Auslese entwickelt hat.

KAPITEL 7

KOOPERATION

Unter Menschen ist Kooperation ein allgegenwärtiges und hoch komplexes Verhalten. Wir werden es nur kurz beschreiben, damit wir die entsprechenden Merkmale bei Hunden besser verstehen können.

Kooperation unter Menschen

Stellen wir uns einmal eine winzige Gesellschaft vor, die aus sagen wir einmal zwei Menschen besteht. Gemeinsam müssen sie ein einfaches Problem lösen. Stellen wir uns weiterhin vor, dass die zu lösende Aufgabe darin besteht, am Waldrand ein Feuer zu machen. Als Erstes müssen die beiden Holz sammeln, dünnere Ästchen und größere Stücke. Sie müssen festlegen, wo das Feuerholz aufgeschichtet werden soll und möglicherweise große runde Steine rund um die Feuerstelle legen, damit die Überreste an Ort und Stelle bleiben. Dann schichten sie das Holz auf, mit den dünneren Zweigen zum Anfeuern unten und den dickeren Holzstücken oben. Und dann müssen sie es noch mit einem Streichholz oder Feuerzeug anzünden. Wenn das Holz trocken und die unten liegenden Stücke klein genug sind, wird das Feuer schon bald gut brennen.

Wenn zwei Leuten an dieser Aufgabe arbeiten, können viele dieser Aufgaben zwischen ihnen geteilt werden. Einer kann Steine suchen, der andere das Holz sammeln oder beide machen alles zusammen. Wenn ein Ethologe ihre gemeinsame Arbeit beobachten und ihre Aktivitäten dokumentieren würde, könnte sich das wie folgt lesen:

Menschen fangen immer damit an, dass sie gemeinsam ein Ziel festlegen und sich über die Aufgabenstellung klar werden, um dann die Aufgabe zu lösen. Wenn sie beispielsweise frieren oder hungrig sind, werden sie Feuer machen, um sich zu wärmen oder um zu kochen. Sie erstellen einen Handlungsplan und unterteilen die Aufgabe in mehrere Einzelaufgaben, in unserem Fall das Auswählen der Feuerstelle, das Holzsammeln, das Aufschichten des Holzes und das Anzünden. Die Untereinheiten der Gruppe ergänzen sich gegenseitig bei der Ausführung der gemeinsam beschlossenen Handlung. Zum Beispiel legen sie das Zundermaterial unter die dickeren Holzstücke, sie zünden das Feuer erst an, wenn genug Holzvorrat vorhanden ist und so weiter. Ein interessantes Merkmal der menschlichen Kooperation ist, dass die Identität des jeweiligen Anführers für die einzelnen Aktivitäten häufig wechselt. Person A gibt vielleicht die Anweisung »Bring bitte Steine« und Person B sagt wiederum zu Person A »Bitte, leg das Holz da hinter den Busch«. A kann nach den Streichhölzern fragen und B kann A anweisen, das Feuer von der anderen Seite aus anzuzünden. Wenn der Ethologe nun davon ausgehen würde, dass diejenige Person, die eine Anweisung gibt, dominant ist, dann würde die oben beschriebene Form der Kooperation häufige Änderungen in der Ausübung der Dominanz beinhalten. Ein weiteres Merkmal der Kooperation unter Menschen ist, dass vor und während der Durchführung der Aktivität viel Information ausgetauscht wird.

Ein gewissenhafter Ethologe würde sich auch darüber im Klaren sein, dass dieses komplexe und harmonische kooperative Verhalten nur deshalb stattfinden kann, weil menschliche Individuen gegenseitig Anziehungskraft aufeinander ausüben, die Gegenwart anderer tolerieren, gerne an gemeinschaftlichen Aktivitäten teilnehmen, sich für die Pläne und Handlungen anderer interessieren und generell dazu bereit sind, ihre Dominanz auch einmal vorübergehend abzugeben. Anders gesagt: Sie gehorchen einer sehr flexiblen Rangordnung, die dem jeweiligen Ziel entspricht.

Wir können die typischen Merkmale menschlicher Kooperation wie folgt zusammenfassen: 1) Bindung, 2) Erkennen der Aufgabenstellung, 3) Erstellen eines Handlungsplans, 4) Unterteilung der Aufgabe in Einzelaufgaben und harmonische Erfüllung derselben, 5) Regelbeachtung, 6) abwechselnde Ausübung von Dominanz und 7) Informationsaustausch.

Kooperation unter Tieren

Zur Kooperation unter Tieren gibt es ausführliche Literatur. Gemeinsame Aktivitäten gibt es in Tiergruppen von Insekten angefangen bis hin zu Säugetieren.[85] Diese Literatur untersucht die Kooperation bei Tieren hauptsächlich unter dem Gesichtspunkt der Evolutionsgenetik. Die wichtigste Frage lautet also: Lohnt es sich für ein Individuum, mit einem anderen zusammenzuarbeiten? Wie sind Kosten und Nutzen unter den Teilnehmern verteilt? Kooperation entsteht im Allgemeinen dann, wenn jedes der ständig miteinander konkurrierenden Individuen davon profitiert. Im Fall der Insekten – Termiten, Ameisen und Bienen – ist Kooperation das Ergebnis definierter genetischer Faktoren. Eine Ameisenkolonie ist eine so abgeschlossene Einheit, dass man sie sogar als Superorganismus betrachten könnte, der seine eigenen Interessen hat und ohne den die Individuen alleine nicht überleben könnten. Unter den höheren Tieren, besonders aber unter Affen und Menschenaffen, gibt es eine genetische Grundlage für den Willen zur Kooperation[86] obwohl entscheidend für die Kooperation letztendlich das erlernte Verhalten ist. Unter Wölfen ist es stets der Alpharüde, der die Jagd anführt. Mit Sicherheit steht fest, dass zu Beginn der Jagd jedes Individuum Bescheid weiß, worum es bei dieser Aktivität geht. Wenn sie ein Beutetier ausmachen und der Alpharüde mit dem Anschleichen beginnt, so kann man oft beobachten, kreisen andere Wölfe das Beutetier an, damit sie es von hinten angreifen können. Auch das kann man als Unterteilung einer Aufgabe in Einzelaufgaben betrachten.

Tiere zeigen außerdem nicht alle der oben aufgelisteten sieben Merkmale: Wir beobachten nur Bindung, Erkennen der Aufgabenstellung und in geringerem Ausmaß die Unterteilung der Aufgabe in Einzelaufgaben sowie deren harmonische Ausführung. Es fehlen die Erstellung eines Handlungsplans, die Beachtung von Regeln, die wechselnde Dominanz und der Austausch von Informationen.

Hunde kooperieren gut mit Menschen

Zum Thema Kooperation zwischen Hunden und Menschen habe ich schon so manche Erzählung gehört. Es gibt eine umfangreiche Fachliteratur über die tägliche Zusammenarbeit zwischen Hunden und Menschen und über die Ausbildung verschiedener Rassen zu Hütehunden, Jagdhunden, Blindenführhunden oder Servicehunden für behinderte Menschen.[87] Diese Bücher sagen viel über Aufzucht, Ausbildung und Einsatz solcher Hunde, aber erstaunlich wenig über die interessanten ethologischen Gesichtspunkte der Kooperation zwischen Hunden und Menschen.

Wir begannen also, die Kooperationsfähigkeit von Hunden unter ethologischen Gesichtspunkten wissenschaftlich zu untersuchen, denn zahlreiche Wolfsforscher hatten behauptet, dass Wölfe bestimmte Aufgaben sehr viel intelligenter lösen könnten als Hunde.[88] Erklärt wurde dies damit, dass die intellektuelle Kapazität des Hundes sich im Lauf der Domestikation wie bei anderen domestizierten Tieren auch verringert hätte. Ich konnte diese These noch nie akzeptieren, weil es doch eben Hunde sind, die wir für so viele Aufgaben einsetzen, bei denen Verstand und Intelligenz gefordert sind. Meine Mitarbeiter und ich hatten gedacht, dass die scheinbar höhere Leistung der Wölfe vielleicht in der Tatsache begründet sein könne, dass Hunde mit Menschen zusammen arbeiten, aber stets in untergeordneter Position.

Die These vom klügeren Wolf wurde scheinbar durch einen Bericht von H. Frank unterstützt, in dem er beschreibt, wie er einen Wolf, einen Malamute und einen Wolf-Malamute-Mischling in seinem Hinterhof hielt. Die Hoftüre konnte von der Innenseite nur durch das Betätigen eines komplizierten Schließmechanismus geöffnet werden, wobei man einen Metallbolzen zurückziehen und dann drehen musste. Der Wolf musste nur ein einziges Mal zusehen, wie ein Mensch das Tor öffnete und konnte es danach selbst. Der Malamute lernte nie, wie das Tor aufging und der Wolfshund konnte die Aufgabe nach fünf- oder sechsmaligem Zusehen lösen. Dies bewies scheinbar, dass der Wolf sehr klug war, der Hund sehr dumm und der Wolfshund irgendwo dazwischen lag. Ich bin sicher, dass Frank den Türschließmechanismus nicht mit der Absicht installierte, seine Hunde nach Belieben ein- und ausgehen lassen zu können. Der Malamute wusste, wie jeder gut erzogene Hund, nur zu gut, dass es ihm verboten war, den Hof zu verlassen und hielt sich folglich an diese Regel. Der Wolf als eigenständiges und vom Menschen unabhängiges Tier beobachtete und lernte, wie er hinauskommen konnte, weil er dies unbedingt wollte. Der Wolfshybride verspürte beide Neigungen in sich.

Wir wollten unsere eigene Theorie aber nicht mit dem gleichen Beispiel stützen, das Frank zum Beweis der seinigen diente, sondern versuchten, sie experimentell zu beweisen.[89] Also führten József Topál, Ádám Miklósi und ich folgenden Versuch mit achtundzwanzig Hunden verschiedener Rassen und deren Besitzern durch:

Jeweils ein Hund und sein Besitzer wurden in einen Raum gebracht, wo sie ein paar Minuten miteinander verbrachten und wir ein paar vorläufige Beobachtungen anstellten. Dann betrat der Versuchsleiter den Raum, unterhielt sich kurz mit dem Hundebesitzer und versuchte, mit dem Hund zu spielen. Dann rief er beide zu einer abgetrennten Raumecke, wo der Besitzer sich auf einen Stuhl setzen sollte und der Hund mit einer Problemlösungsaufgabe konfrontiert wurde. Der Hund stand dabei vor einem gut befestigten Maschendrahtzaun, der über dem Boden eine Lücke aufwies. Dort standen, direkt unter dem Zaun, Behältnisse mit langem Griff daran, in denen Wurststückchen lagen. Jeder zweite Futterbehälter stand so, dass der Griff in Richtung Hund zeigte, die übrigen andersherum. Die Hunde konnten also die zu ihnen zeigenden Griffe packen, den Behälter hervorziehen und die Wurst fressen. An die anderen Behälter reichten sie nicht heran. Der Versuchsleiter demonstrierte das Vorgehen, indem er die Behälter mit den zu ihm zeigenden Griffen unter dem Zaun hervorzog und die Wurst aß (Abb.12).

Abb. 12: Analyse des Problemlösungsverhaltens

Was taten die Hunde? Sie hatten drei Minuten Zeit, um an die Wurst zu kommen. Manche Hunde fraßen die ganze Wurst, andere gar keine. Es gab viele Unterschiede zwischen den Hunden, aber die Ergebnisse hingen weder von Geschlecht, Alter, Rasse oder davon ab, ob sie in der Hundeschule gewesen waren. Der entscheidende Faktor war vielmehr die Beziehung zum Hundehalter. Etwa die Hälfte der Hunde waren Familienhunde, die andere Hälfte »Draußen-Hunde«, also Wachhunde oder Hunde mit ähnlichen Aufgaben, die nicht im Haus lebten. Es zeigte sich, dass die gewissermaßen unabhängigeren Hunde das Problem mit größerem Eifer und erfolgreicher lösten als die im Haus lebenden und stärker auf ihre Besitzer bezogenen Hunde. Im Durchschnitt verschafften sich die Hofhunde dreimal so viel Wurst wie die Haushunde.

Die Hundebesitzer mussten eineinhalb Minuten lang still sitzen und nicht mit ihren Hunden sprechen, in den restlichen neunzig Sekunden war aber beliebiges Anfeuern erlaubt. Die Hofhunde warteten diese Aufforderung nicht ab, sondern machten sich sofort alleine an die Problemlösung. Die im Haus lebenden Hunde dagegen warteten fast ausnahmslos die Erlaubnis ihres Besitzers ab und schauten häufig zu ihm hin. Erst nach Erlaubnis oder sogar erst nach positiver Bestärkung machten sie sich an die Aufgabe. Es gab sogar einige Hunde, die scheinbar erreichen wollten, dass ihre Besitzer aufstehen und ihnen helfen sollten (Abb. 13). Nach Freigabe durch den Besitzer gab es zwischen Haus- und Hofhunden keinen Unterschied mehr in der Art und Weise, wie die Aufgabe gelöst wurde.

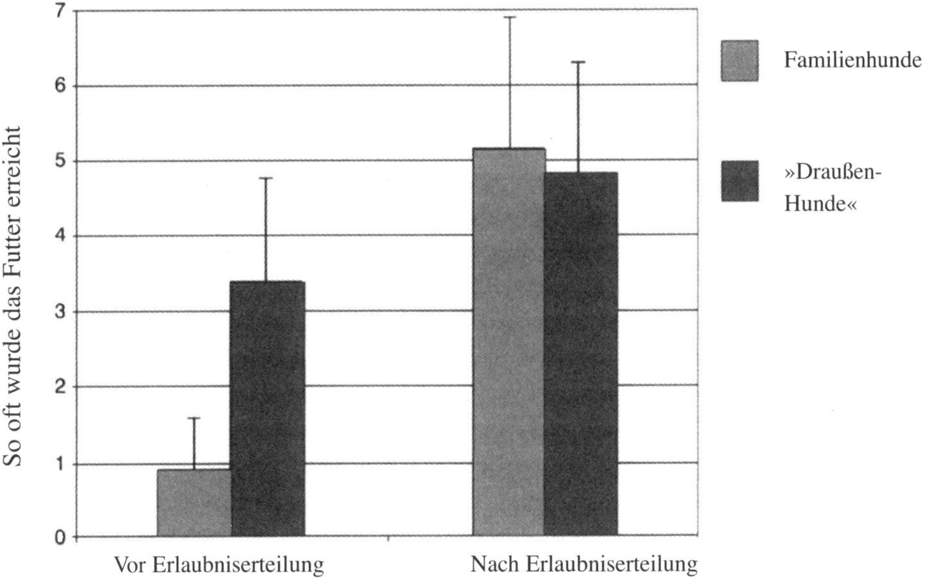

Abb. 13: Erfolg im Problemlösungsexperiment

Meiner Ansicht nach zeigt dieses Ergebnis, welches methodologische Problem in dem Versuch mit dem Wolf-Hund-Vergleich bestand. Der Wolf ist unabhängig, während der Hund lieber nach menschlicher Anweisung handelt – genau das war die Ursache der unterschiedlichen Intelligenzeinschätzung.

Seit Erstveröffentlichung dieses Buches sind vier Jahre vergangen und wir haben in der Zwischenzeit viel über das Verhalten von Wolfswelpen und juvenilen Wölfen gelernt. Begeisterte Doktoranden, allen voran Enikö Kubiniyi, Krisztina Soproni und Dorottya Ujfalusi nahmen freiwillig an einem Versuch teil, bei dem wir Wolfswelpen in so engem Kontakt mit Menschen wie möglich aufziehen wollten. Wir hofften, dass dieser Versuch die Verhaltensunterschiede zwischen Wolf und Hund zeigen würde. Die Welpen kamen aus dem zahmen Wolfsrudel des Tierfilmers Zoltán Horkai. Sie wurden von ihren menschlichen Müttern adoptiert, noch bevor sie die Augen geöffnet hatten und wurden bis zum Alter von drei Monaten in unmittelbarer körperlicher Nähe gehalten: Nachts schliefen sie bei ihren »Müttern« und tagsüber wurden sie in Babytragen mitgenommen. Natürlich spielten die Ziehmütter tagsüber auch viel mit den Wolfswelpen und nahmen sie mit auf Spaziergänge. Jeden Tag trafen sie die anderen Wolfswelpen und auch Hunde, die zu diesen Gelegenheiten sehr großes Interesse zeigten. Die körperliche Nähe wurde in den nächsten Monaten verringert, aber nach wie vor wurden die Kleinen mehrere Stunden am Tag beschäftigt.

Die Welpen wuchsen schnell und wurden sehr aktive, aber auch zahme Tiere. Ein außenstehender Beobachter hätte allerdings vermutlich an ihrer Zahmheit Zweifel gehabt, vor allem, weil die Wölfe sehr agil waren und jeden ansprangen. Bei ihren Kontakten zum Menschen stießen sie außerdem gelegentlich bedrohlich klingende Laute aus, die unerfahrene Menschen sicherlich sehr erschreckt hätten. Wir aber wussten, dass die Welpen extrem zahm waren, was durch die Tatsache bestätigt wurde, dass sie ihre Ziehmütter während der ersten zwei Lebensjahre nicht ein einziges Mal gebissen hatten oder ihnen gegenüber aggressiv geworden waren, obwohl sie mit einem Jahr bereits erwachsene Wölfe waren. Untereinander kämpften sie jedoch häufig und mussten getrennt werden, damit der Frieden wieder hergestellt werden konnte. Zu solchen Gelegenheiten bissen sie sich zwar gegenseitig, niemals aber ihre Pfleger.

Etwas anders war die Situation für andere Menschen, die auf der Wolfsfarm arbeiteten: Mehrere Arbeiter wurden leicht verletzt, wenn sie die gewohnte Tagesordnung der Welpen störten.

Diese unterschiedliche Haltung könnte man vielleicht daran festmachen, dass die Ziehmütter die Wolfswelpen niemals zu irgendetwas gezwungen hatten und stets mit Überzeugung anstatt mit lauter Stimme oder körperlicher Gewalt gearbeitet hatten. Wir machten dann eine ganze Anzahl von Verhaltenstests, von denen ich hier einige beschreiben werde. Allerdings werde ich mich dabei auf die allgemeineren Versuche der ersten beiden Jahre beschränken.

Wölfe sind viel unabhängiger und aktiver als Hunde des gleichen Alters. Wenn ein Hund ohne seinen Besitzer allein zuhause ist, ist er nicht mehr »aktiv im Dienst« und sein Aktivitätsniveau ist niedrig, solange er auf die Rückkehr seines Menschen wartet. Nicht so bei Wölfen: Sie halten vielleicht in der Zwischenzeit Ausschau nach etwas Essbarem, einem Gegenstand, den sie wegnehmen oder kaputtmachen könnten oder – wenn sie zu mehreren sind – beginnen ein aggressives Spiel.

Hunde sind von Menschen abhängig, Wölfe sind unabhängig. Sie mögen ihre Pfleger zwar sehr gern, binden sich aber nicht an sie. Die Versuche zum Bindungsverhalten haben eindeutig gezeigt, dass die Wölfe zwar zu jedermann sehr freundlich sind, sich aber im Gegensatz zu Hunden nicht an Menschen binden. Sie winseln nicht, wenn ihr Mensch von ihnen weggeht und sie begrüßen ihn nicht, wenn er zurückkommt. Eine Begrüßung pro Tag reicht einem Wolf aus, um seine Zuneigung zu seinem Pfleger zum Ausdruck zu bringen. Hundebesitzer aber wissen: Wenn sie ihren Hund zehnmal am Tag verlassen, werden sie auch beim zehnten Wiedersehen genauso enthusiastisch begrüßt wie beim ersten Mal. Im so genannten Präferenztest haben sechs Wochen alte Wolfswelpen die Wahl zwischen körperlicher Nähe zu einem Menschen oder zu einem fremden Hund – und sie ziehen immer den Hund vor. Hunde hingegen zeigen im gleichen Versuch zwar Interesse am anderen Hund, nähern sich aber zuerst dem Menschen und gehen erst danach, wenn sie eine sichere Basis geschaffen haben, zum anderen Hund hin und nehmen Kontakt auf. Wölfe haben in der Regel viel größeres Interesse an einem erwachsenen Hund. In verschiedenen Kommunikationstests wurde gezeigt, dass Hunde sehr auf Menschen und deren Aktivitäten achten und von ihnen Informationen und Anweisungen erwarten. Wölfe tun dies nicht. Sie begrüßen zwar möglicherweise hoch erfreut einen Menschen, sind aber nicht daran interessiert, wohin er vielleicht zeigt oder welche Aktivität gemeinsam mit ihm unternommen werden könnte.

Hunde lassen sich an der Ausführung von Aktivitäten hindern. Im Normalfall reicht es, ihnen zu sagen, was sie nicht tun sollen und sie hören damit auf. Wölfe kann man auf diese Art und Weise nicht aufhalten. Im Gegensatz zu anderslautenden Berichten über zahme Wölfe hörten unsere Wölfe auf ihre Namen, aber sie ließen sich – und darin stimmen wir wieder mit den anderen Berichten überein – nicht von uns aufhalten, wenn sie erst einmal dabei waren, irgendeine unerwünschte Handlung auszuführen. Versuche, sie mit Gewalt oder Ausübung von Dominanz stoppen zu wollen, führten zu wilder Aggressivität.

Im Allgemeinen sind Wölfe viel aggressiver als Hunde. Sie werden leicht ärgerlich und attackieren sich gegenseitig mit Knurren und Beißen. Es ist nicht möglich, ihnen Futter wegzunehmen und sie klären sehr schnell unter sich die Machtverhältnisse. In manchen ungarischen Tierheimen werden über hundert Hunde zusammen gehalten und sind dabei zu friedlicher Koexistenz in der Lage. Wölfe würden sich unter vergleichbaren Umständen sicherlich gegenseitig angreifen und nur die Stärksten unter ihnen würden überleben.[90]

Auf der Basis von Erfahrung und einigen Versuchen scheint die Annahme vernünftig, dass bei der Zusammenarbeit von Hund und Mensch die Bindung eine ganz wichtige Rolle spielt. Sie ist bei vielen anderen Tierarten nicht vorhanden, genau wie das Lernen von Regeln und – in gewissem Maße – die Fähigkeit, ein Problem zu identifizieren. Natürlich ist es meistens der Mensch, der entscheidet, welches Problem gelöst werden muss und die Hunde haben dabei kein Mitspracherecht. Eine Zusammenarbeit kann aber nur dann entstehen, wenn der Hund selbst begreift, worin die Aufgabe besteht. Ich kann an dieser Stelle nicht der Versuchung widerstehen, eine Erfahrung aus meiner Kindheit zu berichten, die mich so sehr beeindruckt hat, dass ich mich noch immer an jede Einzelheit erinnere. Sie unterstützt die Annahme, dass Hunde ganz hervorragende Fähigkeiten zur Problemlösung besitzen.

Im Sommer 1946 wurde ich von einer wohltätigen Organisation für die Sommerferien zu einer gut situierten Familie aufs Land geschickt. Diese Familie hatte Unmengen von Tieren: Kühe, Schweine, Schafe, Pferde, Gänse und überhaupt alles, was man so auf einem Bauernhof antreffen kann. An dem Ferienprogramm nahmen auch noch andere Kinder teil, die genauso alt oder wenig älter waren als ich. Ich erlebte viele neue und aufregende Abenteuer. Eines Tages stand für die Frauen Gänserupfen auf dem Arbeitsplan. Sie trieben die Gänse in eine Ecke, schnappten sich dann jeweils eine und rupften ihnen mit schnellen Bewegungen die Daunen aus. Die gerupften Gänse wurden schnell wieder freigelassen und fanden sich mit lautem Geschnatter wieder mit ihren Artgenossen zusammen. Es müssen um die zweihundert Gänse gewesen sein, und am späten Nachmittag war nur noch eine einzige Gans übrig, die nicht gerupft war. Sie ließ sich nicht fangen, entkam immer wieder und mischte sich unter die bereits gerupften Gänse. Die Frauen lachten und versuchten vergeblich, sie zu fangen, während die übrigen zweihundert Gänse umherliefen und flatterten. Als ich diesem vergeblichen Bemühen zuschaute, kam mir eine Idee und ich bot mich an, die widerspenstige Gans zusammen mit Bugsy, einem sehr klugen und arbeitsamen Puli, einzufangen. Bugsy und ich unterhielten sehr gute Arbeitsbeziehungen, weil wir schon oft gemeinsam die Schafe gehütet hatten. Die Frauen waren mit meinem Vorschlag einverstanden. Ich rief also den Puli und wir begannen, die inzwischen ziemlich aufgebrachten und lauten Gänse zu treiben. Nach nur einer Minute hatte Bugsy die immer noch befederte Gans gefangen und drückte sie auf den Boden, bis ich zur Stelle war. Ich hielt das für ganz in Ordnung, denn schließlich hatte ich Bugsy ja befohlen, die ungerupfte Gans zu fangen. Aber trotzdem war ich schon damals überrascht von der bemerkenswerten Zielorientierung, mit der dieser Hund die Aufgabe löste. Er fing nicht eine einzige der schon gerupften Gänse – anders gesagt, ein Zufallstreffer war auszuschließen. Er musste also »gewusst« haben, worin die Aufgabe bestand.

Lassen Sie uns nun Beispiele für komplexere Zusammenarbeit betrachten: Blindenführhunde sind in der Lage, das Ziel der Zusammenarbeit auch in sehr komplizierten Aufgaben zu entdecken.

Hunde führen Blinde

Hunde werden schon seit langem zum Führen von Blinden oder Sehbehinderten eingesetzt. Der erste Hinweis darauf findet sich in einem griechischen Fresko, das vermutlich einen Bettler mit seinem Hund zeigt. Die erste Blindenführhundeschule wurde im Jahr 1916 in Deutschland eröffnet, und ihr Beispiel hat seitdem zahlreiche Nacheiferer gefunden. Die vierbeinigen Absolventen dieser Schulen werden von sehbehinderten Menschen sehr gebraucht und geliebt. Auch im ungarischen Csepel gibt es eine solche Schule.

Als wir an der Ethologischen Fakultät mit der Untersuchung des Hundeverhaltens begannen, besuchten wir diese Schule, um die Zusammenarbeit zwischen Hunden und Menschen zu studieren. Peter Vasteleki, der Direktor der Schule, unterstützte unsere Arbeit sehr. Die Untersuchungen wurden von Szima Naderi, Antal Dóka und Zsolt Förgeteg durchgeführt. Eine große Hilfe waren uns auch die Befragungen von Hundehaltern, die von der Psychologin Zita Fekete ausgearbeitet worden waren.

Während der ersten paar Monate bestand unsere Hauptaufgabe im Erstellen von Videomaterial über die Zusammenarbeit zwischen Mensch und Hund sowie in der Beobachtung des Trainings und der Fortschritte, welche die Hunde dabei machten. Es ist recht einfach, die Leistung von Hunden zu bewerten. Oft führen die Ausbilder dazu Vergleichswettbewerbe durch. In Csepel gab es einen speziellen Trainingsplatz mit Übungsparcours, auf dem der Ausbildungsstand der Hunde daran überprüft werden konnte, wie viele Fehler sie machten. Auf Grundlage der Beobachtungen und Messungen stellte sich schnell heraus, dass es einen engen Zusammenhang zwischen der Leistung des Hundes und seiner Bindung zum Menschen gab. Laborversuche hingegen zeigen, dass die vom Menschen unabhängigeren, selbstständigeren Hunde die besseren Leistungen in der Lösung neuer Aufgaben zeigen[91]. Die Beobachtung der Blindenführhunde zeigte jedoch klar, dass diejenigen Hunde, die sich stark an ihren Menschen gebunden hatten, auch die beste Führleistung zeigten. In früheren Versuchen mit »normalen« Hunden hatten die Hunde immer dann gute Ergebnisse erzielt, wenn sie sich aus der Kontrolle ihrer Besitzer etwas entfernen konnten.

Die Arbeit eines Blindenführhundes ist viel komplizierter, und sie können sie nur dann lösen, wenn sie eng mit dem Menschen zusammenarbeiten. In Gespräche teilten blinde Menschen uns mit, dass sie eigentlich über sehr viele Informationen aus ihrer Umwelt verfügen: Sie hören viel mehr verschiedene Geräusche als Sehende und ihre übrigen Sinneswahrnehmungen funktionieren sehr gut. Eine blinde Person kann zum Beispiel auf der Gesichtshaut spüren, ob sie gerade an einer Mauer vorbeigeht, weil die Mauer Wärme abgibt. Sie spürt auch, wann die Mauer zu Ende ist. Blinde Menschen fühlen sich in Begleitung eines Blindenführhundes sicher und halten ihn für einen vertrauenswürdigen Führer, sofern er gut ausgebildet ist.

Wir wollten gerne herausfinden, ob die Hunde wirklich verstanden, was ihre Aufgabe war oder ob sie sich nur vertrauensvoll an die wenigen Regeln hielten, die man ihnen beigebracht hatte. Die Trainer lassen die Hunde normalerweise endlos viel praktische Übung und Erfahrung darin sammeln, wie man mit einem blinden Menschen durch die Welt kommt: So sollen die Hunde zum Beispiel Treppen, Bordsteinkanten, Hausecken oder Höhenhindernisse anzeigen, also Gegenstände, unter denen sie selbst zwar bequem durchlaufen könnten, an denen sich ihr Mensch aber stoßen könnte. Sie müssen die Kommandos für Anhalten, Abwenden, Losgehen oder Weitergehen befolgen. Sie müssen lernen, Katzen oder andere Hunde zu ignorieren und still zu leiden, wenn ihnen im Gedränge beispielsweise jemand versehentlich auf die Pfoten tritt. In einer Blindenführhundeschule in San Francisco muss jeder Hund in seiner Abschlussprüfung seinen Ausbilder, dem man die Augen verbunden hat, zweieinhalb Meilen weit eine der geschäftigsten Straßen der Stadt entlang führen.[92]

Wenn die Ausbildung eines Hundes beendet ist und der künftige Besitzer ankommt, machen beide gemeinsam eine intensive zweiwöchige Schulung durch. Danach findet eine weitere Prüfung statt, in der entschieden wird, ob dieses Mensch-Hund-Team in Zukunft selbstständig zurechtkommen wird. Natürlich müssen beide aber auch danach zuhause noch viel weiterlernen. Der Hund muss sich mit der Umgebung seines neuen Zuhauses und den gewohnheitsmäßigen Wegen seines neuen Besitzers vertraut machen und lernen, auf Kommando zu diesem oder jenem Platz zu gehen.

Hunde lernen solche Aufgaben sehr leicht und wissen zum Beispiel schon bald sehr genau, wo sich ein bestimmter Laden befindet. Manche Hunde finden sogar zu einer bestimmten Abteilung innerhalb eines Kaufhauses.[93] Es gibt Hunde, die anzeigen, wenn sie mit ihrem Herrn am gewünschten Ort angekommen sind. Der einem Engländer gehörende Blindenführhund Mike Tetley Sweep hatte nach nur ein oder zwei Besuchen gelernt, die Wohnungen bestimmter Freunde seines blinden Herrn zu finden. Die Blindenführhündin Emma suchte nach einer anderen Telefonzelle, nachdem sich herausgestellt hatte, dass der Apparat in der gewöhnlich von ihrer Besitzerin benutzten Zelle diesmal nicht funktionierte.[94]

Zsuzsa Kroll, eine der mit uns zusammenarbeitenden blinden Hundeführerinnen, erzählte uns folgende Geschichte: Sie hatte sich einmal mit zwei ebenfalls blinden Freundinnen in einer Unterführung des Budapester Bahnhofs verabredet. Erst als sie aus dem Haus ging, fiel ihr ein, dass sie gar keinen exakten Treffpunkt verabredet hatten. Das machte ihr Sorgen, denn die Unterführung war nicht nur sehr groß, sondern auch fast immer voller Menschen und sie würden bestimmt Schwierigkeiten haben, sich zu finden. So war sie ziemlich aufgeregt, als sie mit ihrer Hündin Nancy an der Unterführung ankam und befahl ihr mutig: »Geh und such die Blinden.« Nancy führte sie durch die Menschenmenge los, und tatsächlich trafen sie schon nach kurzer Zeit auf die blinden Freundinnen.

Außerdem gibt es noch eine recht typische Geschichte, die wir mit kleineren Abwandlungen von mindestens vier verschiedenen, einander nicht bekannten Personen gehört haben: Es liegt auf der Hand, dass man Blindenführhunde spazieren führen und sie dabei auch einmal von der Leine lassen muss, damit sie Gelegenheit finden, sich zu lösen. So ließ ein Blinder einmal seinen Hund in einem ihm vertrauten Park frei herumstreifen und ging selbst derweil langsam auf dem ihm bekannten Fußweg weiter. Plötzlich merkte er, dass sein Hund zu ihm zurückgekommen war, sich an ihn drückte und versuchte, ihn in eine bestimmte Richtung zu lenken. Er verstand nicht so recht, was das zu bedeuten haben sollte, streichelte seinen Hund und sagte ihm, er solle ruhig »sein Geschäft machen«. Sie gingen ein Stückchen zusammen, dann lief der Hund wieder seiner eigenen Wege. In diesem Moment näherte sich jemand dem Blinden und begann folgende Unterhaltung:

»Sie haben aber einen schlauen Hund.«

»Ja, stimmt, aber wie kommen Sie darauf?«

»Wenn er vor einer Minute nicht zu Ihnen zurückgekommen wäre, wären Sie in die Grube gefallen, die heute morgen erst von Bauarbeitern ausgehoben worden ist. Ich wollte schon rufen, dass Sie stehen bleiben sollen, aber da kam schon Ihr Hund und führte Sie im letzten Moment drumherum.«

In den Varianten dieser Geschichte ist es anstatt der Grube mal ein vom Sturm umgeknickter Baum oder ein anderes Hindernis auf dem Weg, das dem Blinden zur Gefahr wird. Aus all diesen Berichten wird aber klar, dass zumindest manche Blindenführhunde ganz genau wissen, was ihre Aufgabe ist. Das aber kann kein Trainer in der Blindenführhundeschule lehren. Hier lernt der Hund nur, dass er den blinden Menschen gehorsam führen muss, sobald er das Führgeschirr trägt. Die Tatsache aber, dass ein frei laufender Hund zu seinem Herrn zurückkommt und ihn ohne Geschirr zu führen beginnt, weil er eine drohende Gefahr erkannt hat und von ihm abwenden möchte, beweist, dass er wirklich weiß, worin die ihm anvertraute Aufgabe besteht. Nur ein Tier mit hohem Intelligenzniveau ist zu solchen Handlungen fähig.

Wir haben einige interessante Ergebnisse aus Versuchen erhalten, in denen wir die Leistungen von drei Gruppen bei der Bewältigung eines Hindernisparcours verglichen. Die erste Gruppe umfasste Blindenführhunde und ihre Führer, die zweite Familienhunde und ihre Besitzer und die dritte ausgebildete Polizeihunde mit ihren Führern.[95] In jeder Gruppe waren zehn Mensch-Hund-Paare. Jeder Hund musste in Anwesenheit seines Führers, aber selbstständig durch den Parcours navigieren und wieder zum Startpunkt zurückkehren. Danach verbanden wir den Hundeführern die Augen, auch den blinden, und schickten die Mensch-Hund-Paare in den Hindernisparcours – darauf vertrauend, dass die Hunde die Führung übernehmen würden. Wie zu erwarten war, hatten die Blindenführhunde dabei überhaupt keine Probleme. Auch die Polizeihunde bugsierten ihre im Dunkeln tappenden Führer nach dem Startsignal gehorsam um die Hindernisse herum. Es gab nur zwei Ausnahmen, und diese Hunde waren sehr erschrocken, als ihre Menschen gegen die Hindernisse liefen. Danach gingen sie sehr langsam und vorsichtig weiter und schafften es, die meisten Hindernisse zusammen mit ihren Menschen zu umgehen.

Das Verhalten der Familienhunde war sehr ähnlich. Wir entwickelten ein Bewertungssystem für den Grad der Bindung zwischen Mensch und Hund, das wir nun auf alle Paare anwandten. Dabei stellte sich heraus, dass bei diesem Test diejenigen Hunde am erfolgreichsten waren, welche die stärkste Bindung zu ihrem Menschen hatten. Dies wurde weiter unterstrichen durch die Tatsache, dass die erfolgreicheren Hunde einen engeren Körperkontakt zu den Menschen hielten als die weniger erfolgreichen (siehe Abb. 14).

In der Vergangenheit hatte man stets behauptet, die Zusammenarbeit eines Blindenführhundes mit einem Menschen sei ein Ergebnis von Konditionierung und Lernen; anders gesagt, der Hund gehorcht nur auf ein paar wenige Kommandos. Dies ist ganz sicher nicht der Fall, und selbst beim simpelsten Erklärungsversuch wird man zugeben müssen, dass der Hund gemäß bestimmter Regeln handelt und dass diese Regeln nicht nur das Ergebnis assoziativen Lernens sind, weil sie nicht, wie man früher angenommen hatte, an feste Umweltfaktoren gebunden sind. Eher überrascht waren wir von unserer Beobachtung, dass ausgerechnet die Hunde mit guter Leistung häufig von ihren Besitzern zurechtgewiesen wurden und trotzdem ihre Aufgabe gut erledigten. Eine unserer Videoaufnahmen zeigt, wie ein Hund und sein blinder Besitzer kurz nach einem Sommerregen zu einem Spaziergang aufbrechen, als die Straße gerade mehr oder weniger wieder trocken geworden ist. Mitten auf einem Fußgängerüberweg befand sich aber noch eine riesige Pfütze. Natürlich machte der Hund einen deutlichen Bogen darum herum. Der Besitzer sah aber den Grund dafür nicht und dachte, der Hund würde sich nicht ordentlich benehmen. Er tadelte ihn und ließ ihn die gleichen Schritte noch einmal gehen, um, so dachte er, ihn das richtige Benehmen zu lehren. Wieder umging der Hund die Pfütze. Diesmal wurde das Schimpfen heftiger und es folgte eine weitere Wiederholung. Der Hundebesitzer befahl »Geh geradeaus« – und der arme Hund gehorchte und watete durch die tiefe Pfütze. Als der Hundeführer nun verstand, warum sein Hund so gehandelt hatte, entschuldigte er sich sofort bei ihm und umarmte ihn herzlich.

Ein Verhaltensforscher würde diese Situation so beschreiben, dass der Hund zweimal für korrektes Verhalten bestraft und einmal für inkorrektes Verhalten belohnt wurde. Wir warteten mit angehaltenem Atem, was wohl an der nächsten Pfütze geschehen würde. Natürlich hielt sich der Hund an die Regel und umging die Pfütze wieder, dieses Mal aber deutlich ängstlich. Die einfachste Erklärung ist, dass Hunde zu konzeptionellem Denken in der Lage sind, ihre Aufgabe zumindest teilweise verstehen und sich so verhalten, dass sie der Erfüllung der Aufgabe dienen. Ähnliche Reaktionen sind uns von anderen Tierarten nicht bekannt – mit Ausnahme einiger Menschenaffen, die von frühester Kindheit an in menschlicher Umgebung aufgezogen wurden.

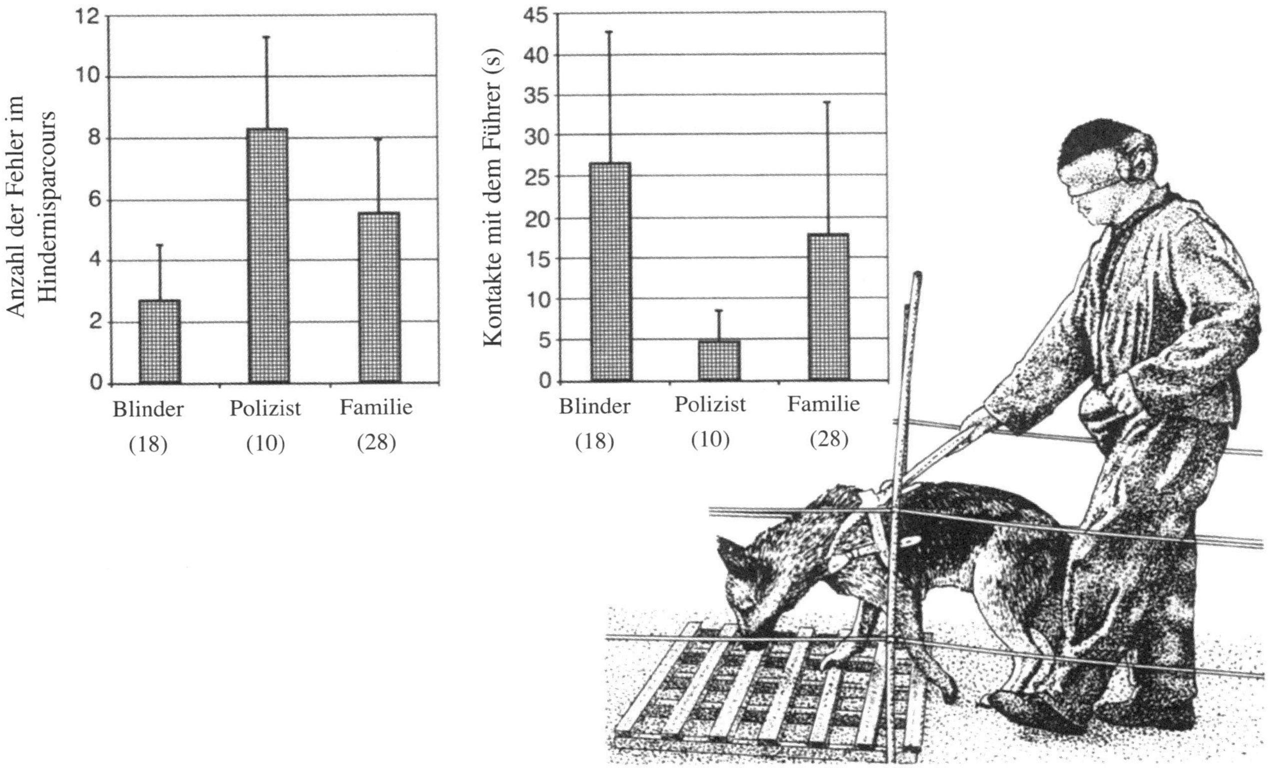

Abb. 14: Einen Blinden führen: Ergebnisse ausgebildeter und unerfahrener Hunde

Wir hatten also vieles über die Zusammenarbeit zwischen Blindenführhunden und ihren blinden Besitzern gehört und gesehen, aber dem wahren Kern der Sache gingen wir erst dann auf den Grund, als wir begannen, Blindenführhunde mit mehreren Jahren Arbeitserfahrung zu beobachten und untersuchen.

Situationsbedingte Übernahme oder Abgabe der Dominanz

Wir waren sehr neugierig darauf, zu erfahren, wie Blindenführhunde eigentlich die vielen Regeln und Kommandos behalten, die sie lernen müssen. Wir machten also zahlreiche Videoaufnahmen von bereits jahrelang zusammenarbeitenden Mensch-Hund-Paaren und fanden zu unserer Überraschung heraus, dass die Hunde viele Dinge oft anders taten, als man es ihnen in der Blindenführhundeschule beigebracht hatte. Zum Beispiel stoppten sie nicht immer am Bordstein, sondern gingen manchmal nur langsamer – oder manchmal noch nicht einmal das. Gleichzeitig war aber auch offensichtlich, dass die gut aufeinander eingespielten Teams sich sehr effizient fortbewegten. Sie kamen schnell vorwärts, umgingen Hindernisse mit Leichtigkeit und zögerten noch nicht einmal an belebten Kreuzungen.

Sowohl die Hunde als auch die Menschen machten einen wesentlich selbstsichereren Eindruck als die Anfänger-Gespanne, trotz der Tatsache, dass sie einen großen Teil des ursprünglich in der Schule Gelernten vergessen hatten – oder vielmehr, wie wir zuerst annahmen, dass sie die ursprünglich gelernten Lektionen auf ihre eigene Art und Weise umgeformt hatten. Wir dachten also, die Hundeführer würden vermutlich die Hunde auf ihre eigene Art umtrainieren, damit sie den von ihnen persönlich bevorzugten Signalen besser gehorchen würden.

Diese Idee schien ganz gut zu sein – aber selbst nachdem wir mehrere hundert Stunden lang Videoaufnahmen angeschaut hatten, waren wir immer noch nicht auf die Spur des Geheimnisses gekommen, das ideal aufeinander eingespielte Teams miteinander verband. Ich achtete also besonders auf die Stellen, an denen eine deutliche Änderung stattfand oder an denen eine größere Entscheidung getroffen wird. Anders gesagt: Hund und Mensch gehen los, halten an, wenden ab oder umgehen ein Hindernis. Es schien uns sinnvoll, zu untersuchen, wer jeweils die Entscheidung initiierte: Der Hundeführer oder der Hund? Wir wissen, dass der Hundeführer sich seiner Umgebung bewusst ist und genau weiß, wohin er gehen möchte, von daher ist es sicher, dass er natürlich auch einen Einfluss ausübt. Jedenfalls nahmen wir an, dass die meisten Entscheidungen sicher von den Hunden getroffen würden, denn schließlich ist es ja das, wozu sie ausgebildet wurden und was ihre eigentliche Aufgabe ist.

Als wir die Analyse der Daten und statistischen Rechnungen beendet hatten, gab es eine große Überraschung: Es stellte sich heraus, dass mehr als die Hälfte der Entscheidungen von den Hunden getroffen wurde und dass das »Recht« zum Treffen

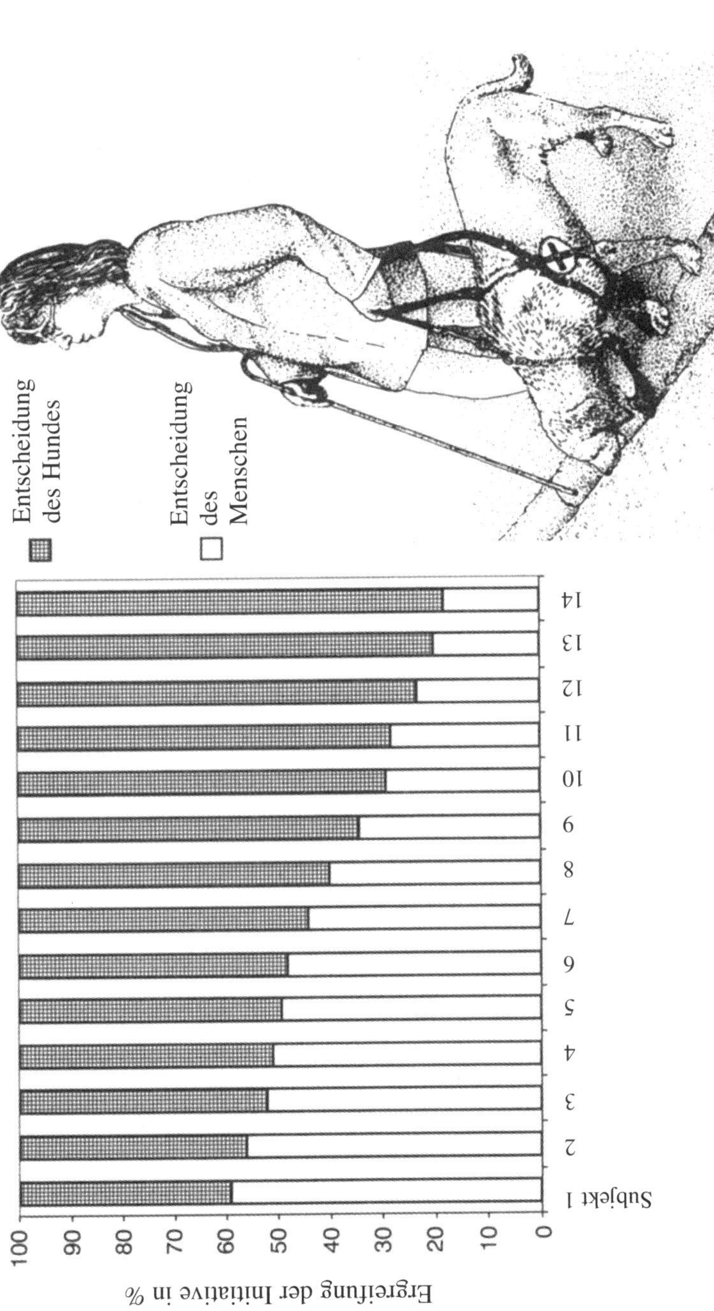

Abb. 15: Aufteilung des Treffens von Entscheidungen bei schon lange aufeinander eingespielten Gespannen

von Entscheidungen oftmals zwischen Hund und Hundeführer hin- und herwechselte. Manchmal entschieden die Hunde mehrmals hintereinander, woraufhin dann der Hundeführer wieder die Initiative übernahm, weil er beispielsweise stehen bleiben oder um eine Häuserecke herumgehen wollte. Es kann sein, dass der Hund im Anschluss daran wieder die Initiative übernimmt, weil er z.B. hört, dass sich ein Auto leise nähert und seinen Menschen am Weitergehen hindern möchte. Es stellte sich auch heraus, dass es erhebliche Unterschiede zwischen den einzelnen Gespannen gab. Wir beobachteten Gespanne, in denen der Hund über 80% der Entscheidungen traf und andere, in denen der Hund nur in 20% aller Fälle die Initiative übernahm (siehe Abb. 15). Die letztgenannte Gruppe bestand hauptsächlich aus Menschen, die noch etwas restliches Sehvermögen besaßen und dadurch in der Lage waren, ihre Umgebung zumindest in gewissem Maße einzuschätzen.

Dies ist ein sehr interessantes Ergebnis,[96] weil es beweist, dass Hunde dazu fähig sind, dominantes Verhalten im Interesse der Erfüllung einer Aufgabe alternierend zu zeigen, d.h. je nach Situation zu übernehmen oder abzugeben – ein Merkmal, das man bis dahin nur bei Menschen beobachtet hatte. In einer Sequenz von Teilaufgaben ergreift jeweils dasjenige Individuum die Initiative, das der eigenen Meinung nach in diesem Moment die Situation und den Handlungsbedarf besser einschätzen kann. Es besteht aber auch nicht darauf, wenn sein Partner anderer Meinung ist und gibt das Recht zum Treffen einer Entscheidung gerne ab, um es gegebenenfalls später wieder für sich zu übernehmen.

Uns wurde häufig von Blindenführhunden berichtet, die in kritischen Situationen niemals das Recht zum Treffen einer Entscheidung abgaben, sondern »intelligenten Ungehorsam« zeigten. Dies geschieht meist an Straßenkreuzungen, wenn der Blinde der Meinung ist, alle Autos hätten angehalten. Er denkt, er könne die Straße überqueren und befiehlt dies seinem Hund. Dieser aber geht nicht los und bleibt praktisch bewegungslos stehen, und das aus gutem Grund – wenn zum Beispiel ein Auto am Zebrastreifen nicht anhält. Der Blinde weiß dann, dass der Hund wieder einmal sein Leben gerettet hat.[97] Diese Berichte unterstützen auch die vorher erwähnte Hypothese, dass Blindenführhunde ein gewisses Verständnis und eine Vorstellung von der gemeinsam zu erledigenden Aufgabe zu haben scheinen. Der Hund wird das Recht zur Entscheidungsfindung in einer bestimmten Situation nicht nur deshalb abgeben, weil der Mensch es befiehlt, sondern auch deshalb, weil er weiß, dass Verweigern hier nicht wichtiger als Gehorchen ist. Ist er hingegen der Meinung, dass Verweigern des Gehorsams notwendig ist, wird er dies auch tun.

Informationsaustausch

Ein nahezu ständiger Informationsaustausch ist bei der Zusammenarbeit von Menschen ein wichtiges Element. Informationsaustausch war auch Gegenstand langwieriger Analysen von Experimenten mit Affen, denn wenn man feststellen könnte, dass ein solcher Informationsaustausch tatsächlich stattfindet, könnte man auch die Existenz einer höheren Form von Intelligenz nachweisen.[98]

Der Begriff Information bezieht sich auf Kommunikation und Signale unserer Mitmenschen, mit deren Hilfe sie uns Wissen über etwas vermitteln, über das wir bis dahin nichts wussten. Das Signal, mit dem Information übertragen wird, ist oft sehr simpel. Wenn wir einen Supermarktangestellten fragen, wo das Hundefutter steht, könnte er zum Beispiel nur wortlos in die entsprechende Richtung zeigen. Anders gesagt: Das Signal ist simpel, aber das ganze Rahmenwerk ist eher kompliziert, da beide Beteiligten sich bewusst sein müssen, worum es hier geht. Der Fragende weiß, dass es Hundefutter gibt, er weiß, dass der Supermarkt es führt und dass es in irgendeinem der Regale stehen muss. Der Angestellte hat das gleiche Wissen oder die gleichen Annahmen, und deshalb erscheint es ausreichend, einfach nur mit dem Finger zu zeigen. Mehr ist nicht vonnöten. Wenn wir aber kein solches Vorab-Wissen haben, kann das Signal oder die Serie von Signalen sehr kompliziert sein. Wenn wir im Büro fragen, wie wir eine bestimmte Sache erledigen sollen, dann ist es sehr wahrscheinlich, dass die Informationen in einer mehrminütigen Unterhaltung übermittelt würden – obwohl beide Gesprächspartner von viel bereits vorhandener gemeinsamer Information ausgehen könnten. Von ethologischem Gesichtspunkt aus betrachtet würde man sagen, dass das menschliche Verhalten beim Informationsaustausch durch das Verfolgen einer Absicht bestimmt ist sowie durch den Gebrauch von Symbolen und dadurch, dass jede der Parteien eine Vorstellung davon hat, was der andere weiß. Information hat die Aufgabe, den Bereich des bereits vorhandenen Wissens zu erweitern oder zu verändern.

Die Übermittlung von Informationen findet auch unter Tieren statt, aber möglicherweise ist »Informationsaustausch« nicht die beste Terminologie hierfür. Vögel verwenden bestimmte Rufe als Signal für eine Gefahr, aber die einfachste Erklärung dafür wäre, dass sie beim Anblick eines Beutegreifers Angst bekommen und deshalb unwillentlich diesen Laut ausstoßen. Die Hypothese, dass auch Tiere eine bestimmte Absicht verfolgen, muss erst noch bewiesen werden. Selbst wenn wir einen solchen Beweis finden würden, haben wir damit noch nicht nachgewiesen, dass das Tier auch den geistigen Zustand des Anderen berücksichtigt hat. Dass es sinnvoll ist, eine Absicht zu verfolgen, ist aber trotzdem evident. Letztere Feststellung ist sehr wichtig, um die folgende Diskussion zu verstehen. Hilfreich ist es, sie mit einem einfachen Beispiel aus dem menschlichen Bereich zu illustrieren: Ein Kind bittet um einen Schokoriegel. Manchmal bekommt es einen, manchmal nicht. Bekommt es keinen, beginnt es nach einiger Zeit zu quengeln und zu weinen, und wenn wir das nicht mehr hören können, geben wir ihm seinen Riegel. Aus wissenschaftlicher Sicht würde man jetzt sagen: Das Kind hat gelernt, dass Weinen ihm Schokolade einbringt. Diese einfache Erklärung ist im Fall von Kindern vielleicht ausreichend, aber wäre sie auch noch adäquat, wenn eine Ehefrau Tränen vergießt, weil sie ein bestimmtes Schmuckstück haben möchte? Wahrscheinlich nicht, denn in diesem

Fall ist die Angelegenheit sehr viel komplizierter. Aber das Beispiel zeigt, dass wir sowohl bei Tieren als auch bei Kindern immer nach der einfachst möglichen Erklärung suchen sollten.

Mein Hund Flip hat die Angewohnheit, um etwas für ihn unerreichbar auf dem Tisch Liegendes zu bitten, indem er auf den Teil des Tisches schaut, von dem die köstlich duftenden Aromen ausgehen. Ich kann sowohl Jerry als auch Flip durch einfaches Zeigen mitteilen, wo ein Stück Essen auf den Boden gefallen ist. Jeder Hundebesitzer hat bereits ähnliche Beobachtungen gemacht, aber wenn wir einen Behavioristen fragen, ob dies einen Informationsaustausch darstellt, würde er sicherlich sagen, dass dies nicht die einfachst mögliche Erklärung sei. Im Fall von Flip geschah seiner Einschätzung nach vermutlich Folgendes: Er versuchte mit verschiedenen Methoden auf sich aufmerksam zu machen, und als er zufällig einmal auf die richtige Stelle schaute, wurde er von seinem Besitzer belohnt; gleichzeitig lernte Flip, dass diese besondere Handlung seinen Mensch »mobilisiert«. Man nennt dies operatives Lernen. Viele Tiere sind dazu in der Lage, auch solche, die ein einfacher konstruiertes Gehirn besitzen als Hunde. Im Fall von Jerry hat eine andere Art von Assoziation stattgefunden. Der Mensch zeigte öfter auf das heruntergefallene Futter, und als der Hund irgendwann Futter auf dem Boden fand, verknüpfte er die beiden Ereignisse miteinander. Wo ist hier der Beweis für eine Absichtlichkeit der Handlung oder für irgendeine Form von Konzeptionalisierung?

Der gedachte Behaviorist mag Recht haben, auch wenn er vermutlich nie selbst einen Hund besessen hat – aber trotzdem, wir müssen auch seine Herangehensweise mit in Betracht ziehen.

Guck mal! Da ist es!

Natürlich können wir anspruchsvolle Theorien über unsere vierbeinigen Freunde nicht nur auf simple Beobachtungen stützen. Zum Glück haben die Versuche mit Affen und Menschenaffen zu Methodologien geführt, die für eine wissenschaftliche Untersuchung dieser Fragen geeignet sind. So haben zum Beispiel viele Wissenschaftler untersucht, ob Rhesus- oder Kapuzineräffchen dazu in der Lage sind, Fingerzeige oder Blickrichtungen als Richtungshinweise zu verstehen. In den frühesten Experimenten wurde gezeigt, dass sie Blicke von Menschen nicht als Richtungsweiser interpretieren können, man ihnen aber – mit einigen Schwierigkeiten – die Bedeutung von Fingerzeigen beibringen kann. Aber auch das funktioniert nur dann, wenn die Zeigehand nicht mehr als etwa 20-30 Zentimeter von dem Gegenstand[99], auf den gezeigt wird, entfernt ist. Schimpansen, Orang Utans und gerade einmal neun Monate alte Kinder hingegen lernen nicht nur, einer zeigenden Hand zu folgen, sondern auch der Blickrichtung.[100]

Auf diese Versuche folgten lange Debatten über die Gründe für diese schwache Leistung der Affen: Lag es an der Unfähigkeit ihres Verstandes, die Bedeutung des

Zeigens zu verstehen oder daran, dass sie Menschen nicht als potenziell nutzbringende Partner sehen, von denen man etwas lernen kann? Letztere Annahme wird durch die Tatsache unterstützt, dass Blickkontakt zwischen Affen stets Aggression bedeutet und dass sie es deshalb folglich vermeiden, Menschen direkt in die Augen zu schauen. Es wurden auch einige Versuche durchgeführt, in denen man Rhesusäffchen beigebracht hatte, der Blickrichtung anderer Rhesusäffchen auf einem Videobildschirm zu folgen. Dies unterstützt die Annahme, dass das Aufgreifen der Blickrichtung eines anderen viele spezies-basierte Idiosynkrasien beinhaltet und dass deshalb das Fehlen dieses Verhaltens keinesfalls als Mangel an geistigen Fähigkeiten gedeutet werden darf.[101] Die Mehrheit der Hunde toleriert nicht nur den Blickkontakt mit dem eigenen Besitzer, sondern sucht ihn oft sogar von sich aus – genau wie Kinder. Sie tun dies, wenn sie um Erlaubnis für etwas Bestimmtes bitten, nachfragen oder wenn sie die Aufmerksamkeit ihres Besitzers auf etwas lenken möchten. Viele Hunderassen haben ähnlich wie Menschen viel Weiß im Auge. Die Augen eines Affen hingegen sind fast vollständig dunkel. Die gleichmäßige dunkle Augenfarbe macht es schwierig zu sehen, wohin gerade die Blickrichtung zeigt. Dies bringt dem Affen so manchen Vorteil, zum Beispiel, wenn er ein schmackhaftes Stückchen Futter auf dem Boden entdeckt und seine Artgenossen nicht merken, wo er hinschaut. Für uns hingegen ist es in der zwischenmenschlichen Kommunikation extrem vorteilhaft, anderen Blicksignale geben zu können. Bei Hunden haben die mit der Domestikation einhergehenden genetischen Veränderungen auch dazu geführt, dass sich die signalgebende Rolle des Farbmusters der Augen zu entwickeln begann. Wir haben guten Grund für die Annahme, dass Hunde dies in ihrer Zusammenarbeit und im Informationsaustausch mit Menschen nutzen.[102] In Anbetracht dieser Erkenntnisse führten meine Kollegen und ich eine detaillierte und komplizierte Versuchsreihe durch. Wir wollten untersuchen, wie leicht Familienhunde die verschiedenen Formen von hinweisendem Zeigen verstehen oder lernen können.[103]

Die Versuche fanden in den Wohnungen von Familienhundebesitzern statt, die sich freiwillig zur Teilnahme bereit erklärt hatten. Wie immer machten wir Videoaufnahmen von den Versuchen. Insgesamt hatten wir sechs Hunde verschiedener Rassen, darunter Labrador, Terrier und Schäferhund. Unser Ziel war es, herauszufinden, wie leicht diese Hunde verschiedene Formen des Zeigens – von offensichtlichen Armbewegungen bis hin zu reinen Blicken – lernen würden, ob sie sie überhaupt lernen könnten, wenn sie sequenziell gezeigt würden.

Wir legten in einen von zwei braunen Plastikbehältern eine Futterbelohnung und wollten herausfinden, ob wir die Hunde durch Zeigen zum jeweils richtigen dirigieren könnten. Beide Behälter wurden auch von außen mit dem Futter eingerieben, damit der Geruchsunterschied den Hunden keinen Hinweis lieferte. Beide Behälter standen etwa anderthalb Meter voneinander entfernt. Der in der Mitte zwischen beiden stehende Hundebesitzer gab die Hinweise, die abwechselnd aus Zeigen mit dem ganzen Arm, mit der Hand, einem Finger, Drehung des Oberkörpers, Kopfnicken,

Kopfdrehen ohne Nicken und Anschauen des Behälters bestanden. Zu Letzterem kniete sich der Hundebesitzer hin, damit der Hinweis auch für einen kleineren Hund deutlich zu sehen war. Der Hund wurde etwa einen Meter von seinem Besitzer entfernt positioniert und bekam das Signal ein- oder zweimal gezeigt, aber erst, nachdem ein Blickkontakt zwischen beiden hergestellt war. Das Zeigen wurde eingestellt, wenn der Hund sich auf den Weg zu einem Behälter machte.[104] Wählte der Hund den »richtigen« Behälter, fand er damit auch die Futterbelohung; wenn nicht, ging er leer aus. Die Versuche zogen sich über mehrere Tage hin, bis die Hunde den richtigen Behälter bei zwei aufeinanderfolgenden Versuchen in mindestens 80% der Fälle identifizierten.

Die Versuche brachten sehr interessante Ergebnisse. Die getesteten Hunde hatten aller Wahrscheinlichkeit nach schon zuvor in ihren Familien mit ähnlichen Signalen Bekanntschaft gemacht und es war zu erwarten, dass die meisten von ihnen sie bereits kannten oder im Verlauf der Experimente sehr schnell lernen würden. Das war auch der Fall bei Zeigen mit der Hand, beim Drehen des Oberkörpers und beim Nicken mit dem Kopf. Die cleversten Hunde erreichten die 80% schon innerhalb der ersten fünfzehn Versuche. Ein einfaches Drehen des Kopfes hingegen oder das Hinschauen zum richtige Behälter waren Signale, welche die meisten Hunde erst lernen mussten, und das taten sie auch (s. Abb. 16).

Wir konnten auch beweisen, dass sie das Verständnis für die Signale in ihrer Familienumgebung zu erwerben begonnen hatten. Wir wiederholten den gleichen Versuch mit Hunden eines österreichischen Hundetrainingszentrums, die zwar an den Umgang mit Menschen gewöhnt waren, aber den größten Teil des Tages zusammen mit anderen Hunden – und nicht mit Menschen – verbrachten. Sie hatten also keine Möglichkeit, täglich Kontakte zu Menschen pflegen und keine ausschließliche Bezugsperson. Im Versuch wurden die Hinweise von einer dem Hund nicht bekannten Testperson gegeben. Auch diese Hunde lernten die Aufgabe, aber nur ein einziger von ihnen machte gleich zu Beginn alles richtig. Klar wurde auch, dass Hunde nicht nur Hand-, Kopf- oder Blicksignale verstehen, sondern die Handlung des Zeigens als solche verstehen und korrekt interpretieren. Es bringt sie beispielsweise nicht durcheinander, wenn man mit der rechten Hand nach links zeigt.

Die nächste logische Frage ist, ob Hunde dann auch die Fähigkeit besitzen, ihren Besitzer auf etwas hinzuweisen. Hundebesitzer kennen die Antwort darauf längst und wissen zu diesem Thema mehr als die Wissenschaftler. Ich erinnere mich daran, wie Flip mich eines Morgens aufweckte, obwohl er normalerweise meinen Schlaf respektiert. Er »rief« mich, führte mich in die Diele und zeigte mir eine Zecke auf dem Fußboden, die vom Blutsaugen gigantisch angeschwollen war. Vermutlich war sie in der letzten Nacht von Flip heruntergefallen. Ich hob sie auf und entsorgte sie – zu Flips größter Genugtuung. Später erfuhr ich, dass er auch Eva die Zecke schon gezeigt hatte, aber sie hatte sich davor geekelt, sie anzufassen, und deshalb musste ich das erledigen.

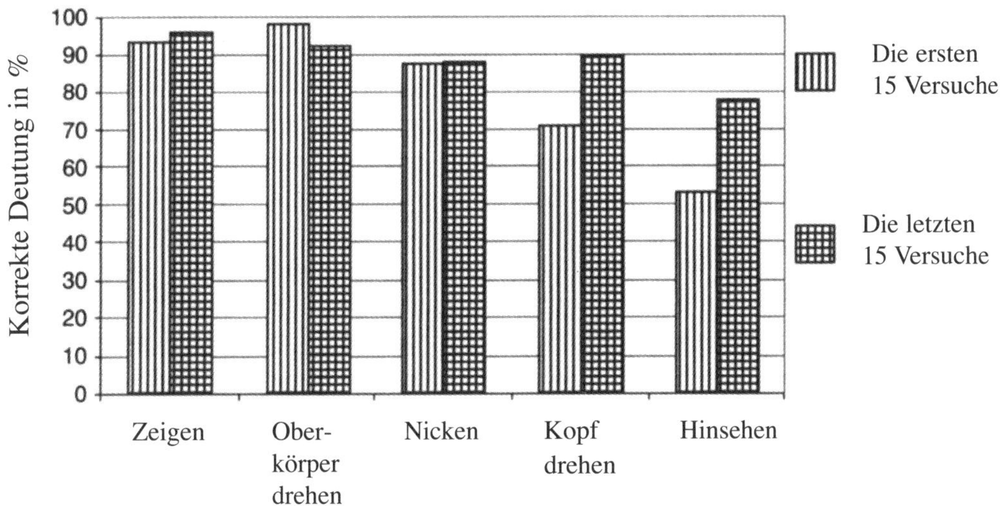

Abb. 16: Interpretation menschlicher Körpersignale durch Hunde

Réka Polgárdi und ich beschlossen, diese Frage wissenschaftlich zu untersuchen.[105] Die Versuche fanden in den Wohnungen statt, in denen die Versuchshunde – alles Familienhunde – mit ihren Besitzern lebten. Zunächst ließ der Besitzer seinen Hund allein im Raum. Dann kam jemand anderes herein und versteckte ein leckeres Stück Futter so, dass der Hund es sehen, aber selbst nicht erreichen konnte. Dann verließ diese Person den Raum wieder und der Besitzer kam wieder herein. Der Besitzer wusste nicht, wo das Futter versteckt war. Die Videoaufnahmen zeigten, dass die Hunde eine lebhafte Kommunikation mit ihren Besitzern initiierten. Sie liefen dorthin, wo das Futter versteckt worden war und dann zurück zu ihrem Besitzer. Sehr aufschlussreich waren die Blicke, die sie erst auf ihren Besitzer, dann auf das Versteck und schließlich wieder auf ihren Besitzer richteten. So konnten die Besitzer das Versteck leicht finden und den Hund für den Informationsaustausch mit dem Futter belohnen. Mit diesen Versuchen konnten wir beweisen, dass Hunde in der Kooperation mit Menschen Signale genauso gut verstehen und anwenden können wie die höchst entwickelten Affenarten.[106] Die letztgenannten Experimente zeigten auch, dass Hunde bei Bedarf Signale geben und damit Information übermitteln können und dass Menschen diese genauso problemlos verstehen wie Hunde die Signale von Menschen verstehen.

Wie bereits erwähnt, zeigen Hunde hier wesentlich bessere Leistungen als Affen und sogar bessere als Wölfe. In Abb. 17 haben wir die Leistungen von Kindern, Schimpansen, unseren anderthalb Jahre alten Wölfen und Hunden in einem Zeige-Versuch verglichen. Dabei zeigt ein Mensch auf einen von zwei Behältern, in dem sich eine Belohnung befindet.[107]

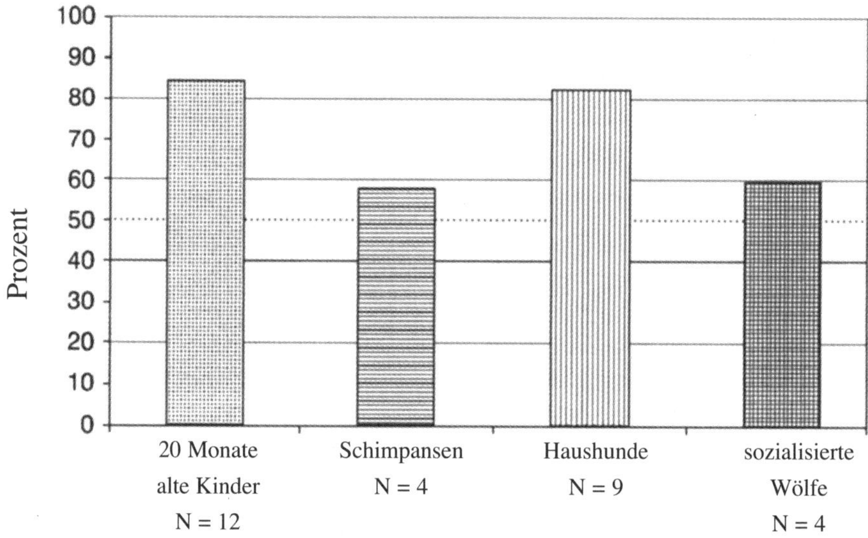

Abb. 17: Richtige Deutung in einem Zwei-Wege-Zeigeversuch (N = Größe der Versuchsgruppe)

Die Frage, ob Hunde sich irgendeine Vorstellung von den Gedanken eines auf ein Ziel zeigenden Menschen machen, war immer noch offen. Überlegen sie, was der Mensch während dieses Austausch von Signalen denken könnte? Dies ist eine schwierige Frage, auf die wir eine sehr interessante Antwort gefunden haben.

Können Hunde schlussfolgern, was Menschen denken?

Versuche in dieser Richtung, die man mit Affen durchführte, brachten recht negative Ergebnisse. Menschenaffen hingegen – Schimpansen und Orang Utans – konnten in einigen Versuchssituationen ein Verhalten zeigen, das sich am leichtesten damit erklären lässt, dass sie die Absichten bzw. die geistige Befindlichkeit des Menschen ahnen konnten. An einem Versuch waren jeweils drei Menschen beteiligt. Einer von ihnen versteckte eine Futterbelohnung, aber die Schimpansen konnten nicht sehen, wohin. Beim Verstecken waren zwei weitere Personen anwesend, von denen eine sich eine Papiertüte über den Kopf gezogen hatte und so nicht sehen konnte, wohin das Futter versteckt wurde. Die Schimpansen konnten diese beiden Menschen beobachten und damit sehen, dass nur einer von ihnen in der Lage war, das Verstecken der Belohnung mitzuverfolgen. Der Affe musste nun eine Person auswählen, von der er den Ort des Futterverstecks erfahren wollte. Die Schimpansen schlugen sich gut: Sie suchten immer bei derjenigen Person um Information nach, die das Verstecken des Futters gesehen hatte.[108] Manche Kritiker zweifelten jedoch an den Ergebnissen dieses Experimentes und wiesen auf andere, ähnliche Versuche hin, nach denen Schimpansen nicht zu der Überlegung fähig sind, dass ein Mensch mit einer Tüte über dem Kopf nichts sehen kann. Stattdessen nehmen sie an, dass das Versuchsergebnis sich am ehesten mit einfacher, assoziativer Konditionierung erklären lässt: Der Schimpanse hatte einfach gelernt, dass die Person mit der Tüte über dem Kopf keine geeignete Informationsquelle ist.

Unsere Versuche bewiesen, dass Hunde zu ähnlichen Schlussfolgerungen in der Lage sind, aber sie hatten natürlich auch hunderttausend Jahre lang Zeit, sich an Menschen anzupassen.

Der Versuch wurde von meinen bereits früher erwähnten Kollegen sowie von Zsófia Virány durchgeführt und bestand aus der gleichen Grundsituation wie der oben beschriebene Versuch mit Menschenaffen. Jemand versteckte in einem von mehreren Behältern eine Belohnung, wobei der Besitzer des Hundes nicht anwesend war. Der Behälter mit der Belohnung darin konnte nur mit Hilfe eines in der Nähe liegenden Stockes erreicht werden. Nachdem die Belohnung versteckt war, kam der Hundebesitzer zurück und erwartete Hinweise seines Hundes, die dieser ihm auch prompt durch abwechselndes Anschauen des Behälters und seines Besitzers gab. Hatte der Hundebesitzer verstanden, welcher Behälter der richtige war, nahm er den Stock von seinem festen Platz, holte damit den Behälter heran und belohnte den Hund.

Nach den ersten zehn Durchgängen teilen wir die insgesamt dreizehn Hunde in zwei Gruppen auf. Die erste Gruppe bestand aus sechs Hunden. Bevor die Futterbelohnung versteckt wurde, schauten sie zu, wie ihr Besitzer und die zweite Person den Stock an eine neue Stelle legten. Anschließend ging der Besitzer hinaus, die zweite Person versteckte das Futter und ging dann ebenfalls aus dem Raum. Nun kam der Besitzer wieder hinein und der Hund zeigte den korrekten Behälter mit dem Futter darin an. Der Besitzer schaute suchend an die Stelle, an der zuvor immer der Stock gelegen hatte, zögerte dann ein wenig und nahm dann den Stock von seinem neuen Platz, um damit den Behälter heranzuziehen und den Hund zu belohnen. In der zweiten Gruppe schauten die Hunde zu, wie ihr Besitzer hinausging und wie dann anschließend die zweite Person zuerst den Stock an einer neuen Stelle versteckte und dann das Futter in einen der Behälter legte. In diesem Fall konnte der Hundebesitzer also nicht wissen, wo sich Futter und Stock befanden und beides nur mit Hilfe des Hundes finden. Beim Hereinkommen schaute der Hundebesitzer zunächst am gewohnten Ort nach dem Stock und tat dann so, als würde er danach suchen, woraufhin die Hunde deutlich die neue Stelle signalisierten und den Stock sogar öfter anschauten als die Belohnung selbst. Hatte der Besitzer den Stock dann gefunden, zeigten die Hunde an, wo sich die Belohnung befand, indem sie abwechselnd ihren Besitzer und den richtigen Behälter anschauten.

Der entscheidende Unterschied zwischen den beiden Versuchen war, dass die Hunde im ersten Fall, wenn also der Hundebesitzer beim Verlegen des Stockes an einen neuen Ort dabei war, ihm die neue Position des Stockes nicht zeigten, sondern nur auf die Futterbelohnung hinwiesen. In der zweiten Gruppe, in der die Hundebesitzer nicht wussten, dass der Stock verlegt worden war, zeigten die Hunde eine lebhafte Signalgebung und wiesen vor allem auf die neue Position des Stockes hin: Sie schauten zehnmal häufiger zwischen ihrem Besitzer und dem Stock hin und her als die Hunde der ersten Gruppe. Anders gesagt: Die Hunde müssen irgendwie in der Lage sein, den kleinen Unterschied verstehen zu können, den es ausmacht, ob ihr Besitzer beim Verlegen des Stockes an eine Stelle anwesend war oder nicht (siehe Abb. 18). [109]

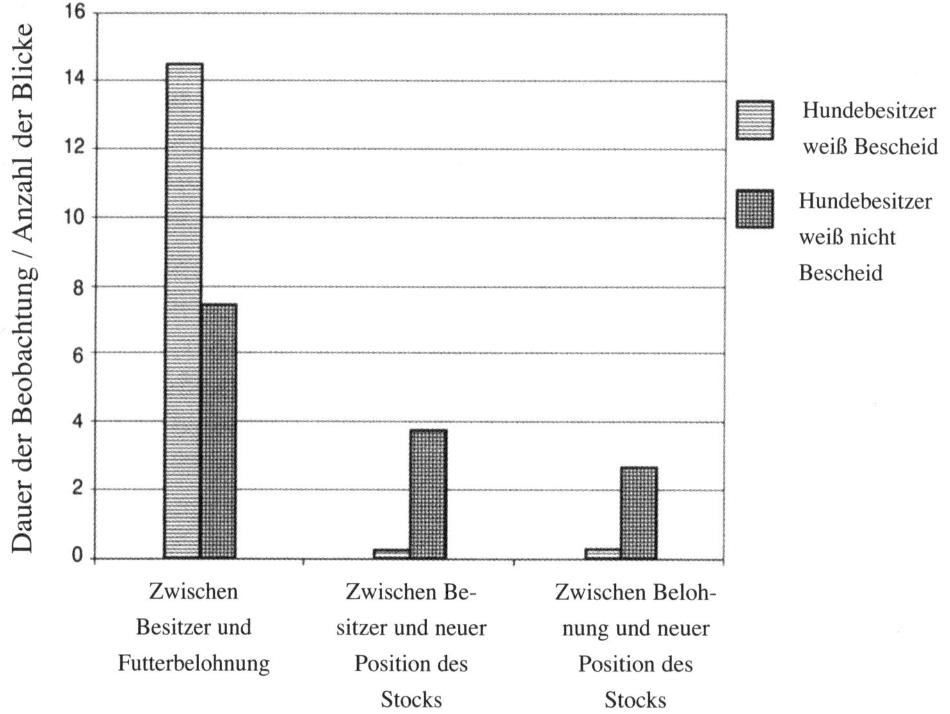

Abb. 18: Relative Häufigkeit der Blickrichtung

Es besteht kein Zweifel daran, dass Hunde dazu in der Lage sind, eine Handlung in ihre einzelnen Bestandteile zu zerlegen: Dass der Besitzer erst den Stock nehmen muss und dann erst den Behälter damit heranholen kann. Es versteht sich auch von selbst, dass sie ergänzende Informationen liefern, und zwar genau dann, wenn es nötig ist. Sehr wahrscheinlich ist, dass sie diejenigen Gedanken ihres Besitzers verstehen, die sich auf den Stock beziehen bzw. darauf, ob der Besitzer weiß oder nicht weiß, wo sich der Stock befindet. Wir haben verschiedene Artikel veröffentlicht, in denen wir zeigen konnten, dass Hunde eine feine Wahrnehmung vom Grad der Aufmerksamkeit eines Menschen besitzen. Haben sie die Wahl zwischen zwei Personen, wenn sie um etwas bitten möchten, wählen sie immer diejenige aus, die ihnen das Gesicht zuwendet und deren Augen sichtbar sind. Sie wenden sich nicht an jemanden, der das Gesicht wegdreht oder dem die Augen verbunden sind. Spielt man ihnen einen Befehl vom Band vor, befolgen sie ihn nur dann, wenn mindestens eine der anwesenden Personen sie ansieht.

Das bedeutet, dass fast alle Merkmale der Kooperation unter Menschen auch bei Hunden gefunden werden können.

Ein Merkmal wurde jedoch ausgelassen, nämlich das der Planung. Können Hunde auf der Grundlage einer Idee oder eines Plans handeln? Und wenn ja, wie könnte man das überzeugend beweisen? Oder wenn nein, wie wäre auch das beweisbar? Bis jetzt haben wir keinen experimentellen Beweis, aber ich kann eine Flip-Anekdote anbringen, die mich davon überzeugt hat, dass Hunde Pläne machen und sogar menschliche Hilfe für die Verwirklichung ihrer Vorhaben mit einplanen können.

Nicht weit von unserer Wohnung entfernt gibt es ein Zoofachgeschäft, in dem wir immer das Fischfutter für unsere Goldfische kaufen. Natürlich gibt es dort auch zahlreiche Leckereien für Hunde, die Flip unwiderstehlich findet, und so ist der Einkauf von Fischfutter oft auch für ihn eine Gelegenheit, etwas Leckeres abzusahnen. Flip liebt die Besuche in diesem Laden aber auch aus anderen Gründen: Er fühlt sich magisch von der Kleintierabteilung angezogen, in der Hamster oder Meerschweinchen in Käfigen gehalten werden. Er schaut sie aufmerksam an, beschnüffelt sie und bettelt den Ladenbesitzer an, sie doch einmal kurz herauszuholen. Diese Besuche verlaufen immer sehr friedlich, denn Flip ist ein wohlerzogener Hund. In den letzten beiden Jahren wurden wir zu diesen Besuchen öfter von Jerry begleitet, der eine wesentlich wildere Persönlichkeit hat und sich im Zoogeschäft so aufregt, dass wir unsere bis dahin ruhigen und friedlichen Besuche kaum noch machen konnten, wenn er dabei war.

Eines Nachmittags machte Flip uns auf dem Spaziergang mit beiden Hunden unmissverständlich klar, dass er zu diesem Laden wollte, indem er an einer Straßenecke abbog. Ich aber hatte in diesem Moment keine Nerven für ein Kämpfchen mit Jerry und ging geradeaus weiter. Nach einer Weile bemerkte ich, dass wir erheblich langsamer geworden waren. Flip ging mit winzigen Schritten, wie ein alter und kranker Hund, der kaum noch laufen kann. Er setzte sich nicht hin und wollte scheinbar auch keine andere Richtung einschlagen, er ging einfach nur sehr langsam. Ich hatte in der Zwischenzeit allen möglichen Gedanken nachgehangen und dies gar nicht bemerkt. Irgendwann dämmerte es mir jedoch, dass Flip sich deshalb so dahinschleppte, weil er zu dem Zoofachgeschäft wollte. Ich schaute mich schnell um, um mich zu vergewissern, dass uns auch niemand zuhörte und sagte zu Flip: »Hör zu, wenn du jetzt deine Pfoten hebst und normal weitergehst, gehe ich nachher noch mal mit dir zum Zooladen.«

Flip hörte aufmerksam zu und legte den Kopf schräg, wie Hunde es oft tun, wenn sie versuchen, ihren Herrn zu verstehen. Ich wiederholte noch einmal langsamer, was ich gesagt hatte und wir setzten unseren Spaziergang fort. Flip nahm sofort die Spitzenposition ein und führte unsere kleine Truppe fröhlich wie ein kleiner Welpe in flottem Tempo an. Wichtig zu wissen ist, dass wir uns zu diesem Zeitpunkt nicht zum Zooladen hin, sondern sogar davon weg bewegten und unser Ziel ein städtischer Park war, in dem die Hunde frei laufen dürfen. Der Rückweg war ebenso schnell zurückgelegt, und als wir an einer Straßengabelung ankamen, schlug Flip bestimmt denjenigen Weg ein, der für uns eine ungewöhnliche Route war, aber direkt zum Zooladen führte. Einen Moment lang war ich mir nicht sicher, ob ich mich ärgern oder freuen sollte. Ärgern darüber, dass mein alter Hund mich hereingelegt und mir wie ein quengelndes Kind seinen Willen aufgezwungen hatte? Oder freuen darüber, dass ich einen so vorausschauenden, intelligenten und kommunikativen Begleiter an meiner Seite hatte? Ich entschied mich für Letzteres, und nun ist es glaube ich an der Zeit, etwas ausführlicher von meinen beiden schon so oft erwähnten Hunden Flip und Jerry zu erzählen.

Teil Drei

Das Tagebuch von Flip und Jerry

Beim Studium des Tierverhaltens versuchen wir, mit Hilfe von wissenschaftlich gründlich durchgeführten Versuchen Antworten auf offene Fragen zu finden. Je nach Art der Fragestellung kann aber auch sorgfältige Beobachtung außerhalb einer Versuchsumgebung sehr hilfreich sein. Die Beobachtungen von Konrad Lorenz und Jane Goodall, oftmals von erzählerischem Charakter, haben schon so manchem Wissenschaftler zu einem besseren Versuchsaufbau verholfen, und sei es nur deshalb gewesen, weil er die Theorien dieser herausragenden Ethologen widerlegen wollte.

Schon einige Zeit bevor meine Kollegen und ich mit den Versuchen begannen, hatte ich an »Flips Tagebuch« geschrieben, das später zum »Tagebuch von Flip und Jerry« wurde. Anfangs hatte ich keine Zeit, ein wirklich wissenschaftliches Tagebuch zu führen. Heute bin ich der Meinung, dass dies sogar noch nicht einmal viel Sinn gemacht hätte, denn ich hätte jede winzige Variante im Verhalten aufzeichnen müssen und mein Leben hätte nur noch daraus bestanden, ständig minutiöse Beobachtungen zu machen. Eine riesige Menge unnützer Daten hätte aus Angaben bestanden, welcher Hund wo lag oder in jenem Moment gerade tat und ähnliches.[110] Ich hätte in den letzten zehn oder fünfzehn Jahren Unmengen uninteressanter Daten gesammelt. Also hatte ich mich stattdessen entschlossen, nur das aufzuschreiben, was mir ungewöhnlich, überraschend oder sonst wie erwähnenswert schien. Ich achtete sorgfältig darauf, Zeit und Ort der jeweiligen Situation genau zu dokumentieren, um eine professionelle Beschreibung liefern zu können. Einige dieser Geschichten habe ich bereits erzählt, aber in diesem Teil des Buches kommen nun noch viele hinzu. Ich weiß, dass eine oder zwei Hundegeschichten nichts beweisen, aber der glaubwürdige Bericht einer sich wiederholenden oder besonderen Begebenheit im Zusammenhang mit Hunden kann sicher dabei helfen, neue Theorien und Versuche zu entwickeln.

Ich hoffe, dass der Leser die Geschichten in diesem Sinne versteht. Ich beginne mit dem ersten Eintrag in das Tagebuch:

26. November 1989:
Eva und ich wanderten in den Bergen von Kékes, als wir auf Flip (einen zotteligen, klein gewachsenen Rüden, offenbar einen Mischling) und Jenö, einen kleinen, schwarzen, erwachsenen Rüden trafen. Wie der Kellner im Ausflugscafé berichtete, musste Flip wohl ausgesetzt worden sein, denn er streunte nun schon seit drei Tagen hier herum. Er war sehr freundlich und gar nicht ängstlich. Als wir uns auf den Rückweg nach Mátrafüred machten, kam Flip mit. Bevor der Weg in den Wald führte, versuchte Jenö, ihn zurückzuscheuchen, aber Flip versteckte sich hinter uns und pflügte sich seinen Weg durch den tiefen Schnee. Er blieb die ganze Strecke lang bei uns und entfernte sich nie mehr als ein paar Meter. Nach etwa zehn Kilometern schien er sehr müde zu sein und ich trug ihn den Rest der Strecke. Wir fuhren einen Tag früher als geplant nach Hause zurück, weil in unserem Hotel keine Hunde erlaubt waren. Auf der Rückfahrt im Auto schlief er. Zuhause war er sehr gehorsam, man musste ihm nur einmal sagen, was er tun sollte. Er schlief in der Küche und war ein echtes Goldstück.

Flip war fast acht Jahre lang unser einziger Hund, bis wir Jerry bekamen. Wie es dazu kam, ist eine lange und uninteressante Geschichte. Das einzig Wichtige ist, dass er nun hier ist, und das ist es, was ich ins Tagebuch schrieb.

27. Juni 1997:
Jerry ist angekommen. Er ist ein Rüde und am 17. Mai geboren, also gerade sechs Wochen alt. Seine Mutter Janka ist die reinrassige Pumihündin[III] *unseres Onkels Vizi, sein Vater ein streunender Husky. Jerry ist ein munterer, unabhängiger kleiner Hund, der für sein Leben gern frisst, fast wie ein Wildtier. Nachts war er ruhig. Flip scheint ihn nicht ausstehen zu können, aber irgendwann werden sie sich bestimmt anfreunden. Am Abend versuchte er, mit einem großen Handtuch im Fang auf unser Bett zu springen und hätte es auch beinahe geschafft.*

Kapitel 8

Hunde verstehen viel

Natürlich habe ich die Ethologie der Hunde nicht von Flip und Jerry allein gelernt. Da gab es beispielsweise den zuvor schon erwähnten Balthasar, den ich großgezogen hatte. Später kam er zu uns an die Fakultät für Ethologie, wo er fast sein gesamtes restliches Leben verbrachte.[112] Einmal, als er schon in der Fakultät lebte, musste ich ihn aus irgendeinem Grunde zu uns nach Hause mitnehmen. Ich bemerkte, dass er sich eigenartig verhielt. Damals lebten wir in einem großen Fünfzimmerapartment, und Balthasar folgte mir wie ein Schatten vom einen Raum in den anderen. Einen Tag später stand er nur dann auf, wenn ich mich zum Verlassen des Raums anschickte. Es begann mich zu interessieren, woher er wusste, dass ich gleich hinausgehen würde. Ich begann zu experimentieren: Manchmal ging ich ganz plötzlich hinaus, ein anderes Mal ging ich zur Tür und entschloss mich erst dort, ob ich hinausgehen würde oder nicht. Aber Balthasar ließ sich nie hereinlegen. Er wusste immer ganz genau, wann ich gehen würde. Nur dann, wenn ich wirklich den Raum verließ, sprang er auf und kam mit. Wenn ich beschlossen hatte, nicht zu gehen, schaute er nicht einmal auf.

Beschämt muss ich zugeben, dass ich diese Sache nie ergründet habe, und das, obwohl ich Ethologe bin. Balthasar wusste irgendetwas über mich, das ihm meine Absicht zum Weggehen mitteilte, aber ich fand nie heraus, was es war.

Auch Hunde sind gute Verhaltensforscher

Wir können mit Gewissheit sagen, dass Menschenaffen die Aktivitäten ihrer Artgenossen verfolgen. Die Studien von C.R. Menzel zeigten, dass in Gefangenschaft lebende Schimpansen sich gegenseitig aufmerksam beobachten und aus dem Verhalten der anderen zahlreiche Informationen sammeln.[113] In einer Untersuchung zum Erinnerungsvermögen der Schimpansen wurde an verschiedenen Stellen eines weitläufigen Waldgeländes Futter versteckt. Ab und zu ließ man einen einzelnen Schimpansen zusehen, was wo versteckt wurde. Ließ man ihn dann anschließend frei alleine in dieser Gegend umherstreifen, sammelte er schnell und systematisch alle Futterstückchen ein. Wurde er jedoch von Artgenossen begleitet, stellte sich schnell heraus: Die anderen konnten aus seinem Verhalten schließen, dass er wusste, wo das Futter versteckt war. Die ganze Gruppe folgte dann dem »wissenden« Schimpansen, und oft ergatterten die anderen das Futter dann sogar früher als er selbst.

In einem anderen Versuch wurden zwei verschiedene Futtersorten (eine schmackhafte und einer weniger schmackhafte) versteckt und es durften zwei Schimpansen dabei zusehen, aber so, dass jeder jeweils nur das Verstecken einer der beiden Futtersorten beobachten konnte. Ließ man dann die beiden zusammen mit dem Rest der Gruppe in dem Areal frei, folgten die anderen demjenigen Schimpansen, der wusste, wo das leckere Futter zu finden war. Vielleicht war dieser Schimpanse aufgeregter als der andere oder die restliche Gruppe schloss auf irgendeine andere Art und Weise aus seinem Verhalten, dass er derjenige war, dem sich zu folgen lohnte.

Hunde sind hervorragende Erforscher des Verhaltens von Menschen. Sie beobachten uns laufend, wobei ihnen die Tatsache zugute kommt, dass sie sich sehr stark an uns binden. Auch haben sie ein sehr gutes Verständnis der menschlichen Körpersprache. Bei zahllosen Gelegenheiten konnte ich beobachten, wie aufmerksam Flip uns beobachtete und wie gut er vorausahnen konnte, was als Nächstes geschehen würde. Eine Zeit lang waren entweder Eva oder ich sehr viel auf Reisen unterwegs, was Flip überhaupt nicht gefiel. Sobald einer von uns mit dem Kofferpacken begann, wurde Flip tieftraurig. Egal, wie wir ihn trösteten und wie viele Leckereien wir ihm gaben – er trauerte so lange, bis der Verreiste wieder nach Hause zurückgekehrt war. Im ersten Sommer planten wir einen gemeinsamen, mehrwöchigen Urlaub im Bükk-Gebirge. Als wir den großen Koffer hervorholten, wurde Flip sehr aufgeregt. Es tat ihm gar nicht gut, zu sehen, dass die Reisevorbereitungen uns in gute Laune versetzten; er kroch in eine Ecke und blies Trübsal. Da kam mir eine gute Idee.

Juli 1990:
Wir packten für unseren Urlaub in Szilvásvárad im Bükk-Gebirge. Als wir den Koffer hervorholten, regte Flip sich zuerst sehr auf und legte sich dann traurig hin. Einer plötzlichen Eingebung folgend, zeigte ich ihm meinen Wanderstab, erklärte ihm, dass wir einem Ausflug machen würden und hängte den Stab an die Klinke der Haustüre. Er schaute mich an, ging zur Tür, stupste den Stab mit der Nase an und schaute dann wieder zu mir. »Ja,« sagte ich, »wir gehen wandern, und du kommst auch mit.« Das beruhigte ihn, er begann sich zu freuen und sprang sogar in den geöffneten Koffer.

Ich bin sicher, dass Flip den Wanderstab genau kannte, denn ich nahm ihn immer zu unseren Wochenendausflügen mit. Für mich war es aber eine bleibende, eindrückliche Erfahrung, zu sehen, wie er verstand, während er zwischen mir und dem Stab hin und her schaute. Wie wir im vorigen Kapitel gesehen haben, spielen alternierende Blicke eine wichtige Rolle in der Kommunikation und Kooperation unter Menschen. Als Flips Stimmung von traurig zu fröhlich wechselte, konnte ich sehen, dass er verstanden hatte: Wir gehen wandern. Ich fühlte mich genauso, als ob ich einem kleinen Kind etwas erklärt und es mich verstanden hätte. Ich hatte gar keine Zweifel daran, dass ich es hier mit einer »Person« zu tun hatte.

Hunde besitzen diese außergewöhnliche Fähigkeit, uns ständig zu »lesen«, und dieses Talent kann man sich für die verschiedensten Aufgaben zunutze machen. Weltweit sind viele Hunde darauf trainiert, einen epileptischen Anfall ihres Besitzers zehn bis fünfzehn Minuten vorher zu erkennen und anzuzeigen. Für einen Epileptiker ist dies eine enorme Hilfe, weil er dann Zeit hat, sich an einen sicheren Ort zu begeben, sich hinzulegen und die Menschen um sich herum über den bevorstehenden Anfall zu informieren. Auch sein Sicherheitsgefühl wird durch einen solchen Hund gestärkt, weil er weiß, dass er keine unerwarteten Anfälle mehr fürchten muss. Die bemerkenswerte Beobachtungsgabe von Hunden wird sogar in der Viehzucht genutzt. Für die künstliche Besamung ist es wichtig, den genauen Zeitpunkt der Ovulation einer Kuh zu bestimmen, was aber nicht ganz einfach ist. Hunde können den Eisprung vermutlich über den Geruch erkennen und dies anzeigen, wenn sie darauf trainiert worden sind.

Leben mehrere Hunde zusammen, beobachten sie sich gegenseitig. Als Jerry im Alter von sechs Wochen zu uns kam, schenkte er dem, was wir ihm sagten, keine große Aufmerksamkeit. Nach etwa zwei Wochen hatte er jedoch mehr oder weniger herausgefunden, dass er auf die von Menschen geäußerten Worte achten sollte und tat dies auch, allerdings ohne auch nur ein Wort von uns wirklich zu verstehen. Zu diesem Schluss kamen wir, weil es immer so vor sich ging, wenn wir mit den Hunden sprachen: Flip schaute uns aufmerksam an und Jerry schaute Flip an, wobei er auf »Übersetzung« in die hündische Körpersprache zu warten schien. Was würde als Nächstes passieren? Ein Spaziergang, Futter, eine Autofahrt, die Ankunft eines Gastes oder sonst eine für Hunde interessante Sache? Wir amüsierten uns immer sehr über Flips Dolmetscherrolle. Nach zwei Wochen wusste Jerry dann selbst, welche Töne den für ihn wichtigen Aktivitäten vorangingen.

Oftmals waren wir nicht in der Lage, zu sagen, wie Flip es schaffte, die jeweilige Sachlage zu bestimmen, aber ich bin ziemlich sicher, dass die gesprochene Sprache dabei genauso wichtig war wie die Körpersprache. Hier ein interessanter Tagebuchauszug zu diesem Thema:

7. März 1992:
Wir hatten vor, unseren Freund, den deutschen Biologieprofessor Gerhard Schaeffer, vom Flughafen abzuholen. Vorher aßen wir noch bei Evas Eltern zu Mittag und fuhren dann mit Flip nach Hause. Unterwegs sprachen wir in Worten, die Flip nicht verstehen konnte, darüber, ob wir ihn zum Flughafen mitnehmen sollten oder nicht. Als wir nach Hause kamen, öffneten wir die Wohnungstür, um Flip

nur eben schnell hineinzulassen und zogen nicht einmal unsere Mäntel aus. Aber Flip war nirgends zu sehen. »Vielleicht hat er sich schon irgendwo in der Wohnung hingelegt,« meinte Eva. Ich wollte mir sichergehen, dass er auch wirklich in der Wohnung war und rief ihn, aber keine Spur von ihm war zu sehen. Als ich wieder rief, schaute ich zufällig in Richtung der noch offenen Eingangstür und sah, dass er vom Treppenhaus aus vorsichtig hineinlugte. Er hatte die ganze Zeit vor der Tür gewartet, um wieder mit hinauszugehen. Uns blieb nichts anderes übrig, als ihn mitzunehmen.

Es stellte sich heraus, dass Flip gar nicht mit in die Wohnung hineingekommen war. Er wollte sichergehen, wieder mit uns mitkommen zu können und war deshalb im Treppenhaus geblieben. Das heißt, er wusste schon vorher, vielleicht aus unserer Unterhaltung im Auto, dass wir vorhatten, gleich wieder aus dem Haus zu gehen. Und das, obwohl wir bei unserer Unterhaltung eigens vorsichtig gewesen waren!

Natürlich wartet ein aufmerksam beobachtender Hund nicht nur passiv ab, dass sich alles zum Guten wendet, sondern versucht von Zeit zu Zeit auch selbst, den Lauf der Dinge zu beeinflussen. Dies zeigt, wie gut die Hunde uns verstehen und wissen, was es ist, das uns ihre Wünsche erahnen lässt.

Jeder Besitzer mit enger Bindung zu seinem Hund weiß die Absichten, Fragen und Bitten seines Vierbeiners leicht aus dessen Körpersprache zu verstehen. Für die Leser ohne Hund möchte ich noch einmal kurz die wichtigsten Signale zusammenfassen, die uns Auskunft über das Befinden des Hundes geben:

Schwanzwedeln
Anstoßen mit der Nase
Zeigen mit Blicken
Anschauen
Augenkontakt
Zeigen mit Kopfdrehung
Bitten
Fragen
Beschwerden
»Nein«
Vokalisationen
Bewegungslosigkeit
Verstimmung
Mimik

Die wichtigste Funktion des Schwanzwedelns ist es, uns mitzuteilen, dass der Hund uns Aufmerksamkeit schenkt. Dies betrifft nicht nur uns, sondern alle Lebewesen, mit denen der Hund zu tun hat. Einmal hörte ich Flip aus dem Nachbarzimmer seltsam knurren. Als ich die Tür öffnete, sah ich, dass er wild mit dem Schwanz wedelnd vor der Wand stand und zunehmend drohender knurrte. Es stellte sich heraus, dass eine dicke Fliege an der Wand saß und dass Flip mit ihr kommunizierte. Wenn ein Hund unsere Aufmerksamkeit auf etwas lenken möchte, stößt er normalerweise unser Knie oder Bein oder eine sonst erreichbare Körperstelle mit der Nase an. Das bedeutet, dass wir ihn beachten sollen, weil er uns etwas mitteilen oder um etwas bitten möchte. Nach dem Anstupsen stellt ein Hund Blickkontakt her, über den wir schon mehrmals gesprochen haben. Darauf kann ein Hin- und Herschauen folgen, zum Beispiel dann, wenn er uns auf einen Gegenstand oder eine Stelle aufmerksam machen möchte. Die Richtung zeigt er durch Kopfdrehen an. Wenn etwas passiert ist, das seiner Meinung nach unsere Aufmerksamkeit verlangt oder wenn ein Besucher gekommen oder draußen ein Fremder vorbeigegangen ist, signalisiert er das häufig mit einem kurzen Fiepen oder einem lauten Bellen. Je aufgeregter er ist, desto lauter wird sein Hinweis.

Manchmal übermittelt er damit auch wichtige Informationen:

23. Oktober 1997:
Heute waren wir in Nógrád. Am Morgen kam uns Peter mit seiner Familie und seinem Hund Cricket besuchen, um nach unserem Ofen zu schauen. Cricket wurde unten gelassen, weil er Angst vor Flip hat, aber Jerry rannte hinunter, um mit ihm zu spielen. Als der Besuch sich nach einiger Zeit wieder zum Weggehen fertig machte, kam Jerry herauf, ging zu Peter und winselte ihn an. Peter und ich dachten beide, dass er gestreichelt werden wollte, aber als wir nach unten kamen, sahen wir, dass das Hoftor offen und Cricket verschwunden war. In diesem Moment hörte Jerry mit dem Winseln auf. Vielleicht wollte er nur mitteilen, dass Jerry schon einmal gegangen war – und zwar ganz ruhig nach Hause.

Manchmal ist die Information aber auch nur für den Hund wichtig:

22. November 1997:
Wir besuchten Laci Elek mit beiden Hunden. Ab und zu brachten wir die Hunde nach draußen, weil die Neufundländerhündin unseres Gastgebers nach nassem Fell roch. Bei einer dieser Gelegenheiten schaffte Flip es, im Haus zu bleiben. Nach einiger Zeit kam er zu mir und forderte mich auf, mit ihm zur gläsernen Verandatür zu kommen. Draußen vor der Tür stand Jerry – ich machte die Tür auf und ließ ihn herein, woraufhin Flip in eine ruhige Ecke ging und sich hinlegte.

Flip kann aber auch seinen Wunsch ausdrücken, etwas nicht tun zu wollen. So kommt es zum Beispiel vor, dass ich spät abends noch eine kleine Runde draußen gehen möchte und ihn rufe. Meistens kommt er fröhlich herbei, aber manchmal ist er offenbar nicht in der Stimmung für einen Spaziergang und bleibt bewegungslos liegen – nur mit einem ganz leichten Wedeln der Schwanzspitze teilt er mir mit, dass er mir zuhört. Bewegungslos zu werden heißt immer nein. Wenn wir zum Beispiel auf einer Wanderung an eine Weggabelung kommen und Flip in eine andere Richtung gehen möchte als ich, bleibt er bewegungslos stehen und sieht mich an. Natürlich kommt er dann mit, wenn ich darauf bestehe, den von mir gewählten Weg zu gehen. Wenn ich ihm einen Gefallen tun möchte, gehe ich manchmal zur Gabelung zurück und ein paar Schritte in die andere Richtung. Gefällt ihm auch das nicht, rührt er sich nicht, aber wenn er die Richtung mag, wird er mir sofort folgen.

Ein interessanter Tagebucheintrag:

27. März 1993:
Wir kamen spät abends von einem Konzert nach Hause. Es regnete leicht, was Flip überhaupt nicht mag. Ich machte noch schnell einen kurzen Spaziergang mit ihm und wir kamen an einem kleinen Park vorbei. Er rannte hinein, aber ich ging weiter und rief ihn. Er kam wieder zu mir auf den Weg, blieb aber einfach steif stehen, was ich nicht verstand, weil unser Spaziergang doch so kurz war. Als ich mich herumdrehte (ich dachte, er wolle in die andere Richtung gehen), rannte er zurück in den Park, machte sein Geschäft und führte mich anschließend nach Hause. Das ist interessant, weil er keine Richtung anzeigte, sondern mir klar machen wollte, dass er dort bleiben wollte.

Mit der Zeit hatte ich das Signal für »wo« in unsere Kommunikation mit eingebaut. Flip verstand schnell, dass er die Richtung aussuchen durfte, wenn ich »wo?« fragte. Wenn ich das tue, hebt er meist seinen Kopf und schnüffelt herum, als ob er anhand der Gerüche entscheiden würde, in welche Richtung es gehen soll. An heißen Sommertagen und nach langen Märschen kam es vor, dass die Frage »wo?« ihn in tiefes Nachdenken versetzte. Letzten Endes entschloss er sich dann für einen schattigen Baum und legte sich für ein Päuschen darunter, wobei er die ganze Zeit darauf achtete, ob ich seinem Vorschlag folgte. Ich tat es.

Auch Jerry lernte schnell, dass er Entscheidungen treffen durfte, aber er teilt seine Entscheidung mit einem kurzen Lautgeben mit. Wenn er mit eindeutig bittendem Gesichtsausdruck zu mir kommt, weiß ich in der Regel schon, was er möchte. Manchmal täusche ich mich aber auch und zähle ihm dann die verschiedenen Möglichkeiten auf – Spazierengehen, Fressen, Spielen und so weiter. Wenn ich bei der Sache ankomme, die ihm am Herzen liegt, zeigt er das mit einem lauten Bellen an. Manchmal drücken Hunde ihre Wünsche aber auch auf viel kompliziertere Art und Weise aus. Das Tagebuch enthält einige Beispiele dafür.

16. Januar 1992:
In den letzten Tagen war Eva auf unseren Abendspaziergängen immer mitgekommen. So gegen zehn Uhr abends kommt Flip meist zu mir und stößt mich mit der

Nase an, um mich zum Hinausgehen aufzufordern. Jedes Mal sage ich ihm, dass wir zusammen mit Eva gehen werden. Heute aber kam er nicht, weil er in Evas Zimmer schlief. Eva hatte angerufen und Bescheid gesagt, dass sie heute später kommen würde und wir ohne sie spazieren gehen sollten. Ich rief Flip. Er kam langsam herbei, blieb in der Diele stehen und schaute aus dem Fenster. Ich schickte ihn seine Leine holen, was er auch freudig tat. Auf seinem Weg zur Leine kam er an einem Stuhl vorbei, auf dem Evas Pullover lag. Er blieb stehen, berührte den Pullover mit der Nase und sah mich fragend an. »Geh und hol die Leine,« sagte ich, »Eva kommt heute nicht.« Woraufhin er mir die Leine brachte.

Von Zeit zu Zeit kommt uns eine sehr nette und gute Hundefriseurin namens Bea besuchen. Unsere Hunde mögen sie sehr, aber auf die Prozedur des Bürstens, Scherens und Badens würden sie eigentlich liebend gern verzichten. Oft war es so, dass Bea stürmisch begrüßt wurde und Flip anschließend zu mir ins Zimmer kam, um mich mit eindringlichen Blicken zu bitten, doch bei der bevorstehenden Horror-Behandlung Beistand zu leisten. Manchmal ist mein beruhigender Einfluss dabei tatsächlich gefragt.

Wenn jemand ins Haus kommt, der nichts mit den Hunden zu tun hat und ich bin nicht zur Stelle, dann sagen mir die Hunde zwar Bescheid, dass jemand gekommen ist, holen mich aber nicht herbei. Einmal reparierte ein uns bekannter Handwerker unsere schmiedeeiserne Außentür. Die Tür stand offen und der Handwerker ging zwischen Tür und Diele hin und her, wo er seinen Werkzeugkasten abgestellt hatte. Ich arbeitete in einem der anderen Räume. Flip schaute aufmerksam zu, was der Handwerker trieb. Jedes Mal, wenn dieser von draußen kommend die Schwelle zur Diele überschritt, kam Flip zu mir gerannt und signalisierte mit einem Bellen, dass der Mann wieder im Haus war.

Wenn ein Hund ruft, dann ist das meist eindeutig zu verstehen: Er steht da, gespannt zum Aufbruch bereit, und schaut einen mit einem Ausdruck höchster Dringlichkeit an. Sobald ich mich zum Kommen anschicke, bewegt er sich dann in die gewünschte Richtung. Niemand, der dies einmal gesehen hat, wird diese Geste mit etwas anderem verwechseln.

Bitten hingegen können auf verschiedene Art und Weise ausgedrückt werden: Meist werden sie von heftigem Schwanzwedeln begleitet, aber manchmal setzt sich der Hund auch nur mit fragendem Gesichtsausdruck hin. Zwei Beispiele dafür aus dem Tagebuch.

5. November 1991:
Heute hatten wir eine ganz eindeutige Bitte. Am Nachmittag fütterte ich ihn. Er fraß freudig auf, saß eine Weile herum und kam dann zu mir in die Küche, wo er sich in der üblichen Bettelposition vor mich setzte und mich anschaute. Da er gerade erst seinen Napf leer gemacht hatte, fragte ich mich natürlich, was er wollte. Zufällig

sah ich zu seinem Wassernapf hin und stellte fest, dass er leer war. Als ich ihn auffüllte, freute er sich offensichtlich sehr darüber und trank ausgiebig.

27. November 1991:
Heute hat es geregnet und wir waren nass, als wir vom Spaziergang zurückkamen. Ich hatte aber vergessen, Flip abzutrocknen. Er rannte mir nach, sprang vor mich, blieb stehen und begann, seinen Kopf am Teppich trockenzureiben. Dann hielt er inne und schaute mich fragend an. »Willst du ein Handtuch?« fragte ich ihn – woraufhin er aufsprang und ins Bad rannte, wo sein Handtuch hängt.

Der letzte Fall ist eigentlich ein Beispiel für nachahmendes Verhalten beziehungsweise die Andeutung eines gewünschten Verhaltens. Es kommt nicht sehr oft vor, ist aber eine bedeutende Form des Bittens, weil es eine hoch entwickelte Intelligenz voraussetzt. Der wissenschaftlichen Genauigkeit wegen habe ich nur den ersten Fall eines solchen nachahmenden Verhaltens aufgezeichnet, denn wenn es mehr als einmal passiert, könnte es ja genauso gut sein, dass der Hund gelernt hat, dass ich auf eine bestimmte Handlung von ihm in bestimmter und gewünschter Art und Weise reagiere. Auf alle Fälle lässt sich dieses imitierende Verhalten bei mehren verschiedenen Bitten beobachten, wie in den beiden folgenden Beispielen:

26. August 1996:
Ein Maulwurf hatte im Garten unseres Sommerhauses unter einem Maulbeerbaum einen großen Hügel aufgeworfen. Eva, unser Freund Paul und ich standen in der Nähe, als Flip sein für eine Bitte typisches Grollen hören ließ. Als ich ihn fragte, was er denn wolle, heulte er ganz kurz auf, ging zu dem Maulbeerbaum und strich ein- oder zweimal vorsichtig mit der Pfote über den Maulwurfshügel. Er buddelte nicht, sondern berührte den Hügel nur und sah mich dabei an. Weil es bei uns zur Hausordnung gehört, dass Maulwürfe im Garten nicht ausgegraben werden, sagte ich nein. Flip seufzte tief und legte sich gleich neben dem Maulwurfshügel hin.

Hierzu muss erklärt werden, dass Flip und Jerry auf unseren Spaziergängen durch die Wiesen und Felder mit großer Begeisterung Maulwürfe ausgraben. Nur bei uns im Garten ist es ihnen nicht erlaubt.

11. September 1996:
Schon seit ein paar Tagen schleppte Flip uns ständig seinen Ball heran, damit wir ihn verstecken sollten und er ihn anschließend suchen könnte. Immer wenn er wartete, wie ich den Ball versteckte, hörte er ganz aufmerksam hin, wie ich mich im Nachbarzimmer bewegte und wusste so immer genau, wo ich hingegangen war. Er schaute immer da nach dem Ball, wo er mich die Schritte machen gehört hatte. Heute wollte er dieses Spiel wieder mit mir spielen, aber der Ball war nicht da –

also »fragte« er danach. Als Eva ihn fragte, was er wollte, setzte er sich hin und schaute nach rechts und links, als ob er suchen würde. Eva erriet sofort, dass er den Ball haben wollte.

Oft kommt es auch vor, dass er seine Bitte durch Hinzeigen an eine bestimmte Stelle oder ein anderes Signal unterstützt.

10. Februar 1993:
Meine Tochter Julie und ihre Familie kamen mitsamt ihrer Katze zu Besuch, was starke Gefühlsregungen in Flip hervorrief. Er beleckte die Katze und schien vorzuhaben, das arme Tier in den Fang zu nehmen und hochzuheben. Wir mussten die Katze im Badezimmer einsperren, sahen aber ab und zu gemeinsam mit Flip nach ihr. Als die Gäste uns am Abend verlassen hatten, schalteten wir die Fernsehnachrichten ein. Normalerweise gehen wir danach immer noch spazieren. Eva fragte: »Was will denn der kleine Hund?« Die Antwort war ein Stöhnen und seufzendes Winseln, wie wir es zum ersten Mal gehört hatten, als er die Katze belästigte. Ich traute meinen Ohren nicht und dachte zuerst, er müsse vielleicht dringend hinaus. Als ich aufstand, lief er aber nicht wie sonst in Richtung seiner Leine, sondern zum Badezimmer, in dem ja zuvor die Katze gewesen war. Er fantasierte von der Katze!

Einige Tage später kam Julie nochmals alleine zu uns und Flip erklärte auch ihr, dass er unbedingt die Katze wiedersehen wollte. Wieder seufzte und winselte er und führte Julie zum Badezimmer.

Das Aufregendste aber ist, wenn Hunde uns Fragen stellen. Es ist sehr seltsam, dass von der Existenz dieses Phänomens in der gesamten wissenschaftlichen Literatur nie etwas berichtet wurde. Oft werden weit ausgebildete und disziplinierte Hunde aber auch von ihren Besitzern unabsichtlich entmutigt, solche Fragen zu stellen. Man muss den von Hunden geäußerten Bitten und Fragen gegenüber schon sehr aufmerksam sein, denn wenn man nicht entsprechend darauf reagiert, stellen sie das Fragen sehr schnell wieder ein. Hunde sind sehr darauf bedacht, die Regeln zu befolgen und akzeptieren bereitwillig ihre untergeordnete Position. Wenn das Leben streng geordnet zu sein hat und der Besitzer von seinem Hund Gehorsam verlangt, dann wird auch genau das eintreffen und der Hund wird weder um etwas bitten noch Fragen stellen. Meine Hunde haben relativ schlechte Manieren, und das ist vermutlich auch der Grund dafür, warum sie so viele Fragen stellen und um so viele Dinge bitten.

Wir haben also bereits über Bitten gesprochen. Wenn ein Hund eine Frage stellt, setzt er sich vor einen und schaut einen – ich kann es nicht anders beschreiben – fragend an. Ob es wirklich eine Frage war, können wir daran sehen, wenn er offensichtlich mit der Antwort zufrieden war, weggeht und sich entsprechend verhält. Die häufigste von unseren Hunden am Morgen gestellte Frage ist die, wer von uns mit ihnen spazieren gehen wird. Wenn sie mich fragen und ich ihnen sage, dass ich gleich mit ihnen gehen werde, dann bleiben sie bei mir und belästigen Eva nicht weiter. Sage ich ihnen aber, dass Eva mit ihnen gehen wird, dann gehen sie zu ihr hin.

Wenn wir uns gelegentlich zu ungewöhnlichen Zeiten zum Weggehen fertigmachen, fragt der eine oder andere unserer Hunde kurz nach, was hier vorgeht. Es gibt zwei mögliche Antworten: Die erste ist »Wir gehen, aber du bleibst hier.« In diesem Fall wird der Hund offensichtlich traurig und sucht sich einen Platz zum Hinlegen. Lautet aber die Antwort »Wir gehen und ihr kommt mit,« dann brechen beide Hunde in stürmische Begeisterung aus. Wenn es Jerry war, der nachgefragt hat, dann rennt er anschließend schnell zu Flip und teilt ihm mit einem besonderen kurzen Jaulen mit, was los ist, woraufhin Flip selbst erscheint und die Vorbereitungen zum Weggehen beobachtet.

Nie werde ich die Zeit vergessen, als ein englischer Freund von mir, Peter Saunders, drei Wochen lang bei uns zu Gast war. Peter entwickelte in diesen drei Wochen eine sehr gute Beziehung zu Flip. Ich erwähnte schon, dass Flip immer sehr aufgeregt wird, wenn wir unsere Koffer aus dem Schrank holen – er weiß, dass dies eine bevorstehende Reise bedeutet. Als Peter am letzten Tag seines Aufenthaltes die Koffer zu packen begann, wurde Flip sehr aufgeregt, kam ständig zu mir gelaufen (ich war gerade mit etwas anderem im Nachbarzimmer beschäftigt), umkreiste mich, setzte sich hin und sah mich fragend an. Ich sagte »Peter fährt weg, aber ich bleibe hier.« Er drehte den Kopf, als ob er sich vergewissern wollte, dass er richtig verstanden hatte und fragte mich mindestens noch drei Mal, ehe er sich endlich beruhigte. Er reagierte auch nicht traurig, wie er es tut, wenn ein Familienmitglied wegfährt.

Hunde sind nicht nur dazu in der Lage, so klare Fragen oder Bitten zu stellen, sondern sie können auch Gefühle ausdrücken. Flips Beschwerden habe ich bereits erwähnt, aber auch Jerry beklagt sich öfter – zum Beispiel, wenn ich ihm aus Versehen auf die Pfote trete oder wenn wir auf dem Spaziergang einem drohenden und gefährlichen Hund begegnen, der mit Jerry in Streit geraten könnte. Nach einem solchen Vorfall kommt Jerry zu mir, drückt sich an mein Bein und bringt ein ganz besonderes, tiefes und emotionsgeladenes Grollgeräusch hervor, das eine ganze Minute lang anhalten kann. Ich tröste ihn dann immer so gut ich kann.

Zu schwierigeren Situationen kommt es, wenn Hunde beleidigt sind. Junghunde neigen ganz besonders zum Beleidigtsein, wenn etwas ihrer Meinung nach Ungerechtes geschehen ist. Es kann dann sein, dass sie die Beziehung zu ihrem Besitzer für kurze Zeit unterbrechen. Sie ziehen sich irgendwohin zurück und schmollen, und nur mit großen Schwierigkeiten und nach langer Zeit sind sie wieder zur Versöhnung zu bewegen.

Sobald sie sich aber wieder versöhnt haben, zeigen sie mit ihrem ganzen Verhalten, dass nun wieder alles in Ordnung ist.

29. Januar 1992:
Auf unserem Abendspaziergang biss Flip einen kleinen Welpen namens Freddy. Ich schimpfte mit ihm und gab ihm einen leichten Klaps. Ein paar Minuten später biss er noch einmal. Ich klapste ihn wieder und ging mit ihm nach Hause. Er benahm sich den ganzen Abend lang beleidigt. Er nahm zwar sein Futter von mir entgegen, aber wenn ich mich zu ihm herabbeugte, drehte er seinen Kopf weg. Er befolgte meine sämtlichen Befehle mit Eifer, aber er initiierte keinerlei Kommunikation mit irgendwelchem emotionalen Gehalt mehr mit mir. Eva versuchte, uns zu versöhnen, indem sie meine Hand streichelte und Flip rief. Er kam und beleckte sie – aber nicht mich, wie er es normalerweise tun würde. Erst am nächsten Tag waren seine Vorbehalte mir gegenüber wieder verschwunden.

Dies ist es, was Beleidigtsein unter Hunden bedeutet. Echte Hundefreunde würden unter Gleichgesinnten jederzeit bezeugen, dass Hunde Sinn für Humor haben. Ich persönlich bezweifle dies, weil primitiver Humor immer auf einer Form von Aggression beruht und Hunde ihren Besitzern gegenüber nicht aggressiv genug sind. Trotzdem habe ich eine kleine Geschichte zu berichten (nicht für Wissenschaftler, sondern nur für Hundefreunde). Eines Sommers verbrachten wir mehrere Wochen Ferien auf dem Land und unternahmen oft Spaziergänge zum nächsten Dorf, in dem es sehr viele Hunde gab. Wenn wir an ihnen vorbeigingen, stürzten sie sich mit lautem Bellen an die Gartenzäune. Ich befahl Flip, nicht auf diese Provokationen zu reagieren und er ging ruhig neben mir her, ohne die drohenden Hunde auch nur eines Blickes zu würdigen. Nach einem langen Marsch kamen wir an ein Haus, dessen Hofhund nicht an den Zaun sprang, sondern uns auf der anderen Seite des Zaunes ruhig und gemessenen Schrittes begleitete. Auf den letzten paar Metern wich Flip ein wenig von meiner Seite weg und bellte den Hund einmal laut an, woraufhin dieser überrascht und wütend den Zaun attackierte. Flip kehrte schweigend an meine Seite zurück, warf mir einen interessierten und bedeutungsvollen Blick zu und setzte dann unseren Spaziergang mit gespielter Gleichgültigkeit fort.

Hunde ziehen Schlussfolgerungen

Affen, insbesondere Menschenaffen, können einfache Kausalverbindungen herstellen. Menschen tun das Gleiche von Kindheit an mit großer Begeisterung.[114] Meiner Meinung nach ist es aus Versuchen mit Hunden und verschiedenen Berichten klar, dass Hunde zu der gleichen Handlung fähig sind.

Ich möchte gerne diese Fähigkeit mit ein paar Erzählungen beschreiben.

Irgendwann ging Flips Leine kaputt und wir kauften eine neue, aber dann zeigte sich, dass die alte doch repariert werden konnte. Das gab mir die Gelegenheit, zu überprüfen, ob Flip die verschiedenen Teile seines »Geschirres« – Halsband und Leine – auseinanderhalten konnte oder ob er einfach nur auf einen Befehl hört, wenn er vor einem Spaziergang zuerst seine Leine und dann sein Halsband holt. Also experimentierte ich, indem ich zwei Leinen und zwei Halsbänder zusammen auf einen Haufen legte und Flip befahl, mir die Leine zu bringen. Er ging zu dem Haufen, zog mit einigen Schwierigkeiten einer Leine heraus und brachte sie mir. Dann sagte ich ihm, er solle mir ein Halsband bringen, was er nach einigem Zögern auch tat. Dann befahl ich ihm wieder, mir eine Leine zu bringen. Er war verwirrt, schaute mich an, schaute die Sachen an, die er mir schon gebracht hatte und hob dann plötzlich die Leine auf, die er mir schon gebracht hatte und legte sie mir in die Hände. Er wollte mir also keine drei einzelnen Teile bringen. Wir wiederholten den Versuch nochmals am Abend und am nächsten Tag, und es wurde klar, dass es ihm egal war, ob es um die neue oder die alte Leine ging. Er brachte mir immer nur eine Leine und nur ein Halsband. Anders gesagt: Er wusste genau, dass diese Dinge zusammengehören und alles sind, was man zu einem Spaziergang braucht.

Hunde sind sich der Tatsache, eine Leine zu haben, sehr bewusst und sie ist für sie nicht etwa eine Form der Einengung oder ein Symbol für Sklaverei, wie es gern von enthusiastischen Verfechtern der Freiheit behauptet wird, die aber leider nichts von Tieren verstehen. Im Gegenteil, die Leine ist für sie ein Symbol der Liebe und der Zusammengehörigkeit mit ihrem Besitzer. Dies zeigt auch die Geschichte unserer Sommerferien, die wir in einem bestimmtem Jahr einmal zusammen mit Freunden und deren drei Kindern im Alter zwischen vier und neun Jahren verbrachten. Wir unternahmen oft zusammen Wanderungen, und ich trug jedes Mal die Hundeleine. Ab und zu fragte eines der Kinder, ob es einmal die Leine nehmen dürfe. Nach einer gewissen Zeit aber nahm Flip stets dem jeweiligen Kind die Leine mit einem sanften Knurren ab und brachte sie zurück zu mir.

Ein anderes Mal brachte ich Flip für seinen Frühjahrshaarschnitt in den Hundesalon, wo sich zwei nette junge Damen um ihn kümmerten. Plötzlich entwischte ein schon geschorener Spaniel durch die offene Tür und verursachte Aufregung unter den Angestellten, weil beide gerade mit etwas beschäftigt waren, das sie nicht unterbrechen konnten. Gerade wollte ich ihm hinterherlaufen, da kam der Spaniel unerwartet zurück, eilte zum Stuhl, auf dem seine Leine lag, schnappte sich diese und wollte sich wieder auf den Heimweg machen. Wir konnten ihn gerade noch aufhalten. Er hatte sich tatsächlich daran erinnert, dass er seine Leine vergessen hatte und kam zurück, um sie zu holen. Haben Sie schon einmal von einem Tier gehört, das so etwas tut?

Es ist offensichtlich, dass Flip die unterschiedliche Bedeutung von Leine und Halsband versteht. Das wirft die interessante Frage auf, ob Hunde im Allgemeinen dazu in der Lage sind, ein Ganzes von seinen einzelnen Bestandteilen zu unterscheiden. Leine und Halsband sind ja letzten Endes jeweils für sich getrennte Dinge, und nur gründliches Nachdenken erlaubt uns, sie als Komponenten einer einzigen Sache zu betrachten. Ich hoffe, Sie als Leser empfinden dies nicht zu sehr als abstrakte Gedankenspielerei, denn ich habe Beobachtungen gemacht, die beweisen, dass

Hunde das Problem eines Ganzen und seiner einzelnen Bestandteile reflektieren können.

3. November 1990:
Fast immer, wenn ich irgendwo sitze, bringt Flip mir seinen alten Stofflumpen und fordert mich auf, mit ihm Tauziehen zu spielen, indem er mir den Fetzen in die Hände drückt. Auch heute kam er wieder damit an. Ich saß in einem Sessel und hatte meine bestrumpften Füße auf die Tischkante gelegt. Flip blieb stehen, schaute abwechselnd auf meine Hände und auf meine Füße und drückte mir schließlich den Stofflappen gegen die Füße.

Er musste also leider lernen, dass meine Fußsohlen nicht zum Greifen geeignet sind und hat es dann auch später nie wieder versucht.

Hunde können den Zusammenhang zwischen Gegenständen und Handlungen verstehen, und ihr diesbezügliches Gedächtnis ist fantastisch. Kurze Zeit nachdem Flip zu uns gekommen war, zogen wir in eine neue Wohnung um. Bei den Umzugsvorbereitungen packte ich jede Menge nicht mehr benötigter Sachen zusammen, die ich in den Keller bringen wollte. Als ich fertig war, nahm ich den Kellerschlüssel aus unserem kleinen Schlüsselschränkchen und sagte dem aufmerksam zuschauenden Flip, er solle doch mit mir mitkommen. Wir gingen also hinunter und verstauten die Sachen. Mehr als ein Jahr später – ich war in der Zwischenzeit nicht ein einziges Mal wieder im Keller gewesen – musste ich aus irgendeinem Grund nochmals dort hinuntergehen und nahm wie damals den Schlüssel aus dem Schränkchen. Flip wartete schon und eilte voraus. Ich dachte bei mir, dass dieser dumme Hund sicher auf einen Spaziergang hoffte und gleich enttäuscht sein würde. Mit Absicht ging ich langsam, um zu sehen, welche Richtung Flip einschlagen würde. Wenn er denken würde, dass wir jetzt spazieren gehen, würde er durch den Treppenhausflur zur Außentüre laufen. Aber Flip zögerte auch nicht nur eine Sekunde: Im Erdgeschoss angekommen, ging er nicht zur Haustüre, sondern weiter zur Kellertreppe und wartete auf mich vor der Kellertür. Diese einzige Begebenheit vor mehr als einem Jahr hatte gereicht, damit er sich die Funktion dieses Schlüssels gemerkt hatte.

Eine ähnliche Begebenheit fand auch statt, als wir einmal einen Ausflug ins Bükk-Gebirge machten und dabei auch meine Tante Gizi besuchten, bei der wir ein paar Tage zu Besuch blieben. Wir wohnten in einem Zimmer im zweiten Stock und kamen jeden Morgen mitsamt Flip zum Frühstücken herunter in die Küche. Dann schlossen wir die Hoftür auf, damit Flip heraus und sein Geschäft erledigen konnte. Eines Tages musste ich vor dem Frühstück noch etwas aus unserem Auto holen und ging die Treppe hinunter, wobei ich den kleinen Türschlüssel in der Hand hielt. Als ich an der Tür ankam, sah ich, dass Flip in eine ganz andere Richtung ging, nämlich in die von Tante Gizis eigener Küche, in der ich noch nie gewesen war. »Verflucht,« dachte ich bei mir, als ich die Hoftür aufschloss, »da hat er nichts zu suchen.« Aber

Flip war schon draußen, weil man, wie sich herausstellte, auch durch die andere Küche ins Freie gehen konnte, deren Tür ab dem frühen Morgen offen stand.

Flip weiß nicht nur, was bevorsteht, wenn er den Schlüssel sieht, sondern er kennt auch das Wort Schlüssel an sich. Einmal bereiteten wir uns im Garten unseres Sommerhauses auf die Rückfahrt in die Stadt vor. Flip legt sich in dieser Situation immer irgendwo hin und wartet geduldig auf den endgültigen Aufbruch, der darin besteht, dass wir das Gartentor öffnen und zum Auto gehen. Als wir mit Packen so gut wie fertig waren, rief ich Eva zu: »Hast du den Schlüssel?« »Steckt im Schloss,« antwortete sie. Sobald Flip das Wort Schlüssel hörte, ging er zum Gartentor und schaute sich ungeduldig um, wo wir denn blieben.

Die erstaunlichste Schlüsselgeschichte aus meinem Tagebuch ist aber die folgende:

7. September 1995:
Wir verbrachten einige Zeit im Sommerhaus und Flip lag neben meinem Sessel. Unsere Freundin Zsuzsika hat ein Sommerhaus in der Nachbarschaft, war aber heute nicht zuhause. Am Nachmittag kam ihr Schreiner Gábor mit dem Auto und fragte mich nach dem Schlüssel zu ihrem Hoftor. Weil ich wusste, dass Gábor kam, hatte ich den Schlüssel schon auf den Tisch gelegt und reichte ihn ihm, ohne Zsuzsikas Namen dabei zu erwähnen. Flip begleitete ihn bis zum Gartentor und kam dann zurück. Ein wenig später kam Gábors Kollege, ein Maler, der ebenfalls in Zsuzsikas Haus arbeitete und ich unterhielt mich ein paar Minuten lang mit ihm. Als er später am Tag den Schlüssel wieder zurückbrachte, telefonierte ich gerade mit Eva, weshalb er den Schlüssel einfach auf den Tisch legte. Als ich den Hörer auflegte, rief Flip mich vehement zum Gartentor hinaus und von dort in Richtung Zsuzsikas Haus. Er wollte unbedingt da hinein, koste es, was es wolle. »Zsuzsika ist nicht da,« sagte ich ihm, »komm, wir gehen nach Hause.« Ich rief ihn sogar zwei Mal, aber er wollte nicht kommen. »OK,« sagte ich, »ich hole den Schlüssel.« Als er das hörte, kam er sofort mit mir mit. Ich nahm ihn vom Tisch, woraufhin Flip sofort zu Zsuzsikas Haus zurückeilte und wieder unbedingt hineinwollte. Wir gingen hinein, sahen uns um und er schnüffelte ausgiebig in allen Ecken, bis er sich wieder beruhigt hatte und wir nach Hause gingen.

Ich habe keine Ahnung, wann und wie Flip gelernt hat, dass es eine Verbindung zwischen dem Schlüssel, Zsuzsika und Gábor gab. Aber ich halte es für sicher, dass er dies irgendwie verstanden hat. Vielleicht hatte er auch verstanden, dass diese Handwerker im Haus gewesen waren und wollte nachsehen, was sie getan hatten.

Alle vier Geschichten zeigen, dass die analytischen Fähigkeiten von Hunden recht weit ausgebildet sind und dass man sie nicht mit einfachem assoziativem Lernen erklären kann. Vielleicht müssen wir von viel komplexeren geistigen Prozessen ausgehen.

Auf der Grundlage einfacher Beobachtungen glaube ich auch, dass Hunde ohne Probleme die Reihenfolge wahrnehmen, in der bestimmte Ereignisse geschehen. Einmal wollte Flip zu einer ungewöhnlichen Tageszeit mit mir spazieren gehen, und weil es ein schöner, sonniger Tag war, sagte ich ihm, er solle die Leine holen. In der Zwischenzeit ging er in die Diele, wo die Leine lag. In unserer neuen Wohnung hatte ich mir noch nicht angewöhnt, ihm vor dem Spaziergang »Hol die Leine« zu sagen, aber dieses Mal tat ich es. Er brachte die Leine nicht. Ich kebbelte ihn ein bisschen deshalb und sagte ihm, dass wir erst dann gehen könnten, wenn er seine Leine brächte. In diesem Moment ging Flip zu meinen in der Diele stehenden Schuhen, warf mir einen vorwurfsvollen Blick zu und stieß sie mit der Nase an. Jetzt dämmerte es mir: Sonst ziehe ich immer zuerst die Schuhe an und frage dann nach der Leine. Also ging es folgendermaßen weiter: Ich zog die Schuhe an, Flip holte die Leine und die Ordnung war wieder hergestellt.

In Göd kommt es oft vor, dass ich mit irgendetwas beschäftigt bin und Flip drängelt, weil er mit mir in den Park spazieren gehen möchte. Wenn ich dann so tue, als ob ich ihn nicht verstehen würde, geht er zu meinem Mantel, stößt ihn an und schaut zu mir, um sich zu vergewissern, ob ich das gesehen habe. Natürlich – zuerst kommt der Mantel.

Alle diese Beispiele drehen sich um das Erkennen von Verbindungen zwischen Gegenständen, Handlungen und Personen. Das überzeugendste Beispiel hat mit meinem Schwiegervater zu tun, den Flip besonders gerne mag. Er spielte mit Flip in einem der Nebenzimmer Ball, kam nach einer Weile völlig erstaunt zu mir und sagte: »Das glaubst Du nie. Der Ball ist unter den Schreibtisch gerollt und der Hund hat mir gezeigt, wie ich ihn wieder hervorholen soll. Ich versuchte es mit der Hand, reichte aber nicht bis an den Ball heran. Flip kam zu mir, stieß mich an und führte mich zu einer Ecke, in der ein Spazierstock in einem Regenschirmständer stand. Er berührte ihn ebenfalls mit der Nase und schaute abwechselnd mich und den Schreibtisch an.«

Bis jetzt war der Hund immer ein interessanter Teil der Erzählungen. Aber Hunde verstehen die Reihenfolge von Ereignissen auch in anderen Fällen. Einmal versuchten mein Sohn Gábor und ich, ein paar Fotos von Flip zu machen. Gábor war mit der Kamera beschäftigt, während ich Flip Befehle wie »Sitz«, »Steh«, »Bleib« und so weiter gab. Plötzlich rief Gábor überrascht: »Hör mal, dieser Hund rührt sich nicht, bis er das Klicken des Auslösers hört!« Wir überprüften dies noch ein paar Mal und es stellte sich heraus, dass es wirklich so war. Er hatte also nach ein paar Aufnahmen herausgefunden, dass er sich wieder bewegen durfte, nachdem es geklickt hatte und dass wir es wichtig fanden, dass er vorher eben bewegungslos blieb. Ich kann mich noch gut erinnern, wie ich als Kind meinen Vater gequält habe, weil ich mich immer bewegte, bevor er den Auslöser drücken konnte.

In meinem Tagebuch finden sich auch ein paar Notizen darüber, wie Flip ein logisches Problem löst und dabei Ursache und Wirkung in Betracht zieht:

14. Juli 1994:
Als wir uns heute morgen zum Spaziergang fertigmachten, sagte ich Flip wie immer, dass er seine Leine holen solle. Sie lag auf einem meiner Hemden oben auf einem Wäschekorb, den man leicht umstoßen kann. Flip stellte sich auf die Hinterpfoten und streckte sich nach der Leine, reichte aber nicht heran. Er setzte sich hin und dachte nach, dann begann er, vorsichtig an dem Hemd zu ziehen, an das er herankam, weil ein Zipfel herunterhing. Schließlich kam ein Ende der Leine in Sicht, er stellte sich wieder auf die Hinterpfoten und konnte es diesmal packen. Eine außergewöhnliche Lösung eines logischen Problems!

Manchmal ist das logische Verständnis des Hundes auch hilfreich:

6. Dezember 1994:
Das Telefon klingelte und Flip kam laut bellend zu mir gerannt. Als ich den Hörer aufgelegt hatte, begann er wieder zu bellen und bestand darauf, dass ich mit hinauskam. Ich verstand nicht, was er wollte und hatte keine besondere Lust, nach draußen zu gehen. Dann hörte ich das leise Klingeln der Hausglocke vom Tor und verstand: Hausglocke und Telefon hatten eben zur gleichen Zeit geklingelt und Flip hatte gewartet, bis ich mit dem Telefonieren fertig war, bevor er meine Aufmerksamkeit auf die Glocke lenkte.

Es gab auch einige sehr komplizierte Situationen, in denen ich nicht herausfinden konnte, wie Flip es anstellte, die richtigen Schlussfolgerungen zu ziehen. Hier ein sachdienlicher Bericht:

11. Juli 1993:
Abends ging ich selbst mit Flip spazieren. Unsere Nachbarin aus dem ersten Stock, Erika, sprach mich aus dem Fenster heraus an und sagte, wir sollten auf dem Rückweg kurz bei ihr hereinschauen, sie wolle Flip noch etwas geben. Über den Spaziergang hatte ich das aber völlig vergessen und wollte, als wir nach Hause kamen, geradewegs nach oben zu uns in den zweiten Stock gehen. Flip aber blieb vor Erikas Tür stehen und schaute mich an. Ich ging zurück und klingelte – sie gab mir einen großen Teller mit Resten vom Hähnchenfleisch. Ich fragte, ob es in Ordnung sei, wenn ich den Teller morgen zurückbrächte, und sie sagte, dass ich ihn lieber in zwei Wochen wiederbringen solle, weil sie morgen ganz zeitig in der Frühe zu einer Reise aufbrechen wolle. »Wenn das so ist,« sagte ich, »bringe ich ihn lieber gleich zurück.« Wir gingen nach oben, Flip hinter mir her, und nachdem ich den Tellerinhalt in einen anderen Behälter befördert hatte, merkte ich, dass Flip gar nicht mit in die Wohnung gekommen war, sondern an der Eingangstür wartete. Als ich mit dem leeren Teller an die Tür zurückkam, sprang er auf und ging nach unten zu Erikas Wohnung.

Wie weit dieses Folgerungsdenken von Hunden reicht und bis zu welcher Komplexität sie Situationen verstehen können, wurde bislang noch nicht wissenschaftlich untersucht. Und die beiden letzten Geschichten lassen erahnen, dass dies auch keine leichte Aufgabe werden wird.

Ich erwähnte bereits, dass meine Hunde relativ schlechte Manieren haben. Das liegt zum einen daran, dass sie relativ unabhängig sind, was zu vielen interessanten Situationen führt. So dürfen sie zum Beispiel betteln, wenn wir am Tisch sitzen und bekommen dann auch ein leckeres Häppchen. Wenn uns Flips Betteln zu viel wird, machen wir dem mit immer der gleichen Handbewegung ein Ende: Wir drehen die offenen Hände auf Brusthöhe, was so viel heißt wie »Nein!« Und Flip versteht, weil wir diese Geste immer so machen.

Einmal besuchte uns ein guter Freund namens Ernö zum Mittagessen in unserem Sommerhaus. Flip drehte seine Bettelrunde um den Tisch, angefangen bei mir, dann ging er zu Eva und schließlich zu Ernö.

»Was soll ich machen?« fragte Ernö.

»Mach einfach nach, was ich mache und er lässt dich in Ruhe,« sagte Eva und zeigte ihr Handzeichen für »Nein«.

Was glauben Sie, was jetzt geschah?

Ich habe diese Frage mehreren Freunden gestellt, die von Berufs wegen mit Verhaltensforschung zu tun haben und ich bekam immer die beiden gleichen Antworten. Entweder, dass der Hund zu betteln aufgehört hätte, weil er das entsprechende Signal bekommen hätte, oder, dass der Hund bei Ernö weiterbettelte, weil das Signal ja nicht von derjenigen Person kam, die er gerade anbettelte.

Was aber tatsächlich geschah, war, dass Flip extrem ärgerlich wurde, als er Evas Handgeste sah und sie mächtig anbellte, was er noch nie zuvor getan hatte. Danach drehte er sich wieder zu Ernö um und bettelte weiter. Vielleicht werde ich für diese Behauptung aus verschiedenen Wissenschaftsverbänden herausgeworfen, aber ich denke, dass Flip die Situation exakt richtig verstanden hat – nämlich, dass Eva Ernö das Signal für »Nein« beibrachte und dass er sich darüber sehr ärgerte.

»Misch dich doch nicht in meine Angelegenheiten und verdirb mir nicht den Spaß!«

Sicher muss ich nicht näher ausführen, welch hohe intellektuellen Fähigkeiten hierzu nötig sind – etwa die eines vierjährigen Kindes.

Hunde haben so einige Probleme mit Namen und kümmern sich nicht besonders um die richtige Terminologie. Es ist mit sehr viel Trainingsaufwand verbunden, bis sie die Bezeichnungen für zwei oder drei verschiedene Gegenstände so gut kennen, dass sie mit achtzigprozentiger Erfolgsquote auf Aufforderung das betreffende Ding aus einem Nachbarraum holen können.

Es gibt aber auch Fälle, in denen sie den Namen für etwas nicht lernen müssen, sondern richtig aus dem Subtext oder Kontext der jeweiligen Handlung schließen können.

15. November 1993:
Auf unserem Spaziergang zum Burgberg fanden wir unter einem Busch eine Taube, die von einem Pfeil angeschossen worden war. Sie lebte noch, war aber in sehr schlechter Verfassung. Der flatternde Vogel erweckte Flips Interesse. Wir nahmen ihn mit nach Hause und stellten fest, dass ein aus einer 15 cm langen Stricknadel gebastelter Pfeil seine Brust durchdrungen hatte. Er konnte sich nicht einmal mehr auf den Beinen halten und ich hatte keine andere Wahl, als eine kleine Operation vorzunehmen. Die Taube war so durstig, dass sie ausgiebig aus einem Glas trank, das ich ihr hinhielt. Anschließend setzte ich sie in einen kleinen, abgedeckten Käfig, den ich oben auf den Küchenschrank stellte. Flip beobachtete die Vorgänge mit großer Aufmerksamkeit. Als ich mit der Versorgung der Taube fertig war, musste ich aus dem Haus. Eva fragte mich noch, welchen Namen wir ihr geben sollten. »Nenn sie Dodo,« sagte ich und ging meinen Angelegenheiten nach.

16. November 1993:
Eva ging früh am Morgen aus dem Haus und ich kümmerte mich selbst um die Taube. Auch am Nachmittag war ich als Erster wieder zuhause und stellte fest, dass sich der Zustand der Taube verbessert hatte. Sie hatte sogar etwas von dem Vogelfutter gefressen, das ich ihr hingestellt hatte. Als Eva nach Hause kam, sagte ich zu ihr, »Stell Dir vor, Dodo frisst!« Als Flip das hörte, rannte er wie ein geölter Blitz in die Küche und schaute nach dem Vogel.

Dodo blieb noch etwa sechs Wochen lang bei uns[115] und wir sahen mehrmals überzeugende Beweise dafür, dass Flip ihren Namen gut kannte: Jedes Mal wenn er ihn hörte, eilte er in die Küche. Nachdem wir Dodo schon eine ganze Zeit lang wieder freigelassen hatten, probierten wir auch aus, ob Flip immer noch genauso reagieren würde, wenn er den Namen hörte. Er bewegte sich kein bisschen. Er war also in der Lage, das nur einmal gehörte unbekannte Wort mit dem Star des Geschehens in Verbindung zu bringen, und das nur dank seiner Beobachtung. Auch das ist eine bemerkenswerte Leistung.

Kapitel 9

Hunde können uns imitieren

Leider gibt es keine präzise und allgemein akzeptierte Definition für Imitation oder »Nachäffen«. In Versuchen mit Tieren bezieht sich Imitation meist auf bewusstes Nachahmen, bei dem ein Tier bis ins kleinste Detail das Verhalten eines anderen exakt kopiert, um das gleiche Ziel zu erreichen. Imitation beim Menschen wird von den Psychologen in eine eigene Kategorie klassifiziert und setzt nicht unbedingt Absicht, Exaktheit oder das Vorhandensein eines Ziels voraus. Vielmehr ist sie ein hoch entwickelter Mechanismus zum Erreichen von Versöhnung und Harmonie und kann nur im Kontext der Organisationsstruktur einer Gruppe analysiert werden. Imitation erfordert auch einen gut entwickelten Intellekt, weil das Gehirn die Bewegungen und Handlungen einer anderen Person oder eines anderen Tieres in Befehle an die eigenen Körperteile »übersetzen« muss, sich in bestimmter Art und Weise zu bewegen.

Hunde imitieren meist von uns unbemerkt

Unsere Beobachtungen und Versuchsergebnisse legen nah, dass die Fähigkeit zur Imitation aus irgendeinem Grund notwendige Voraussetzung für einen hoch entwickelten sozialen Lebensstil zu sein scheint, denn auch Hunde besitzen sie. Zumindest nehmen wir das an. Beginnen wir mit ein paar Beobachtungen aus Flips und Jerrys Tagebuch und diskutieren anschließend einige Versuche. Aber lassen Sie mich zuvor noch einmal De La Malle zitieren, der schon vor über hundert Jahren einen Fall von Imitation beschrieben hat.[116] Er berichtet von einem Spaniel, der von seinem Besitzer in einer kalten Winternacht ins warme Haus gelassen wurde. Nach ein paar Stunden wollte der Hund nach draußen, woraufhin sein Besitzer ihm erklärte, dass es draußen bitterkalt war und er besser im Warmen liegen bleiben solle. Seine Argumente kamen jedoch nicht gut an, denn der Hund bettelte weiter darum, nach draußen gelassen zu werden. Der Besitzer dachte, der Hund müsse nur einmal ein kleines Geschäft machen und hatte eine tolle Idee: Er zog einen Nachttopf unter dem Bett hervor und stellte ihn vor den Hund. Um ihm zu zeigen, wozu man dieses Ding gebraucht, urinierte er dann selbst hinein. Der Spaniel verstand, worum es ging und folgte dem Beispiel seines Herrn. Als ich diese Geschichte zum ersten Mal las, wollte ich sie nicht so recht glauben, aber als ich von einem Blindenhund berichten hörte, der sein Geschäft zusammen mit seinem Besitzer in der Herrentoilette erledigen konnte,[117] dachte ich zum ersten Mal, dass die Geschichte vielleicht doch wahr sein könnte.

Ich habe häufig beobachtet, dass Hunde sich gegenseitig imitieren und dass die Imitation möglicherweise deshalb geschieht, weil sie den Mechanismus der Reizsteigerung beinhaltet: Die Aktivitäten eines Artgenossen lenken die Aufmerksamkeit eines Tieres auf einen bestimmten Aspekt in seiner Umgebung, was einen Reiz produziert, der zu einer parallelen Reaktion führt. In unserer Sommerhaussiedlung ist Jerry der Schrecken aller Bewohner, weil er an jedem Haus den dort lebenden Hund zum Hofzaun lockt und die beiden dann wild bellend nebeneinander her am Zaun auf- und ablaufen. Als Ethologe bin ich dann immer erschüttert, dass ich einen so schlecht erzogenen Hund besitze. Aber ich kann nichts daran ändern, denn in diesem Moment ist Jerry immer so aufgeregt, dass er einfach nicht mehr gehorcht. In der Nachbarschaft lebt noch ein ähnlich temperamentvoller Hund namens Toto. Er rennt nicht nur am Zaun entlang, sondern beißt in seiner Wut sogar in diesen hinein. Jerry hat dieses Verhalten von Toto gelernt und beißt ebenfalls in den Zaun (von außen), aber er macht das nur an dem Haus, in dem Toto lebt.

Auch eine andere häufige Erscheinung wird vermutlich durch den gleichen Mechanismus ausgelöst. Immer wenn unsere Sommerhausnachbarn Peter und Eva mit ihrem netten kleinen weißen Bologneser Cricket auf dem Arm auf der anderen Seite des Gartenzauns erscheinen und uns begrüßen, wird Jerry unruhig. Er bellt und springt mich an und nickt die ganze Zeit in Richtung Peter und Eva, bis ich ihn endlich auch hochhebe. Dann endlich beruhigt er sich – aber dafür werde ich unruhig, weil er gut zwanzig Kilo wiegt.

Am liebsten imitieren Hunde Kinder.

5. Februar 1993:
Heute ist etwas sehr Seltsames passiert, das ich nicht geglaubt hätte, wenn ich es nicht selbst gesehen hätte. Wir gingen in Richtung der Zahnradbahngleise den Burgberg hinauf und zwei kleine Mädchen fuhren mit dem Schlitten einen Hang hinunter. Sie riefen Flip, und als er zu ihnen lief, streichelten sie ihn. Dann rodelten sie den Hang hinab und Flip rannte hinterher. Wir setzten unseren Spaziergang dann fort. Auf dem Rückweg rannte Flip schon aus einiger Entfernung in Richtung Rodelhang los. Die Mädchen waren immer noch da und Flip zelebrierte wieder das gleiche Ritual mit Begrüßen, Schwanzwedeln und Gestreicheltwerden. Jedes Mal, wenn sie den Hang hinabrodelten, rannte Flip hinterher. Als ich weiterzugehen ver-

suchte, blieb Flip einfach stehen und schaute abwechselnd mich und den Schlitten an. Ich wurde das Gefühl nicht los, dass er gerne Schlittenfahren wollte, also fragte ich die Mädchen, ob sie Flip nicht einmal mitnehmen könnten. Sie schauten mich etwas befremdet an, stimmten dann aber zu, falls Flip dazu zu bringen wäre, zwischen ihnen zu sitzen. »Sehr gut,« sagte ich, und wandte mich dann zu Flip: »Geh schon, sie nehmen dich mit.« Alle drei gingen nach oben auf den Hügel und die beiden Mädchen setzten sich auf den Schlitten. Zwischen sich ließen sie ein bisschen Platz und sagten zu Flip »Setz dich hierhin.« Flip sprang sofort auf den ihm zugewiesenen Schlittensitz. Das hinten sitzende Mädchen hielt ihn mit den Armen fest und sie rodelten den ganzen Hang hinunter. Als die Mädchen unten angekommen abstiegen, blieb Flip auf dem Schlitten sitzen und wollte nicht herunterkommen. Ich fragte sie, ob sie Flip nicht noch eine Runde mitnehmen könnten. Dieses Mal lachten sie und stimmten gerne zu. Flip rannte hinter ihnen her, und als sie ihn riefen, sprang er sofort wieder auf den Schlitten und alle drei rodelten wieder gemeinsam den Hang hinunter. Inzwischen war es spät geworden und ich musste mich beeilen, nach Hause zu kommen. Diesmal kam Flip bereitwillig mit, als ich losging. Auf dem Rückweg lief er immer wieder zwischen meine Beine, zog an der Leine und an meiner Hand – ein Verhalten, das er nur dann zeigt, wenn er sehr glücklich ist. Ein fantastisches und eindeutiges Beispiel für Imitation! Ähnliche Beispiele gibt es nur sehr wenige (außer dem mit dem Holzstapel, von dem gleich noch die Rede sein wird), weil ein Hund nun einmal keine Hände hat.

6. Februar 1993:
Heute gingen wir wieder in Richtung der Zahnradbahn spazieren und Flip rannte voraus zu dem Rodelhang, wo die Mädchen gewesen waren. Er blieb stehen, schaute sich um und war ganz offensichtlich sehr enttäuscht.

Ein anderer Fall von Imitation ergab sich in Zusammenhang mit einem Holzstapel. Er ereignete sich, als wir zusammen mit den schon erwähnten Freunden und deren drei Kindern die Sommerferien verbrachten. Im Hof unserer Ferienunterkunft standen drei fein säuberlich aufgesetzte Stapel Brennholz. Eines Tages gingen Flip und ich nachmittags spazieren, Eva blieb mit den Kindern zuhause. Als wir zurückkamen, sahen wir, dass die drei Kinder in einer Reihe neben dem kleinsten Holzstapel standen. Eins nach dem anderen kletterte nach oben und sprang dann von einem Holzstapel zum nächsten. Eva stand vor dem letzten, größten Holzstapel und fing das jeweils herunterspringende Kind mit den Armen auf, das daraufhin wieder an das Ende der Warteschlange zurücklief.

Flip schaute eine Zeit lang zu und stellte sich dann mit in die Warteschlange. Er kletterte den Holzstoß hinauf – mit einiger Mühe, denn Hundepfoten sind nicht für diese Art von Gelände gedacht – und sprang dann ebenfalls in Evas Arme. Für mich war das Überraschendste an der ganzen Sache, dass er sich an den richtigen Platz in der Warteschlange stellte und geduldig wartete, bis er an der Reihe war. Er hatte also die Regeln gelernt.

Lange Zeit war ich der Meinung, dass Flip ein außergewöhnlich schlauer Hund sein müsse. Meine Kollegen antworteten stets mit freundlicher Ironie, wenn ich ihre wissenschaftlichen Experimente mit meinen detaillierten Beobachtungen zu ergänzen versuchte. Mit der Zeit aber stellte sich heraus, dass Flip kein Einzelfall war.

14. Oktober 1998:
Heute besuchten wir ein paar Freunde und nahmen beide Hunde mit. Kurz nach unserer Ankunft kam Bence, deren dreijähriger Sohn, mit seinem großen roten Tretauto ins Zimmer gefahren. Beide Hunde rannten hin und inspizierten das Auto, und als Bence abgestiegen war, machten sie klar, dass sie gerne hinauf wollten. Ich fragte zuerst Jerry, ob er mal fahren wolle und hob ihn in das Auto. Er verhakte sich aber mit seinen Beinen, sodass wir es wieder bleiben ließen. Dann kam Flip, und ich fragte auch ihn, ob er Autofahren wolle. Er war sehr ruhig und platzierte seine Hinterläufe besonnen auf dem Sitz, die Vorderläufe auf der »Motorhaube« und ich schob ihn herum. Er schaute sehr triumphierend drein. Dann wollte natürlich auch Jerry wieder fahren, und beide Hunde bekamen sich darüber in die Wolle. Schließlich ließ Jerry sich von mir hochheben (etwas, das er normalerweise hasst) und ich konnte ihn so hinsetzen wie zuvor Flip und herumschieben. Später saß Bence auf meinem Schoß, woraufhin auch Jerry hochsprang und mir eine Zeit lang auf dem Schoß saß.

Weil Hunde keine Hände haben und ihre Füße denen von Menschen nicht sehr ähneln, würde ich auf der Grundlage unserer Beobachtungen nicht behaupten wollen, dass sie alle notwendigen Voraussetzungen für eine wissenschaftliche Definition von Imitation erfüllen. Ich bin aber der Meinung, dass wir es hier mit einer hoch entwickelten Form von Aktivität zu tun haben – zumindest aber mit Rollenspiel. Der Intellekt von Hunden kann feststellen, was die handelnde Person gerade tut und sich darüber klar werden, dass sie selbst auch gerne das gleiche oder etwas ähnliches tun würden. Damit das möglich ist, muss der Verstand sich vorstellen können, dass der Körper in eine ähnliche Situation gebracht werden könnte. Wichtig zu wissen ist, dass die verschiedensten Hunde vermutlich sehr oft versuchen, Kinder oder ihre Besitzer nachzuahmen, diese Versuche aber meistens unbemerkt bleiben. Die Mechanik von Menschen- und Hundekörpern ist so verschieden, dass es sehr schwierig zu verstehen ist, wenn ein auf vier Beinen umherlaufender Hund gerne Schlittenfahren, in einem Spielzeugauto oder auf einer Schaukel sitzen möchte. (Flip schaffte es einmal, in eine Kinderschaukel zu klettern und war danach fürchterlich erschöpft, aber er probierte es aus wie ein echter Held). Wenn wir nur gut aufpassen, kann es uns aber oft gelingen, diese Wunschäußerungen zu bemerken.

Ein altes Spiel, das wir oft mit Flip spielten, liefert weitere Beweise für die Existenz des Rollenspiels. Wir sagten gern zu Flip »Ich puste dir ins Ohr«, worauf er mit ärgerlichem Knurren reagierte. Wir rührten ihn dann aber nicht an, weil es ihn wirklich sehr zu ärgern schien. Es war aber nur ein Spiel, wenn ich ihn wirklich anfasste und umarmte, wurde er auf der Stelle wieder so freundlich wie immer. Er war mit anderen Worten in der Lage, die Rolle eines unantastbaren, verärgerten Hundes zu spielen, wusste aber gleichzeitig, dass er uns wirklich liebte und alles für Streicheleinheiten tun würde.

Meine Kollegen Márta Gácsi und József Topál begannen einmal ein sehr interessantes Experiment, in dem der Hundebesitzer seinen Rucksack vor den Hund stellt und diesem zu verstehen gibt, dass er so tun solle, als ob er ihn verteidigen würde. Nicht einmal den Besitzer selbst sollte er noch heranlassen. Diese Aufgabe erscheint sehr schwierig, tatsächlich aber können Hunde sie in wenigen Minuten begreifen. Videoaufnahmen dieses Experimentes zeigen, dass sie den Rucksack verteidigen und mit wütendem Bellen so tun, als seien sie sehr aggressiv. Wenn aber der Besitzer den Rucksack schließlich wegnimmt, finden sie ganz plötzlich wieder zu ihrem freundlichen Selbst. Die Hunde verstehen also, dass sie die aggressive Rolle nur spielen. Wir haben bis jetzt noch keine Versuche zum Wechseln von Rollen gemacht, aber wir arbeiten an den Vorbereitungen dazu.

Imitation unter Versuchsbedingungen

Diese Beobachtungen inspirierten uns natürlich zu einer ganzen Reihe verschiedener Versuche. Unser größtes Problem war, uns Aufgaben auszudenken, bei denen die vormachende Person nicht ihre Hände benutzen musste.

Die erste Versuchsreihe wurde unter den gleichen Bedingungen durchgeführt, wie wir sie bereits bei den Versuchen zur Regelbefolgung beschrieben haben, nur in etwas vereinfachter Form. Wieder bauten wir drei Wandschirme in einem Halbkreis auf. Der Versuchsleiter zeigte dem Hund einen Ball und versteckte diesen dann hinter einem der Wandschirme. Anschließend kam er zum Hund zurück und sagte diesem, er solle den Ball holen. Die Hunde machten begeistert mit. Manchmal stellten wir auch eine große Kiste hinter die Wandschirme, um die der Versuchsleiter einfach einmal herumging, bevor er den Ball versteckte. Diese Handlung hatte überhaupt keine Funktion oder Absicht: Es war absolut unnötig, ebenfalls um die Kiste herumzugehen, um den Ball zu finden. Die Versuchsergebnisse zeigten aber, dass die Mehrheit der Hunde (zwölf von vierzehn) trotzdem den kleinen Umweg nahmen. Sie imitierten also den Versuchsleiter. Sobald die Hunde gut gelernt hatten, den versteckten Ball zu holen, wurde die Aufgabe verändert: Der Versuchsleiter gab den Ball im Beisein des Hundes dem Hundebesitzer und ging dann mit offenen, leeren Händen hinter die Wandschirme. Er tat so, als würde er dort etwas suchen und fragte die Hunde beim Zurückkommen nach dem Ball. Wieder war es so, dass über die Hälfte der Hunde (vierzehn von siebzehn) das Gleiche taten und offensichtlich suchten. Die drei, die dieses Muster nicht befolgten, gingen zu ihrem Besitzer und forderten den Ball. Auch dies ist ein Fall von Imitation, die ein wichtiges Element in der Entwicklung von regelbefolgendem Verhalten darstellt.

Dieser Versuch führte zu einer anderen Beobachtung, die hauptsächlich unserer Doktorandin Enikö Kbinyi zu verdanken ist. Ich bat sie einmal, mit ihrem Vizsla eine neue Situation mit dem Potenzial für Imitation auszuprobieren. Ich schlug vor, sie solle beim Nachhausekommen vom Spaziergang mit ihrem Hund nicht sofort zu ihrer Wohnungstür gehen, sondern einen zusätzlichen, überflüssigen Umweg machen, zum Beispiel im Treppenhaus noch ein Stockwerk höher gehen. Dabei sollte sie den Hund weder rufen noch loben, falls er mit ihr mitgehen sollte, sondern einfach anschließend zu ihrer Wohnungstür gehen und diese aufschließen. Enikö begann mit dem Versuch und ich vergaß, wie der sprichwörtliche zerstreute Professor völlig, was wir besprochen hatten. Wenn sie mir nach sagen wir einem Monat berichtet hätte, dass der Vizsla immer vor der Wohnungstür auf sie wartete und keine Neigung zeigte, sie nachzuahmen, dann hätte ich ihr gesagt, sie solle mit dem Experiment aufhören, weil meine Idee wohl einfach nicht funktionierte. Aber Enikö ist eine sehr beharrliche und außergewöhnliche Experimentatorin. Sie kam nach etwa drei Monaten zu mir und berichtete, dass der Vizsla ihr nach dem 180. Versuch im Regelfall voranging und den Umweg auch unabhängig von ihr ging. Von da an zeigte der Vizsla dieses Verhalten immer regelmäßiger, bis es zur perfekten Imitation wurde. Wir waren sehr froh, dass Enikö so ausdauernd gewesen war, fanden es aber etwas seltsam, dass der Aufbau des Imitationsverhaltens so lange gedauert hatte. Wir beschlossen deshalb, diese Situation anhand von acht Hunden und ihren freiwillig mitmachenden Besitzern näher zu untersuchen. Die Hunde waren Vizslas und Schäferhunde, die Versuchsergebnisse sind in Abb. 19 dargestellt.

Einige der imitierenden Hunde folgten ihrem Besitzer, andere gingen voran und legten den unnötigen Umweg schneller als er zurück, und wieder andere blieben die ganze Zeit neben ihrem Besitzer. Natürlich gab es auch einige, die einfach stehen blieben und den Umweg nicht mitgingen.[118]

Es gibt auch eine einfachere Variante dieser Ausgabe. Auf offener Fläche werden zwei jeweils drei Meter lange Zäune rechtwinklig zueinander aufgestellt, sodass sie eine Ecke bilden. In diese Ecke legt man einen für den Hund interessanten Gegenstand, meistens einen Ball. Der Hund wird an der Leine in kurzer Entfernung von der »Außenseite« der Ecke gehalten und kann genau sehen, wo der Ball hingelegt wird. Dann wird der Hund abgeleint und der Besitzer befiehlt ihm, den Ball zu holen. Zunächst stellt dies für die Hunde eine echte Herausforderung dar: Sie versuchen, sich an der Ecke hindurchzuzwängen oder zu graben, und es dauert eine ganze Weile, bis sie realisieren, dass sie ja auch einfach an der offenen Seite um den Zaun herumgehen können. Natürlich lernen sie dies erst nach fünf oder sechs Versuchen. Wenn aber der Besitzer den Hund vor seinem ersten Versuch auf sich auf-

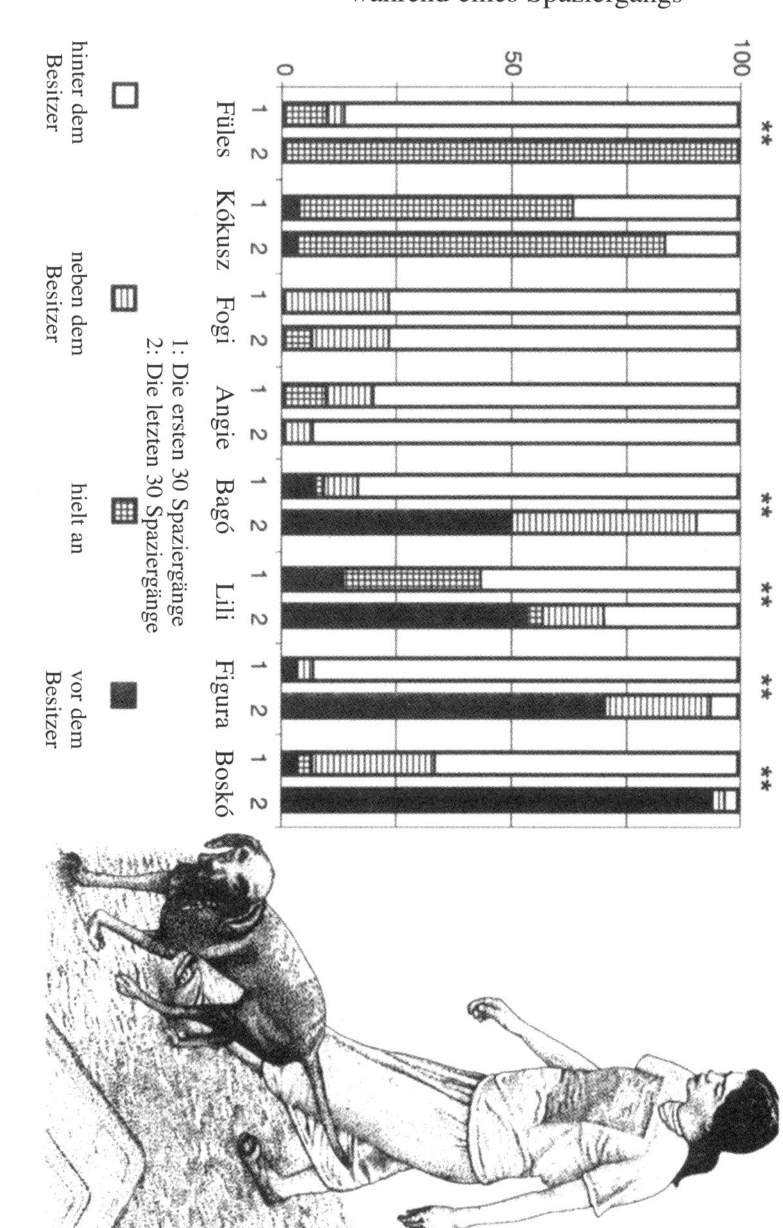

Abb. 19: Prozentuale Verhaltenskategorien
Hunde ahmen ihre Besitzer am Ende des Spaziergangs nach.
Die Sternchen markieren Spalten mit statistisch bedeutsamen Abweichungen

merksam macht, auf den in der Ecke liegenden Ball zeigt und um den Zaun herumgeht, um dem Hund so den Weg zu zeigen, sind die meisten Hunde anhand dieser Demonstration viel schneller in der Lage, dieses Problem zu lösen.[119]

Bis zu diesem Punkt zeigen die Versuche, dass Hunde ihre Besitzer sehr leicht nachahmen, wenn es um das Einschlagen eines Weges geht. Im nächsten Experiment untersuchten wir die Fähigkeiten des Hundes zur Imitation in einer komplizierteren Umgebung, die Manipulation von seiner Seite aus erfordert. Die Hundesportenthusiasten unter Ihnen kennen sicher die Flyball-Boxen, aus denen Bälle zum Fangen für die Hunde abgeschossen werden. Für unser folgendes Experiment verwendeten wir eine ganz ähnliche Vorrichtung. Zunächst teilten wir zwölf Hunde und ihre Besitzer in zwei Gruppen auf. Die Besitzer der ersten Gruppe brachten ihre Hunde zu dem Apparat, der einen hervorstehenden Hebel besaß. Sie versicherten sich dann, dass die Hunde auf sie achteten und betätigten den Hebel, woraufhin der Apparat einen Ball abschoss. Anschließend durften die Hunde eine Zeit lang mit dem Ball spielen. Es wurden jeweils pro Hund zehn Versuche gemacht.

Die Besitzer der anderen Gruppe spielten in der Zwischenzeit einfach nur mit ihren Hunden Ball. Dann wurden die Hunde mit der Ballmaschine alleine gelassen und die Besitzer sagten ihnen, dass sie einen Ball holen sollten. Die Hunde, die zuvor zugesehen hatten, wie ihre Besitzer den Apparat betätigt hatten, konnten das Gleiche nun auch selbst tun und schafften es schnell, sich einen Ball zu beschaffen. Nach viel Ermunterung verstanden die Hunde der zweiten Gruppe – die kein Beispiel vorgemacht bekommen hatten – schließlich, dass sie irgendwo einen Ball holen sollten, aber sie fanden nicht heraus, dass sie dazu den Hebel am Apparat betätigen mussten. Sie kratzen lediglich mit den Pfoten am Apparat oder warfen ihn einfach um und bekamen in der vorgegebenen Zeit letztendlich viel weniger Bälle als die Hunde der ersten Gruppe.[120]

Es gab noch einen weiteren wichtigen Unterschied zwischen den beiden Gruppen: Wenn ein Hund aus der zweiten Gruppe, der kein Vorbild gehabt hatte, es trotzdem schaffte, einen Ball zu bekommen, dann beschaffte er sich auch die folgenden Bälle sehr viel schneller. Anders gesagt: Er lernte im Verlauf des Experimentes. Diejenigen, die ihrem Besitzer beim Betätigen der Ballmaschine zugesehen hatten, holten ihren ersten Ball zwar sehr schnell, konnten aber ihre Leistung im Verlauf des Experimentes nicht wesentlich weiter verbessern (s. Abb. 20).

Diese erfolgreichen Experimente ließen es möglich erscheinen, dass Hunde auch noch viel kompliziertere Imitationsaufgaben lösen könnten. Dabei muss es essentiell darum gehen, dass die verschiedensten Handlungen des menschlichen Vorbildes so genau wie möglich imitiert werden sollen. Verhaltenskundler beschreiben diese Aufgabe als »tu, was ich tue«.[121] Bis jetzt konnte nur für Delfine, Schimpansen und einen Orang Utan bewiesen werden, dass sie verlässlich Handlungen nachahmen konnten, auch wenn sie für diese bestimmte Handlung zuvor nicht speziell trainiert worden waren. Die Hauptsache bei diesem Vorgang ist, dem Tier verständlich

Abb. 20: Imitation des Verhaltens zum Bedienen der Ballmaschine. Die Besitzer der einen Versuchsgruppe machten ihren Hunden vor, wie dieser Apparat bedient wird.

zu machen, was von ihm erwartet wird. Mehrere Wochen Arbeit sind erforderlich, um das Tier dazu zu bringen, die Handlungen seines Trainers aufmerksam zu beobachten. Der Trainer dreht sich zum Beispiel einmal um sich selbst, springt auf einen Stuhl, bückt sich, hebt einen Gegenstand vom Boden auf und legt ihn in einen Eimer und ähnliche Dinge. Danach geht er zum Startpunkt zurück und sagt dem Tier »tu, was ich tue«. Das Tier hat außer dem, was es gerade gesehen hat, keinen weiteren Hinweis darauf, wie es das Problem lösen soll. Voraussetzung ist aber, dass es aufmerksam zugesehen hat.

Nach langem Training verstehen die klügsten Tiere die Aufgabe und erfüllen sie. Wenn die Wissenschaftler der Meinung sind, dass das Tier darin genug Übung hat, wird der entscheidende Versuch gemacht: Der Trainer führt eine Handlung aus, die das Tier noch nie zuvor in diesem Zusammenhang gesehen hat. Er kann sich zum Beispiel auf allen Vieren zu Boden begeben und Wasser aus einem Teller schlabbern oder auf ein Möbelstück klettern. Wenn das Tier das Gleiche tut, nachdem es das Kommando »tu, was ich tue« bekommen hat, wird das Experiment als erfolgreich erachtet und man kann plausibel behaupten, dass es verstanden hat, worum es in diesem Imitationsspiel geht.

Die Aufgabe kann noch schwieriger gemacht werden, wenn eine andere Person als Vormacher fungiert, die das Tier zwar kennt, zu der es aber keinen engen Kontakt hatte. Wenn das Tier auch diese andere Person nachahmt, haben wir einen soliden Beweis dafür, dass es die komplizierte Aufgabenstellung verstanden hat und fähig ist, die Aufgabe auszuführen. Dies ist alles andere als einfach, denn das Tier muss nicht nur die einzelnen Bewegungen beobachten und sich merken, sondern sie auch so für sich »übersetzen«, dass sie für den eigenen Körper und die eigenen Gliedmaßen machbar sind. Nur ein Lebewesen von höherer Intelligenz ist dazu in der Lage.

Ich muss gestehen, dass wir die entsprechenden Fähigkeiten bei Hunden komplett unterschätzt hatten und deshalb den Start von Versuchen zu diesem Thema immer wieder aufgeschoben hatten, denn die Versuche erforderten komplizierte Vorbereitungen, viele verschiedene Kontrollarten und viele Wochen lang dauernde harte, präzise und systematische Arbeit. Als wir uns endlich dazu durchgerungen hatten, begannen wir unsere Versuche mit Philip, einem ausgebildeten Behindertenbegleithund, dessen Besitzer Richard Mányik wahre Wunder an ihm vollbracht hatte. Philips Leistung war fantastisch und nicht etwa das Ergebnis monatelanger Ausbildung: Er begriff innerhalb von Tagen, was von ihm erwartet wurde und erfüllte die Aufgabe sogar dann, wenn meine Kollegen József Topál und Ádám Miklósi, die er flüchtig kannte, die Bewegungen vormachten oder wenn die vorgemachten Bewegungen etwas völlig Neues waren. Seine Imitation war in 60 bis 70% aller Versuche vollkommen genau und seine Fehlerrate entsprach derjenigen der in den Versuchen am erfolgreichsten Schimpansen. Es gab einige Aufgaben, in denen Philip fast immer Erfolg hatte und schwierigere, in denen es nur etwa bei der Hälfte aller Versuche klappte. Diese spannenden Experimente werden zurzeit immer noch fortgeführt, weil sich herausstellte, dass Philip dazu fähig ist, eine aus mehreren (zwei oder drei) Elementen bestehende Handlung zu beobachten und auf Kommando präzise zu replizieren, selbst wenn diese Bewegungen noch nie zuvor in diesem Imitationsspiel genutzt worden waren.

Eine Zeit lang dachten wir, Philip sei ein »Wunderhund«, der seine besonderen Fähigkeiten als Ergebnis seiner alltäglichen Arbeit entwickelt hatte. Aber wieder lagen wir falsch. Mein Hund Jerry verstand innerhalb von drei Tagen, was ich von ihm wollte und kann die Tu-was-ich-tue-Aufgabe erfolgreich lösen. Momentan arbeiten wir mit mehreren Hunden und versuchen herauszufinden, ob die Erfolgsquoten bei verschiedenen Aufgabentypen unterschiedlich ausfallen. Es scheint solche Unterschiede zu geben, weil Hunde schließlich keine Hände haben und eine ganze Reihe der Aufgaben auf andere Art und Weise lösen müssen. Handlungen, die etwas mit Gegenständen zu tun haben, fallen ihnen leichter, solche, die mit ihrem eigenen Körper zu tun haben, hingegen schwerer. Aber was auch immer dabei herauskommen wird, die bisherigen Ergebnisse beweisen, dass die Imitationsfähigkeiten von Hunden sehr viel besser sind als die anderer Tiere und dass nur Menschenkinder ihnen noch überlegen sind. Hinzufügen muss ich noch, dass alle Hunde dieses Spiel heiß und innig lieben, sobald sie verstanden haben, worum es geht.

Dies ist also zusammengefasst der derzeitige Stand der Wissenschaft in Bezug auf die Fähigkeit von Hunden, ein Vorbild zu imitieren. Ich bin recht sicher, dass man in Zukunft noch weitere interessante Entdeckungen in dieser Sache machen wird, aber bereits heute lässt sich beweisen, dass Hunde dazu fähig sind, Menschen nachzuahmen. Diese Fähigkeit ist ein wichtiges evolutionäres Ergebnis der Domestikation von Hunden.

Kapitel 10

Können Hunde »sprechen«?

Tiere haben schon vor langer Zeit herausgefunden, wie man kommuniziert – oder zumindest, wie man diejenige Art von Verhalten zeigt, die wir Kommunikation nennen. Allerdings führen sie keine Unterhaltungen, wie manchmal angenommen wird.

In der Ethologie definieren wir Kommunikation als Verhaltensäußerung eines Tieres, die das mögliche Verhalten eines anderen Tieres so verändert, dass es sich im Allgemeinen vorteilhaft auf Überleben und Fortpflanzung des kommunizierenden Tieres auswirkt.

Diese Definition besagt nichts über Nachrichten, Zeichen oder Konversationen. Solche Begriffe stammen aus den Kommunikationsformen hoch entwickelter Menschen und insbesondere aus der Verwendung von Sprache. Ihre Rolle in der Ethologie ist lediglich die reiner Analogien oder Erklärungsmodelle. Es ist nicht wortgetreu richtig, wenn man sagt, dass ein balzender Pfau mit seinem Werbungsverhalten der Pfauhenne eine »Liebesbotschaft« schickt. Wenn wir dies »Liebesbotschaft« nennen, verweisen wir damit nur auf ein Phänomen, das uns aus dem menschlichen Verhalten gut bekannt ist. Anders gesagt ist es so, »als ob« das menschliche Verhalten stattfinden würde. Beim Pfau ist es aber vielmehr ein biologisch funktionales, physiologisches Phänomen, dass er mit seinen Schwanzfedern ein Rad schlägt und umherstolziert, wenn er zur Paarungszeit eine Henne erblickt. Wir nennen das gerne »Umwerben«, weil wir denken, dass unsere eigenen Handlungen ein ähnliches Ziel verfolgen, auch, wenn sie sich anders äußern.

Das Modell der Kommunikation kann auch die Funktion der Drüsensekretionen erklären. Wenn wir zum Beispiel sagen, dass die Adrenalindrüse angesichts einer angsteinflößenden Situation eine dringende »Gefahrenmeldung« an das Herz und andere Organe schickt, damit sie sich auf zusätzliche Belastungen einstellen können, dann ist die Nachricht an sich nichts weiter als ein Hormon, nämlich Adrenalin. Ich hoffe, dass sich nun niemand aufgrund dieser vorstellt, die Adrenalindrüse würde am Rand der Autobahn (in diesem Fall: der Blutbahn) stehen und ein in Adrenalin getränktes Fähnchen schwenken, um damit anzuzeigen »Achtung, Gefahr in Sicht!« All dies ist nur eine Analogie. Tierische Kommunikation ist keine Konversation, sondern eher eine Kontrolle, die mit Hilfe von Verhaltensmustern und anatomischen Zeichen ausgeübt wird.

Kommunikation bei Tieren reguliert oder kontrolliert die Wiedererkennung und Identifikation von Individuen und der Rangordnung innerhalb einer Gruppe. Außerdem reguliert sie Aggression, erleichtert das Vermeiden von Kämpfen, dient der Aufrechterhaltung von Kontakten und erfüllt zahlreiche andere Funktionen – dies aber in einer solchen Art und Weise, dass das Tier sich nicht darüber bewusst ist oder (bei höher entwickelten Tieren) nicht notwendigerweise darüber bewusst ist, dass es gerade Kommunikation betreibt. Daraus folgt auch, dass Kommunikation bei Tieren ein begrenztes System ist und dass die Zahl der verschiedenen »Nachrichten« – bestehend aus Verhaltensäußerung mit regulativer Funktion – im Durchschnitt die Zahl von zwanzig bis vierzig nicht überschreitet.

Ich habe bereits mehrfach das Verhalten erwähnt, bei dem der Hund zu seinem Besitzer kommt und diesen mit der Nase anstößt. Dies ist echte Kommunikation, weil der Hund seinen Besitzer anschließend anschaut, Blickkontakt herstellt und um etwas bittet. Oder er zeigt nur an, dass er weg war, jetzt zurück ist und den Kontakt wieder herstellen möchte. Der Knackpunkt dieses Verhaltens ist, dass es die gemeinsame Aufmerksamkeit beider erweckt, eine Absicht zeigt und eine weitergehende Information übermittelt. In der Wissenschaftssprache nennt man dieses Phänomen Referentialität. Es tritt in den meisten Fällen von Kommunikation bei Tieren einfach nicht auf – mit wenigen Ausnahmen. Selbst die Kommunikation unserer am weitesten entwickelten Verwandten ist eine begrenzte Anzahl von Verhaltensmustern, die das Leben in der Gruppe regeln. Die Grüne Meerkatze besitzt ein hoch entwickeltes System von Stimmsignalen und zeigt mit verschiedenen Lauten an, ob das sich nähernde Raubtier fliegt, vier Beine hat oder schlangenähnlich ist.[122] Streng genommen kommuniziert dieses Gefahrensignal aber keine Information, sondern ist, wie bei vielen anderen Tieren auch, ein Regulator des Verhaltens.

Echte Kommunikation entstand im Verlauf der menschlichen Evolution (vermutlich in den früheren Phasen) aus dem Bedürfnis, sich mitzuteilen. Die Signale echter Kommunikation wurden absichtlich mit Änderungen in der Stimmung oder mit Vorstellungen der einzelnen Gruppenmitglieder verkoppelt und an sie angepasst. Wir können ein Verhalten nur dann als echte Kommunikation bezeichnen, wenn wir darin eine Absicht erkennen können – wenn also der Initiator beabsichtigt, den mentalen Zustand des Kommunikationsempfängers zu beeinflussen und wenn letzterer auf den Inhalt der Kommunikation achtet.

Natürlich hat Kommunikation mit einer Absicht nicht erst mit den Menschen begonnen. Ihre elementarsten Formen können in der Natur beobachtet werden, zum Beispiel im Bittverhalten von Schimpansen, wenn sie ihre Hände in Richtung eines dominanten Individuums oder einer Person, von der sie etwas bekommen möchten, ausstrecken. Es kann unzweifelhaft bewiesen werden, dass die Teilnehmer der Kommunikation sich gegenseitig Aufmerksamkeit schenken und dass sie die Absichten ihres Gegenübers genauso erkennen wie Hunde das tun. Sicher ist auch, dass unsere entfernten Verwandten dazu in der Lage waren, eine ganze Zahl an sehr einfachen Kommunikationsformen zu zeigen, so zum Beispiel Berühren, die Geste des Zurückhaltens oder Wegstoßens, Blickkontakt, Zeigen oder abwehrende Handbewegungen. Auch konnten sie Gefühle wie Zuneigung, Ärger, Freude und Trauer ausdrücken.

Natürlich haben diese verfeinerten Ausdrucksformen nur bei solchen Spezies einen Sinn, deren Mitglieder immer und kontinuierlich bestrebt sind, etwas über den mentalen Zustand der anderen Gruppenmitglieder zu erfahren. Menschen sind eine Spezies, die so handelt: Wir verbringen einen guten Teil des Tages damit, andere zu beobachten oder von ihnen beobachtet zu werden. Menschen finden es aufregend, zu wissen, was andere denken, was sie planen und was sie von den verschiedensten Dingen halten. Das Gleiche haben wir auch zu mehreren Gelegenheiten schon von Hunden behauptet, weshalb wir in diesem Kapitel untersuchen möchten, ob Hunde »Konversationen« führen.

Schimpansen lernen keine Menschensprache

Eine echte Erforschung der Kommunikation bei Tieren begann mit Experimenten, Schimpansen unsere Sprache beizubringen. Diese Experimente dauerten mehrere Jahre lang und gingen mit endlosen Debatten einher. In den 1950er Jahren versuchten K.J. Hayes und C.H. Hayes als erste, einem Schimpansen die englische Sprache beizubringen.[123] Das Ergebnis von vielen Jahren Unterricht war ein Vokabular von vier simplen Ein-Silben-Wörtern, die der Schimpanse namens Vicky meist aktiv und passend einsetzen konnte.

Im nächsten berühmt gewordenen Experiment brachten die Amerikaner B.T. Gardner und R.A. Gardner einem Schimpansen namens Washoe eine vereinfachte Form der Zeichensprache (American Sign Language, ASL) bei.[124] Hierauf folgten die Arbeiten von Premack, der seinem Schimpansen Sarah eine künstliche Zeichensprache beibrachte.[125] In einem anderen Experiment, dem Lana-Projekt, kommunizierten Schimpansen mit Computern, indem sie mit Tastaturen und Bildschirmen umgingen.[126] Außer den Schimpansen gab es noch einen Gorilla namens Koko, der mit großem Erfolg die Zeichensprache lernte.[127]

Washoe lernte in zwei Jahren über hundert Zeichen und konnte sie aktiv gebrauchen. Die Versuchstechniken haben sich seitdem so schnell weiterentwickelt, das man das gleiche Ergebnis heute innerhalb weniger Monate erreichen könnte. Die Ergebnisse aller Versuche sind in Hunderten von Videoaufnahmen, in Computern und anhand endloser Datenmengen belegt.

Nach der Veröffentlichung des Washoe-Experimentes sah es so aus, als sei es bewiesen, dass Schimpansen eine Sprache lernen können und dass die Versuchslabore demnächst von »sprechenden« Affen nur so bevölkert sein würden. Das geschah aber nicht, weil die linguistischen Fähigkeiten von Affen denen von Menschen nicht entsprechen und ihnen noch nicht einmal nahe kommen.[128] Die überhöhten Erwartungen wurden nicht erfüllt, aber trotzdem lieferten die Versuche jede Menge interessanter Daten. Sie bewiesen die Existenz eines Bewusstseins bei Tieren, schufen die besten Methodologien für solche Studien und sie trugen zu unserem Verständnis von Funktion und Entwicklung des menschlichen Sprachgebrauchs als besondere Eigenart unserer Spezies bei.

Fassen wir die Ergebnisse kurz zusammen: Die Fähigkeit zur Sprache besteht aus mehreren Komponenten. Die wichtigste davon ist, dass derjenige, der Sprache benutzt, zu symbolischer Repräsentation in der Lage sein muss – das heißt, er muss die linguistischen Zeichen für Gegenstände, Phänomene oder Beziehungen verinnerlichen. Schimpansen können einige hundert Zeichen lernen, darunter Substantive, Adjektive und Begriffe wie »wenn ... dann«, »das gleiche«, »verschieden« oder eine Verneinung. Wichtig ist, dass das Zeichen nicht einfach nur eine Assoziation widerspiegelt, denn selbst niedrig organisierte Tiere sind dazu in der Lage, Zeichen über Assoziation zu lernen. Von echter symbolischer Repräsentation können wir nur dann sprechen, wenn das Zeichen das Objekt, die Handlung oder das Konzept symbolisiert. Bei einem großen Teil der Sprachlern-Experimente mit Affen ging es darum, herauszufinden, bis zu welchem Maß ein erlerntes Zeichen tatsächlich ein Symbol ist.

Hierbei ist eine Analyse der Eigenschaften von Gegenständen hilfreich. Premacks Schimpanse Sarah war gewillt, ein rechteckiges und blaues Stück Papier als rot und rund zu betrachten, wenn es einen Apfel beschrieb. Das rechteckige blaue Papier ließ in ihrem Gehirn die echte innere »Abbildung« oder Repräsentation eines Apfels entstehen. Das Zeichen mobilisiert im Gehirn des Tieres nicht diejenige Reaktion, die der unmittelbaren sensorischen Beobachtung entspricht, sondern vielmehr eine, die den Eigenschaften des symbolisierten Gegenstandes entspricht. Der Gebrauch von Zeichen unter Schimpansen geht also über rein assoziatives Lernen hinaus und beinhaltet das komplizierte symbolische Lernen.

Die Untersuchungen haben auch ergeben, dass die Schimpansen unter geeigneten Versuchsbedingungen fähig und willens sind, Zeichen zu verwenden, um sich gegenseitig nach Gegenständen zu fragen. Ein entstehendes Bedürfnis ist also in der Lage, über das Zeichen die innere Abbildung des gewünschten Objektes zu aktivieren. Aus den oben genannten Beispielen folgt auch, dass Schimpansen durch die Zeichen vermittelte Kausalverbindungen erkennen können.

In mancherlei anderer Hinsicht sind die sprachlichen Fähigkeiten von Schimpansen aber sehr viel bescheidener. Affen sind nicht dazu in der Lage, geordnete Sequenzen von Zeichen anhand von Regeln zu bilden, die ungefähr denen der Syntax der menschlichen Sprache entsprechen würden. In der Schimpansenkommunikation trifft man sehr häufig auf Zeichenkombinationen, die nur aus zwei oder drei Elementen bestehen, und selbst diese werden in willkürlicher Reihenfolge verwendet. Wir können daraus schließen, dass die menschliche Begabung für Grammatik vielleicht eine genetisch bedingte Eigenheit unserer Spezies ist. Ähnlich bescheiden ist die Fähigkeit der Schimpansen zur Bildung neuer sprachlicher Konstruktionen – sie schaffen sehr selten neue Kombinationen oder Zeichen. Es ist kein Zufall, dass die Sprachexperimente mit Schimpansen fehlgeschlagen sind.[129]

Nach den Schimpansenexperimenten wurde klar, dass auch viele andere Tiere in der Lage sind, Zeichen zu lernen und sie sinntragend zu nutzen. Wir werden später noch detailliert über Irene Pepperbergs Papagei Alex sprechen.[130] R.J. Schustermann und K. Krieger brachten zwei kalifornischen Seelöwen unterschiedliche Zeichen bei: Sie lernen fast 200 Zeichen innerhalb kurzer Zeit und konnten auch den Sinn von Zeichenkombinationen verstehen (z.B.: »Bring den weißen Ball in die linke Ecke des Schwimmbeckens«).[131] L.M. Hermann brachte Delfinen Zeichen bei.[132] Erst vor Kurzem stellte sich heraus, dass Bonobos die Zeichensprache spontan und ohne Übung viel schneller und effizienter lernen als Schimpansen, und dass sie außerdem sogar nur durch Hören die den Zeichen entsprechenden englischen Worte lernen konnten.[133]

Natürlich haben Wissenschaftler auch die Fähigkeit von Hunden zum Erlernen von Zeichen untersucht.[134] Nach dem recht gründlichen Bericht der Psychologieprofessoren C.J. Warden und L.H. Warner aus dem Jahr 1928 konnte der Deutsche Schäferhund Fellow, der seinerzeit in vielen Hollywoodfilmen mitspielte, dreiundfünfzig verschiedene Wortkommandos verstehen, sogar dann, wenn sie hinter geschlossenen Türen ausgesprochen wurden. Alle diese Kommandos zielten auf Erfüllung einer konkreten Aufgabe ab, wie zum Beispiel »Geh im Zimmer herum!«, »Berühre diesen Menschen!«, »Gib Laut!«, »Geh ins Wasser!«, »Dreh deinen Kopf!« und so weiter. Außerdem versuchten sie es mit fünfzehn Kommandos, die dem Hund befahlen, etwas in einer bestimmten Richtung oder an einer bestimmten Stelle zu tun, wie zum Beispiel »Spring auf den Tisch!«, »Schau aus dem Fenster!«, »Leg deinen Kopf auf den Stuhl!« und ähnliches. Diese Kommandos befolgte der Hund allerdings nur dann, wenn der Besitzer körperlich anwesend war und mit Blicken oder Körpersprache zeigte, wie und wo die Aufgabe erfüllt werden sollte. Die Wissenschaftler untersuchten außerdem, wie viele verschiedene Bezeichnungen für Gegenstände der Hund lernen konnte. Der Besitzer gab den Forschern eine lange Liste mit Namen von Gegenständen, aber diese bestimmten nur die Häufigkeit der Fälle, in denen der (in einen separaten Raum gesperrte) Hund beim Hören einer Bezeichnung den dazu passenden Gegenstand auswählte. Die Ergebnisse zeigten: Wenn sich drei Gegenstände im Raum befanden und Fellow sechsunddreißig Versuche hatte, dann suchte er einundzwanzigmal den richtigen Gegenstand heraus – also deutlich mehr, als es bei zufälliger Auswahl der Fall sein würde (in diesem Fall hätte er den betreffenden Gegenstand zwölfmal auswählen müssen). Die Wissenschaftler gingen sehr sorgfältig vor und stellten fest, dass bei diesem Versuch zahlreiche äußere Einflüsse einwirkten. Fellow musste gelegentlich zwei bis drei Stunden lang arbeiten, obwohl klar war, dass er müde war. Er musste auch in Situationen gehorchen, die er offensichtlich noch nicht kannte. Bei den Objektauswahltests zeigte sich zum Beispiel auch, dass er die Bürste auf Kommando nur dann brachte, wenn sie so abgelegt war, dass ihre Borsten nicht nach oben zeigten – vermutlich, weil sie ihn sonst stachen. Interessant ist, dass diese Experimente viel früher stattfanden als die Affenversuche. Heute über sie zu lesen ist aber sehr interessant, obwohl sie in der Zwischenzeit fast vergessen wurden.

Um noch einmal zusammenzufassen: Das Gehirn hoch entwickelter Tiere ist in der Lage, das Bild von verwendeten Zeichen in gewisser Weise zu transformieren, sodass sie zu einer gewisser Art von Denken fähig sind. Allerdings fehlt ihnen die besondere Fähigkeit, ihr eigenes, selbstständiges System solcher Zeichen zu schaffen, wozu Menschen dank ihrer Sprachbegabung in der Lage sind. Bei einer Bewertung dieser Versuche muss auch berücksichtigt werden, dass die Wissenschaftler damals eigentlich nur an einer einzigen Frage interessiert waren, nämlich der, ob Tiere hinsichtlich der sprachlichen Fähigkeiten das Niveau von Menschen erreichen könnten. Als sie feststellten, dass die Antwort hierauf »nein« lautete, verloren sie das Interesse und machten nicht mehr weiter. Diese »Oben-unten«-Betrachtungsweise, die Leistungen von Tieren mit denen von Menschen vergleicht, ist sehr stark ideologisch belastet. Menschen suchen wissenschaftliche Beweise für ihre eigene Überlegenheit und finden sie dank ihrer idiosynkratischen Methodologie auch sehr leicht.

Natürlich gibt es auch noch andere Wege. Man könnte zum Beispiel untersuchen, wie Tiere oder Menschen verstehen, wie sie sich in einer kleinen Gemeinschaft benehmen müssen. Die Frage ist nicht, ob das Tier eine Sprache spricht, Symbole verwendet oder Zeichen interpretiert oder ob es sie nur mit irgendetwas assoziiert – dies alles sind nur Details –, sondern wie das Tier es schafft, zu gedeihen, und zwar egal mit welchen Mitteln. Eine Fragestellung, die sich wirklich auf evolutionäre Gesetzmäßigkeiten stützt, würde eine solche Herangehensweise übernehmen.

Hunde sind gut im »sozialen Verstehen«

Hundebesitzer haben einen riesigen Schatz an praktischen Erfahrungen darin, wie Hunde sich in das Alltagsleben einfügen und wie sie ihre Menschen verstehen. Leider bedeutet dies nicht gleichzeitig, dass wir diese speziellen Fähigkeiten der Hunde auch wissenschaftlich nachweisen können. Die allermeisten Hundebesitzer sprechen mit ihren Hunden so, wie man es gemeinhin mit zwei bis drei Jahre alten Kindern tut. Die Hunde für ihren Teil sehen aufmerksam hin, hören zu, was ihr Besitzer sagt und tun dann etwas auf die ein oder andere Weise. Der Besitzer erwartet zwar nicht, dass der Hund ihm antwortet, wohl aber, dass er ihn versteht und entsprechend reagiert. Die Theorie der Hundebesitzer ist also, dass Hunde die menschliche Sprache verstehen, oder zumindest teilweise verstehen. Wäre diese Annahme nicht vorherrschend, würden wir vermutlich nicht mit unseren Haustieren sprechen. Die präzise Definition von sozialem Verstehen im Fall von Hunden ist folglich diese: Der Hund benimmt sich in einer sozialen Situation so, dass er bei seinem Besitzer den Eindruck erweckt, als habe er die Situation verstanden. Natürlich können wir nun weiter untersuchen, was die Grundlage für die Annahme ist, dass Hunde unsere Sprache verstehen und welches Verhalten des Hundes diese Annahme bei seinem Besitzer hervorgerufen hat. Außerdem können wir untersuchen, welche Mechanismen im Gehirn des Hundes aktiviert waren, als der Besitzer der Meinung war, der Hund habe etwas verstanden.

Fellow hörte auf sechzig bis siebzig Kommandos, was von Psychologen größtenteils auch in kontrollierten Versuchen bestätigt werden konnte. Es stellte sich – nicht sehr überraschend – heraus, dass die Information für den Hund nicht nur in Worten und Sprache enthalten ist, sondern auch im momentanen Aussehen seines Besitzers, seinen Bewegungen und seiner Körperhaltung. Eine moderne Analyse hierzu stammt von S. Coren,[135] dessen Hunde etwa sechzig verschiedene Mitteilungen interpretieren können. Auch er stellt fest, dass Hunde gesprochene Worte zusammen mit der Körpersprache interpretieren.

Im Folgenden wird es hauptsächlich um die Begriffsbestimmung der sozialen Situation gehen und weniger darum, wie der Hund sie verstanden hat. Ich werde nur ein Gegenbeispiel anführen, um den glühenden Eifer derjenigen Hundebesitzer etwas abzukühlen, die davon überzeugt sind, ihr Hund könne gesprochene Worte genauso gut verstehen wie ein Mensch: Als wir Flip einmal schoren, sammelten wir die Haare in einer Tüte und stellten diese in den Wandschrank. Es stellte sich heraus, dass Flip unbedingt an dieser Tüte schnüffeln wollte und wir mussten sie letzten Endes aus dem Wandschrank herausnehmen, damit er ausgiebig daran schnüffeln konnte. Wir beschlossen, der Tüte und ihrem Inhalt einen Namen zu geben und nannten sie »der andere Hund«. Immer wenn wir Flip später fragten »Wo ist der andere Hund?«, rannte er sofort zum Wandschrank und bettelte mit heftigem Schwanzwedeln darum, dass wir die Schranktür aufmachen sollten, damit er sein Schnüffelritual abhalten konnte. Einmal machten wir dies auch einem Gast vor, der bei uns zu Besuch war. Dieser stellte fest, dass Flip sehr intelligent sei, weil er ja genau verstünde, was zu ihm gesagt würde. Mein Sohn Gábor und ich schauten uns gegenseitig an und hatten beide die gleiche Idee, die Gábor als erster äußerte. Er drehte sich zu Flip um und fragte auf Englisch anstatt wie sonst auf Ungarisch »Wo ist der andere Hund?«, woraufhin Flip zum Wandschrank rannte. »Sehen Sie, er versteht sogar Englisch,« sagten wir zu unserem Gast. Der arme Gast verstand gar nicht, wie ihm geschah. Die Kernaussage ist einfach, dass die wichtigste Zutat zum Verständnis die Situation ist. Kurz zuvor hatten wir unser übliches Ritual durchgeführt und können nicht sagen, welches Wort oder welcher fragende Tonfall die entsprechende Reaktion bei Flip ausgelöst hat. Als die Frage auf Englisch wiederholt wurde, waren Situation und Tonfall genauso wie zuvor, was ausreichte, um die Handlung zu wiederholen. Genau das ist die Essenz sozialen Verstehens: Beide Kommunikationspartner haben etwas Bestimmtes im Kopf und sie versuchen, den anderen mit Hilfe von Signalen daran denken zu lassen, woran sie selbst gerade denken. Diese Art der Kommunikation ist ein Prozess der Harmonisierung und Synchronisierung, der gemeinsame Aktivität fördert. In der Beziehung zwischen Hund und Mensch funktioniert diese Harmonisierung in bestimmten Bereichen gemeinsamer Aktivität sehr gut, und manchmal können sogar Worte in diesem Prozess eine Rolle spielen.

Mein Kollege Peter Pongrácz und ich haben eine wissenschaftliche Untersuchung des sozialen Verstehens begonnen. In der Vorversuchsphase hatten uns eine ganze Anzahl von Hundebesitzern berichtet, dass ihre Hunde etwa vierzig Kommandos verstehen würden – das Minimum lag bei acht und das Maximum bei siebzig Kommandos.[136]

Schauen wir uns einmal den einfachsten dieser Fälle an: Sharon, eine zweijährige Irish Wolfhound-Hündin, hört nicht nur auf ihren Namen, sondern auch auf die folgenden sieben Kommandos: »Sitz«, »Platz«, »Auf«, »Steh«, »Bleib«, »Geh« und »Komm«. Die acht Begriffe lassen sich in drei Kategorien einteilen. Der Hundename, »Geh« und »Komm« drücken den Wunsch des Besitzers nach Interaktion mit dem Hund aus. Wir bezeichnen diese Kategorie als ***Einladung***. Die Kommandos »Sitz«, »Platz«, »Auf« und »Steh« sind Instruktionen zur ***Körperhaltung*** des Hundes. Das Kommando »Bleib« schließlich hat die Absicht, eine vom Hund initiierte Handlung zu unterbinden, weshalb wir diese Kategorie als ***Handlungshemmung*** bezeichnen.

Wenn wir es mit einem Hund zu tun haben, der wesentlich mehr Ausdrücke versteht, müssen wir einige neue Kategorien hinzufügen. Flip und Jerry verstehen etwa siebzig Begriffe. Schauen wir uns zuerst die bereits erwähnten Kategorien an:

EINLADUNG: *Jerry*[137]*, Hunde, Komm, Gehen wir, Zurück, Spazierengehen, Hier.*
Viele dieser Worte haben also eine vergleichbare Bedeutung.

KÖRPERHALTUNG: *Sitz, Platz, Rolle, Auf, Pfote, Gib Pfötchen, Bitte, Gib Laut.*
Das Kommando »Bitte« führt bei Jerry zu einem tiefen Grollen und »Gib Laut« zum Bellen.

HANDLUNGSHEMMUNG: *Nein, Schluss, Weg, Bleib, Warte, Nichts mehr da, Nicht bellen, Pass auf.*
Das Kommando »Nein« wird ziemlich allgemein gebraucht und bedeutet, dass der Hund unterbricht, was er gerade tut. In der Regel verstehen Hunde dieses Komman-

do sehr gut. »Weg« bezieht sich auf die Situation, wenn wir nach Hause kommen und Eva nicht da ist: Die Hunde laufen in der Wohnung umher und suchen sie, aber beim Kommando »weg« hören sie damit auf. Jerry lernte die Bedeutung von »Nichts mehr da« viel schneller als Flip, für den ein abwehrendes Winken mit beiden Händen auf Brusthöhe zum Handlungshemmer wurde.

INDIVIDUELLE HANDLUNGEN: *Baden gehen, Abtrocknen.*
Ich habe keine Ahnung, was der Hund denken würde, wenn ich diese Worte beispielsweise draußen auf der Straße sagen würde. Aber in unserer Wohnung und in Badezimmernähe versteht er sie und geht – wenn auch zögerlich – in Richtung Bad. Das Abtrocknen ruft mehr Begeisterung hervor: Wenn wir nach einem Spaziergang im Regen nach Hause kommen und ich nichts sage, bringt Jerry mir selbst das Handtuch.

NAMEN: *Eva, Willie, Tom, Stephen, Katze, Hase, Vogel, Auto, Leine, Schuh, Ball, Kiste, Wasser, Knochen.*
Namen können Menschen, Lebewesen oder Dinge bezeichnen. Hunde lernen die Namen für Gegenstände leicht, wenn sie mit besonderen Aktivitäten assoziiert werden. Peter Pongrácz wies außerdem nach, dass sie die Namen für Lebewesen wie zum Beispiel »Hase« oder »Schwein« viel schneller lernen als Namen für Gegenstände. Obwohl Hunde also diese Fähigkeit zum Lernen von Namen besitzen, bin ich der Meinung, dass sie Namen nicht mögen, weil man ihnen nur mit viel Mühe beibringen kann, ähnlich aussehende Gegenstände nur anhand ihrer Bezeichnung zu unterscheiden.

ERLAUBNIS: *Ja, OK, Du kannst mitkommen, Du kommst auch mit.*
Diese Worte sind immer an eine besondere Situation gebunden. Jerry zum Beispiel begleitet fortgehenden Besuch gerne immer bis zum Aufzug und bittet jedesmal darum. Die Antwort lautet manchmal »Nein« und manchmal »Du kannst mitkommen«. Letzteres ist eine Erlaubnis, die vermutlich an einen Kontext gebunden und nur in der gegebenen Situation gültig ist; deshalb sehe ich keinen Sinn in einer wissenschaftlichen Untersuchung der Frage, ob ein Unterschied zwischen »Du kannst mitkommen« und »Du kommst auch mit« besteht. Letzteres ist relevant, wenn ich Flip irgendwo rufe und Jerry nachfragt, was denn mit ihm sei. Meine Antwort ist dann entweder »Nein« oder »Du kommst auch mit«. In letzterem Fall zeigt er mit fröhlichem Springen deutlich an, dass er verstanden hat.

INFORMATIONSÜBERMITTLUNG: *Da kommt jemand, Besuch kommt, Du gehst mit Eva, Du kommst mit mir, Ich komme, Jetzt gleich, Noch nicht, Du kriegst was, Hier ist Futter, Du kriegst ein Leckerchen, da, hier, Guck mal!, Ich komme sofort, wenn ... dann ...*

Hunde lieben Besuch: Wenn wir ankündigen, dass gleich jemand kommt, zeigen sie zahlreiche Anzeichen gesteigerter Aufmerksamkeit. Dies dauert fünfzehn bis zwanzig Minuten an, und wenn die Gäste nicht in dieser Zeit kommen, fragen die Hunde noch ein- oder zweimal nach, bevor sie allmählich das Interesse verlieren. Wenn dann die Gäste schließlich ankommen, können wir aus der begeisterten Begrüßung schließen, dass die Hunde tatsächlich auf sie gewartet haben. Sowohl Jerry als auch Flip reagieren sofort auf die Worte »hier«, »da« und »guck mal«, indem sie sich zu orientieren versuchen – egal, ob wir uns zuhause oder draußen im Freien befinden. Sie schauen sich schnell um, um herauszufinden, worum es geht und finden auch meistens heraus, was ich ihnen zu zeigen versuche.

Die Konstruktion »wenn ... dann« bezieht sich auf eine komplizierte Verkettung von Tatsachen, wird aber sowohl von Jerry als auch von Flip verstanden. Dass dem wirklich so ist, fand ich einmal zufällig heraus, als ich zuhause auf meinen Sohn Gábor wartete. Inzwischen war unsere übliche Zeit zum Spazierengehen gekommen und Flip drängelte mich zum Gehen. »Wenn Gábor kommt, dann gehen wir.« Ich erwartete wirklich nicht, dass er das verstehen würde, aber er beruhigte sich sofort, nachdem ich dies gesagt hatte. Ich nahm an, dass er aus meinen Worten wahrscheinlich ein »Nein« verstanden hätte.

Als Gábor nach etwa einer halben Stunde ankam, unterhielten wir uns intensiv und ich vergaß den Hund darüber ganz. Es vergingen aber kaum ein paar Momente, bis Flip mit der Leine im Fang in den Raum getrottet kam, sie vor meine Füße legte und ärgerlich zu bellen begann. Es war ziemlich eindeutig, dass er die »wenn ... dann«-Konstruktion verstanden hatte.

Seitdem habe ich sie öfter mit Erfolg benützt, und auch Jerry versteht sie. Ich präzisiere für diejenigen Lesern unter Ihnen, die es genauer nehmen, dass ich natürlich nicht davon ausgehe, dass Hunde Konditionalsätze verstehen. Vielmehr glaube ich, dass sie die Hemmung einer Handlung verstehen, die mit dem Eintreten eines bestimmten Ereignisses verbunden ist. Anders gesagt: Flip hat den anhaltenden Wunsch, spazierenzugehen, und was er aus meiner Antwort versteht, ist »Nein!« bis Gábor kommt.

Der entscheidende Unterschied zwischen dem menschlichen Konditionalsatz und dem hündischen Verständnis von »wenn ... dann« ist, dass der Hund anhaltend motiviert sein muss, eine bestimmte Handlung ausführen zu wollen. Diese Handlung kann dann zeitweise unterbunden werden, und die Aufhebung dieser Unterbindung kann an ein bestimmtes Signal geknüpft sein. Falls in der Zwischenzeit die Motivation des Hundes aus irgendeinem Grund verpuffen sollte, wird er die ganze Angelegenheit einfach vergessen. Konditionalsätze wie »Wir gehen spazieren, wenn die Sonne scheint« oder »Wenn Du dich benimmst, bekommst Du ein Leckerchen« ergeben für Hunde keinen Sinn, weil sie nicht wissen, was »die Sonne scheint« oder »sich benehmen« bedeutet. Menschen dagegen verstehen solche Konstruktionen mit Leichtigkeit.

KOMMANDOS MIT REFERENZBEGRIFFEN: *Ruf* ... (eine Person), *Bring das ..., Nimm das ..., Legs rein, Lass los, schau nach* ... (einer Sache).
Dieses Kommandos sind sehr situationsspezifisch. »Lass los« hat nur dann Sinn, wenn der Hund etwas im Fang hat. »Legs rein« hat nur dann Sinn, wenn sich eine Kiste oder ein ähnliches Behältnis im Gesichtsfeld des Hundes befindet und er etwas im Fang trägt oder wenn ein Gegenstand neben dem Behältnis liegt. Der Hund erschließt sich also aus dem Zusammenhang, was gemeint ist und führt dies aus.

FRAGE: *Wo ist ... (Person oder Gegenstand)? Wo entlang?*
Wir haben bereits gesehen, dass man mit Hunden wunderbar Verstecken spielen kann oder sie fragen kann, wo sich eine bestimmte Person oder eine bestimmte Sache befinden. Sie machen sich dann sofort auf den Weg, um den oder das Gesuchte zu finden. Ich habe auch die Frage »Wo entlang?« erwähnt, auf die ich ziemlich stolz bin. Zuerst hatte ich sie nur Flip gestellt, aber auch Jerry versteht sie. Beide haben die Bedeutung der Frage relativ langsam gelernt. Wenn ich frage »Wo entlang?«, sucht der Hund die Richtung aus, in der wir spazieren gehen. Manchmal gibt es aber auch den komplizierteren Fall, dass der Hund etwas möchte, ich aber nicht weiß, was es ist. Wenn ich dann »Wo entlang?« frage, gibt er mir zusätzliche Informationen. Er kann mich zum Beispiel zur Tür führen, weil er hinaus möchte, zu seinem Wassernapf, weil dieser leer ist oder zur Dose mit den Hundeleckerlis, weil er eins davon haben möchte.

Um die oben erwähnten »Grundvokabeln« etwas zu illustrieren, habe ich Beispiele aus Flips Tagebuch ausgesucht.

1. An beliebigem Ort. *Komm!* – Er kommt. (Flip, 1990).

2. Ein Hund sitzt auf meinem Schoß und wird von mir gestreichelt, der andere ist etwa fünf Meter entfernt. *Geh mit ihm spielen!* – Er springt herunter und geht zu dem anderen Hund. (Flip, 1990).

3. Wir gehen eine Straße entlang. *Schau mal das Auto!* – Er nähert sich dem Auto. (Flip, 1990).

4. Wir stehen in der Wohnung. *Such Eva!* – Er durchsucht die Wohnung. (Flip, 1990).

5. Wir verstecken einen Gegenstand in einem Nachbarzimmer und sagen bei unserer Rückkehr: *Such!* – Er geht in das Zimmer, in dem ich den Gegenstand versteckt habe und beginnt herumzuschnüffeln. (Flip, 1990).

6. Wir stehen auf einer Straße. *Wo ist die Katze?* – Er rennt herum und sucht. (Flip, 1990).

7. An beliebigem Ort. *Katze*. – Er sucht. (Flip, 1990).

8. Der Hund steht. *Sitz!* – Er setzt sich hin. (Flip, 1990).

9. Wir gehen am Ufer eines Grabens entlang. Er schaut mich fragend an. *OK*. – Er springt in den Graben. (Flip, 1990).

10. Wir stehen in der Küche und eine Wespe summt herum. Er versucht, sie zu fangen. *Vorsicht!* – Er wird langsamer und passt offensichtlich auf. (Flip, 1990).

11. Auf einer Wanderung trödelt Eva langsam hinterher und gerät außer Sicht. *Hol Eva!* – Er rennt zurück zu Eva. (Flip, 1990).

12. Auf einer Wanderung gibt Eva ihm einen Gegenstand zum Festhalten. *Brings zu Willy!* – Er bringt ihn mir. (Flip, 1990).

13. Auf einem Spaziergang kommen wir an eine Weggabelung. *Ich zeige mit meiner Hand*. – Er geht in die gezeigte Richtung. (Flip, 1990).

14. Wir machen uns zum Fortgehen fertig und Flip schaut fragend. *Du kommst auch mit*. – Er rennt los, um die Leine zu holen. (Flip, 1990).

15. Wir stehen in der Wohnung oder auf der Straße. *Sitz!* – Er setzt sich. (Flip, 1990).

16. Wir sind in der Küche. *Gleich kommt Besuch*. – Er rennt zur Wohnungstür. (Flip, 1990).

17. Flips abgeschorene Fellhaare sind in einer Tüte, die im Wandschrank hängt. *Wo ist der andere Hund?* – Er rennt zum Wandschrank. (Flip, 1990).

18. Wir spielen verstecken. Ich lasse ihn Sitz machen und verstecke einen Gegenstand in einem anderen Zimmer. *Such!* – Er geht los und findet ihn. (Fip, 1990).

19. Wir sind in unserer Wohnung, Eva ist im Badezimmer. *Wo ist Eva?* – Er geht und findet sie. (Flip, 1990).

Genaues Nachdenken über die obigen Kategorien ermöglicht es uns, eine sehr einfache Hundegrammatik aufzustellen:

1. Kommunikationen, die von Hunden verstanden werden, haben immer etwas mit Handlungen und Aktion zu tun.

2. Es existieren Handlungen, die für Hunde von Natur aus attraktiv und wünschenswert sind (angeborene Handlungen). Sie reflektieren die Idiosynkratien der Spezies. Dies sind die Handlungen, die gehen, fangen, jagen, suchen, fressen, bellen oder schnüffeln entsprechen oder Handlungen, die mit sozialem Kontakt zum Besitzer, zu anderen Personen und anderen Hunden zu tun haben.

3. Es gibt erlernte Handlungen zu den Signalen »Auf«, »Platz« oder »Fang«.

4. Es existieren Signale, die eine Richtung für die Handlung angeben, so z.B. »hier«, »rein« oder »da.«.

5. Handlungen können gelenkt oder gehemmt (unterbunden) werden.

6. Als Signale können Geräusche, Bewegungen oder Objekte dienen.

Die meisten Fälle sozialen Verstehens können so erklärt werden, dass sie aus der Hemmung von für den Hund erwünschten Handlungen bestehen, aus dem Verstehen von Hinweisen für das Ausführen erlernter Handlungen und aus der sinnvollen Ausführung von Hinweisen auf erlernte oder angeborene Handlungen.

Zum Beispiel: »*Such* (angeborene Handlung) *die Katze* (Bezeichnung für ein Tier) *in der Kiste* (Bezeichnung für einen Gegenstand)!« »*Hol* (erlernte Handlung) *das Handtuch* (Bezeichnung eines Gegenstandes)!« Der Hund bettelt (angeborene, durch Lernen teilweise modifizierte Handlung: »*Schluss jetzt!*« (Handlungshemmung).

Das Vermitteln von Informationen und Stellen von Fragen ist nicht so leicht zu erklären, und ich werde gleich auf dieses Thema zurückkommen. Lassen Sie uns aber in der Zwischenzeit einmal überlegen, inwiefern diese wenigen Regeln und vierzig bis fünfzig Begriffe ein Verstehen ermöglichen. Stellen Sie sich einen Reisenden vor, der die Landessprache nicht spricht, aber die wichtigsten Wörter kennt. Sie werden zustimmen, dass man mit ein paar Grundvokabeln ganz gut zurecht kommt, sofern man die Gepflogenheiten des Gastlandes kennt. Natürlich versteht der Reisende seinen Gesprächspartner nicht, wenn dieser sagt: »Mir scheint, mein Herr, dass Sie den öffentlichen Fahrplan übersehen haben und deshalb leider umsonst auf den letzten Zug warten, weil dieser soeben abgefahren ist. Leider wird es heute keine weiteren Züge mehr geben, und ich möchte Ihnen deshalb mit allem Respekt empfehlen, sofern Sie keine Hindernisse darin sehen, dass Sie Ihre Reise, für die ich Ihnen im Namen unserer Eisenbahngesellschaft alles Gute wünsche, morgen früh fortsetzen.«

Sobald der Bahnbeamte aber merkt, dass sein Gegenüber gar nicht seine Sprache spricht, wird er sagen: »Kein Zug!« Und wenn er halbwegs schlau ist, wird er seinen Kopf bildlich auf seine beiden gefalteten Hände neigen, um Schlaf zu symbolisieren und unserem Reisenden die Situation mit Hilfe von Körpersprache zu erklären versuchen.

Wenn wir wissen, dass ein Zug der letzte ist und wenn wir auf die Körpersprache achten, dann können wir aus relativ wenigen Signalen schließen, was unser Gegenüber uns mitzuteilen versucht. Hunde befinden sich in exakt der gleichen Lage. Mit der Ausnahme echter Arbeitshunde müssen die meisten Hunde sich nicht sonderlich anstrengen, um Futter, Wasser und einen Schlafplatz zu bekommen. Wenn sie überhaupt etwas tun müssen, dann wird man ihnen dies ausführlich beibringen. Häufig aber ist die wichtigere Sache, dass sie irgendetwas nicht tun sollen.

Diese Argumentation will nicht besagen, dass Hunde eine schwache Intelligenz haben, sondern nur, dass sie bescheidene Anforderungen an die Kommunikation stellen. Ihr Kommunikationsbedürfnis ist jedoch höher als das der meisten anderen Tiere, obwohl es das von Menschen nicht erreicht. Der Punkt, den ich im nächsten Kapitel zu beweisen versuchen werde, ist aber, dass die Intelligenz von Hunden höher ist, als man auf der Grundlage ihrer Kommunikation erwarten würde.

Ich muss noch zwei weitere wichtige Anmerkungen zur Kommunikation machen. Die erste betrifft die Signalkategorie zum *Übermitteln von Informationen,* deren Diskussion wir auf später verschoben haben, und die zweite die Interpretation von »Wohin?«, was in die Kategorie der *Fragen* fällt.

Ich möchte mit Letzterem beginnen. Der Hund muss verstehen, dass sein Besitzer eine Frage stellt und wird dann entscheiden, welche gewünschte Handlung er ausführen wird. Dies ist keine einfache Sache. Wenn auf die Frage »Wohin?« eine Wahl zwischen mehreren Alternativen getroffen werden muss, kann man beobachten, dass die Hunde nachdenken: An einer Wegegabelung schnüffeln sie in beide Richtungen, und bei Flip und Jerry vergeht manchmal eine ganze Minute, bis sie sich entschlossen haben, wo es hingehen soll. In Teil 4 des Buches werden wir die Rolle der sekundären Repräsentation für das Funktionieren des menschlichen Verstandes näher untersuchen. Es ist sehr wahrscheinlich, dass auch im Gehirn des Hundes eine Art sekundärer Repräsentation stattfindet. Zum Beispiel dadurch, dass er gleichzeitig an zwei mögliche Handlungen denken kann, vielleicht ihre Vor- und Nachteile abwägen kann und dass er in der Lage ist, zu erfassen, dass er, der Hund, eine Entscheidung treffen kann. Dies sind enorm wichtige Mechanismen – wenn sie denn im Verstand des Hundes existieren.

Informationen zu übermitteln setzt voraus, dass der Empfänger sie annimmt oder danach fragt und in manchen Fällen auch, dass er damit zufrieden ist. Wenn man Hunden Beachtung schenkt, kann man die sehr wichtige Beobachtung machen – die von meinen Kollegen schon lange bestätigt wurde – dass Hunde Fragen stellen. Wenn Flip am Morgen fragt, wer mit ihm spazieren gehen wird, akzeptiert er die

Antwort. Er kann nicht sprechen und seine Frage kann nur im Rahmen meines menschlichen, sozialen Verständnisses interpretiert werden, aber aus der Übereinstimmung seiner Reaktion mit der Antwort folgt eindeutig, dass er verstanden hat.

Das Training von Tieren mit Hilfe assoziativen Lernens hat eine lange Tradition und wurde oftmals wissenschaftlich untersucht. Niemals aber hat ein Tierpsychologe davon berichtet, dass eine Ratte ihn gefragt hätte »Hej, wer wird denn heute den Versuch leiten?« Ich glaube, dass das Phänomen, Fragen zu stellen und Informationen sowohl zu geben als auch entgegenzunehmen sehr viel über die inneren Mechanismen des Hundes verrät.

Zur Unterstützung führe ich hier einige Auszüge aus meinem Tagebuch an (einige davon wurden bereits besprochen). Sie haben alle gemeinsam, dass es jedes Mal der Hund ist, der die Kommunikation initiiert. Ich betonte bereits, dass Zielgerichtetheit oder Absicht die Basis dafür ist, seine Gedanken mitzuteilen.

1. Nach der Injektion eines Medikamentes muss Flip dringend urinieren. Er geht zum Fenster, stellt sich auf die Hinterläufe, wedelt mit dem Schwanz und starrt unbeirrt hinaus. Als ich frage »Sollen wir rausgehen?«, rennt er zur Tür. (Flip, 1990).

2. Er bringt mir die Leine und zeigt so, dass er hinausgehen möchte. (Flip. 1990).

3. Am Abendtisch stößt er mich mit seiner Nase an, um mir mitzuteilen, dass er Futter haben möchte. (Flip, 1990).

4. Auf dem Campingplatz in Diósgyör[138]: Jemand hat einen Knochen mitgebracht und legt ihn auf seinen Teller. Flip fragt, ob er ihn haben darf. Auch die Person, die den Knochen mitgebracht hat, bemerkt dies. (Flip, 1990)

5. Ich rufe ihn zum Spazierengehen, aber er kommt nicht. Er drängelt zu Eva und geht mit ihr. (Flip, 1990).

6. Eva trödelt hinterher. Ich schicke Flip, sie zu holen. Er läuft zu ihr, stößt sie mit der Nase an, knurrt und kommt dann zurück zu mir (Flip, 1990).

7. Am Morgen sitzt er ungeduldig an meinem Bett, stößt meinen Morgenrock mit der Nase an und fordert mich zum Aufstehen auf. (Flip, 1990).

8. Wir sind in meinem Zimmer in Göd. Flip möchte spazieren gehen. Er geht zu meinem Mantel und stößt ihn mit der Nase an. (Flip, 1990).

9. Wir machen uns zum Weggehen fertig. Flip kommt zu uns, setzt sich, wedelt und

schaut fragend. Wenn wir sagen »Du bleibst hier«, geht er weg, aber wenn wir sagen »Du kommst mit«, rennt er los, um die Leine zu holen. (Flip, 1990).

10. Wenn wir auf einer Wanderung an eine Wegegabelung kommen, bleibt er stehen und schaut zurück. Wenn ich mit meiner Hand in die richtige Richtung zeige, geht er weiter. (Flip, 1990).

11. Ich sitze an meinem Schreibtisch. Flip kommt, stößt mich mit der Nase an und schaut aus dem Fenster. Ich stehe auf, er rennt zur Tür und holt die Leine. (Flip, 1991).

12. Eines Morgens machte Eva sich fertig, um mit ihm spazieren zu gehen, aber offensichtlich wollte Flip, dass ich auch mitkommen sollte. Er ließ Eva mehrmals stehen, kam zu mir ins Badezimmer und schaute mich fragend an. Als ich ihm sagte, dass ich nicht mitkommen würde, hörte er damit auf. (Flip, 1991).

13. Eine von meinem Vater erzählte Geschichte. Vor einiger Zeit besuchten wir meine Eltern, und meine Mutter gab Flip ein Stückchen Käsecracker, die er sehr liebt. Bei unserem nächsten Besuch rief meine Mutter Flip in die Küche und wollte ihm ein süßes Plätzchen geben. Er nahm es, legte es auf den Boden und schnüffelte daran, fraß es aber nicht. Meine Mutter brach es in zwei Stücke und bot ihm die Hälfte aus der Hand an, aber er fraß auch das nicht und schaute aus dem Fenster. Meine Mutter begann, ihn zum Fressen überreden zu wollen, aber Flip stand auf und ging zu dem Regal, in dem die leere Papiertüte der Käsecracker lag. Er berührte sie mit der Nase, ging zu dem Plätzchen zurück und wartete. Da meine Mutter aber inzwischen mit einer Unterhaltung beschäftigt war, schaute Flip noch eine Weile aus dem Fenster und verließ dann die Küche. Wir waren bei diesem Zeigen auf ein Objekt nicht dabei. (Flip, 1991).

14. Als ich mich eines Morgens ankleidete und zum Weggehen fertig machte, kam Flip zu mir und fragte, ob ich ihn mitnehmen würde. Ich sagte ihm, dass Eva mit ihm hinausgehen würde, woraufhin er mich verließ und zu Eva ins Badezimmer ging. (Flip, 1991).

15. Um die Fütterungszeit herum kam er zu meinem Schreibtisch, setzte sich vor mich, wedelte heftig mit dem Schwanz und schaute mich fragend an. Als ich fragte »Willst du dein Fressen?« sprang er sofort auf und rannte in die Küche, wohin ich ihm folgte und ihn fütterte. (Flip, 1991).

16. Eva ging in die Küche, um das Frühstück vorzubereiten. Sie war eine Weile damit beschäftigt, bis alles fertig war. In diesem Moment kam Flip zu mir, ohne

dass Eva ihn geschickt hätte, und »rief« mich, indem er mich mit der Nase anstieß. (Flip, 1991).

17. Im Urlaub in Diósjenö: Heute morgen stieß er mich um fünf Uhr mit der Nase an und ging zur Tür. Ich ließ ihn hinaus. (Flip, 1991).

18. Wir hatten festgestellt, dass Flip ein wenig übergewichtig war, weshalb ich einen Teil seines Futters wegnahm und in den Kühlschrank stellte. Er bekam also weniger als gewöhnlich. Nach unserem Abendspaziergang setzte ich mich zum Arbeiten an den Schreibtisch. Nach einer Weile kam Flip, stieß mich mit der Nase und schaute mich an. Ich fragte, was er wolle. Seine Antwort war eindeutig: Er nickte mit einem deutlichen Kopfschwenk in Richtung Küche. Ich war so erstaunt, dass ich aufstand, woraufhin er in Richtung Küche loslief. Ich bot ihm einen Keks an, den er aber nicht nahm. Stattdessen legte er sich vor seinen Futternapf und schaute ihn an. Die Forderung war eindeutig! Ich nahm den beschlagnahmten Teil seines Futters hervor, den er mit großem Genuss verspeiste. (Flip, 1991).

19. Heute hatte es geregnet und wir waren ziemlich nass geworden. Flip blieb in der Diele stehen und nahm die Körperhaltung ein, mit der er draußen normalerweise anzeigt, dass er gerne in eine andere Richtung gehen möchte. Ich fragte ihn, ob er von mir abgetrocknet werden wollte, woraufhin er ins Badezimmer rannte und vor dem Regal mit den Handtüchern stehen blieb. (Flip, 1991).

20. Die Klingel an der Haustür war defekt und kaum noch zu hören. Flip bellte in der Diele, und als niemand darauf reagierte, kam er in mein Arbeitszimmer und rief mich herbei. (Flip, 1991).

21. Ernie war gekommen, um unsere Haustür zu reparieren. Jedesmal, wenn er durch die geöffnete Tür ging, rannte Flip in die Diele und bellte mich an. (Flip, 1994).

22. Flip hatte zum Abendessen weniger Futter als sonst bekommen, und ich hatte mich zu einem Schläfchen hingelegt. Er kam zu mir und schaute mich eine Weile lang an, bevor er mich mit Knurren weckte und zu seinem Napf in die Küche führte. (Flip, 1994).

23. Flip litt mehrere Tage lang unter Verstopfung und wir hatten ihn auf strenge Diät aus Dosenfutter gesetzt, das er nicht sehr gerne mag. Heute war der dritte Tag. Am Abend fraß er sehr wenig und machte mich etwa eine Stunde nach seinem Fressen auf sich aufmerksam. Ich folgte ihm zusammen mit Eva. Er blieb in der Diele stehen und begann sich hörbar zu beschweren. Dies ging eine ganze Zeit lang so, bis er sich in der Küche in der Nähe seines Futternapfes hinlegte, den

Kopf aber davon weggedreht. Letzten Endes gab Eva ihm etwas Schinken. (Flip, 1994).

24. Während der Weihnachtstage in Göd hatte ich eine große Schachtel mit Naschereien bekommen, in der auch etwas Gutes für Flip enthalten war. Gestern hatte ich ihm etwas daraus gegeben. Heute Abend kam er zu mit und führte mich zu dem Wandschrank, in den ich die Schachtel gestellt hatte. Dann schaute er mich an, um mir zu sagen, dass er etwas daraus haben wollte. (Flip, 1996).

Aus diesen Beispielen wird sicherlich klar, dass Kommunikation mit Hunden nichts einseitiges ist. Es ist nicht so, dass nur der Mensch spricht, auf etwas hinweist oder etwas verlangt, sondern auch Hunde tun dies. Kommunikation ist zweiseitig. Hunde bemühen sich, uns mit für uns verständlichen Botschaften mitzuteilen, was für sie wichtig ist.

In den genannten Beispielen wurden menschliche Sprache und Körpersprache als Signale verwendet, aber man kann auch mit anderen Mitteln mit Hunden kommunizieren. Es ist ganz einfach, sich solche Signalgesten auszudenken. Hier ein Beispiel: Flip ist für sein Alter ein wenig übergewichtig, während Jerry so aktiv ist, dass er mehr als die normale Futterration benötigt. Wenn ich ihn aber zu seiner Extraration rufe, hört Flip mich natürlich auch und kommt freudig mit, um nichts zu verpassen. Jerry brauchte nicht mehr als zwei oder drei Versuche, um zu lernen, dass er allein auf ein lockendes Krümmen meines Zeigefingers hin mit mir in einen abgelegeneren Raum kommen sollte, wo er sein Extrafutter bekam.

Auch Gegenstände können als Signale benutzt werden. Als die Fakultät für Ethologie gerade neu eröffnet worden war, experimentierten wir eine kurze Zeit lang mit Hunden. Mein Freund und Kollege Anthony Dóka arbeitete mit einem kleinen, drei Monate alten Puli[139], und sein Versuch wurde für zwei Dinge bekannt. Das erste davon war gegenstandsbasierte Kommunikation. Mein Freund Tony schnitzte mehrere Holzstücke in verschiedene Formen, die im Folgenden als Vokabular dienten. Ein Holzstück bedeutete, nach etwas zu fragen, ein anderes eine Aufforderung zum Spielen und wieder ein anderes Hinausgehen. Es gab ferner drei Holzstücke, die bestimmten Personen oder anderen Gegenständen entsprachen. Der Junghund lernte die Bedeutung der einzelnen Holzstücke sehr schnell und brachte prompt das entsprechende Teil, wenn er um etwas bitten wollte. Man musste ihm nicht beibringen, dass das Holzstück mit der Bedeutung »Bitte um Futter« auch zum Betteln bei anderen Personen benutzt werden konnte: Sobald er jemand essen sah, ging er los, suchte das entsprechende Holzstück und brachte es zu der Person hin. Falls diese die Bitte nicht verstand, bellte er ärgerlich. Sehr schnell lernte er auch die Zeichen für Gegenstände. Wir hatten den Zusammenhang zwischen elf verschiedenen Gegenständen und ihren entsprechenden Zeichen untersucht. Diese Verknüpfung wurde auf zwei verschiedene Arten untersucht: Entweder musste der Hund unter den Holzstücken dasjenige aussuchen, das einem bestimmten Gegenstand zugeordnet war, oder er musste umgekehrt unter verschiedenen Gegenständen denjenigen heraussuchen, der einem bestimmten Holzstück entsprach. Die Rate der erfolgreichen Zuordnung schwankte zwischen 40 und 70 Prozent – bei zufälliger Auswahl hätte sie rechnerisch weniger als 10 Prozent betragen müssen.

Die andere bemerkenswerte Besonderheit dieses Hundes war das Repertoire an Lautäußerungen, das er zur Kommunikation gebrauchte und das auf reziproken Vokalisationen beruhte. In meiner Kindheit besaßen wir einen Dackel, der jeden Besuch schon lange, bevor wir irgendetwas hören konnten, ankündigte. Er brachte dann ein ganz besonderes Winseln hervor und lief zur Haustür. Mein Bruder Laci und ich wollten einmal ausprobieren, ob der Dackel diesen Ton auch verstehen würde. In seiner Abwesenheit übten wir so lange, bis wir perfekt im Winseln waren. Im entscheidenden Versuch brachten wir also das ganz spezielle Winseln hervor, woraufhin er zur Haustür lief und uns dann mit einem Blick ansah, der so vernichtend war, dass ich ihn mein Lebtag lang nicht vergessen werde. Ich überredete Tony, doch einmal das Gleiche zu probieren und auch hier klappte es. Der Puli und alle Wissenschaftler der Forschungsstation konnten zwei typische Lautäußerungen hervorbringen. Eine von ihnen war ein tiefes Knurren, welches die Ankunft eines Fremden anzeigte. Wenn wir dieses Geräusch machten, sprang der Puli auf, hielt nach dem Ankömmling Ausschau und begann zu bellen. Wenn er als Erster fremden Besuch bemerkte, signalisierte er dies mit dem gleichen Laut. Der zweite Laut diente zum Rufen des Hundes und war eine Art Hecheln – sobald er es hörte, kam der Puli zu uns gerannt. Uns rief er auf die gleiche Art und Weise. Natürlich kannte jeder in der ethologischen Fakultät dieses Signal und wir reagierten immer darauf, indem wir zu dem Puli hingingen. Die Mitarbeiter der biologischen Forschungsstation riefen den Hund sehr gerne und ausgiebig mit diesem Signal, antworteten aber leider (verständlicherweise) umgekehrt nicht auf seine Rufe, sodass er nach ein paar Wochen seine Gewohnheit, sie so zu rufen, aufgab.

Auch bei Jerry stellte ich fest, dass wir mit Leichtigkeit sechs bis acht Signale schaffen konnten, wenn es mir gelang, die hündischen Laute gut zu imitieren. Die Schwierigkeit besteht darin, Laute zu finden, die ein Hund hervorbringen und durch Wiederholung lernen kann. Irgendwann hatte Flip – vielleicht durch Zufall – gelernt, mit einem tiefen Grollen um etwas zu bitten. Zuerst bat er um einen Keks, später um einen Ball, einen Stofflumpen, einen nächtlichen Spaziergang oder was auch immer. Jerry bat als Welpe mit sehr hoher, fast pfeifender Stimme um Dinge, aber da Flip zum gleichen Zweck ein tiefes Grollen einsetzte, lernte Jerry von seinem Beispiel und begann ebenfalls, hin und wieder mit diesem Grollen um bestimmte Dinge zu bitten. Es ist schwierig, einem Hund das Knurren beizubringen, und Jerry gebrauchte nach wie vor öfter sein Welpenwinseln, wenn er etwas haben wollte. Er gibt auch noch andere Laute von sich, wie zum Beispiel das schon erwähnte kurze »Jipp«, um mich aufzuwecken. Seit Neuestem signalisiert er uns mit dem exakt gleichen »Jipp«, dass er hinaus oder herein möchte, wenn er irgendwo ein- oder ausgesperrt ist.[140] Außerdem beherrscht er ein besonderes, hohes, fast weinendes Winseln, das sich von dem »Bitte-Winseln« unterscheidet. Er lässt es hören, wenn er gestreichelt werden möchte. Im Allgemeinen geht das so vor sich, dass er aufs Bett springt, es sich bequem macht und so lange winselt, bis ich ihn zu streicheln beginne. Wenn er bekommen hat, was er wollte, begibt er sich zu seinem Wachtposten vor der Eingangstür und legt sich dort hin. Er hat noch einen weiteren besonderen Laut in seinem Repertoire: Jerry bittet häufig um etwas, und wenn ich nicht weiß, was er meint, zähle ich die verschiedenen Möglichkeiten wie zum Beispiel rausgehen, spielen, fressen und so weiter auf. Wenn ich das erwähne, was er gerade im Sinn hat, bricht er in ein lautes Bellen aus – das klare Signal für »ja, ja!« Insgesamt haben wir fünf Vokalisationen für die Kommunikation etabliert, und ich bin sicher, dass man dieses Repertoire auch noch erweitern könnte.

Eine bereits geschilderte Beobachtung zeigte ja, dass Hunde auch Symbole zur Kommunikation einsetzen können. Auch ich machte mit Jerry den Versuch zur gegenstandsbasierten Kommunikation, und er lernte das Prinzip genauso schnell wie der erwähnte Puli.

10. September 1997:
Heute machten wir einen Ausflug nach Királyrét,[141] den wir alle sehr genossen. Jerry bekam ein paar Hot Dogs, weil er so hungrig war. Am Abend gab es für ihn nur Dosenfutter, das er nicht besonders mag. Sobald er davon probiert hatte, brachte er mir das entsprechende Stück Holz für »Futter, bitte« und legte es vor mich hin. Er wiederholte das mehrmals, um mir klarzumachen, dass er an ein anderes Futter dachte. Er wollte einfach das Dosenfutter nicht fressen. Später legte er das Holzstück vor sich hin und schaute es eine Zeit lang nachdenklich an, dann nahm er es und warf es zum Balkon hinunter.

Ein Hauptgrund dafür, dass wir den Versuch mit den in Form geschnitzten Holzstücken nicht mehr fortsetzten, war, dass man sie immer bei sich haben musste, damit der Hund jederzeit die gerade benötigten heraussuchen konnte. Außerdem begann Jerry, auf dem Holz herumzukauen, was wir ihm nicht abgewöhnen konnten. Es dauerte nur ein paar Tage, bis wir kein erkennbares Holzstück mehr hatten. Wir hätten vielleicht den Versuch mit Gegenständen aus kaufesterem Material fortsetzen können und es wäre sicher interessant, diese Sache weiter zu untersuchen.

Lassen Sie mich zum Abschluss der Diskussion um hündische Kommunikation anmerken, dass wir nur sehr wenig über dieses Thema wissen und dass wir unsere wissenschaftlichen Untersuchungen dazu fortsetzen.

Teil Vier

Der Verstand von Tieren im Fokus der Wissenschaft

Leser, die sich nur für Hunde interessieren, mögen den nun folgenden Rest des Buches vielleicht als zu anstrengend empfinden. Wir werden darin diskutieren, wie der Verstand von Tieren vom wissenschaftlichen Standpunkt aus untersucht und erforscht werden kann. Tapfere Leser, die sich weiter vorkämpfen, werden aber lernen, wie man die Ergebnisse der zuvor beschriebenen Beobachtungen und Experimente auswerten und analysieren kann. Zu Beginn des Buches habe ich hervorgehoben, dass die neueren theoretischen Analysen zum Verstand des Hundes mehrere Ähnlichkeiten in den Denkprozessen von Menschen und Hunden nahe legen. Die Zeit ist nun reif für eine detailliertere wissenschaftliche Untersuchung dieser Fragen.

KAPITEL 11

BEOBACHTUNG, THEORIE UND BEWEIS

Lesende Hunde

Eines Tages bekam ich einen Anruf von einem sehr aufgeregten Mann, der mir erzählte, dass er seinem Hund das Lesen beigebracht habe und nun von mir wissen wollte, ob dies eine große Sache sei. Ich stellte ihm ein paar Fragen, um herauszufinden, worum es hier genau ging und was der Hund wirklich zu leisten imstande war.

»Na ja, er liest,« sagte der Mann.

»Aber was macht er, wenn er liest?« fragte ich.

»Er schaut die Buchstaben an, die ich vor ihn hingelegt habe und holt dann den Ball.«

»Sie legen also große, gut sichtbare Buchstaben nebeneinander vor den Hund, er schaut sie an und holt dann den Ball. Oder anders gesagt, das Herbeiholen des Balles ist eine Rekation auf die Buchstabenkombination.«

»Nein nein, er liest, er liest die Buchstaben und er versteht sie.«

Meine weiteren Fragen schienen den Mann zusehends zu verärgern, denn er hatte den Eindruck, dass ich ihm nicht glauben würde und verabschiedete sich schließlich kurz angebunden. Dabei erkundigte ich mich mit meinen Fragen nur nach den näheren Umständen seiner Beobachtungen: Wer war dabei anwesend, wo fand dieses »Lesen« statt, wie viele Fehler machte der Hund und wie sinnvoll waren die Symbole.

Ich habe mich auch schon mit Besitzern »zählender« Hunde, »sprechender« Katzen und ähnlichem unterhalten. In solchen Fällen fühle ich mich immer etwas unwohl, weil die Besitzer, die mich in bester Absicht anrufen oder mir schreiben, wirklich etwas beobachtet haben und nun gerne eine triftige Erklärung für dieses Phänomen haben möchten – während ich Spielverderber darauf bestehe, die Regeln der Wissenschaftlichkeit zu befolgen und ihnen damit die erhebende Erfahrung einer erfolgreichen Aufklärung nehme.

Der erste Bericht eines »lesenden« Hundes wurde 1885 von Sir John Lubbock im Jahresbericht der Britischen Wissenschaftlichen Gesellschaft veröffentlicht. Er legte seinem Pudel Van Karten mit in großen Buchstaben darauf geschriebenen Wörtern vor und hatte ihm beigebracht, auf Vorlesen die richtige Karte zu bringen.[142] Ich tue gerade etwas Ähnliches, indem ich die Leser mit meinen eigenen Beobachtungen und begleitenden Erläuterungen unterhalte. Dabei muss ich aber die Spielregeln erklären, die von Wissenschaftlern über die Jahrhunderte hinweg entwickelt wurden und die von allen Forschern in Übereinstimmung mit den geschriebenen und ungeschriebenen Gesetzen ihrer Disziplin eingehalten werden müssen.

Wissenschaftliches Denken ist gar nicht so weit entfernt vom normalen Alltagsdenken wie man vielleicht meinen könnte. Im Verlauf der Evolution haben Menschen die wunderbare Fähigkeit zur Sprache erworben, die es ihnen ermöglichte, die Ereignisse und Phänomene der Welt und selbst ihre eigenen inneren Erfahrungen festzuhalten und aufzuzeichnen. Mit Hilfe von Symbolen konnten sie die Inhalte zu Geschichten, Beschreibungen und Erklärungen verdichten, die dann als Rohmaterial für weitere Gedanken dienen können. Wenn der menschliche Verstand arbeitet, beschäftigt er sich in der Regel mit Geschichten, die geschehen sind und an die er sich erinnert. Jede Art von Information oder Wissen über uns selbst oder unsere Erfahrungen bestehen, wie sich immer herausstellt, aus vielen kleinen Geschichten. Darin gibt es stets Akteure – uns selbst oder andere – und es gibt Gegenstände, Tiere und Pflanzen genauso wie Handlungen. Anders gesagt, irgendetwas geschieht mit den Akteuren. Wenn wir an einen so profanen Gegenstand wie einen Kugelschreiber denken, fallen uns sofort kleine Geschichten dazu ein: Wir haben damit geschrieben, die Mine war alle, jemand hat uns einen geschenkt und so weiter. Diese Geschichten arbeiten zum Teil unsere eigenen Erfahrungen heraus, und – das ist sehr wichtig – sie beziehen sich auf Glauben und auf Wissen, das wir mit anderen gemeinsam haben. Wenn wir morgens aus dem Fenster schauen und sehen, dass die Sonne aufgegangen ist, werden wir uns nicht nur unserer eigenen Erfahrungen im Zusammenhang mit Sonnenaufgängen bewusst, sondern vielleicht auch der Annahme, dass die Erde sich um ihre Achse dreht und wir deshalb die Sonne immer wieder sehen. Ich habe dies als Annahme bezeichnet, weil wir nicht selbst direkt erfahren haben, wie sich die Erde dreht, sondern wir haben es von unseren Eltern oder Lehrern gehört oder in einem Buch gelesen. Weil diese Geschichten gut mit unseren eigenen Erfahrungen übereinstimmen, glauben wir sie; wir akzeptieren sie als Erklärung.

Der menschliche Verstand kann eine unglaublich große Menge ähnlicher auf Annahmen basierender Geschichten und persönliche Erfahrungen speichern. Typisch für den Verstand ist, dass er eine neu gehörte Geschichte stets mit den schon vorhandenen vergleicht und die neue nur dann als wahr, gut oder als Erklärung akzeptiert, wenn sie nicht den bisher erworbenen Erfahrungen widerspricht. Wenn jemand behaupten würde, dass die Sonne sich deshalb um die Erde dreht, weil sie auf einem von sechs Pferden gezogenen Wagen liegt, würden wir das nicht glauben, weil wir annehmen, dass es sich bei der Sonne um einen riesigen Himmelskörper mit einer Oberflächentemperatur von vielen tausend Grad handelt und dass dies die Möglichkeit irgendeiner »Pferdewagengeschichte« ausschließt. Vor ein- oder zweitausend Jahren war diese Erklärung aber absolut plausibel.

Der Verstand speichert nicht nur Tausende von Geschichten, sondern erneuert sie auch und setzt sie im Kontext der Alltagserfahrungen neu zusammen. Jeder ist ein Beobachter: Wir beobachten uns selbst, unsere Freunde und die Welt um uns herum, und die eingehenden Daten beeinflussen pausenlos die geschichtenbildenden Aktivitäten des Verstandes. Manchmal widersprechen Beobachtungen den schon vorhandenen Geschichten – dann tüfteln wir neue Geschichten aus. Bevor wir aber sagen, dass eine Geschichte wahr ist, benötigen wir Beweise. Eine neue Geschichte muss also in unsere Matrix schon existierender und akzeptierter Geschichten passen.

Unser Kind kommt später als sonst aus der Schule und wir finden einen Fleck auf seinem T-Shirt, der verdächtig nach Erdbeereis aussieht. Es behauptet aber, geradewegs nach Hause gekommen zu sein, nirgends angehalten und nirgends Eis gesehen zu haben. Unsere Theorie ist, dass es trotzdem irgendwo unterwegs Eis gegessen hat, aber wir haben nur wenige Beobachtungsdaten und keinen Beweis. Am nächsten Tag gehen wir es von der Schule abholen und sehen beim Näherkommen, dass es eine riesige Eiswaffel in der Hand hält. Unsere Theorie, dass der Racker sein Taschengeld für Eis verschwendet, ist bestätigt.

Anders gesagt: Wir hatten eine Ausgangstheorie, nämlich die, dass das Kind sofort nach Hause kommt. Dann machten wir ein paar Beobachtungen: Es kommt zu spät und es sind Flecken auf seinem T-Shirt. Wir formulieren also eine neue Theorie: Das Kind isst heimlich Eis! Die zusätzlichen Beobachtungen bestätigten dann die neue Theorie.

Natürlich ist es auch möglich, dass das Kind auf der Straße herumtrödelte und dass die Flecken anderen Ursprungs sind. In diesem Fall wäre eine alternative Theorie richtig. Wir könnten sogar mit der unangenehmen Tatsache konfrontiert werden, dass es an dem Tag, an dem wir es erwischt haben, tatsächlich zum ersten Mal Eis gegessen hat und dass unsere Theorie von den vorhergehenden Missetaten falsch war. Es kommt häufig so, dass man aus den gleichen Daten viele verschiedene Theorien konstruieren kann, obwohl nur eine von ihnen wahr sein kann – und es kann schwierig sein, herauszufinden, welche das ist.

Der Verstand eines Wissenschaftlers bei der Arbeit arbeitet im Grunde genauso. Der einzige Unterschied ist vielleicht, dass der Wissenschaftler sich dessen bewusst ist und seine Beobachtungen und darauf fußenden Theorien sehr sorgfältig in sein Gerüst schon bestehender Annahmen einfügt.

In der eben erzählten Geschichte war der Hundebesitzer der Meinung, dass sein Hund lesen könne – das war seine Theorie. Was bezeichnen wir in unserem täglichen Leben als Lesen? Eine vernünftige Antwort könnte sein, dass Lesen ein Phänomen ist, bei dem ein Mensch beim Betrachten einer Reihe abstrakter Symbole seinen Verstand benützt, um eine Mitteilung zu interpretieren. Wenn er zum Beispiel die Worte liest »Das Pferd trank Wasser aus einem Behälter«, kann er erfassen, was geschehen ist und weiß genau, was die einzelnen Elemente dieser Geschichte miteinander und mit anderen Geschichten zu tun haben. Er weiß zum Beispiel, in welche Kategorie von Dingen ein Pferd einzuordnen ist. Es ist ein Lebewesen, ein Tier, ein Säugetier. Aber kein Apfelschimmel, es ist einfach ein allgemeines Pferd, das alle Merkmale seiner Art trägt, ohne jede Spezifikation, ob es sich um ein bestimmtes Pferd oder irgendein Pferd handelt. Auch das Konzept »Behälter« ist nicht ganz so einfach. Aus dem obigen Satz ist klar, dass der Behälter Wasser enthält – aber um welche Art von Behälter handelt es sich? Wenn wir in einen Laden gingen und nach einem Behälter fragen würden, würden wir vermutlich belustigte Blicke ernten. »Was für einen Behälter suchen Sie denn? Eine Bratpfanne, einen Topf, einen Salzstreuer oder einen Eimer?«

Die Kategorie »Behälter« umfasst Hunderte verschiedener Gegenstände. Eine Person, die liest und versteht, was sie liest, muss das wissen. Zum Beispiel bedeutet die Tatsache, dass das Pferd aus einem Behälter trank, dass dieser Behälter groß genug gewesen sein muss, damit der Pferdekopf hineinpasste. Sicherlich muss er größer gewesen sein als eine Tasse, auch wenn diese ebenfalls als Behälter zu bezeichnen wäre. Außerdem kann der Behälter nicht aus Stroh oder Stoff bestanden haben, weil er sonst das Wasser nicht gehalten hätte. Anders gesagt: Ein Mensch, der wirklich lesen kann, muss eine große Menge komplexer Informationen verfügbar haben und er wird diese Informationen beim Lesen andauernd verwerten. Er könnte zum Beispiel ohne jeden Zweifel oben zitierten Beispielsatz von folgendem unterscheiden: »Es sah so aus, als ob das Pferd Wasser aus einem Behälter trinken würde.« Auch dies ist interessant: Wenn es so aussah, als ob das Pferd trinken würde, dann hätte ein Beobachter in beiden Fällen das gleiche gesehen, der Leser kann den Unterschied zwischen beiden Geschichten aber mit Leichtigkeit erkennen.

Die Feststellung, dass jemand liest, ist das Ergebnis einer Folgerung, in der die Beobachtung, dass er auf geschriebene Buchstaben schaut, lediglich eins von mehreren Elementen ist. Viel wichtiger ist die Annahme, dass derjenige die Fähigkeit zur Sprache besitzt, dass er nachdenken und interpretieren kann und dass ihm die Buchstaben und das Alphabet bekannt sind. Wenn wir also behaupten, ein Hund könne lesen, dann müssen wir eine Theorie haben, die beinhaltet, dass ein Hund all diese Fähigkeiten und Kenntnisse besitzt. Die Frage ist: Können wir das beweisen?

Wenn eine Fliege sich auf eine Zeitung setzt, wollte sie diese dann lesen oder sich nur ausruhen? Wir haben keine Möglichkeit, das zu erfahren. Im Alltag sind wir auch nicht immer darauf erpicht, die ganze Wahrheit über etwas zu erfahren. Das Wichtigste für einen Wissenschaftler ist es aber, eine Theorie entweder zu bestätigen oder nachzuweisen, dass sie falsch ist. Jede Wissenschaft basiert auf einem enormen Fundus an Wissen und Annahmen, die von der Wissenschaftsgemeinde als entweder wahr oder falsch akzeptiert sind. Neue Theorien und Annahmen können nur dann in diesen Fundus aufgenommen werden, wenn sie den vorhergehenden nicht widersprechen. Tun sie es doch, dann muss ihr Wahrheitsgehalt durch eine sehr große Menge an Beobachtungsdaten gestützt werden. Im Allgemeinen ist es aber so, dass man irgendwann eine Verbindung zwischen der neuen Theorie und den älteren Theorien findet und nachweist, dass der anfangs vermeintliche Widerspruch sich gar nicht als solcher erweist.

Wissenschaftliche Fragen

Da der Fundus an wissenschaftlichen Annahmen so groß ist, kann man sicher davon ausgehen, dass ein erheblicher Teil der Theorien auf mangelhaften oder falschen Daten beruht. Widersprüche und zweifelhaft konstruierte Verbindungen können hier leicht identifiziert werden. Wenn wir auf einen solchen Widerspruch treffen, können wir eine neue wissenschaftliche Fragestellung formulieren, die häufig für sich selbst eine kleine Theorie sein kann und sich von den vorhergehenden unterscheiden kann. Wir suchen die Antworten auf eine solche Frage mit Hilfe neuer Beobachtungen und neuer Theorien, die wiederum auf diesen Beobachtungen fußen. Sind wir darin erfolgreich, haben wir einen störenden Widerspruch aus dem gemeinsamen wissenschaftlichen Fundus entfernt.

Daraus folgt, dass ein Wissenschaftler seine Beobachtungen immer auf der Grundlage irgendeiner früheren Theorie, Annahme oder Hypothese anstellt. Eine Vorabtheorie bestimmt die Auswahl seines Beobachtungsobjektes und der Methode, die er für seine Beobachtungen anwenden wird – ob er beispielsweise mit bloßem Auge, mit einem Mikroskop, einem Teleskop oder sonst einem Instrument beobachten wird. Wichtig ist auch, eine Beobachtungseinheit für das Zielobjekt festzulegen. Wie diese aussieht, ist abhängig von der Frage, auf die wir gerade eine Antwort suchen. Man könnte einen einzelnen Wolf beobachten, zwei Wölfe, ein ganzes Rudel oder eine aus mehreren Rudeln bestehende Population. Man könnte aber auch Teile eines Wolfes beobachten – seine Rute oder seine Ohren, oder vielleicht diejenigen Nervenzellen im Gehirn, die für das Schwanzwedeln zuständig sind. Welche Möglichkeit wir auch immer auswählen, wir tun dies auf der Grundlage irgendeiner Theorie oder Hypothese, und diese Auswahl wird zum größten Teil bestimmen, was wir beobachten.

Wenn wir einen einzelnen Wolf auswählen, kann dies ein erwachsener Wolf oder ein Welpe sein, ein Wolfsrüde oder eine Wölfin. Wenn unsere Theorie zum Beispiel lauten würde, dass ein Wolf seine Beute alleine fängt, wäre es Zeitverschwendung, einen Welpen zu beobachten. Wenn wir zum mütterlichen Pflegeverhalten etwas wissen möchten, müssen wir mindestens zwei Wölfe beobachten: ein Muttertier und seinen Welpen. Wichtig ist auch, dass man sich auf vorangegangenes Wissen stützt, wenn man mit seinen Beobachtungen beginnt. Dies wird großen Einfluss darauf haben, was man herausfindet.

Nehmen wir also einmal an, dass wir von einer vernünftigen Theorie ausgehen und dass wir unsere Beobachtungsziele entsprechend ausgewählt haben. Anschließend sammeln wir eine größere Menge an Beobachtungsdaten, aus der wir eine neue Annahme – die immer auch eine neue Theorie ist – formulieren. Dies wird zu einer Beschreibung, die unsere vorhergehenden Theorien dazu benützt, die neuen Daten zu interpretieren und die neue Interpretation zu bestätigen.

Im Fall der »lesenden« Hunde beziehen sich meine Beobachtungen auf den Zusammenhang zwischen dem geschriebenen Text und dem Verhalten des Hundes. Um Beweise zu erhalten, muss ich eine sehr detaillierte Prozedur durchführen, weil ich meine Theorie sonst wissenschaftlich nicht beweisen kann. Wenn der Hund wirklich lesen kann, dann wäre es ein ausreichender Beweis, ihm viele verschiedene Texte mit darin enthaltenen Anweisungen zum Ausführen bestimmter Aufgaben vorzulegen. Würde der Hund die Texte lesen und anschließend die geforderten Aufgaben ausführen – auch, wenn ich selbst nicht anwesend wäre – dann, und nur dann dürfte ich die Schlussfolgerung ziehen, dass er lesen kann. Ich kann meine Theorie also erst dann als bewiesen betrachten, wenn sie mit jedem wichtigen Beobachtungswert übereinstimmt. Bis jetzt hat es niemand geschafft, einen solchen Beweis zu erbringen, obwohl bereits mehrere Menschen der Meinung waren, dass ihr Hund lesen könne.

Die Stolpersteine sind zahlreich. Wenn ich das Wort Knochen auf ein Stück Papier schreibe und dem Hund beibringe, dass er den Knochen holen soll, nachdem ich ihm das Stück Papier gezeigt habe, dann habe ich damit nicht bewiesen, dass er lesen kann. Ich muss mich mit einer wesentlich einfacheren Annahme zufrieden geben, nämlich der, dass der Hund eine Instruktion ausführen kann, nachdem er ein geschriebenes Symbol erkannt hat.

Theorien beruhen auf Daten, die vielfältige Interpretationen zulassen. Beweis ist das Instrument, mit dessen Hilfe wir aus den vielen Theorien diejenige heraussuchen können, die die beste oder endgültige Erklärung liefert.[143] Es gibt keine wissenschaftliche Methode, mit der man die Schaffung einer neuen Theorie oder die Auswahl einer Theorie aus mehreren möglichen vereinfachen oder sogar automatisieren könnte. Wie korrekt oder wahr eine Theorie ist, wird nicht durch ihre Schönheit oder Einfachheit, sondern ausschließlich durch ihren praktischen Wert bestimmt. Im Allgemeinen bedeutet dies, dass eine korrekte Theorie effektiv als Ausgangspunkt für den Umgang mit weiteren Beobachtungen eingesetzt werden kann. Mit Hilfe einer guten Theorie kann man Voraussagen treffen. Wenn wir mit den chemischen Eigenschaften von Schwefelpulver, Holzkohle und Nitraten vertraut sind, dann können wir die Voraussage treffen: Wenn wir diese Stoffe in einem bestimmten Verhältnis mischen und in einem geschlossenen Kessel erhitzen, kommt es zu einer Explosion. Oder anders gesagt: Wir haben das Schießpulver erfunden.

Menschen haben nicht nur wissenschaftliche Theorien, sondern auch viele Formen von Glauben: Aberglauben, Magie, Geisterbeschwörung oder religiösen Glauben. All das kann für sich gesehen attraktiv sein und tröstlich wirken, aber ziemlich sicher kann man auf einer solchen Grundlage keine Voraussagen treffen. Es ist in Ordnung, wenn man an Engel glaubt, aber dieser Glaube wird keine Voraussage auch nur eines einzigen beobacht- und nachprüfbaren Ereignisses ermöglichen, das die Existenz und Aktivität von Engeln beweisen könnte.

Die Beziehung zwischen Glauben, Theorien, Beobachtungen und Praxis ist in allen Naturwissenschaften ähnlich. Besonders interessante Probleme treten aber dann auf, wenn der Gegenstand der Beobachtung der menschliche Verstand ist – oder, in wie unserem Fall, der Verstand von Tieren.

Kapitel 12

Der kluge Hans und Alex, der Worte verstehende Papagei

Zu Beginn des zwanzigsten Jahrhunderts berichteten die Zeitungen häufig über ein außerordentlich begabtes Pferd, den Klugen Hans, einen Hengst im Besitz eines gewissen Herrn von Osten. Zeitgenössischen Berichten zufolge war dieses Pferd zur Lösung komplizierter mathematischer Aufgaben imstande. Es konnte außerdem Stunden in Minuten umrechnen, falsch gespielte Musikakkorde korrigieren sowie Worte und sogar ganze Sätze buchstabieren. Die Glaubwürdigkeit seiner Leistungen wurde sehr durch die Tatsache unterstützt, dass sein Besitzer kein Interesse an einem wirtschaftlichen Gewinn aus den Fähigkeiten des Pferdes hatte. Es trat nicht im Zirkus auf, Besucher mussten keinen Eintritt bezahlen und jeder, der daran interessiert war, bekam die Möglichkeit, die unglaublichen Talente des Pferdes mit eigenen Augen zu beobachten. Der Besitzer ließ sogar zu, dass man die Fähigkeiten des Hengstes in seiner Abwesenheit überprüfte. Es war also sehr wahrscheinlich, dass es sich hier nicht um einen durch persönlichen Profit motivierten Schwindel handelte.

Die Sensation, die dieser Fall ausgelöst hatte, erregte auch die Aufmerksamkeit der Fachleute: Die Mechanismen, die den seltsamen Talenten von Hans zugrunde lagen, wurden in wissenschaftlichen Untersuchungen, die aber nur auf gutem Glauben beruhten, unter die Lupe genommen.[144] Der Besitzer hatte schon früh festgestellt, dass dieses Pferd eine bemerkenswerte Intelligenz besaß und hatte viele Jahre damit verbracht, seine Talente weiter zu fördern. Als Erstes hatte er ihm beigebracht, geschriebene Zahlen zu erkennen und entsprechend oft mit dem Huf zu scharren. Später erfand er eine Tabelle, in der die Buchstaben des Alphabets jeweils einer bestimmten Zahl zugeordnet waren und das Pferd lernte, Buchstaben und sogar ganze Wörter durch entsprechend häufiges Scharren auszudrücken. Die Experimente waren sehr einfach aufgebaut: Wenn sich jemand dem Pferd näherte und fragte »Lieber Hans, wie viel ist fünf mal drei?«, begann Hans zu scharren und hörte nach dem fünfzehnten Mal auf.

Dies ist ein sehr schönes Beispiel für wissenschaftliche Theorie, Beobachtung und Beweis. Die Ausgangstheorie ist, dass Hans rechnen kann. Die Beobachtung ist ein einfacher Versuch: Wir stellen dem Pferd eine Rechenaufgabe und zählen dann, wie oft es mit dem Huf scharrt. So weit verläuft alles so, wie wir es uns vorgestellt haben, aber das Problem ist, dass wir uns auf Grundlage dieses Experimentes dazu gezwungen sehen, eine neue Theorie anzuerkennen, nämlich die, dass das Pferd tatsächlich rechnen kann. Dies ist aber mit unserem bisherigen Wissen schwer vereinbar, weil ein Pferd mit so hoher Intelligenz bis dato noch nie bekannt geworden ist. Es haben schon viele Menschen eng mit Pferden gearbeitet, aber niemand hat jemals so enorme intellektuelle Fähigkeiten beobachtet. Sollte sich herausstellen, dass die neue Theorie stimmt, dann müssen wir erklären, warum alle anderen Pferde nicht genauso intelligent sind. Könnte es vielleicht sein, dass sie nur nicht korrekt behandelt wurden? Vielleicht könnten die meisten Pferde rechnen, wenn man es ihnen nur richtig beibringen würde? Könnte es sein, dass Pferde genauso intelligent sind wie Menschen und dass dies nur während der vergangenen fünftausend Jahre niemand bemerkt hat?

Oder könnte die neue Theorie falsch sein? Vielleicht waren die Beobachtungen fehlerhaft, oder die daraus gezogenen Schlussfolgerungen nicht korrekt? In solchen Fällen müssen wir weiter beobachten, bis wir einen vernünftigen Zusammenhang zwischen dem beobachteten Phänomen und unserem bisherigen Wissen finden können.

Das Pferd wurde zunächst von einem schnell zusammengestellten Expertenkomitee begutachtet, zu dem der bekannte Zirkusdirektor und Tiertrainer Paul Busch sowie die renommierten Berliner Universitätsprofessoren Heinroth,[145] Nagel und Stumpf und weitere Fachleute zählten. Das Komitee sah es als seine Hauptaufgabe an, einen möglichen Betrug aufzudecken, aber nach einigen Tests erklärten die Mitglieder des Komitees ihre wohlüberlegte Meinung, dass in diesem Fall keine absichtliche Täuschung und kein Schwindel vorläge. Das Geheimnis, das hinter den Leistungen des Pferdes steckte, konnten sie jedoch nicht lüften. Etwas später hatte der renommierte Psychologe Otto Pfungst mit einigen speziell arrangierten Versuchen dort Erfolg, wo die anderen gescheitert waren. Als Erstes machte er die Aufgaben schwieriger. Es stellte sich heraus, dass Hans nicht nur die vier Grundrechenarten beherrschte, sondern auch Wurzeln ziehen und exponentieren konnte, obwohl ihm dies nie beigebracht worden war. Dies machte seine Leistungen natürlich noch viel unglaublicher. Dann kam der brillante Versuch, bei dem Personen, die selbst die richtige Lösung nicht kannten, dem Pferd sehr komplizierte Aufgaben stellten. In diesen Fällen scharrte Hans sehr lange Zeit mit dem Huf und hörte irgendwann auf, manchmal begann er aber auch gar nicht erst mit dem Scharren. Diese Beobachtungen führte zu zwei neuen Theorien: Erstens, dass das Pferd gar nicht rechnen könne und zweitens, dass es in den vorangegangenen Versuchen nur deshalb stets die richtige Antwort gegeben hatte, weil es von der Person, die ihm die Aufgabe gestellt hatte, irgendwelche Signale empfangen hatte. Und diese Theorien wurden tatsächlich bestätigt. Es stellte sich heraus, dass die fragenden Personen, wenn sie die richtige Antwort wussten, aufgeregt mit Hans' Hufescharren mitzählten, um herauszufinden, ob die Lösung stimmte oder nicht. Sobald Hans mit dem Scharren bei der richtigen Zahl angekommen war, entspannten sich die Fragesteller plötzlich, nickten kaum merklich mit dem Kopf oder gaben unabsichtlich ein anderes, kaum wahrnehmbares Zeichen ihrer Zustimmung, woraufhin Hans mit dem Scharren aufhörte.

In der langen Zeit des Lernens war Hans mit Brot oder Karotten belohnt worden, wenn er die richtige Antwort scharrte und hatte irgendwie herausgefunden, dass er eine Belohnung bekam, wenn er das kaum sichtbare unabsichtliche Kopfnicken seines Lehrers bemerkte. Nachdem das Pferd diese Entdeckung gemacht hatte, konnte es sie auch auf andere Personen übertragen. Während seiner Versuche fand Pfungst heraus, wie er das Scharren des Pferdes mit winzigen, aber absichtlichen Bewegungen steuern konnte. Selbst das Nervensystem einer Schnecke ist dazu in der Lage, den Zusammenhang zwischen einer Belohnung und einer unmittelbar vorausgehenden winzigen Veränderung in ihm selbst oder in der Umgebung herzustellen. Man nennt dies die Fähigkeit zum Bilden von Assoziationen oder Verknüpfungen, die jedes Tier besitzt. Sie ist ein extrem einfacher Lernprozess, der keinerlei bewusstes Verstehen oder Nachdenken erfordert. Die Beobachtungen an Hans ließen sich also vollständig mit einer relativ unkomplizierten Theorie erklären, die bestens in unseren schon vorhandenen Fundus an Wissen über die Tierpsychologie passt und die keinerlei besonderen Talente bei dem Pferd voraussetzt. Wir müssen also nicht davon ausgehen, dass die Grundlage für Hans' außergewöhnliche rechnerische Fähigkeiten in einem bis dahin unentdeckten Genie liegen müssen.

Trotzdem hat die Geschichte vom Klugen Hans ihren Platz in der Tierpsychologie gefunden. Bis heute bezeichnet man eine Situation, in der ein Experimentator seinem Versuchstier unabsichtlich Signale übermittelt und damit sein Verhalten beeinflusst, als den »Klugen-Hans-Effekt«.

Der Kluge-Hans-Effekt tritt sogar unter Menschen auf. Sicherlich haben Sie schon einmal davon gehört oder selbst erlebt, dass ein Zauberer sein Publikum bittet, irgendeinen kleinen Gegenstand bei einer beliebigen Person aus dem Publikum zu verstecken, während er selbst den Raum verlässt. Er würde ihn dann mit Hilfe seiner magischen Fähigkeiten wiederfinden. Diese Tricks funktionieren in der Regel auch gut, denn alles, was der Zauberer tun muss, ist, das Publikum aufmerksam zu beobachten: den Grad der Aufregung und die kleinen, unwillkürlichen Bewegungen, die ihm ziemlich genau anzeigen, wann er sich in der Nähe der gesuchten Person befindet. Man könnte dies als billigen Trick bezeichnen, aber eigentlich ist es hochkarätige Psychologie.

Seitdem hat es viele Beispiele dafür gegeben, dass die Teilnehmer an einem Tierversuch das Versuchsergebnis auf vielfältige Art und Weise beeinflussen konnten, und sei es auch ungewollt. Studenten einer amerikanischen Universität wurden einmal gebeten, Labyrinthversuche mit zwei Gruppen von Ratten durchzuführen. Ratten können sich die Struktur eines Labyrinths sehr leicht merken. Ihre Fähigkeit dazu misst man normalerweise an der Anzahl der Fehler bei wiederholten Versuchen, schaut also, wie oft sie in eine Sackgasse laufen. Psychologen haben Ratten gezüchtet, die sich in Labyrinthen sehr gut zurechtfinden und Ratten, die sehr wenig Begabung dazu haben. In diesem Experiment aber waren beide Gruppen gleich stark – nämlich durchschnittlich – talentiert. Folglich hätte auch ihre Leistung ungefähr gleich sein müssen. Nach den Messdaten der Studenten zeigte aber die eine Rattengruppe sehr gute und die andere sehr schlechte Leistungen.

Diese unterschiedliche Leistung hatte eine sehr simple Erklärung: Als der Versuchsleiter den Studenten die Käfige mit den Ratten für den Versuch übergab, teilte er ihnen mit, dass die Ratten der ersten Gruppe sehr intelligent und die der zweiten Gruppe sehr dumm seien. Die Studenten wurden angewiesen, alle Ratten während des Labyrinthversuches gleich zu behandeln. Jede Ratte wurde aus dem Käfig genommen und in das Labyrinth gesetzt, und die Studenten zählten während ihres Durchlaufes die Fehler, die sie machte. Schließlich hoben sie die Ratte aus dem Ziel des Labyrinthes heraus, in dem sich eine Futterbelohnung befand. Die ganze Operation wurde vier- oder fünfmal wiederholt, damit das Lernverhalten der Ratten studiert werden konnte. Aber was die Studenten nicht wussten: Auch sie selbst wurden heimlich beobachtet. Dabei stellte sich heraus, dass sie entgegen der expliziten Anweisung die angeblich schlauen und angeblich dummen Ratten unterschiedlich behandelten. Die für intelligent gehaltenen wurden vorsichtig aus ihren Käfigen genommen, gestreichelt und sehr sorgsam in das Labyrinth gesetzt. Wenn sie dann im Labyrinth unterwegs waren, feuerten die Studenten sie an und halfen ihnen sogar manchmal, indem sie an die Wände des Labyrinths klopften, um ihnen die richtige Richtung zu zeigen. Die für dumm gehaltenen Ratten dagegen wurden gröber behandelt, geradezu an den Start des Labyrinths geschubst und bekamen schon Fehlerpunkte, wenn sie nur in einen falschen Gang hineinschauten. Das Endergebnis einer so ungleichen Behandlung war also absolut verständlich. Die grob behandelten Tiere hatten Angst, was ihre Leistung verschlechterte. Dieses Beispiel veranschaulicht sehr schön, wie bestehende Annahmen und Theorien das Ergebnis einer Beobachtung beeinflussen können.

Sind Tiere intelligent?

Zu allen Zeiten hatten Menschen viele unterschiedliche Meinungen zur Intelligenz von Tieren. In der Antike glaubte man im Allgemeinen, dass Tiere genauso intelligent seien wie Menschen und nur nicht sprechen könnten. Nach Auffassung des

Christentums war der Hauptunterschied zwischen Menschen und Tieren die Unsterblichkeit der Seele. Tiere wurden deshalb als minderwertig, Lebewesen niedriger Ordnung und praktisch als Maschinen betrachtet, die weder denken noch fühlen können, keinen Verstand haben und seelenlos mechanisch funktionieren.

Die Psychologie interessierte sich in erster Linie für das Verhalten von Menschen, Versuche mit Tieren dienten eigentlich nur als Modelle für das Studium der menschlichen Psychologie. Darwins Arbeiten führten zu einer entscheidenden Wendung der Dinge. Seine Meinung zu diesem Thema legte er bereits in seinem Hauptwerk über die Evolution dar,[146] in dem er betont hatte, dass die Eigenschaften von Menschen und Tieren in ein Kontinuum angeordnet werden können und dass es keine Diskontinuität oder keinen Bruch zwischen den Merkmalen von Tieren und denen von Menschen gibt. Dem Ausdruck menschlicher und tierischer Gefühle widmete er ein ganzes Buch, das er auf zahlreichen Beobachtungen aufbaute, welche die Kontinuität der Evolution bewiesen.[147] Mutterliebe, Wut und Angst sind Funktionen, schrieb er, deren biologische Grundlagen bei Tieren genauso wie bei Menschen vorhanden sind. Sein Buch über die Evolution des Menschen bezieht sich oft auf die gemeinsamen evolutionären Ursprünge der geistigen Fähigkeiten von Menschen und Affen, aber besonders auf die von Menschen und Menschaffen.[148] Für uns ist von besonderem Interesse, dass Darwin neben den Affen und Menschenaffen auch Hunde als Tiere erwähnte, die möglicherweise ein verstandesmäßiges Bewusstsein besitzen, auch wenn dieses bescheidenere Fähigkeiten aufweisen sollte als unseres. Darwin war ein außergewöhnliches Genie: Selbst im Licht des heutigen Wissensstandes in der Biologie betrachtet enthalten seine Werke nur sehr wenige Fehler. Seine erstaunlich korrekten Vermutungen konnten in sehr vielen Fällen bestätigt werden. Meiner Meinung nach gehören auch seine Anmerkungen zu den geistigen Fähigkeiten von Hunden in diese Kategorie.

George Romanes war ein Freund Darwins, der ihn auch intellektuell inspirierte. Selbst forschte er beharrlich zur Evolution der geistigen Fähigkeiten von Menschen und Tieren und schrieb mehrere Bücher zu diesem Thema.[149] Aber Romanes war kein Genie und schaffte es nicht, die Geschichte der Evolution des menschlichen Verstandes zu chronologisieren, auch wenn er Evolutionstheorien verwendete, die bis heute gültig sind. Der Grund für sein Scheitern war, dass er mehrere elementare logische Fehler machte. Seine Fehler werden heute in der Verhaltenskunde als klassische Fehler betrachtet und oft als Beispiel dafür angeführt, wie der Zusammenhang zwischen Beobachtung und Theorie missverstanden werden kann. Er versuchte, seine Theorien mit zahlreichen Berichten von Einzelbegebenheiten zu beweisen, obwohl die experimentelle Psychologie auch damals schon recht weit fortgeschritten war und einmalige Beobachtungen nicht als besonders aussagekräftig galten.

In einem dieser Berichte ging es um eine Katze, die der Frau des türkischen Botschafters in London gehörte. (Dieses Detail war Romanes sehr wichtig, weil er dachte, dass die Berichte gesellschaftlich hochstehender Personen glaubwürdiger seien als die gewöhnlicher Menschen.) Wie dem auch sei, eines Tages kratzte die Katze am Rock ihrer Herrin und miaute. Die Frau des Botschafters folgte ihr daraufhin in die Küche, wo zu ihrer größten Überraschung gerade die auf dem Herd stehende Milch im Begriff war, überzukochen. Die kluge Katze hatte sie auf die drohende Gefahr aufmerksam gemacht – jedenfalls war es das, was die Frau des Botschafters und später Romanes glaubten.

Der logische Irrtum ist offensichtlich: Es könnte zwischen den beobachteten Ereignissen (Kratzen, Miauen und überkochende Milch) zahlreiche Verbindungsmöglichkeiten geben, die alle mit verschiedenen Theorien erklärt werden könnten. Eine der Theorien ist natürlich die von Romanes angeführte, aber genauso gut wäre die, dass die Katze die Milch roch und bei ihrer Besitzerin darum bettelte, welche zu bekommen. Möglich ist auch, dass das Miauen der Katze und das Überkochen der Milch rein zufällig zur gleichen Zeit stattfanden. Die beiden letzten dieser drei Theorien sind problemlos mit unserem bisherigen Wissen über Katzen vereinbar, denn Katzen zeigen selten eine höhere Intelligenz als die, auf die ein vierjähriges Kind stolz sein könnte. Wenn wir Romanes' Theorie akzeptieren würden, müssten wir unsere ganzen bisherigen Vorstellungen von Katzen über den Haufen werfen – allein auf Grundlage einer Erzählung der Frau des türkischen Botschafters.

Morgans Kanon

Die zeitgenössischen Psychologen waren über Romanes' Berichte recht verärgert, und tatsächlich betrachtet man es heute als Romanes' größten Verdienst, seine Zeitgenossen verärgert zu haben: Indem diese nämlich versuchten, seine Theorien zu widerlegen, begannen sie, an geeigneten Beobachtungs- und Versuchsmethoden für die Tierpsychologie zu arbeiten. Während Romanes' Theorien größtenteils auf Hörensagen beruhten, hob der herausragende englische Psychologe C. Lloyd Morgan im Gegensatz dazu die Wichtigkeit der direkten Beobachtung hervor. Er bestand darauf, dass wissenschaftliche Theorien alleine auf Grundlage sorgfältig überprüfter und beschriebener Beobachtungen sowie auf in Versuchen gewonnenen Daten aufgestellt werden dürften. Eines seiner berühmtesten wissenschaftlichen Prinzipien für das Aufstellen neuer Theorien war das Parsimonitätsprinzip (Sparsamkeitsprinzip). Es ist bis heute universell im Bereich der Tierethologie akzeptiert und bekannt als Morgans Kanon, der besagt, dass man zur Erklärung eines Verhaltens grundsätzlich nicht von einem höheren Grad an Intelligenz ausgehen soll, wenn auch ein niedrigerer Intelligenzgrad ausreichend ist. Oder anders gesagt: Wir sollten bei der Erklärung von Tierverhalten immer nach der einfachst möglichen Erklärung suchen.

Psychologen, die nach Morgans Kanon arbeiteten, widerlegten einer nach dem anderen die Fälle der von Romanes angenommenen höheren tierischen Intelligenz und wiesen nach, dass Tierverhalten durch zufälliges Ausprobieren, einfache Reflexe und primitive Lernprozesse gesteuert ist anstatt durch bewusste Aktivität. Der englische Psychologe L. Thorndyke führte ein Instrument namens Problembox in das Studium des Tierverhaltens ein. Die Problembox war ein im Regelfall mit einem einfachen Kippriegel verschlossener Käfig, den man von innen öffnen konnte. Ein in den Käfig gesperrtes Tier konnte sich also befreien, wenn es das Problem lösen, sprich den Riegel öffnen konnte. Nach Thorndykes Beobachtungen zeigten die als Versuchstiere verwendeten Hunde und Katzen kein Verhalten, das man als zielgerichtet oder planmäßig bezeichnen könnte. Vielmehr bewegten sie sich in ihrem Bemühen, freizukommen, zufällig im Käfig und sprangen darin umher. Wenn sie dabei zufällig den Öffnungsmechanismus betätigten und man sie anschließend wieder in den Käfig sperrte, gelang es ihnen dieses Mal viel schneller und auf viel planvollere Art, den Riegel zu öffnen als beim ersten Mal. Sie hatten aus Erfahrung gelernt. Trotzdem konnte man nicht sagen, dass das Öffnen des Käfigs das Ergebnis einer bewussten Handlung war. Was die Tiere gelernt hatten, war, welche Art von Körperbewegung in welchem Bereich des Käfigs nötig war, um die Tür zu öffnen. Wenn man den Riegel an einer anderen Stelle anbrachte, mussten sie alles wieder von vorn lernen, weil sie den Kausalzusammenhang zwischen ihrer eigenen Bewegung und dem Mechanismus nicht erkannten. Wegen der anfänglichen zufälligen Bewegungen nannte man dieses Phänomen Lernen durch Versuch und Irrtum.

Kann es sein, dass Tiere nichts als komplizierte Automaten sind?

Die Tierpsychologen war so von den methodologischen Problemen in den Bann gezogen, dass sie das Weiterarbeiten auf dem theoretischen Gebiet vernachlässigten. Dies führte dazu, dass ihre Untersuchungen nicht ihren eigenen Platz in den biologischen Wissenschaften fanden. Die Tierpsychologie als laborbasierte Verhaltenswissenschaft war geboren. Ihr Hauptziel waren Versuche in künstlich geschaffener Umgebung, die man exakt wiederholen konnte und die auf extrem vereinfachten Theorien beruhten. Dieses Ziel wurde auch erreicht.

Die Tierpsychologie geriet unter den Einfluss des Behaviorismus, des zu dieser Zeit vorherrschenden Trends in der Psychologie. Die Grundannahme des Behaviorismus war, dass alles Tierverhalten letzten Endes eine Reaktion auf einen Reiz aus der Umgebung sei. Das Verhalten eines Tieres wird aber auch entscheidend durch seine in der Vergangenheit gemachten Erfahrungen beeinflusst. Das Wichtigste im Studium des Tierverhaltens ist deshalb die Analyse von Lernmechanismen, die, so glaubte man damals irrtümlich, bei allen Spezies gleich seien. Nur so wäre man in der Lage, die Gründe für ein bestimmtes Verhalten eines Tieres herauszufinden. Behavioristen wie der amerikanische Psychologe B.F. Skinner versuchten, möglichst objektive Versuchs- und Beschreibungsmethoden anzuwenden und eliminierten aus ihren Analysen die möglichen Auswirkungen subjektiver Faktoren wie Gefühle,

Gedanken, Absichten und so weiter. Sie betrachteten Tiere im Grunde als Automaten, die zwar relativ kompliziert, aber dennoch in ihrer Grundstruktur durchschaubar sind. Dieser Trend wurde noch bestätigt, als in der Neurobiologie die Theorie der Reflexe aufkam. Sie basierte auf den Untersuchungen eines englischen und eines russischen Wissenschaftlers, nämlich denen von C.S. Sherrington und I.P. Pavlov. Sie stellten die Hypothese auf, dass das Verhalten eines Tieres auf eine einfache, angeborene Reaktion oder einen Reflex beziehungsweise auf durch Lernen erworbene konditionierte Reflexe und deren Folgen reduziert werden könne. Wusste man also genau, welche Belohnungen und Bestrafungen das Tier in der Vergangenheit erhalten hatte, konnte man demnach sein künftiges Verhalten voraussagen.

Während die Biologen erfolgreich bewiesen, dass biologische Phänomene nur auf allgemeinem evolutionärem Hintergrund verstanden werden können, führten die Aktivitäten der Psychologen zu einer im Grunde anti-darwinistischen Verhaltenswissenschaft. Die methodologischen Prinzipien des Behaviorismus schlossen in der Natur gemachte Beobachtungen aus und damit auch die Möglichkeit genetischer Diversität. Der Behaviorismus beschränkte sich selbst streng auf das Studium von Verhalten, das man im Labor erzeugen konnte: auf das Lernen. Die jüngere Generation der Behavioristen begann dann, Morgans ursprüngliche und gut begründete Empfehlung neu zu interpretieren, dass Verhaltensphänomene höherer Ordnung wie Denken, Gefühle, Einsicht und Bewusstsein aus den Analysen ausgeschlossen werden sollten, weil sie zu kompliziert seien. Sie nahmen vielmehr an, dass diese verschiedenen Formen von Phänomenen höherer Ordnung bei Tieren gar nicht existierten, womit die Wissenschaftler den Boden der Realität unter den Füßen zu verlieren begannen.

Die behavioristische Psychologie zeigte einige wirklich extreme Auswirkungen. Man betrachtete es als wissenschaftlich inkorrekt, in der Beschreibung eines Tieres (zum Beispiel eines Schimpansen) Worte wie er wollte, dachte, fühlte oder stellte sich vor zu verwenden, weil die Behavioristen der Ansicht waren, dass solche Beschreibungen allein auf den menschlichen Geist anwendbar seien. Wenn ein Wissenschaftler zu glauben wagte, dass ein Tier fühlen oder sich etwas wünschen könne, wurde er umgehend als »antropomorph« gebrandmarkt. (Ursprünglich wurde der Begriff Antropomorphismus von den alten Griechen zur Beschreibung der Gewohnheit gebraucht, den Göttern menschliche Eigenschaften zuzuschreiben. Später gebrauchte man ihn dann in der Bedeutung, Tieren menschliche Eigenschaften zuzuerkennen.) In Insiderkreisen spottet man heute noch gerne über die Geschichte eines Journalisten, der den ersten Artikel von Jane Goodall, die später als Schimpansenforscherin berühmt werden sollte, deshalb nicht veröffentlichen wollte, weil sie darin den Schimpansen Namen gegeben und sie mit den normalerweise für Menschen reservierten Personalpronomen »er« oder »sie« (im englischen, Anm. d.Übers.) beschrieben hatte anstatt mit es. Der Artikel wurde trotzdem veröffentlicht.

Die Theorie des tierischen Bewusstseins

In der Zwischenzeit war viel Neues geschehen und zunehmend mehr Psychologen begannen, die behavioristische Theorie zu kritisieren, weil die extremen Behavioristen selbst bei menschlichem Verhalten die Analyse von Zuständen ablehnten, die nicht direkt beobachtet werden konnten – zum Beispiel Wünsche oder Gedanken. Offensichtlich war aber, dass die behavioristischen Prinzipien die Beschreibung von Verhalten sehr vereinfachten und praktisch sehr wertvoll für die Formulierung von Theorien zur Vorhersage von Verhalten waren. Diese Entwicklung förderte stark die kognitiven Trends in der Psychologie. Darin ging man ganz frei mit Indikatoren für Gefühls- und Geisteszuständen um, die man zwar nicht direkt beobachten kann, auf die man aber aus dem Verhalten rückschließen kann. Natürlich beeinflussten diese Trends aber nicht die Tierverhaltensforschung, weil die meisten Psychologen der Meinung waren, es sei ein Anthropomorphismus, eine Vermenschlichung, wenn man Tieren Befindlichkeiten zuschrieb, die denen von Menschen ähnelten oder sogar mit ihnen identisch waren.

Kurz darauf erschien Donald Griffins Buch über das Bewusstsein von Tieren, das die Existenz von Verstand und Gemüt bei Tieren und die Möglichkeit, es zu erforschen, stark favorisierte.[150] Griffin ist ein bekannter amerikanischer Ethologe, der das Radar-Orientierungssystem von Fledermäusen entdeckte. Dass er der Annahme den Rücken stärkte, Tiere besäßen Verstand, erwies sich als sehr effektiv. Zahlreiche Ethologen beteiligten sich nun an der Entwicklung einer Wissenschaft vom Verstand der Tiere, die man als kognitive Ethologie bezeichnet. Wie in allen neuen Disziplinen kam es auch hier zu einigen extremen Auswüchsen. Viele Forscher glaubten nun, dass Tiere denken, planen, sich verzwickte Bewegungen ausdenken und genau wie Menschen Enttäuschung empfinden oder Tagträume erleben können, egal, ob es um Schimpansen oder um Marienkäfer ging. An diesem Punkt mischten sich die früheren Behavioristen wieder in die Debatte ein und stellten ihrer Meinung nach notwendige Bedingungen für die Existenz gemeinsamer geistiger Merkmale bei Menschen und Tieren auf, die nur dann erfüllt werden könnten, wenn das Tier in der Lage wäre, die menschliche Sprache zu sprechen.

In den letzten paar Jahren hat sich unter denjenigen Ethologen, die man am treffendsten als neue Anthropomorphisten bezeichnen könnte, ein vernünftiger Mittelweg gebildet. Sie bezeichnen diejenigen Wissenschaftler, die ohne jede Analyse davon ausgehen, Tiere würden wie verstandeslose Maschinen funktionieren, als Mechanomorphisten. Ihrer Meinung nach sind sie genauso im Irrtum wie die alten Anthropomorphisten, die ohne jede Analyse und ohne jeden Beweis glaubten, dass Menschen und Tiere viele geistige Eigenschaften miteinander teilen.[151] Nach gegenwärtiger Meinung sollten anfängliche Beschreibungen von Phänomenen so einfach wie möglich sein und die darin verwendeten technischen Begriffe sollten oder können als Metaphern oder Gleichnisse betrachtet werden; die der Analyse zugrundeliegende Hypothese und der wahre wissenschaftliche Bedeutungsgehalt der Metaphern müssen aber mit Hilfe von Beobachtungen und Experimenten überprüft werden. Der Forscher hat so auf der einen Seite viel Freiheit in der Beschreibung des jeweiligen Verhaltens, ist aber andererseits gezwungen, den Inhalt seiner Beschreibung zu überprüfen. Früher wurden Wissenschaftler, die ihre Theorien auf kleinen Geschichten und Berichten aufbauten, rundweg kritisiert, aber die heutige Meinung ist – wie die breite Akzeptanz der Werke von Konrad Lorenz und Jane Goodall zeigt –, dass einzelne Beobachtungen ausgebildeter Wissenschaftler durchaus als wissenschaftlicher Beweis akzeptabel sind, sofern die darauf basierenden Theorien sich gut mit dem vorhandenen Wissen vereinbaren lassen. Zwei Primatenforscher sammelten beispielsweise mehrere hundert Berichte von Kollegen, die sich mit Affen beschäftigten und bewiesen damit schlüssig, dass diese Tiere dazu in der Lage sind, ihre jeweiligen Geschlechtspartner zu täuschen.[152]

Alex spricht

Auch die Versuche mit Alex, dem berühmten, die menschliche Sprache verstehenden Papagei, beruhen auf einzelnen Beobachtungen und einer ganzen Reihe von Berichten. Die Beobachtungen wurden über viele Jahre hinweg von der bekannten amerikanischen Wissenschaftlerin Irene Pepperberg unter strenger Beachtung der behavioristischen Prinzipien gemacht.[153]

Alle Versuche in der Tierpsychologie, die das Lernen von Zeichen oder Signalen untersuchen, haben mit dem gleichen Problem zu kämpfen: Es ist sehr schwierig, überzeugende Beweise für eine der beiden miteinander wetteifernden Hypothesen zu finden, nämlich ob das Tier lediglich ein Zeichen mit einer Belohnung assoziiert, oder ob es in der Lage ist, den Zusammenhang zwischen dem Zeichen und seiner Bedeutung zu lernen – unabhängig von jeder Belohnung. Dieses Problem wäre einfach zu lösen, wenn Tiere sprechen könnten, weil wir sie dann ganz einfach fragen könnten. Aber selbst der Kluge Hans konnte seine Antwort nur durch Hufescharren mitteilen, weshalb sein Besitzer selbst jahrelang fälschlich im Glauben war, er könne tatsächlich intelligente Antworten geben.

Pepperberg stellte fest, dass die größeren Papageien in der Regel eher schlau seien und dass es relativ leicht sei, ihnen Worte beizubringen. Sie vermutete, dass bei Versuchen mit solchen Papageien herauskäme, dass diese Tiere Worte sinnvoll verwenden könnten. Also bewarb sie sich um Fördergelder bei der National Science Foundation und beschrieb in ihrem Antrag, welche Methoden sie zur Untersuchung der geistigen Fähigkeiten eines afrikanischen Graupapageis anwenden würde. Ihr Antrag wurde prompt zurückgewiesen mit der Begründung, dass man selbst bei Affen bisher noch keinen Verstand nachgewiesen habe, geschweige denn bei Vögeln. Sie war aber hartnäckig und stellte einen weiteren Antrag, in dem sie Assoziationsversuche mit einer nicht näher spezifizierten Kleintierart – keine Ratten – vorschlug.

Diese Gelder wurden auch bewilligt.[154] Die über viele Jahre fortgeführten Versuche bewiesen, dass ihr Papagei Alex mehr als einhundert englische Worte mitsamt ihrer Bedeutung gelernt hatte. In einem Versuch, der auch im Fernsehen gezeigt wurde, stellte man einen Behälter mit dreiundzwanzig verschiedenen Gegenständen vor Alex hin. Die Gegenstände hatten verschiedene Formen und Farben und bestanden aus unterschiedlichen Materialien. Dann wurde ein Gegenstand, sagen wir einmal ein rotes Dreieck aus Holz, herausgenommen und gefragt. »Was ist das?« Alex antwortete prompt: »Dreieck«. »Welche Farbe hat es?« »Rot.« »Woraus ist es gemacht?«. Woraufhin Alex das Dreieck anpickte und dann sagte: »Holz.«

Alex war außerdem in der Lage, aus den vielen Gegenständen das blaue Metallrechteck oder den weißen Lederkreis auszuwählen. Man machte mit Alex viele ähnliche Tests, die dann statistisch analysiert wurden, und heute ist es gemeinhin anerkannt, dass der afrikanische Graupapagei einige Worte lernen und sinntragend gebrauchen kann, die sich auf Gegenstände und ihre Eigenschaften beziehen. Nach fast zwanzig Jahren Arbeit scheint dies ein eher mageres Ergebnis zu sein, aber es stimmt gut mit der amerikanischen Form des Behaviorismus überein, die frei von jedem Anthropomorphismus ist.

Ich selbst war sehr neugierig in Sachen Alex und fragte Frau Pepperberg vor ein paar Jahren während der Kaffeepause auf einer Ethologiekonferenz einmal, wie denn Alex' Alltag ausgesehen habe und womit er sich so beschäftigt habe. Ich nahm nicht an, dass er ständig sein langweiliges, aber bedeutungsvolles und statistisch messbares Vokabular üben würde.

Frau Pepperberg erzählte, dass sie die Forschungsgelder nur für diese eine Art von Versuchen erhielt und diese deshalb fortführen musste, dass es in Alex' Leben aber insgesamt sehr viel lebhafter zuging, als man beim Lesen der Forschungsberichte vielleicht meinen könnte. Alex spricht ständig mit den Menschen um ihn herum – mit ihr selbst, einer Assistentin, einem Tierarzt und einem jungen Psychologen. Er hat verschiedenste Wünsche: Wenn sie ein neues Schmuckstück trage, so erzählte sie, wollte Alex es haben und fragte danach, er forderte einen Spaziergang, verlangte nach Obst, das er kannte, wollte spielen, gestreichelt oder gebadet werden und vieles mehr. Außerdem war er ziemlich aggressiv und hartnäckig – wenn er etwas nicht bekam, das er wollte, begann er zuerst unangenehm zu kreischen, und wenn das nichts half, sich selbst Federn auszurupfen – was seine Besitzerin sehr beunruhigte, denn er hatte kaum noch Federn. So bekam Alex praktisch alles, was er verlangte. Anders gesagt: Alex war ein sprechender Tyrann.

Die interessanteste Geschichte ist aber die folgende: Auf der gleichen Konferenz beklagte Frau Pepperberg sich, dass sie dieses »Biest« nie länger als drei oder vier Tage alleine lassen könne, weil Alex bei ihrer Abwesenheit früher oder später immer nach ihr zu rufen begann und die anderen fragte, wo denn Irene sei. Egal, wie sie ihn zu beruhigen versuchten – er trat in einen Hungerstreik und begann, sich die ohnehin schon stark dezimierten Federn zu rupfen. Den anderen blieb nichts weiter übrig, als Irene anzurufen und ihr zu sagen, dass sie sofort nach Hause kommen müsse, wenn sie Alex lebend wiedertreffen wolle – und da sie schon so viel in ihn investiert hatte, blieb ihr gar nichts anderes übrig, als tatsächlich umzukehren. Zwei Jahre später organisierten wir eine kleine Konferenz zur kognitiven Ethologie in Budapest. Neben vielen weiteren bedeutenden Gelehrten hatten wir natürlich auch Frau Pepperberg eingeladen, aber ich hatte meine Kollegen darauf aufmerksam gemacht, dass sie aus den oben genannten Gründen vielleicht nicht kommen könnte. Sie kam aber tatsächlich und verbrachte fast eine Woche auf der Konferenz. Danach fragten meine Kollegen sie, wie sie ihr Kommen denn möglich gemacht habe. Sie lachte und erklärte die Situation, bestand aber darauf, dass die folgende Information privat und vertraulich sei, weil sie nicht wagen würde, sie öffentlich vor Fachleuten zu äußern. Geschehen war, dass eine ihrer Kolleginnen eine wunderbare Möglichkeit gefunden hatte, wie sie beliebig lang Ferien machen konnte, und zwar mit folgender Methode: Wenn Frau Pepperberg wegfährt, zeigt die Kollegin Alex eine Blatt Papier, auf das so viele Kästchen gezeichnet sind, wie viele Tage Frau Pepperberg voraussichtlich weg sein wird. Das letzte Kästchen enthält ein großes lachendes Gesicht, die anderen sind leer. Dann zeigt sie Alex das Blatt und erklärt langsam, dass Irene weggefahren ist, aber wiederkommt, wenn das Kästchen mit dem lachenden Gesicht an der Reihe ist. Dann macht sie mit einem roten Stift ein Kreuz in das erste Kästchen. Jeden Morgen wiederholt sie dieses Ritual, erklärt Alex die Lage und streicht ein Kästchen durch. Alex hört den Erklärungen immer aufmerksam zu und murmelt vor sich hin, dass Irene zurückkommt und dass er brav sein wird.

»Wie erklären Sie sich das?« fragten meine Kollegen.

»Ich habe jetzt keine Zeit! Eines Tages schreibe ich es vielleicht auf, wenn ich den Mut dazu habe,« sagte Frau Pepperberg und eilte davon.

Theorie, Beobachtung, neue Theorie – ist das nicht der Weg, den es immer geht?

Es gibt zwei Arten von Theorien, die sich mit dem Verstand von Tieren befassen: Die erste erklärt Tierverhalten allein auf der Grundlage einfachster Erb- und Lernprozesse. Die andere nimmt sehr komplizierte, bewusste Verstandesleistungen an, die denen des Menschen ähneln. Es scheint mir sinnvoll, hier eine Zwischenposition darzulegen, um sich mit der Sichtweise der an verschiedenen Tieren forschenden Wissenschaftlern vertraut zu machen.

Die Ethologie des Verstandes

In der Ethologie und in den Wissenschaften vom Verstand ist es heute gemeinhin akzeptiert, dass eine der Hauptfunktionen des zentralen Nervensystems darin besteht, die Umwelt zu modellieren.[155] Die wichtigste Theorie und Annahme der kognitiven Ethologie beruht auf der Tatsache, dass alle Tiere Sinne besitzen, welche die Ereignisse und Erscheinungen der Außenwelt zum Nervensystem übermitteln –

also das, was man sehen, riechen, hören, schmecken oder berühren kann. Auch haben alle Tiere ein mehr oder weniger gut entwickeltes Gedächtnis, das es ihnen ermöglicht, Entscheidungen nicht jedes Mal allein aufgrund der aktuellen Umweltsituation treffen zu müssen, sondern auf frühere Erfahrungen zurückgreifen zu können. Umweltfaktoren und Gedächtnis sind sogar für Insekten wichtig, deren Verhalten entscheidend von genetischen Gesetzmäßigkeiten beeinflusst ist und sich nur an ganz spezifischen Umweltfaktoren orientiert. Aber viele Insekten kehren häufig an die gleichen Orte zurück, ihre Orientierung wird also in diesen Fällen von ihrem Gedächtnis bestimmt. Wenn eine Biene ihren Stock verlässt, unternimmt sie als Erstes einen Erkundungsflug um ihn herum. In Versuchen konnte nachgewiesen werden, dass sie dabei größere Objekte wie Bäume oder Häuser in der Umgebung des Stocks wahrnimmt.

Auf Grundlage dieser Versuche erscheint sicher, dass die Biene ein Bild in ihrem Gedächtnis speichert und den Stock mit in dieses Modell einbaut. Natürlich erinnert sie sich nicht an ein fotografisches Bild, sondern es handelt sich um eine kodierte Darstellung im Nervensystem, von der wir nichts weiter wissen, als dass sie der Biene das Zurückfinden zum Stock ermöglicht. Diese Art von Abbildung der Umwelt ist eher passiver Natur, ein wenig ähnlich den magnetischen Zeichen auf einem Tonband, die eine Stimme wiedergeben. Auf Grundlage seines Gedächtnisses kann ein Insekt nur eine Handlung ausführen, die es zuvor schon einmal ausgeführt hat. Im Allgemeinen ist es nicht in der Lage, sich einen neuen und besseren Handlungsverlauf »auszudenken«.

Mentale Landkarten

Für Tiere ist es sehr wichtig, den Weg zurück nach Hause zu finden. Diese Fähigkeit ist aber nicht der einzige Vorteil, den sie davon haben, ihre Umgebung möglichst genau zu kennen. Vielleicht gibt es darin auch Futterstellen oder das Tier hat irgendwo einen Nahrungsvorrat angelegt, den es sorgfältig überwacht. Neue Gegenstände oder unbekannte Wesen im Territorium können sowohl Gefahr als auch unverhofftes Glück bedeuten. Je vertrauter das Tier mit der »Struktur« seiner Umgebung ist, desto besser sind seine Überlebenschancen. In vielen Beobachtungen und Laborversuchen wurde bewiesen, dass die verschiedenen Tiere je nach Grad der Entwicklung ihres Nervensystems mehr oder weniger komplizierte »Landkarten« ihrer Umgebung in ihrem Gedächtnis speichern können, die wir als kognitive Landkarten bezeichnen. Natürlich darf man diesen Vergleich nicht zu wörtlich nehmen, denn das Tier speichert natürlich nicht die Entsprechung einer vom Menschen gemachten und auf Papier gedruckten Landkarte in seinem Gehirn ab. An was es sich erinnert, sind eher die räumlichen Relationen, die Merkmale bestimmter Objekte und natürlich die genaue Lage bestimmter Dinge. Daher ist die Bezeichnung »Landkarte« naheliegend. Das wichtigste Merkmal ist vielleicht, dass diese gedachte Landkarte artenspezifisch ist: Sie enthält nur diejenigen Objekte und Relationen, die für das Überleben der jeweiligen Art relevant sind.

Im Laborversuch können Ratten sich nach wenigen Durchläufen die Details eines Labyrinths merken und – falls sie einen Grund dazu haben – den kürzesten Weg wählen. Beim Durchlaufen eines sehr komplizierten Labyrinthes sind sie sogar dazu fähig, unterwegs winzige Veränderungen wahrzunehmen, die der Versuchsleiter seit dem letzten Lauf vorgenommen hat. Sie erkennen auch, wenn sich ihnen plötzlich ein kürzerer und sinnvollerer Weg öffnet. Es konnte zweifelsfrei bewiesen werden, dass eine Ratte die komplette Landkarte eines Labyrinthes in ihrem Gedächtnis speichern kann und diese, falls nötig, dazu benützen kann, verschiedene Handlungsmöglichkeit im Voraus zu durchdenken und daraus die beste auszuwählen.

Als Experimente diesen Typs sehr in Mode waren, untersuchten die Wissenschaftler das Verhalten vieler verschiedener Tierarten in Labyrinthen. Zu ihrer Enttäuschung scheiterten viele Tiere, wie zum Beispiel Vögel, schon am Start des Labyrinths. Auf Grundlage des heutigen Wissens ist dies nicht weiter überraschend, weil klar ist, dass für Vögel in ihrer natürlichen Umgebung keinerlei Notwendigkeit zum Lösen solcher Aufgaben besteht. Folglich haben sie auch keine genetisch fixierten Talente für Labyrinthe und keinen Grund, das Zurechtfinden in einem Labyrinth zu lernen. Die Wissenschaftler fanden aber auch Tiere, die sehr gut mit Labyrinthen zurechtkamen. Ameisen zum Beispiel sind sehr gut im Hindurchnavigieren durch Labyrinthe und fast so schnell wie Ratten, obwohl ihr Nervensystem viel primitiver ist. Die Forscher erdachten aber schließlich einen Versuchsaufbau, in dem die Vorteile des komplizierten Nervensystems der Ratten deutlich wurden. Dabei lehrte man zuerst Ratten (und mit kleinen Änderungen auch Ameisen) den Weg durch ein Labyrinth. Anschließend wurde das Problem so umgedreht, dass der Zielpunkt des Labyrinthes der Ausgangspunkt wurde und der ehemalige Startpunkt das Ziel. Es stellte sich heraus, dass die Ameisen für das Lernen des Rückweges über Versuch und Irrtum genauso lange brauchten wie für das Lernen des Hinweges: Sie betrachteten das umgedrehte Labyrinth als ein neues Labyrinth. Die Ratten hingegen begriffen sofort, gleich beim ersten Versuch, dass es sich um das gleiche Labyrinth handelte wie zuvor, nur in umgekehrter Richtung. Dieser Versuch zeigt, dass ein höher organisiertes Nervensystem eine dynamische Umgebungskarte erstellt, die man als unabhängiges neurales System oder Modell bezeichnen kann und die vom Tier bedient wird, um daraus nützliche Informationen ziehen zu können. Auch das Nervensystem der Ameise kann Erfahrungen sammeln und lernen, das Gehirn der Ratte aber ist in der Lage, Schlussfolgerungen zu ziehen und das Verhalten allein auf Grundlage von einfachen Ereignissen, die nur in der eigenen Vorstellung stattfanden, zu modifizieren.

Unter den Wirbeltieren gibt es viele, die dreidimensionale Karten der Umgebung in die Planung ihrer Handlungen mit einbeziehen können. Voraussetzung für die Erstellung einer solchen Karte ist, die Entfernung zwischen Objekten genau schätzen zu können. Die komparative Psychologie hat sich lange mit ähnlichen Problemen beschäftigt, die man als Invarianzprobleme bezeichnet. Bei deren Untersuchung stellt man die Frage, ob ein Tier in der Lage ist, die Größe eines Objektes aus verschiedenen Entfernungen zu schätzen oder wie genau es die Entfernung zwischen Gegenständen von verschiedenen Orten aus schätzen kann. Viele Tiere haben das Problem der Größeninvarianz, viel seltener ist aber das Problem der Entfernungsinvarianz. Die Tiere mit beiden Invarianz-Eigenschaften sind sich tatsächlich der räumlichen Dimensionen von Objekten und der Entfernung zwischen ihnen »bewusst«.

Tiere höherer Ordnung und Menschen können nach einem kurzen Blick auf einen Raum mit verschiedenen Gegenständen eine dreidimensionale kognitive Landkarte erstellen und sich anschließend blind durch diesen Raum hindurchbewegen. Die nach einem solchen flüchtigen Blick erstellte Karte bleibt für etwa sieben Sekunden im Kurzzeitgedächtnis. Wenn also die geforderte Entfernung in sieben Sekunden zurückgelegt werden kann, können die Probanden den Hindernisparcours flüssig blind durchlaufen, danach machen sie aber zunehmend mehr Fehler. Mit entsprechender Übung ist es aber natürlich möglich, auch eine größere und permanente kognitive Landkarte zu erstellen. Im Zweiten Weltkrieg sprengte der britische Geheimdienst ein Gebäude in Norwegen, das deutsche Labore zur Schwerwasserherstellung beherbergte. (Schwerwasserproduktion war ein wichtiges Element im damaligen Wettlauf um den Bau der Atombombe, Anm.d.Übers.). Zur Vorbereitung des Angriffs hatte man in England ein exaktes Duplikat des Gebäudes aufgestellt, in dem die Einsatzkommandos wochenlang übten. Die Flure, Türen, Lichtschalter und sogar die Positionen der Möbel waren darin exakt genauso wie im Originalgebäude. Nach einiger Übung waren die Soldaten mit dem deutschen Gebäude auch im Dunkeln vollkommen vertraut und die Operation wurde erfolgreich durchgeführt.

Noch wissen wir nicht gut genug, wie die Umgebungsmappen im Nervensystem gespeichert werden oder wie das Gehirn sie zur Orientierung nutzt. Aber auch ein Blick in unseren eigenen Verstand, eine Introspektion, kann uns wertvolle Hinweise liefern. Wenn wir uns mit geschlossenen Augen in vertrauter Umgebung bewegen, blitzen Bilder von bekannten Gegenständen vor unserem inneren Auge auf und folgen je nach unseren Bewegungen aufeinander. Es scheint deshalb wahrscheinlich, dass die von uns gespeicherten Umgebungsbilder unsere Bewegungen irgendwie leiten, was wiederum ein Feedback zum Wechseln der Bilder gibt. Bekannt ist auch, dass unsere Bewegungen in bekannter Umgebung eher von unseren Erwartungen als von visuellen Reizen gesteuert werden. Wenn wir zum Beispiel aus Gewohnheit nach einem Gegenstand auf dem Tisch greifen, sind wir erstaunt, wenn dieser nicht an seinem gewohnten Platz ist, weil jemand ihn vielleicht beim Hausputz weggeräumt hat.

Neuronen als Bausteine für die gedachten Modelle

Kognitive Landkarten sind uns nicht nur aus Versuchen in der Ethologie und der komparativen Psychologie bekannt, sondern auch aus Studien in der Neurophysiologie. Mit Hilfe von ins Gehirn implantierten Elektroden kann man lokalisieren, welche Neuronen im jeweiligen Gehirnabschnitt auf die vom Tier empfangenen Reize reagieren und wie ihre Struktur ist. Die Untersuchung des Gehörs von Säugetieren hat gezeigt, dass es besondere große Neuronen im Hörkortex des Gehirns gibt, die nur dann feuern, wenn das Tier ein Geräusch aus einem sehr eng begrenzten Frequenzbereich hört. Man stellte auch fest, dass verschiedene Neuronen jeweils nur auf bestimmte Geräusche ansprechen und dass so der gesamte Frequenzbereich abgedeckt ist. Die geräuschsensiblen Zellen sind in einer Ebene (planar) angeordnet, eine neben der anderen je nach Frequenzbreite, die sie repräsentieren. Bei höher organisierten Tieren ist die gleichförmige Anordnung von Rezeptorneuronen ein ziemlich allgemeingültiges Merkmal. So findet man zum Beispiel im Sehzentrum des Gehirns die exakte planare Abbildung der Netzhaut-Rezeptoren, in der bestimmte Neuronen nur auf spezifische Reize aus dem Sehfeld reagieren. Weil das Gehirn das auf der Netzhaut erscheinende zweidimensionale Bild auf verschiedene Weise verarbeitet (Bewegungsrichtung, Winkel der gegenüberliegenden Ecken etc.), scheint es, dass die Verarbeitung am leichtesten stattfinden kann, wenn die räumliche Anordnung der Neuronen im Gehirn exakt der Anordnung der Rezeptorzellen in der Netzhaut entspricht. Das bedeutet aber auch, dass wir hier die physikalische Manifestation der kognitiven Landkarte identifiziert haben. Anders gesagt: Das Gehirn »baut« oder modelliert die verschiedenen wichtigen Umwelteigenschaften aus Neuronenbausteinen auf.

In den vorhergehende Beispielen haben wir gesehen, wie das zentrale Nervensystem die Reizmuster aus den Sinnesorganen in identischer Form an das Neuronennetzwerk im Zentrum »transkribiert«. Die Erklärung dafür könnte durchaus sein, dass dies aus mehreren entwicklungsgeschichtlichen Gründen die einfachste Methode zur Verarbeitung von Mustern ist, die auf einer Ebene liegen. In den letzten Jahren hat man aber Daten dafür gefunden, dass die räumliche Abbildung der Umwelt auch dann in analoger Form im zentralen Nervensystem erscheint, wenn die Sinnesorgane gar keine Muster auf dieser Ebene zeigen – sprich, das Gehirn baut sich ein echtes Modell der Umgebung.

Das Gehör von Eulen ist außerordentlich fein, was ihr wichtigster Sinn für das Beutefangverhalten ist. Wissenschaftler haben im Mittelhirn von Eulen einen Bereich entdeckt, der eine präzise räumliche Abbildung der Richtung enthält, aus der Geräusche kommen – vergleichbar mit dem »inneren Bild«, das bei Säugetieren aufgrund eines visuellen Eindruckes im Gehirn entsteht, und das, obwohl die Ohren von Eulen keine Ebenenmuster, sondern Tonfolgen wahrnehmen. Auf der kognitiven Landkarte reagieren einzelne Neuronen auf Geräusche aus bestimmten räumlichen Richtungen und die verschiedenen Neuronen »hören« auf diese verschiedenen Richtungen. Während beim Sehen die Lokalisierung der Reize von den senkrechten und waagerechten Koordinaten der Netzhaut erreicht wird, so bestimmen die Gehirne von Eulen und Säugetieren die Richtung, aus der ein Geräusch kommt, anhand des Zeitunterschiedes, mit dem er von beiden Ohren wahrgenommen wird. So ist es möglich, eine dreidimensionale Karte von Geräuschquellen zu erstellen. Im Fall von Eulen ist etwa die Hälfte des für die Erstellung einer »Geräuschkarte« zuständigen Gehirnbereiches dafür zuständig, einen »Hörkegel« von etwa fünfzehn Grad abzuhorchen, der direkt vor der Eule liegt. Dies ist der Bereich, in dem sie am besten hört. Für Geräusche, die von unterhalb des Vogels kommen, sind größere Gehirnbereiche zuständig als für die, die von oben kommen – was vermutlich daran liegt, weil die von unten kommende Geräuschinformation für das Fangen von Beute wichtiger ist.[156]

Ein ebenso elegantes Beispiel für die Existenz kognitiver Landkarten stammt aus der elektrophysischen Untersuchung des auditiven Gehirnzentrums von Fledermäusen.[157] Fledermäuse schaffen sich ein Modell ihrer Umgebung mit Hilfe von Ultraschalltönen, die sie aussenden. Entsprechend ist bei ihnen der für die Geräuschanalyse zuständige Gehirnbereich sehr viel größer als bei anderen Tieren. Das Hörzentrum des Gehirns besteht aus mehreren Teilen mit verschiedenen biologischen Funktionen, jedes liefert wichtige Informationen über als Beute verfügbare Insekten. Verschiedene Unterbereiche liefern Informationen über die Entfernung zur Beute, deren Größe, relative Geschwindigkeit und Geschwindigkeit der Flügelschläge (was zur Identifikation der Beute dient). Anhand der Zeitspanne zwischen Aussenden des Ultraschalles und Ankunft des Echos können Fledermäuse die Entfernung zu ihrer Beute mit sehr hoher Präzision bestimmen. Das auditive Zentrum ihres Gehirns verfügt über Neuronen, die auf die Messung dieses Zeitabstandes eingestellt sind. Sie reagieren nicht, wenn der ausgesendete Ton kein Echo zurückbringt und auch nicht, wenn sie ein Echo registrieren, ohne dass die Fledermaus zuvor einen Ultraschallton ausgesendet hat. Es muss also beides – gesendeter Ton und Echo – vorhanden sein, damit das Neuron »feuert«. Das wirklich Fantastische an diesem Mechanismus ist aber, dass die verschiedenen, einzelnen Neuronen auf verschiedene Zeitunterschiede reagieren – von einem Tausendstel Sekunde bis hin zu achtzehn Tausendstel einer Sekunde! Dies bedeutet, dass Fledermäuse ihre Beute in einem Entfernungsbereich von zehn Zentimetern bis zu drei Metern genau orten und finden können.

Untersuchungen zur räumlichen Orientierung bei Mäusen haben gezeigt, dass sowohl Sehen und Hören als auch Berührungssinn eine Rolle dabei spielen. (Der Berührungssinn wird dabei über die Tasthaare am Kopf übertragen.) Entsprechend gibt es im Gehirn verschiedene Schichten von Neuronen, die auf Grundlage der jeweiligen Sinne eine Karte der Umgebung bilden. Diese Neuronenschichten liegen nah beieinander und sind getreue Modelle der Umgebung einer Maus.[158]

Ererbte Verhaltensregeln

Die Sinne und die Erinnerung des Tieres spielen eine wichtige Rolle beim Erstellen einer kognitiven Umgebungskarte, aber die im Gedächtnis gespeicherte Karte ist nur einer der Faktoren, die das Verhalten beeinflussen. Die Beobachtung vieler verschiedener Tierarten zeigt, dass sie ihre kognitiven Landkarten nicht vollständig nutzen, und zwar deshalb, weil ihnen Grenzen durch artenspezifische, genetisch bestimmte Verhaltensregeln gesetzt sind. So stellte man fest, dass der Pieperwaldsänger (Seiurus aurocapillus) im Waldboden nach Fliegenmaden gräbt. Ist seine Suche erfolglos, vergrößert er seinen Suchbereich. Falls er aber etwas findet, bleibt er an dieser Stelle und sucht intensiv in der näheren Umgebung. Die logische Suchstrategie ist hier, stets auf der Gewinnerseite zu bleiben. Bei Ratten oder einem Vogel namens Honiganzeiger ist die Strategie genau entgegengesetzt: Wenn sie irgendwo Nahrung finden, fressen sie sie auf und versuchen es dann an einer anderen Stelle. Selbst in Versuchssituationen kann man sie nicht dazu bringen, innerhalb eines bestimmten Zeitraumes weiter an einem Ort zu suchen, an dem sie bereits Futter gefunden haben. Ein solches Verhalten würde ihrem »gesunden Menschenverstand« zuwider laufen. Dies ist auch verständlich, wenn man weiß, dass der Honiganzeiger von Blütennektar lebt, der von den Pflanzen nur langsam produziert wird und der erst nach mehreren Stunden wieder ersetzt ist. Höher entwickelte Spezies sind in der Lage, je nach Bedarf beide Suchstrategien anzuwenden.

Folgendes Experiment wurde von C.R. Menzel mit japanischen Rhesusaffen durchgeführt: Er legte eine reife Frucht, die es eigentlich zu dieser Jahreszeit nicht gab, in einer bestimmten Waldgegend auf einen der von den Affen häufig benutzten Pfade und ein Stück Schokolade auf einen weiteren Pfad.[159] Beide Futterstücke wurden irgendwann von den Rhesusaffen gefunden. Menzel beobachtete sie zwanzig Minuten lang, um zu sehen, was sie dann anschließend taten. Derjenige Affe, der unerwartet auf die reife Frucht gestoßen war, aß sie auf und suchte dann die Pflanzen ab, an denen diese Früchte normalerweise wachsen, um zu sehen, ob es noch mehr davon gäbe. Er suchte lange Zeit und in einem großen Gebiet. Der andere Affe, der die Schokolade gefunden hatte – ein ihm bis dahin unbekanntes, aber sehr schmackhaftes Futter – blieb in unmittelbarer Nähe der Fundstelle, um zu sehen, ob vielleicht noch mehr da wäre. Menzel schlussfolgerte, dass der Affe, der die Frucht gefunden hatte, sich logisch benahm, indem er diejenigen Stellen überprüfte, an denen man die gleiche Frucht sonst finden kann, während der andere, der die Schokolade gefunden hatte, den Fundort gründlichst untersuchte – nur für den Fall, dass er sich vielleicht als neue Quelle eines bis dato unbekannten, aber sehr schmackhaften Futters erweisen könnte, die man öfter aufsuchen könnte.

Die Schaffung einer kognitiven Umgebungskarte spiegelt also die ökologischen Umstände wider, unter denen die jeweilige Spezies lebt. Einige der permanenten Umgebungsbedingungen werden in den Genen verankert und damit auch in der kognitiven Landkarte, die ansonsten auf Erfahrung basiert. Viele Spezies tragen genetische Verhaltensinstruktionen in sich, die ihnen befehlen, sich auch ohne selbst gemachte schlechte Erfahrungen von Untiefen fernzuhalten. So wird zum Beispiel ein Tier am Rand einer Grube oder einer Klippe stehen bleiben und nicht weiterzugehen versuchen. Wenn man ein Loch mit einer Glasscheibe abdeckt, also einen nur visuell erkennbaren Abgrund schafft, wird eine Katze am Rand stehen bleiben, obwohl ihr Tastsinn ihr sagt, dass sie sich auf festem Boden befindet. Für im Wasser lebende Tiere sind Tiefen natürlich nichts Gefährliches, weshalb Seeschildkröten sich rein gar nichts aus ihnen machen – Landschildkröten hingegen schon.

In Bäumen lebende Tiere bewegen sich geschickt zwischen den Ästen, was der Orientierung in einem Labyrinth nahe kommt, denn viele der Äste bilden so etwas wie Sackgassen, von denen aus es nicht weitergeht. Ein Chamäleon kann, sobald es aus dem Ei geschlüpft ist, von einem hoch gelegenen Aussichtspunkt aus den besten und direktesten Weg für sich aussuchen, und das ohne jedes Ausprobieren.

Funktionierende Umgebungsmodelle im Gehirn

Das Studium der kognitiven Landkarten und der Verhaltensinstruktionen führt uns zu einer ethologischen Theorie, die das gesamte System von inneren Abbildungen und genetischen Instruktionen als Modell betrachtet. Dieses Modell spiegelt diejenigen Eigenheiten der Umgebung wider, die für das Überleben des Tieres am wichtigsten sind. Die engere Umwelt des Tieres kann als unabhängiges System verstanden werden, das bestimmten Regeln gehorcht. In diesem System passiert zwar ständig irgendetwas, aber einige der Ereignisse können mit gewisser Wahrscheinlichkeit vorhergesagt werden. Aus Sicht eines kleinen Beutegreifers zum Beispiel ist die Umwelt ein System, das bestimmten regelmäßigen Veränderungen unterliegt wie dem Wechsel von Tag und Nacht oder dem Wechsel der Jahreszeiten. Es gibt bestimmte bleibende Merkmale darin wie zum Beispiel Wasservorkommen oder andere Geländemerkmale. Das Vorhandensein von Nahrung ist zwar an sich ein bleibendes Merkmal, aber wie die Nahrung sich verteilt, hängt auch von den individuellen Gewohnheiten des Beutegreifers ab – das heißt, an einer bestimmten Stelle kann nur mit einer bestimmten Wahrscheinlichkeit Nahrung gefunden werden. Sowohl in der belebten als auch in der unbelebten Umwelt gibt es zahlreiche zusätzliche Merkmale, die keine Bedeutung für einen Beutegreifer haben. Beispiele dafür könnten die Adern eines Blattes, das Muster der Wolken oder die Art des Bodengesteins sein. Die Neuronen im Gehirn des Beutegreifers schaffen sich eine Abbildung der Umgebung, die nur die wichtigsten Informationen enthält. Deshalb betrachten wir diese Abbildung auch als ein Modell und nicht etwa als eine Fotografie oder geographische Karte. Die Abbildung ist ein einfacheres System, in dem Ereignisse analog zu dem viel komplizierteren realen System stattfinden, für das die mentale Abbildung nur ein Modell ist. Wenn das Modell eine brauchbare Annäherung an die

Ereignisse in der tatsächlichen Umwelt darstellt, ermöglicht es dem Beutegreifer, bei Bedarf Wasser, Futter oder Unterschlupf zu finden oder vor größeren Beutegreifern zu fliehen. Das Modell, welches sich ein Tier auf der Grundlage seiner Erfahrungen baut, ist also eine dynamische Struktur zur Vorhersage von Ereignissen in der Umgebung.[160]

Man kann sich dieses Phänomen wie ein Legomodell vorstellen, das aus identischen Neuronenbausteinen aufgebaut ist – nur mit dem Unterschied, dass die fertige Struktur sehr viel komplizierter ist und dass ihr Aufbau eine sehr komplexe Arbeit des Nervensystems ist. Diejenigen Umgebungsmerkmale, die aus Sicht der Evolution über lange Zeiträume unverändert bleiben – so wie der Wechsel von Tag und Nacht – sind genetisch in jedem Einzeltier einer Spezies repräsentiert, während schnell wechselnde Merkmale mit zeitlich und auf ein individuelles Tier begrenzter Gültigkeit nur im individuellen neuralen Gedächtnis gespeichert werden. Das Modell im Gehirn enthält nicht nur bestimmte Merkmale der äußeren Umgebung, sondern auch Daten des individuellen Tieres, das diese Abbildung der äußeren Umwelt in sich trägt. Es enthält also auch Verhaltensregeln, die in einer gegebenen Situation automatisch das Verhalten des Tieres bestimmen. Je höher entwickelt ein Tier ist, desto akkurater und detaillierter ist seine innere Abbildung. Das Gehirn des Wolfes zum Beispiel kann sich nicht nur ein Modell derjenigen Orte schaffen, die man wegen möglicher drohender Gefahren besser meidet, sondern auch ein Modell des Verhaltens seiner Beute und der individuellen Rudelmitglieder. In diesem Modell ist außerdem Platz für die Rangordnung unter den Wölfen, den Einfluss früherer Auseinandersetzungen und viele andere Dinge. Die im Gehirn der am höchsten entwickelten Primaten geschaffenen Modelle enthalten vermutlich nicht nur Verhaltensregeln, sondern es kommt auch das jeweilige Tier selbst darin vor: Hier kommt ein Ich-Bewusstsein zum Vorschein. Die Evolution des Nervensystems von Tieren spiegelt die zunehmende Komplexität dieses »Modellbaus« wider.

Bei sozial organisierten Tieren ist die Abbildung der Artgenossen ein sehr wichtiger Bestandteil des im Gehirn gebildeten Umgebungsmodells. Bei Nahrungssuche, Verteidigung oder Fortpflanzung kooperiert ein Tier oft mit seinen Artgenossen, weil dies erhebliche Vorteile bringt. Oder aber ein Tier kann auch zu seinen Artgenossen in Konkurrenz um bestimmte Ressourcen stehen – auch hier ist es wichtig, das Verhalten der anderen mehr oder weniger gut voraussagen zu können. Wissenschaftler haben beobachtet, dass Tiere explizit von ihren Artgenossen lernen können. Der Austernfischer, ein Küstenvogel, lernt von seinen Eltern, wie man Schalentiere öffnet; manche Singvogelarten lernen das Singen von ihrem Vater und viele Vögel lernen von ihren Artgenossen, welche Spezies für sie als gefährlicher Feind zu betrachten ist.[161] Affen, insbesondere Menschenaffen, schaffen recht komplizierte »Persönlichkeitsprofile« der anderen Gruppenmitglieder. Sie erinnern sich ziemlich genau an die Rangstreitigkeiten, in die andere verwickelt waren und welche Bedeutung die Rangordnung für sie selbst hat. Mit diesem Wissen können sie die

Aktivitäten verschiedener Allianzen recht genau vorhersagen, und zwar unabhängig davon, ob sie selbst dazu gehören oder nicht. Diese Lernprozesse sind normale Bestandteile der individuellen Entwicklung und man kann recht genau vorhersagen was, wann und wie ein Tier von seinen Artgenossen lernen wird.

Das Gehirn als Modellbauer und der Verstand

Die Theorie des modellbauenden Gehirns ist eine wunderbare und hat sich als sehr erfolgreich in der Voraussage von Tierverhalten erwiesen. Zwar ist es nicht einfach, die Modellbautheorie in eine Beschreibung des Verstandes zu übersetzen, aber es ist nicht unmöglich und ich möchte es gerne versuchen.

Stellen wir uns den Verstand als die Werkstatt des Gehirns vor, als den Ort, an dem Verhaltensinstruktionen und – zumindest im Fall von Menschen – Gedanken geboren werden. Die Entscheidungsfindung in dieser Werkstatt wird von vielen aktiven Mechanismen unterstützt. Dies ist der Ort, an dem die Sinnesorgane Statusberichte darüber abliefern, was gesehen, gehört, gerochen oder gefühlt wird. Es ist auch der Ort, an dem Erinnerungen oder Bilder gespeichert werden. Weil wir uns nicht zur gleichen Zeit unsere sämtlichen Erinnerungen simultan ins Gedächtnis rufen können, ist es klar, dass die »Werkstatt« keine riesige, gut beleuchtete Lagerhalle ist, in der man alles auf einen Blick sehen kann. Eher kann man sie sich als einen kleinen, dunklen Raum vorstellen, in dem ein paar Strahler aufleuchten – aber nur dann, wenn wir wach sind oder etwas sehen, hören oder fühlen. Jede Sinneswahrnehmung kann mit der Erinnerung verbunden sein, sodass wir feststellen können, ob sie etwas uns schon Bekanntes darstellt, das wir bereits erfahren haben, oder etwas vollkommen Neues.

Natürlich speichert das Gedächtnis nicht nur Bilder von Gegenständen, sondern auch Repräsentationen früheren Verhaltens und dessen Effizienz oder Ineffizienz. Wird diese Repräsentation aktiviert, erhalten wir klare Signale aus dem Motivationszentrum im Keller der Werkstatt darüber, ob eine frühere Handlung gut oder schlecht war und ob wir sie wiederholen oder lieber sein lassen sollten. Dieses Motivationszentrum sendet auch Signale über angenehme Dinge wie zum Beispiel Nahrung und sagt uns, ob wir welche benötigen, weil wir vielleicht in diesem Moment hungrig sind. Das Zentrum enthält mehrere Motivationssysteme, die in einer strikten Reihenfolge miteinander verbunden sind. Wenn für die jeweils anliegende Aufgabe mehrere Motivationen relevant sind, wird automatisch und problemlos entschieden, was wichtiger ist: Essen, fliehen oder Sex haben.

Diese zeitweise aufleuchtenden aktiven Lampenspots kommen auch im Gehirn von Tieren vor. Wenn wir eine fantastische Reise in die »Gehirnwerkstatt« eines Tieres unternehmen könnten, nehmen wir an in die eines Fuchses, würden wir gelegentliche Lichtblitze in tiefster Dunkelheit sehen. Vielleicht würde auf einem großen Bildschirm ein Hase vorbeilaufen, einige Erinnerungszellen würden aufblinken und die Instruktionen zum Jagen würden auftauchen. Nach erfolgreicher Jagd würden dann an denjenigen Stellen kleine Lichtlein aufblinken, an denen Instruktionen für Verhaltensmechanismen im Zusammenhang mit Nahrungsaufnahme gespeichert sind. Dann würde es wieder dunkel werden und wir würden nur noch ein Brummen aus dem Keller hören, wo die automatischen Verdauungsmechanismen ihre Arbeit tun würden.

Ich erinnere mich an einen Computer, an dem Hunderte kleiner, blinkender Lämpchen die im Inneren vollzogene Arbeit anzeigten. Man konnte ihn verlangsamen und dann anhand des planmäßiger wirkenden Blinkens verfolgen, was im Inneren vor sich ging. Bei normaler Geschwindigkeit konnte man jedoch nichts weiter feststellen, als dass sämtliche Lichtlein in unglaublicher Geschwindigkeit an- und ausgingen. Genauso funktioniert es auch im Verstand. Während wir noch dabei sind, zu beschreiben, was als Ergebnis der blitzschnellen Neuronenaktivierung geschehen wird, hat das Gehirn die entsprechende Tätigkeit schon längst ausgeführt.

Man sollte sich aber nicht vorstellen, dass da »jemand« in dieser dunklen Werkstatt ist, der dort lebt und die verschiedenen Operationen des Verstandes begreift oder sogar dirigiert. Wir können das Gehirn der meisten Säugetiere auch ohne die Vorstellung eines »Jemand« darin zufriedenstellend erklären.[162] Im Gegenteil, das geradezu Wunderbare an dieser Werkstatt ist ja, dass die Dinge in ihr ziemlich automatisch geschehen. Motivationen wie Hunger, Durst oder Sex bringen das entsprechende Verhalten auch ohne die Instruktionen von irgendjemand zum Vorschein und die Lernmechanismen stellen sicher, dass auch die Erfahrung bei der Entscheidungsfindung mit berücksichtigt wird. Der Entscheider ist aber die gesamte Werkstatt und nicht etwa ein kleines, subjektives, animiertes »Ich«, das ein selbstständiges Leben innerhalb des Verstandes führt.

Von uns selbst wissen wir, dass es da ein kleines »Ich« in uns gibt, aber dieses menschliche Etwas ist nicht in der Lage, einen Überblick über die Gehirnwerkstatt zu haben – geschweige denn, sie zu leiten. Trotzdem ist sicher, dass es eine wichtige Rolle bei vielen Entscheidungen und Beurteilungen fällt. Im Menschen gibt es ein System der Urteilsfindung: das Selbst. Eine der wichtigsten Fragen bei der Erforschung tierischen Verstandes ist es, herauszufinden, ob nur Menschen allein ein solches subjektives »Ich« besitzen – wie häufig auch heute noch angenommen wird – oder ob wir die Existenz eines ähnlichen bzw. vielleicht weniger ausgeprägten Ich-Mechanismus auch bei höher entwickelten Tierarten feststellen können. Und wenn ja, wie sieht dieser aus?

Der menschliche Geist

Wenn wir uns die Verstandesoperationen bei Menschen und Tieren – selbst bei den höchst entwickelten – ansehen, können wir sowohl überraschende Ähnlichkeiten als auch entscheidende Unterschiede entdecken. Das vergleichende Studium dieser

Operationen kann uns eine wissenschaftliche Antwort auf die zuvor erwähnte Frage liefern.

Ein Mensch kann sich dazu entscheiden, den Informationsfluss aus der Außenwelt einmal bewusst auszuschalten und ausschließlich in den Kisten des eigenen Gedächtnisses zu kramen: Wie war das gestern oder letzte Woche oder letztes Jahr? Dieses Suchen benötigt keine Signale von außen zur Aktivierung. Oder anders gesagt: Menschen können selbst bestimmen, was in der »Gehirnwerkstatt« »erleuchtet« wird. Nach unserem heutigen Wissen sind Tiere dazu nicht in der Lage – sie können nur dann auf ihr Gedächtnis zurückgreifen, wenn es einen von außen kommenden Grund dafür gibt. Die Erinnerung des Tieres ist an die äußere Umwelt und an äußere Reize gebunden. Tiere leben ewig in der Gegenwart: Sie können sich keine Zukunft vorstellen oder über die Vergangenheit nachdenken und ihr Verhalten entsprechend ändern. Menschen hingegen können nicht nur in ihrem Gedächtnis kramen, sondern sich auch auf verschiedene Art und Weise vorstellen, was sie in Zukunft tun werden. So kann ein Mensch beispielsweise realisieren, dass er im Moment noch keinen Hunger hat, aber am Abend in einem Restaurant Fasanensuppe und einen köstlichen Wildbraten verspeisen wird. Tiere können nur dann über das Essen nachdenken, wenn sie auch hungrig sind – abgesehen von denjenigen Spezies, die Nahrungsvorräte anlegen. Aber auch diese tun dies nur aufgrund eines strengen, genetisch kodifizierten Programms und vermutlich kommt es ihnen niemals in den Sinn, dass sie in Zukunft hungrig sein könnten. Wir dagegen stellen uns Dinge vor, die verschiedensten Handlungsmöglichkeiten, wir machen Pläne und wir wählen im Voraus die für uns günstigste Variante aus.

Diese Fähigkeit, die sehr allgemein als konstruktive Aktivität bezeichnet wird, beruht auf mehreren natürlichen Begabungen.[163] Die erste ist die Fähigkeit, eine Kopie der aus sensorischen Reizen geschaffenen inneren Abbildung oder Repräsentation zu erstellen, die man technisch als sekundäre Repräsentationen bezeichnet. Menschen erinnern sich ebenso wie Tiere daran, was sie gesehen oder gehört haben und können sich dieses wieder ins Gedächtnis rufen, wenn es von einem äußeren Reiz aktiviert wird. Die neue und besondere Begabung von Menschen und Menschenaffen ist, dass sie eine Kopie dieses inneren Bildes erstellen können, deren Aktivierung nicht von einem äußeren Reiz abhängt. Noch wichtiger ist vielleicht, dass diese Kopien verändert werden, miteinander verbunden und »kommentiert« werden können.

Nehmen wir zum Beispiel einmal an, ich hätte eine Eidechse und einen Vogel gesehen und erinnere mich an beide deutlich. Nun kann ich geistig Kopien dieser beiden Abbildungen übereinander legen, ohne die Originale zu verändern: Plötzlich hat die Eidechse Flügel. Nun füge ich noch ein Bild von Feuer hinzu und sie bekommt eine flammende Zunge – voilà, schon habe ich einen furchtbaren, feuerspukkenden Drachen erschaffen, den noch nie zuvor eines Menschen Auge erblickt hat! Natürlich kann ich anderen von diesem Drachen erzählen und kann ihn, falls ich dazu Talent habe, auch zeichnen oder malen. Menschen können also mit Hilfe von »Kopien«, bestimmten mentalen Konstrukten, die nur eine schwache Beziehung zur Realität haben, Fantasien erschaffen und haben dabei viel schöpferische Freiheit. Allerdings würden wir nicht weit kommen, wenn wir nur innere Abbildungen konstruieren und kopieren würden, denn wenn man der Vorstellungskraft freien Lauf lässt, führt das zu konfusen Mustern, die für andere nicht verständlich sind. Die Fähigkeit zur Konstruktion solcher Abbildungen wird beim Menschen durch die Fähigkeit zur Regelbefolgung gesteuert. Wir schaffen nicht nur Abbildungen, um uns selbst damit Vergnügen zu bereiten, sondern auch zu dem Zweck, unsere Mitmenschen zu überraschen, erfreuen oder ihnen zu helfen. Menschen sind von Grund auf soziale Lebewesen und ihre inneren Vorstellungen lassen sich mit den akzeptierten Regeln ihrer jeweiligen Kultur umschreiben. Wenn wir unseren Kindern Geschichten erzählen, packen wir diese in Worte, die sie verstehen können. Wenn wir ein Spiel wie zum Beispiel Schach spielen, können wir im Geiste ganze Armeen mit Königen, Generälen, Kavallerie und Infanterie aufmarschieren lassen, halten uns aber trotzdem an die Schachregeln. Wenn uns etwas an Regeln liegt, gehorchen wir ihnen gerne, auch, wenn wir sie gelegentlich zugunsten irgendeiner anderen Regel vernachlässigen, die in diesem Moment für uns Priorität hat.

»Hör zu, mein Sohn (oder »Hör zu, Bello«), die Regel heißt, dass du dein Abendessen um Punkt sieben Uhr bekommst, also hör auf, um halb sieben schon zu quengeln – es ist egal, ob du Hunger hast oder nicht, das Essen gibt es um sieben. Verstanden?«

»Heute gibt es dein Abendessen um sechs, weil wir Besuch bekommen. Ich vergaß das zu erwähnen – aber wenn Gäste kommen, heißt die Regel, dass gegessen wird, bevor sie da sind. Klar?«

Regeln sind sehr oft persönliche Rituale, die wie Stereotypen erscheinen und eine feste Ordnung zum Ausführen bestimmter Handlungen ausdrücken.[164] Ein Beispiel dafür könnte zum Beispiel das allmorgendliche Aufstehen sein: Man steht auf, schaltet das Radio ein, trinkt etwas Orangensaft, putzt sich die Zähne, zieht den Schlafanzug aus, nimmt eine Dusche, trinkt Kaffee, frühstückt und zieht sich an. Jeder hat solche Rituale, bei denen er die Reihenfolge der Dinge streng einhält.

Auch Spazierengehen mit dem Hund ist ein solches Ritual. Zur entsprechenden Tageszeit rufen wir den Hund, ziehen unsere Laufschuhe und eine Jacke an, greifen Leine und Hausschlüssel, öffnen die Tür und so weiter. Im Grunde sind es genau diese persönlichen, auf bestimmten Regeln beruhenden Riten, die unseren Geist davon befreit haben, nur sklavisch von äußeren Reizen abhängig zu sein. Ein persönliches Ritual ist in Wirklichkeit eine frühere Verhaltensregel, die der Verstand unter Einbeziehung der äußeren Umwelt ausführt. Ein großer Vorteil von Stereotypen ist, dass wir nicht jedes Mal eine sehr komplizierte Reihenfolge von Handlungen durchdenken und diese zusammensetzen müssen: Wir beschwören vor unserem geistigen Auge lediglich die sekundäre Repräsentation (hier: Spazierengehen) herauf, die dann interne Anweisungen an den Mechanismus, der unser Verhalten regelt, weitergibt.

Menschen können bestimmte Handlungen automatisch durchführen: Sie können zum Beispiel Auto fahren, ohne über Schalten, Bremsen oder Gasgeben nachzudenken und nur die Fortbewegung und den Straßenverkehr wahrnehmen. Diese Fähigkeit ist sehr wichtig, aber nur zu einem Teil ein Stereotyp, weil auch nur ein Teil der Handlungen automatisiert ist: Die Handlungen selbst werden durch von außen kommende Reize ausgelöst, wie zum Beispiel von einem vor uns bremsenden Auto oder von einem plötzlich auf die Straße rollenden Ball. Ein persönliches Ritual aber ist von der Umwelt unabhängig, oder genauer gesagt, es regelt die Aufeinanderfolge bestimmter Handlungen in einer bestimmten Umgebung von innen heraus. Die Betonung liegt hierbei auf »von innen heraus«. Vielleicht ist es genau diese Unabhängigkeit von der Umwelt, die unser ganz besonderes Verhältnis zur Zeit geschaffen hat. Es bedeutet, dass wir in der Lage sind, Ereignisse an einem ganz bestimmten Zeitpunkt festzumachen und dass die Ausführung notwendiger Handlungen eher von einer inneren Uhr[165] als von äußeren Einflüssen aktiviert wird. Die daraus folgende Handlungskette ist deshalb von der Außenwelt mehr oder weniger unabhängig.

Für einzeln lebende Tiere ist der momentane Zustand ihrer Umgebung die wichtigste Informationsquelle. Sozial organisierte Tiere beziehen ihre Informationen hingegen aus einem viel engeren Kreis, nämlich von ihren Artgenossen. Die Vorstellungskraft hat es Menschen ermöglicht, die in ihrem Gedächtnis gespeicherte Information als die wichtigste Umwelt zu betrachten, also nehmen alle Handlungen und Entscheidungsfindungen immer dort ihren Ausgangspunkt. Dazu wurde in unserer Gehirnwerkstatt eine neue, eigene Abteilung geschaffen, die es uns ermöglicht hat, die äußere Umwelt nach Belieben auf Grundlage unserer inneren Abbildungen zu verändern. Wir können zuerst im Geiste ein Haus, eine Maschine oder ein Buch schaffen und es dann tatsächlich tun. Unter Anwendung bestimmter Regeln können wir die mentalen Konstrukte aus realen Materialen bauen, und es funktioniert! Ich möchte hier nicht im Einzelnen darauf eingehen, wie sich diese Eigenschaft im Verlauf der menschlichen Evolution entwickelt hat, aber ich muss hervorheben, dass die Existenz enger Gruppen eine große Rolle dabei gespielt hat. Die ständige Anwesenheit von Kameraden, die für unsere Spezies so typisch ist, und das ständige Kommunikationsbedürfnis haben uns dazu befähigt, Regeln zu erstellen und zu befolgen. Regelgehorsam, die ständige von Mitmenschen ausgehende Anziehungskraft sowie das ständige Interesse an den Gedanken, Plänen und Ideen anderer sind Merkmale, die sich gegenseitig bedingen. Ohne Regeln würden wir es nicht miteinander aushalten, und ohne gegenseitige Anziehungskraft bräuchten wir keine Regeln.

Beobachtet man sozial organisierte, höher entwickelte Tierarten und Menschenaffen, sieht es so aus, als ob auch sie in einigen Fällen zur Erstellung innerer, geistiger Abbildungen fähig wären. Allerdings ist ihre Gehirnwerkstatt nicht auf Konstruktionsaktivitäten eingerichtet, ihre »Werkzeugkiste« ist eher dürftig bestückt und sie wissen nicht genau, was sie mit den Kopien anfangen sollen.

Sprache hilft beim Modellbau

Könnten wir ein Restaurant für das Abendessen aussuchen, ohne dabei in Sprache gefasste Gedanken zu benützen? Sicher wäre das sehr schwierig, aber mit einiger Übung könnte es uns vielleicht gelingen. Wir könnten vor unserem geistigen Auge Erinnerungen an bereits besuchte Lokale aufblitzen lassen, aber wir könnten kein Restaurant aussuchen, von dem wir gehört haben, dass es dort gutes Essen geben soll oder von dem wir in der Zeitung gelesen haben, denn dies sind Informationen, die mit Sprache ausgedrückt werden. Oder stellen Sie sich folgende Aufgabe vor: Sie müssen nach Nome, Alaska, reisen, wo Sie noch nie zuvor gewesen sind. Mit Hilfe von Sprache ist es sehr einfach, dieses Problem zu durchdenken und die Aufgabe zu erfüllen. Wir können per Telefon einen Flug buchen, ein Taxi bestellen und sind fertig zur Abreise. Ohne Sprache aber ist die Aufgabe unmöglich zu erfüllen, denn wir haben nicht die Spur einer Erinnerung an diesen Ort. Auf unserer kognitiven Umgebungskarte gibt es kein Nome. Ohne Sprache würden wir niemals dorthin finden, mehr noch, wir könnten uns nicht einmal vorstellen, dass wir dorthin fahren müssten. Die menschliche und die tierische Gehirnwerkstatt unterscheiden sich darin, dass erste mehrere Obergeschosse besitzt, die sich leicht von innen beleuchten lassen. Dort gibt es auch spezielle Werkzeuge, nämlich Worte, die man zusammensetzen kann und mit deren Hilfe selbst die komplizierteste Aufgabe einfach wird. Der menschliche Verstand verwendet Sprache zum Modellbau!

Diese neuartige Modellbaufähigkeit der Menschen ist so hoch entwickelt, dass wir uns die innere Welt eines Lebewesens ohne Sprachfähigkeit kaum vorstellen können. Die eigentliche Frage ist, ob ein solches Wesen überhaupt ein bescheiden menschenähnliches geistiges Innenleben besitzt.

Tiere sind zu assoziativem Lernen fähig, was bei den höher organisierten Arten die Form des Lernens von Zeichen oder Signalen annimmt, aber dies hat wenig mit echter Sprache zu tun. Für einen Fuchs ist es nicht nur der Anblick einer Maus, der ihm einen guten Leckerbissen verspricht, sondern das Laubrascheln auf dem Boden oder das Pfeifen der Maus sind außerdem Signale, aus denen er auf die Anwesenheit einer Maus schließen kann. Natürlich kann die Verbindung zwischen dem Signal und dem von ihm bezeichneten Ding auch auf andere Weise als durch Lernen geschaffen werden. Sehr wichtige Dinge und die dazugehörigen Signale, wie für einen Fuchs die Maus und ihr Pfeifen, sind nicht durch Lernen miteinander verbunden. Man hat Laborversuche mit Fuchswelpen gemacht, die isoliert von anderen Füchsen aufgezogen worden waren und keine Erfahrungen gesammelt haben. Bot man dem Welpen ein Stückchen Fleisch an und spielte gleichzeitig einen Ton ab, und wiederholte man das mehrfach, bildete er sehr schnell eine Verknüpfung zwischen dem Fleisch und dem Ton. Spielt man aber den Ton zehn oder fünfzehn Mal ab, ohne dem Welpen Fleisch zu geben, vergisst er langsam wieder die Verknüpfung und misst dem Ton schließlich keine Bedeutung mehr bei. Schafft man diese Konditionierung aber mit der Aufnahme eines echten Mäusepfeifens anstelle eines anderen Tones, wird die Verknüpfung zwischen Signal und Futter so stark, dass der Fuchs sie niemals mehr vergisst. Die Wissenschaftler spielten dem Fuchs viertausend Mal das Mäusepfeifen vor, ohne ihm Futter zu geben, und trotzdem stellte der arme Kerl bis zu guter Letzt jedes Mal die Ohren auf. Nach dem viertausendsten Versuch gaben sie auf, weil Menschen wenig Durchhaltevermögen besitzen.

Anders gesagt: Ein Signal ist immer mit einem Ding verbunden, das es bezeichnet und diese Verbindung kann durch Lernen geschaffen werden. Für diesen Prozess ist es charakteristisch, dass man immer mit Belohnung oder Strafe arbeiten muss, dass die Verknüpfung langsam gebildet wird und dass sie, wenn sie nicht mehr gebraucht wird, langsam wieder im Gehirn des Tieres gelöscht wird.

Auf den ersten Blick könnte man meinen, dass auch die Worte der menschlichen Sprache solche Signale sind, weil ja auch sie Dinge bezeichnen. Fleisch bedeutet Fleisch, Brot bedeutet Brot – und wir müssen das lernen.

Aber halt! Was bedeutet denn Fleisch? Sicherlich nicht nur einen Happen Essen – das natürlich auch –, sondern viel mehr: Muskelfleisch, einen Hähnchenschenkel, Schweinerippchen, Kalbsfilet oder auch eine »fleischliche Versuchung«, obwohl das nun wirklich etwas ganz Anderes ist. Und wenn man jemand als »armes Würstchen« bezeichnet, heißt das noch lange nicht, dass man ihn essen kann. Worte sind also keine oder fast keine Signale, sondern vielmehr Symbole. Worte sind Teile eines Systems, das viele andere Elemente enthält, die ebenfalls die Funktion eines bestimmten Signals beeinflussen. Worte haben eine Bedeutung. Symbole haben die Eigenschaft, dass man sie erklären kann und dass wir ihren Sinn und ihre Bedeutung mit vielfältigen Beschreibungen, Handlungen oder Geschichten ausdrücken kann. Die Bedeutung bezieht sich zwar auf das Symbol, ist aber nicht dessen alleinige Eigenschaft, sondern die des gesamten sie umgebenden Erklärungssystems. Wichtig ist auch die Feststellung, dass das Symbolsystem nicht für sich selbst steht, sondern an gewissen Punkten und durch die Sinnesorgane mit der Außenwelt »verankert« ist.[166]

Für verbale Symbole ist charakteristisch, dass sie schnell mit einem einzigen Versuch gelehrt werden können und dass man dazu weder Belohnung noch Strafe braucht.

Ein Kind, das gerade in seiner Muttersprache sprechen lernt, kann mehrere Tausend Worte pro Jahr lernen, von denen es die meisten nur wenige Male oder sogar nur einmal gehört hat. Es braucht auch keine häufige Bestärkung dazu, wie es für das Lernen von Signalen über Assoziationen grundlegend wichtig ist. Signale sind immer mit dem bezeichneten Gegenstand verbunden, während Worte miteinander verbunden sind und Teile eines Systems sind, in denen die Beziehungen der

Worte untereinander jederzeit verändert werden können, wie zum Beispiel in dem Satz »Essen Sie das Fleisch dieser Frucht nicht, weil es bitter schmeckt.«

Er bewirkt, dass ein Gegenstand, der zunächst essbar erschien, nun gemieden wird, obwohl der Empfänger der Warnbotschaft selbst nie Erfahrungen mit dieser Frucht gemacht hat. Ein großer Unterschied besteht auch darin, dass wir diese Worte, wenn wir sie in unserer Muttersprache gelernt haben, nie mehr vergessen werden, auch dann nicht, wenn wir sie viele Jahre lang nicht mehr brauchen. Außerdem können wir uns auch ohne äußeren Reiz oder Anlass an diese Worte erinnern. Der Gebrauch der gelernten Worte wird von einem internen Regulationsmechanismus geleitet. Das ermöglicht es dem menschlichen Verstand, mit der Hilfe von Worten sehr komplizierte Modelle zu schaffen, welche die Verbindungen und die feinsten Einzelheiten der inneren und der äußeren Welt beschreiben. Von außen betrachtet stammt die Bedeutung der Worte natürlich aus einer sprachlichen Gemeinschaft. In diesem Sinne – aber nur in diesem Sinne – sind verbale Modelle eng mit der Außenwelt verbunden und verkörpern die direkte Verbindung zwischen Kultur und Realität.

Etwas existiert, weil es einen Namen hat

Verbale Modelle gehen immer davon aus, dass man Dinge benennt. Auch das ist eine neuartige, genetisch bedingte Eigenschaft des menschlichen Verstandes. Für Kinder ist ein Name für irgendetwas oft genauso gut wie eine Erklärung.

»Auf diesem Bild sehen wir einen schon lange ausgestorbenen Vogel, den Dodo.« Mit diesem Satz wird einem Ding ein Name gegeben und damit ein Knotenpunkt in unserem Gehirn geschaffen, an den wir später alle möglichen nützlichen Informationen anknüpfen können, ohne dass uns der Dodo ständig bildlich erscheinen muss.

Wenn wir einen Namen für etwas haben, sind wir bereit, eine Geschichte dazu zu hören. Das benannte Tier tut etwas oder etwas geschieht mit ihm, und selbst unsere Empfindungen können nun mit diesem neuen Konstrukt in Verbindung gebracht werden.

»Was frisst der Dodo?«

»Wie viele Eier legt er?«

»Warum kann er nicht fliegen?«

»Schmeckt sein Fleisch gut?«

»Ist er wirklich ausgestorben?«

Das tierische Gehirn ist nicht in der Lage, einen solchen Knotenpunkt anzulegen und dazugehörige Geschichten daran zu knüpfen. Zwar ist es für ein Tier nicht unmöglich, eine verstandesmäßige Verknüpfung zwischen einem Objekt und einem Signal zu bilden, aber ein Signal für etwas, das vor langer Zeit existiert hat, kann ausschließlich für den menschlichen Verstand ein Ausgangspunkt sein.

Die Benennung von Dingen und die ausgeklügelten Regeln zum Bau verbaler Modelle, die in der Schule als Grammatik bezeichnet werden sowie die vorher erwähnte Konstruktionsfähigkeit des Menschen machen es uns möglich, Konstruktionen zu erdenken, die außerhalb der realen Welt liegen – Märchen, Religion, Philosophie oder Mathematik. Dies alles sind Dinge, die in den Obergeschossen der menschlichen Gehirnwerkstatt entstehen.

Natürlich ersetzt Sprache nicht vollständig die früheren mentalen Modelle, sondern ergänzt sie nur und ermöglicht es uns, Bedürfnisse auf einer höheren Ebene wahrzunehmen. Auch die menschliche Gehirnwerkstatt ist kein durch und durch hell erleuchteter Raum, sondern es sind lediglich mehr und hellere Lampen darin als bei den Tieren. Ein großer Teil der Gehirnarbeit, die unser Verhalten bestimmt, findet auch bei uns im Dunkeln statt und die alten, erprobten und echten Motivationssysteme arbeiten im Erdgeschoss. Ihre Arbeit kann allerdings in gewissem Maße von den in den Obergeschossen gelagerten Werkzeugen beeinflusst werden. Wir haben es also mit einem gemischten System zu tun, in dem die neuesten und die ältesten Methoden untrennbar miteinander verwoben sind. Fest steht auch, dass Menschen zahlreiche mentale Eigenschaften besitzen, die nichts mit Sprache zu tun haben und trotzdem nicht bei Tieren gefunden werden können – oder nur in sehr primitiver Form. Ich erwähnte bereits den komplizierten Vorgang der sprachlichen Interpretation: Hinzuzufügen ist noch, dass eine Interpretation nicht immer zwingend sprachlich sein muss. In einem Pantomimenspiel werden keine Worte benutzt, aber trotzdem verstehen wir die Handlung, weil wir die Bewegung und die Körpersprache des Mimen deuten können. Die Interpretation gesprochener Sprache wird außerdem auch erheblich von Stimmlage, Lächeln oder drohendem Blick beeinflusst.

Viele Wissenschaftler sind der Ansicht, dass sich bei Menschen die Fähigkeit zur Interpretation unter dem Einfluss des engen Zusammenlebens in Gruppen viel früher entwickelt hat als die Sprache. Einer der wichtigsten Wendepunkte in der Evolution des Menschen war die Entwicklung einer Kommunikation untereinander und damit auch der ständigen Interpretation der Äußerungen anderer. Der moderne Mensch sieht hinter jeder Handlung Absichten oder komplizierte Zusammenhänge und versucht ständig, Zusammenhänge zu bilden, auch wenn er mit seinem Ehepartner oder Familienmitgliedern kommuniziert oder wenn er an politischen und sozialen Aktivitäten teilnimmt.

Die besonderen Merkmale menschlichen Denkens

Die auf den alten und neuen Modellbau-Fähigkeiten des menschlichen Gehirns beruhenden Merkmale bilden zusammen eine besondere Mischung. Wissenschaftler, die sich mit den Mechanismen des tierischen Verstandes beschäftigen, sind stets auf der Suche nach diesen Merkmalen und diskutieren viel darüber, wie die Existenz dieser oder jener Fähigkeit bewiesen werden könnte. Und falls eine solche besondere Eigenschaft existiert – in welchem Ausmaß, und unterscheidet sie sich von der entsprechenden Eigenschaft beim Menschen oder nicht? In welchem Maße ist diese Fähigkeit an Sprache oder eine soziale Umwelt gebunden? Und wenn die Eigenschaft beim Tier nicht vorhanden ist – kann sie durch etwas ersetzt werden oder kann sie irgendwie simuliert werden?

Der menschliche Verstand ist sich nicht nur seiner selbst bewusst, sondern auch in der Lage, die Existenz eines ähnlichen Verstandes bei anderen Menschen und in manchen Fällen auch bei Tieren oder sogar Dingen anzunehmen und sich entsprechend zu verhalten. Anders gesagt: Menschen gehen davon aus, dass ihr Gegenüber denken kann. Sie versuchen, dessen Gedanken zu erfassen und berücksichtigen diese Erkenntnisse bei ihrer sozialen Interaktion. Man könnte auch sagen, dass Menschen eine Theorie des Verstandes haben. Die Grundlage dieser Eigenschaft ist, dass der menschliche Verstand Kopien innerer Abbildungen erstellen und diese mit Hilfe der zuvor erwähnten Konstruktionen verändern kann, um dann diese neuen Konstruktionen, Annahmen, Ideen, Pläne und Gedanken im Alltagsleben einzusetzen. Wenn wir versuchen, eine Theorie des menschlichen Verstandes zu entwerfen, dann versteht es sich von selbst, dass wir für geeignete Beweise sorgen und geeignete Beobachtungen an anderen oder sogar uns selbst durchführen müssen.

Wir könnten zum Beispiel die Interaktion zwischen zwei Menschen beobachten und dabei feststellen, dass es eine beiden gemeinsame Aktivität gibt, zum Beispiel ein Gespräch, welches die Konzentration beider auf die gleiche Sache erfordert. Zum Beispiel könnte einer von beiden sagen »Das Messer liegt da auf dem Tisch« und zum Tisch hinschauen. Der andere würde dann dem Blick seines Gegenübers folgen, weil in der Nähe drei Tische stehen, und das Messer sehen. Auf etwas zu zeigen ist ein ähnliches Verhalten: »Ich hätte gerne den Apfel da,« und während man das sagt, zeigt man mit Hand und ausgestrecktem Finger darauf. Der Obsthändler folgt der Geste und sucht uns den gewünschten Apfel heraus.

Menschen können auch unterscheiden, ob jemand uns absichtlich oder unabsichtlich etwas Unangenehmes zugefügt hat. Wenn jemand uns versehentlich auf den Fuß tritt, würde er oder sie sich kurz entschuldigen und zu verstehen geben, dass es keine Absicht war. Wir verstehen und akzeptieren das, halten aber möglicherweise trotzdem unsere Augen offen, um zu überprüfen, ob dem auch wirklich so ist. Wenn in einer größeren Menschenmenge gedrängelt wird, schauen wir genauer hin, ob einige der Schubser vielleicht doch absichtlich geschehen. Stellen wir dies fest, reagieren wir vermutlich sehr verärgert, während die als unabsichtlich eingestuften Drängelbewegungen verzeihen – auch, wenn diese vielleicht körperlich sogar noch unangenehmer sind.

Das Vertauschen von Rollen wird sogar von Kindern sofort verstanden: »Ich werfe den Ball, und Du versuchst ihn zu fangen.«

»Jetzt tauschen wir – Du wirfst und ich fange!«

Zwei Menschen führen häufig eine zielgerichtete Kommunikation miteinander. Sie zeigen sich gegenseitig etwas und führen das Gespräch so, dass abwechselnd der eine spricht und der andere zuhört. Sie fragen sich gegenseitig nach Informationen und geben Informationen.

»Kannst Du bitte mal durchs Fenster reingucken, ob meine Mutter drinnen ist? Du bist größer als ich.«

»Ich kann niemand sehen.«

Auch emotionale Informationen werden häufig ausgetauscht. Wenn unser Freund traurig oder gut gelaunt ist, teilt sich uns sein Gefühlszustand mit. Wenn jemand über seine gefühlsmäßigen Probleme spricht, kann sich der Zuhörer möglicherweise mit dessen Gefühlen identifizieren und sich in seine Lage versetzen. Die Fähigkeit, fühlen zu können, was auch der andere fühlt, nennt man Einfühlungsvermögen. Es ist die Voraussetzung für das Erlebnis, das wir im Theater oder im Kino haben.

Menschen haben zahlreiche Lernbegabungen, die mit ihren Mitmenschen zu tun haben. Die Neigung zur Regelbildung und -befolgung wurde bereits erwähnt, weitere wichtige sind Nachahmung und Handeln nach bestimmten Mustern, das es dem Verstand ermöglicht, die Verhaltensmuster einer anderen Person in Instruktionen zur Steuerung des eigenen Verhaltens zu übersetzen. Lehren ist ein komplexes Verhalten: Der Lehrer zeigt nicht nur ein Verhaltensmuster, sondern überprüft auch, ob sein Schüler die übermittelte Funktion verinnerlicht hat. Andere Formen sozialen Verhaltens, die in der Interaktion mit unseren Mitmenschen vorkommen, sind Lüge und Täuschung. Beides müssen wir als auf hohem Niveau stattfindende mentale Prozesse betrachten, weil der Verstand dabei die Gedanken und Ideen eines anderen Verstandes berücksichtigen muss. Er muss sich ein Modell der Vorgänge eines anderen Verstandes bauen, wozu der menschliche Verstand in der Lage ist.

Es wurde bereits erwähnt, dass das »Ich« im menschlichen Verstand vorkommt. Wir können aber noch mehr: Wir können über das »Ich« – über uns selbst – als Objekt oder als Handelnder nachdenken und wir haben außerdem die Fähigkeit, Lebewesen als aktive und unabhängige Einheiten zu erkennen sowie die Interaktionen zwischen unbelebten Dingen in unserem Verstand zu modellieren.

Unter den Fähigkeiten des menschlichen Verstandes könnten wir außerdem die schon erwähnte Neigung zur Schaffung und Befolgung persönlicher Rituale aufzählen und hinzufügen, dass wir Menschen unseren Tag gerne in Untereinheiten aufteilen und bestimmten Zeitpunkten bestimmte Tätigkeiten zuordnen. Auf diese Weise kann man sich im Alltag die Dinge viel einfacher arrangieren. Damit verwandt ist das bei Tieren unbekannte Phänomen, dass Menschen gerne üben, das heißt bestimmte Fähigkeiten erwerben, indem sie Handlungen um ihrer selbst willen vielfach wiederholen. Eine gute Methode, um es in bestimmten Techniken bis zur Perfektion zu bringen! Während des Übens kann der Verstand nicht nur eine Handlung initiieren, die zu einem bestimmten Ergebnis führen soll, sondern auch in der Praxis etwas ausprobieren, das bisher nur in der Vorstellung existiert hat. All diese

Eigenschaften des Verstandes haben wir auch schon im Zusammenhang mit der Verstandesleistung von Hunden erwähnt und es erscheint sinnvoll, diese einmal in einer Reihenfolge aufzulisten, die ihrer angenommenen Zugehörigkeit zu einer bestimmten Kategorie entspricht. Diese Liste kann auch als Aufzählung der wichtigsten Merkmale menschlicher Intelligenz betrachtet werden.[167]

Die drei ersten Merkmale beziehen sich auf ***körperliche Intelligenz***:

- Erkennen kausaler Zusammenhänge
- Erkennen der Auswirkungen gegenseitiger Beeinflussung unter Objekten
- Erkennen selbstständiger, lebendiger Wesen

Die acht nächsten Merkmale beziehen sich auf die ***soziale Intelligenz***:

- Gruppenzugehörigkeit
- Absichtlichkeit / Zielgerichtetheit
- Mitgefühl
- Gemeinsame Konzentration auf etwas
- Verfolgen der Blickrichtung eines anderen
- Auf etwas zeigen / hinweisen
- Zwischen absichtlichen und unabsichtlichen Handlungen unterscheiden
- Erkenntnis seiner Selbst / Ich-Bewusstsein

Die zwölf nächsten Eigenschaften könnte man als Teil der ***kulturellen Intelligenz*** bezeichnen, weil Menschen sie an häufigsten dann brauchen, wenn sie in einer organisierten Gruppe oder Kultur leben:

- Persönliche Rituale, Zeitgefühl
- Regelbefolgung
- Kooperation
- Soziales Lernen: Befolgen von Mustern, Nachahmung, Kopieren von Verhalten, Lehren
- Zielgerichtete Kommunikation
- Nach Informationen fragen und Informationen geben
- Täuschung
- Bewusstsein dessen, was ein Verstand ist: Bei einem anderen Wesen einen Verstand annehmen, der dem eigenen ähnlich ist
- Rollenspiel und Rollentausch
- Interpretation
- Sprachfähigkeit: Benennung von Dingen, Gebrauch von Symbolen, Sprachregeln
- Übung

Kapitel 13

Was wissen unsere Verwandten?

Ist da jemand?

Eine der grundlegenden Fragen in der Tierpsychologie und Ethologie ist, ob die beobachteten Tiere nur belebte Objekte sind oder wirklich echte Subjekte – also Wesen mit einem Bewusstsein. Mein Freund István Hernád, eine einflussreiche Persönlichkeit in den kognitiven Wissenschaften, formulierte diese Frage kurz und bündig als »Ist da jemand?«. Ist im Körper des Tieres ein sich seiner selbst bewusster Verstand beheimatet, der vielleicht in einigen Punkten dem unseren ähnelt?

Jeder von uns weiß, dass er »jemand« ist. Oft sagen wir uns das gegenseitig und demonstrieren dies auch – beinahe wohl oder übel – unser ganzes Leben lang. Diese Tatsache scheint für uns die wichtigste überhaupt zu sein. Es ist einfach, jemanden davon zu überzeugen, dass unsere Körper eine physische oder chemische Realität darstellen, nicht so einfach aber ist es, andere davon zu überzeugen, *wer* wir sind. Was wäre ein akzeptabler Beweis? Die bloße Feststellung, dass wir existieren?

Es liegt auf der Hand, dass ein solcher Gedankengang uns nicht sehr weit führt. Selbst ein Anfänger im Programmieren könnte ein Computerprogramm schreiben, das auf Wunsch eine solche Behauptung über sich selbst trifft. Ein Programm, das von sich behauptet, dass es existiert, sagt zwar gewissermaßen die Wahrheit, weil es tatsächlich als Programm existiert; aber das ermöglicht es uns noch nicht, eine grundlegende Unterscheidung zwischen diesem und anderen Programmen zu treffen, die nichts über ihre Existenz sagen. Die Frage ist in Wirklichkeit verzwickter, weil wir nicht nur fragen, ob es existiert, sondern auch, ob es da neben der reinen physischen Existenz einen *Jemand* gibt. Wer oder was auf diese Frage antwortet, kann als wahr betrachtet werden – das ist der eigentliche Kern der Sache. In der Philosophie ist dies immer noch eine grundlegende Frage.

Scheinbar kann man sich dem Problem über Klassifizierung oder Kategorisierung annähern. Die Aussage »Ich bin« erstellt eine grundlegende Kategorie, und wenn wir sie untersuchen, fragen wir damit auch, ob sie außer uns selbst auch noch andere Mitglieder enthält. Welches sind die Kriterien, anhand derer wir entscheiden könnten, ob ein Wesen zu dieser Kategorie gehört oder nicht? Descartes Feststellung »Ich denke, also bin ich« macht die Krux des Problems offensichtlich, löst es aber nicht, denn die Aussage »Ich denke« ist genauso schwierig zu beweisen wie die »Ich bin«.

Nun könnte man versucht sein, zu sagen, dass dies doch ein rein abstraktes philosophisches Problem sei. Natürlich, das ist es auch. Aber die Beantwortung der Frage »Ist da jemand?« ist eine wichtige, tägliche Aufgabe, wenn man mit Tieren zu tun hat. Jane Goodall hat unter folgenden Bedingungen eine Reihe von Beobachtungen zum Verhalten von Schimpansen gemacht: Im Wald wurde eine Art Automat aufgestellt, aus dem die Schimpansen ab und zu eine Banane »ziehen« konnten. Er war so eingestellt, dass jedes Mitglied der in dieser Gegend lebenden Schimpansengruppe den Automat nur zu einer bestimmten Tageszeit bedienen konnte.[168] Die Schimpansen begriffen dies schnell: Jeder von ihnen ging zur Futterzeit zum Automaten, betätigte ihn und erhielt seine Banane. Einmal war ein junges Männchen an der Reihe, das aber von einem älteren, dominanten Männchen begleitet wurde. Sicher ist nicht schwer vorauszusagen, was hier geschehen würde: Wenn der jüngere Schimpanse den Automat bediente und die Banane herausholte, würde der ältere sie ihm wegnehmen – weil Schimpansen üblicherweise so handeln. Wenn aber »da jemand wäre«, müsste der jüngere Schimpanse schlau genug sein, um genau das vorherzusehen. In diesem Fall würde er versuchen, das Hervorholen der Banane so lange hinauszuzögern, bis er den alten Schimpansen irgendwie losgeworden wäre. Und genau das passierte! Der junge Schimpanse tat so, als sei er nur gerade zufällig da und schaute den Automaten nicht einmal an. Nach einer Weile trödelte der alte Schimpanse davon, woraufhin der junge schnell zum Automaten hüpfte und glücklich seine Banane in Empfang nahm. Zusätzliches Vergnügen hatte ihm vermutlich bereitet, dass er zuvor dem Alten die Stirnhaare über die Augen gestrichen hatte. Dann aber geschah etwas Unerwartetes: Der alte Schimpanse tauchte plötzlich hinter einem Busch auf und nahm dem jungen die Banane fort. Die Wissenschaftler hatten beobachtet, dass der Alte, nachdem er weggegangen war, die Handlungen des jungen Schimpansen aus seinem Versteck hinter dem Busch verfolgt hatte. Und er hatte richtig kalkuliert: Als der junge Schimpanse sich in Sicherheit wiegte, sprang der Alte hervor und nahm ihm die Banane ab.

Die Absichten der anderen

Weil unsere engsten Verwandten, die Schimpansen, 98% ihrer Gene mit uns gemeinsam haben, haben wir guten Grund zu der Annahme, dass sie auch dazu in der Lage sind, die Absichten, Pläne, Ideen und daraus folgende Handlungen anderer Schimpansen zu erraten. Sie können diese Annahmen zwar nicht artikulieren, aber trotzdem auf irgendeine Weise Gebrauch von ihnen machen. Obwohl noch niemand dies ausprobiert hat, können wir doch sicher sein, dass die gleichen Versuche mit Küchenschaben nicht funktioniert hätten. Vielleicht hätte es auch mit Ratten nicht geklappt, aber wir können beinahe sicher davon ausgehen, dass der Versuch mit Hunden funktioniert hätte. Jeder, der jemals einen Hund besessen hat, weiß, dass Hunde ganz schön gerissen sein können und aus den kleinsten Dingen schließen können, ob das, was ihr Besitzer vorhat, angenehm für sie ist oder nicht.

Bevor Sie als Leser aber nun denken, ich würde Hunde einseitig bevorzugen, hier ein Beispiel mit Katzen: In Wohnungen lebende Katzen suchen sich normalerweise einen bequemen Liegeplatz in einem warmen und ruhigen Zimmer aus, manchmal sogar an einer Stelle, von der aus sie fernsehen können. Zu ihrem großen Kummer kommt es öfter vor, dass die Menschen sich das Vorrecht auf die schönste Stelle überhaupt schon gesichert haben. Häufiger gibt es Berichte darüber, dass Katzen es in solchen Fällen erfolgreich geschafft haben, die Menschen von dieser Stelle zu vertreiben. So kann ein Katze es zum Beispiel fertig bringen, miauend zur Tür zu gehen, und dann, wenn der arglose Besitzer aufsteht, um sie hinauszulassen, flugs zum bequemen Sessel zurückzulaufen und ihn für sich selbst in Anspruch zu nehmen.

Was denkt eine Katze, wenn sie so etwas tut?

Höher organisierte Tiere, vor allem in Gruppen lebende, sehen sich ständig Problemen dieser Art gegenüber. Wenn zwei durchschnittlich geistig begabte Hühner gleichzeitig einen fetten Wurm erspähen und darauf zurennen, wird das ranghöhere Huhn unterwegs kräftig nach dem rangniedrigeren picken, um diesem klarzumachen, dass die Beute ihm gehört. Die Frage ist, ob wir aufgrund dieser Beobachtung annehmen dürfen, dass Hühner eine Vorstellung von Verstand und Denken der anderen haben. Oder anders gesagt – ist es möglich, dass das ranghöhere Huhn eine Vorstellung von der Absicht des anderen Huhns hatte und es deshalb richtig fand, dessen Enthusiasmus zu dämpfen?

Ein wichtiger Bestandteil der wissenschaftlichen Tätigkeit ist, zu lernen, wie man die Theorien anderer widerlegt. Ethologen verneinen in ihrer täglichen Praxis vehement, dass Tiere eine Vorstellung davon hätten, was ein Verstand ist. Sie finden Hunderte von Beispielen dafür, wie man diese Theorie vom Wissen um den Verstand widerlegen kann. Im oben genannten Fall der Hühner könnte man zum Beispiel argumentieren, dass hier überhaupt keine Absichten im Spiel sind – das Einzige, was hier geschieht, ist, dass das dominante Huhn einen Aggressionsmechanismus besitzt, der es dazu veranlasst, andere Hühner von einem Leckerbissen fortzujagen.

Und die Katze? Man sollte hier nach Meinung der Ethologie nicht davon ausgehen, dass sie die gerade stattfindenden oder die voraussichtlich in der Zukunft stattfindenden Ereignisse erahnt, sondern vielmehr, dass sie durch assoziatives Lernen verinnerlicht hat: Wenn ich an der Türe miaue, wird der Sessel frei. Im Fall des

Schimpansen muss man allerdings zugeben, dass die Dinge hier anders liegen. Es reicht schon, anzunehmen, dass irgendeine Form von noch so schwacher Absicht bei seinem Verhalten eine Rolle spielte.

Wenn der Schimpanse eine Absicht, eine Zielsetzung oder einen Plan haben kann, dann ist dieses Merkmal nicht an Sprache gebunden und nicht nur exklusiv dem Menschen vorbehalten. Somit ist es denkbar, dass es evolutionäre Vorläufer oder Abstufungen dieses Merkmals gibt. Womit wir wieder bei dem Huhn und bei der Katze wären!

Auf ähnlicher Grundlage formulierte der amerikanische Philosoph D.C. Dennett die Möglichkeit der Abstufung von Absichten.[169] Eine Null-Intention bedeutet: Kein mentaler Mechanismus, keine Absicht, Zielsetzung oder Plan. Manche Schmetterlinge spreizen, wenn sie erschreckt werden, ihre Flügel, auf denen sich zwei große Farbflecke befinden, die wie Augen aussehen. Der Vogel, der sich dem Schmetterling in der Hoffnung auf ein leckeres Mahl genähert hat, sieht sich nun plötzlich von zwei großen Augen drohend angestarrt und schreckt eine Sekunde lang zurück, was dem Schmetterling zum Entkommen reicht. Ein typisches Beispiel für Null-Intention! Der Schmetterling ist, was er ist, und wenn er erschreckt wird, spreizt er seine Flügel. Wir haben keinen Grund zu der Annahme, dass er dieses Verhalten in der Absicht zeigt, einen Angreifer zu verängstigen oder sich über ihn zu amüsieren, nachdem er ihn in die Flucht geschlagen hat. Das Muster auf seinen Flügeln entstand vielmehr durch die blinden und unbewussten Kräfte der Evolution – im Interesse des Überlebens der Art. Natürlich könnte man auch das Beispiel des Huhns so erklären, und nur wenn jemand mit sorgfältig aufgebauten Versuchen beweisen könnte, dass Hühner wirklich Absichten haben, müssten wir diese Theorie als falsch ad acta legen.

Eine gewisse, das Verhalten des Tieres beeinflussende Absicht könnte als Intention ersten Grades bezeichnet werden. Das Verhalten der Katze könnte ein Beispiel dafür sein, obwohl auch dies diskutabel ist. Selbst im einfachst vorstellbaren Fall denkt die Katze an den bequemen Sessel und miaut deshalb an der Türe. Eine kompliziertere Hypothese wäre, dass sie folgende Gedanken hat: »Wenn ich ein bisschen an der Tür miaue, steht der alte Faulpelz auf und kommt wie immer her, und schwupps, der Sessel ist mein!« Um dies zu beweisen, müsste man aber weitere Beobachtungen und Versuche durchführen.

Intention zweiten Grades liegt laut Dennett vor, wenn ein Tier etwas tut, um damit jemand anderen etwas Bestimmtes glauben zu machen, also versucht, das Denken eines anderen durch das eigene Verhalten zu beeinflussen. Ein Ethologe studierte einmal das Verhalten von Pavianen in ihrer natürlichen Umgebung und stellte fest, dass die Jungtiere regelmäßig Täuschungsstrategien anwenden.[170] In einem Fall hatte ein Weibchen eine von Pavianen besonders bevorzugte Wurzel ausgegraben. Ein sich in der Nähe aufhaltendes Jungtier, das noch zu klein zum Selbergraben war, begann laut zu kreischen, als die Wurzel ganz freigelegt war. Seine Mutter, die ein Stück weit entfernt war, kam daraufhin sofort angelaufen und verjagte das andere, rangniedrigere Weibchen. Vermutlich dachte sie, dieses würde ihrem Kind etwas zuleide tun. Jägerin und Gejagte entfernten sich also aus der Szene, woraus das Pavianjunge Vorteil zog, indem es die Wurzel aus dem Loch angelte und aufaß. Der Wissenschaftler beobachtete weitere ähnliche Vorfälle, denen alle die Intention zweiten Grades gemeinsam war. Auch der Fall des jungen Schimpansen gehört in diese Kategorie: Er gab vor, rein zufällig in der Nähe des Futterautomaten zu sein, damit der ältere Schimpanse denken sollte, dass auch er keinen Grund hätte, sich dort aufzuhalten. Das Verhalten des Älteren repräsentiert jedoch Intention dritten Grades: Er entfernte sich, um den Jüngeren glauben zu machen, dass er (der Ältere) der Meinung sei, hier würde nichts Interessantes zu erwarten sein.

Die meisten Probleme in diesem Bereich haben ihre Ursache in der typisch menschlichen Eigenschaft, anderen gute oder schlechte Absichten bzw. Pläne zu unterstellen. In unserem eigenen Umgang mit anderen denken wir ständig in verschiedenen Abstufungen und in verschiedener Komplexität über das Denken und die Absichten anderer nach. (»Ich nehme an, Du überlegst gerade, ob ich verstanden habe, wie schwierig es für Dich ist, einen Beweis dafür zu finden und ob Du wirklich begriffen hast, dass ich der Meinung bin, Du könntest meine Annahme verstehen, dass Du mir zu erklären versuchst, dass die meisten von uns Intentionen bis zum fünften oder sechsten Grad hin verfolgen können«).[171] Gerne schreiben wir nicht nur Tieren, sondern auch Maschinen, Mechanismen oder sogar Dingen Absichten zu: »Dieser verdammte Autoschlüssel bleibt immer dann stecken, wenn ich es besonders eilig habe.« Selbst Abstraktionen oder abstrakten Konzepten weisen wir Absichten zu. Ein gutes Beispiel dafür ist die Vorstellung von einer Gottheit: Wir stellen uns dabei sofort »jemand« vor und rüsten ihn mit Gedanken und Gefühlen aus, die den unseren ähneln. Unsicher ist, ob auch der tierische Verstand so intensiv auf der Suche nach Absichten ist.

Die Ethologie hat sich unabhängig von der Psychologie entwickelt und beschäftigte sich anfänglich gar nicht mit dem Verstand von Tieren. Die Frage »Ist da jemand?« tauchte gar nicht erst auf. Die frühen Ethologen befassten sich hauptsächlich mit den evolutionären Ursprüngen bestimmter beobachtbarer Verhalten und den Beziehungen zwischen Verhalten und Umwelt. Und als sie dann in der Lage waren, die wichtigsten Fragen auf die ein oder andere Weise zu beantworten, wurde klar, dass man um die grundlegende Frage nicht länger herumkam und dass die Ethologie eine Art gemeinsamen wissenschaftlichen Standpunkt zur Frage des Verstandes von Tieren einnehmen musste.

Wer intelligent ist, kämpft ums Überleben

Wenn man die Geschichte der Wissenschaft außer Acht lässt, könnte man sagen, dass der gegenwärtige ethologische Standpunkt auf einer fundamentalen Idee beruht, nämlich der methodischen Definition von Intelligenz: Ein System ist intelligent, wenn sein Verhalten zur Sicherung seiner dauerhaften Existenz beiträgt. Anders gesagt: Wer intelligent ist, kämpft ums Überleben. Auch wenn diese Definition von außerhalb der Ethologie stammt, ist sie wichtig, weil ja offensichtlich ist, dass Tiere in verschiedenen Umgebungen leben – und ein Verhalten, das in einer bestimmten Umgebung als intelligent gelten kann, ist in einer anderen Umgebung überhaupt nicht intelligent. Das einzige, was intelligente Verhaltensweisen gemeinsam haben, ist, dass sie die dauerhafte Existenz des Individuums fördern. Im vorigen Kapitel haben wir bereits die deutlich unterschiedlichen Suchstrategien von Ratten und Vögeln am Beispiel eines Labyrinthes besprochen. Beide Strategien sind intelligent, wenn sie vom richtigen Tier in der richtigen Umgebung angewendet werden. Wenn man dieses Prinzip als gültig anerkennt, dann ist es sinnlos, die Verhalten verschiedener Spezies miteinander auf »Intelligenz« hin zu vergleichen. Was für die eine Art höchst intelligent sein könnte, könnte für die andere die größte Dummheit überhaupt bedeuten. Wir müssen also akzeptieren, dass Intelligenz etwas sehr Relatives ist. Wir könnten uns einen Regenwurm vorstellen, der sich sehr intelligent verhält und und einen Elefanten, der ziemlich dumm erscheint, obwohl letzteres Tier ein sehr großes Gehirn besitzt und ersteres praktisch gar keins. Vergleicht man die Intelligenz zweier Tiere ein und derselben Spezies, hat man dieses Problem natürlich nicht.

Die Situation wird noch komplizierter durch die Tatsache, dass Menschen sowohl als Individuen als auch als Spezies sehr subjektive Wesen sind. Aber vermutlich ist jeder, der »jemand« ist, ein sehr subjektives Wesen, genauso, wie es vermutlich zutrifft, dass echte Subjektivität eine Vorraussetzung dafür ist, »jemand« zu sein. Menschen neigen meist zu, ein Verhalten dann als intelligent zu betrachten, wenn es dem Bestehen in ihrer eigenen Umgebung dient. Diese naive Ansicht ist Ursache der Misere Zehntausender Ratten, Tauben und Affen, deren Intelligenz im Laborversuch mit der unseren verglichen werden soll. Eine Meise zum Beispiel kann die Verbindung zwischen Ursache und Wirkung erkennen, solange es dabei um Samenkörner und daran befestigte Fäden geht: Sie kann alleine durch Betrachtung herausfinden, an welchem Faden von mehreren aus einem durchsichtigen Röhrchen heraushängenden Fäden sie ziehen muss, um das ansonsten unerreichbare Korn herauszuziehen. Bei einem einfachen Labyrinthversuch wird sie jedoch versagen: Sie wird noch nicht einmal den Anfang finden, geschweige denn das Ziel erreichen. Der Grund dafür ist offensichtlich: In ihrer natürlichen Umgebung wird sie nie mit Labyrinthen konfrontiert werden, während das Suchen nach Samenkörnern und die Frage, wie man an sie herankommt, für sie sehr wichtig ist. Anders gesagt: Die eine Fähigkeit wurde von der Evolution nicht verstärkt, die andere hingegen wurde mit in den Genen verankert und so zu einer wichtigen Eigenschaft der Spezies Meise.

Wenig überraschend ist auch die Entdeckung, dass ein Selbst-Bewusstsein, also das Bewusstsein von einem eigenen Ich, unter den höher entwickelten Tieren entstand. Wenn die Fähigkeit eines Tieres zum Umgang mit Informationen ein gewisses Niveau erreicht hat, kann es realisieren, dass viele seiner Handlungen eine unmittelbare Reaktion seiner Umgebung auslösen. Für das Tier ist es deshalb gut, Informationen zu sammeln, die zu seinem eigenen Verhalten passen. Es muss sich selbst beobachten und in der Lage sein, die gesammelten Daten zu verwerten. Was die Wirbeltiere angeht, so haben wir direkte Beweise für diese geistige Fähigkeit, die nicht nur Menschen oder Primaten vorbehalten ist.

Der Wissenschaftler C.P. Shimp beschäftigte sich mit Tauben und versuchte herauszufinden, ob man das Wissen bestimmen könne, das eine Taube über ihr eigenes Verhalten hat.[172] Können Tauben also ihr eigenes Verhalten beobachten und die daraus gewonnenen Informationen in irgendeiner Weise verwerten? Zur Klärung dieser Frage entwickelte er einige recht komplizierte Versuche. Vereinfacht dargestellt wurde die Taube zuerst mit zwei weißen Scheiben konfrontiert. Sie konnte dann so lange, wie sie wollte, auf einer der beiden Scheiben herumpicken. Manchmal wechselte die Taube auch spontan die Scheibe und pickte an der anderen. Nach einer Weile wurde der Versuchsraum verdunkelt und es erschienen zwei neue Scheiben: eine grüne und eine rote. Wenn die Taube zuvor seltener an die zweite weiße Scheibe gepickt hatte als an die erste, pickte sie nun die rote an und umgekehrt. Wenn sie sich verhielt wie vorausgesehen, bekam sie eine Futterbelohnung. Die Tauben lernten diese Lektion sehr gut: Sie konnten die Auswirkungen ihres eigenen spontanen Handelns einige Sekunden lang im Kopf behalten und dieses Wissen, falls nötig, dazu benützen, um an Futter zu kommen.

Beobachtungen an Schimpansen, die man vor einen Spiegel gesetzt hatte, führten zu der unzweifelhaften Schlussfolgerung, dass sie sich selbst darin erkannten: Ein Schimpanse erkennt also das Individuum, das in seinem Körper zuhause ist – es ist »jemand zuhause«. Die ersten Versuche zur Selbsterkennung von Schimpansen stammten von G.G. Gallup.[173] Er stellte zeitweise Spiegel in den Gehegen von Schimpansen mit unterschiedlicher Vorgeschichte auf und beobachtete deren Verhalten. Bei den ersten Malen zeigten die Tiere Verhaltensmuster wie beim Zusammentreffen mit anderen Schimpansen. Erst später zeigten sie Verhalten, das auf ihre eigenen Körper abzielte: Sie streckten die Zunge heraus und schauten darauf oder zogen sich selbst an den Ohren – wie kleine Kinder, wenn sie sich selbst im Spiegel sehen. Später malte der Wissenschaftler einem der Schimpansen unter Betäubung einen roten Fleck auf die Stirn und zeigte ihm nach dem Aufwachen einen Spiegel: Sofort fasste der Schimpanse sich an den Fleck und versuchte, daran zu kratzen. Gab man einem so präparierten Schimpansen keinen Spiegel, waren viel weniger Gesten in Richtung seines Kopfes gerichtet. Gallup schloss aus diesem Versuch, dass ein Schimpanse sich selbst erkennen kann und versteht, dass das Bild im Spiegel ihn selbst zeigt und nicht einen anderen Schimpansen. Viele Wissenschaftler erkennen diesen Versuch jedoch nicht als Beweis für die Existenz eines Ich-Bewusstseins an, sondern halten es eher für wahrscheinlich, dass der Schimpanse irgendwie die primäre Abbildung des Spiegelbildes mit seinen eigenen Bewegungen verwechselt. Dies beweist ihrer Meinung nach nicht, dass Schimpansen ein sekundäres Bild von sich selbst besitzen, das nicht der ersten Abbildung untergeordnet ist und mit dessen Hilfe sie über sich selbst und ihre Befindlichkeit nachdenken könnten.[174]

Hervorzuheben ist, dass das Auftauchen eines Selbst-Bewusstseins noch nicht unbedingt bedeutet, dass das Tier auch zu komplexen Gedanken über sich selbst in der Lage ist. Wenn unser Selbst-Bewusstsein eine hell strahlende Lampe ist, so ist das von Tieren nur eine flackernde Kerze. Das Selbst-Bewusstsein von Menschen wird enorm durch ihre schöpferischen Fähigkeiten gefördert.

Tiere, die Probleme lösen

Die komparative (vergleichende) Psychologie hat das Problem des Selbst-Bewusstseins umgangen und befasste sich hauptsächlich mit den Bestandteilen tierischer Intelligenz. Selbst-Bewusstsein ist ein Teil der Intelligenz, gibt aber noch keinen Hinweis darauf, welche Art von Problemen das Individuum lösen kann. Es stellt sich heraus, dass Tiere viele Probleme lösen können, die mit dem konzeptuellen Denken bei Menschen verwandt sind. Wenn man zum Beispiel Affen eine ungerade Zahl von Gegenständen in einer Reihe vorlegt, können sie daraus den mittleren Gegenstand heraussuchen. Sie stellten in mehreren erstaunlichen Versuchen unter Beweis, dass sie das Konzept von »Mitte« oder »Zentrum« rationell einsetzen können und dass sie zwischen Reihen mit ungerader oder gerader Zahl von Bestandteilen unterscheiden können. Tauben lernen schnell, bestimmte Kategorien zu erkennen und können zum Beispiel aus vielen Fotos nur diejenigen heraussuchen, die Fische, Insekten oder Menschen abbilden.

Eine Studie von D. Premack und A. J. Premack bewies, dass Schimpansen recht geschickt im Umgang mit Kausalzusammenhängen sind, weniger hingegen im Umgang mit Zeit. In einem Versuch mit vier Schimpansen gaben sie jedem Schimpansen die Möglichkeit, einer Person zuzusehen, wie sie eine Banane in einen undurchsichtigen Behälter legte und anschließend in etwa zehn Metern Entfernung einen Apfel in eine – ebenfalls undurchsichtige – Kiste legten. Dann lenkten die Wissenschaftler die Schimpansen für etwa zwei Minuten ab und ließen sie dann wieder zusehen, wie die Versuchsperson entweder eine Banane oder einen Apfel aß. Dann ließ man die vier Schimpansen laufen. Einer von ihnen ging immer wieder zu der Kiste, in der noch ein Obststück lag, weil er sich dachte »Wenn der Mensch die Banane isst, muss der Apfel noch da sein« und umgekehrt. In einer Variante dieses Versuchs verwendete man Kisten, die nur mühsam zu öffnen waren und ließ den Schimpansen viel Zeit, um sich mit dem Öffnungsmechanismus vertraut zu machen. Dann versteckte die Versuchsperson die Früchte wie zuvor in den Kisten, begann aber sofort danach, eine Frucht zu essen. Ein drei bis vier Jahre altes Kind wäre im gleichen

Versuch sofort darauf gekommen, dass die Person nur eine dritte Frucht essen kann, weil zu wenig Zeit zwischen dem Verstecken und dem Essen vergangen war. Keiner der Schimpansen war aber zu dieser Folgerung fähig und derjenige, der im ersten Versuch erfolgreich gewesen war, ging weiterhin zu der Kiste, in der sich ein anderes Obststück befand als das, welches die Versuchsperson gerade aß.[175]

Auch mit Kapuzineräffchen, Orang Utans und Bonobos wurden viele vergleichende Versuche gemacht, um herauszufinden, wie die Kausalzusammenhänge zwischen Gegenständen und Prozessen verstanden werden. Die Versuchstiere mussten verschiedene Werkzeuge benutzen, um an ein Stück Futter zu gelangen, das in einer durchsichtigen Röhre steckte.[176] Im einfachsten Versuch bekamen sie einen ausreichend langen Stock, mit dem sie das Futterstück zum Rohr hinausschieben konnten. Alle untersuchten Tierarten lösten diese Aufgabe, wenn auch die Kapuzineräffchen eine halbe Stunde lang brauchten, um den Lösungsweg zu finden. Detailliertere Untersuchungen zeigten, dass sie eigentlich gar nicht über das Problem nachdachten, sondern vielmehr einfach so lange verschiedene Möglichkeiten ausprobierten, bis eine davon funktionierte. Sie gingen also nach dem Prinzip »Versuch und Irrtum« vor und nicht mit Nachdenken.

In einer komplizierteren Version dieses Versuches bekamen die Tiere einen von drei verschiedenen Gegenständen: Ein Bündel zusammengeschnürter Ruten, einen Ast mit Zweigen daran und eine Kollektion von drei Stöcken, die aber alle zu kurz waren, um damit das Futter aus der Röhre hinauszustoßen. Sie mussten also herausfinden, was sie mit diesen Dingen machen mussten, um sie in brauchbare Werkzeuge zu verwandeln.

Früher oder später lösten alle Tierarten dieses schwierigere Problem, machten aber dabei einige typische Fehler. Die Kapuzineräffchen versuchten als Erstes, das Rutenbündel in die Röhre zu stopfen, was nicht funktionierte. Dann nahmen sie das Bündel auseinander, versuchten dann aber, die Schnur, mit dem es zusammengebunden gewesen war, in die Röhre zu stopfen. Auch das stellte sich natürlich als keine gute Idee heraus. Schließlich fanden sie die richtige Lösung. Die Schimpansen und die anderen Menschenaffen erkannten das Problem sofort und machten nicht die gleichen Fehlversuche wie die Kapuzineräffchen. Sie schnürten das Bündel sofort auseinander und suchten sich die längste Rute daraus hervor. Beide Gruppen gingen auch unterschiedlich mit dem Ast um, an dem noch Zweige waren: Die Kapuzineräffchen versuchten erfolglos, den Ast mitsamt Zweigen in die Röhre zu stopfen, bis irgendwann zufällig ein Zweig abbrach und sie dann mehr Erfolg hatten. Oft versuchten sie auch, mit einem abgebrochenen Seitenzweig an das Futter zu kommen – auch das natürlich keine gute Idee. Nur mit erheblichen Schwierigkeiten schafften sie es letzten Endes, die richtige Lösung zu finden, nämlich beide Seitenzweige abzubrechen und dann den langen Ast zu benützen.

Auch die Menschenaffen versuchten mindestens einmal, den Ast mitsamt Zweigen zu benützen, fanden dann aber sehr schnell die richtige Lösung. Der deutlichste

Unterschied war, dass sich die Leistung der Kapuzineräffchen im Verlauf der Lösungsversuche nicht verbesserte, während die meisten (nicht alle) Menschenaffen das Problem im Verlauf des Versuches immer schneller lösten.

Die dritte Aufgabe stellte sich als die schwierigste heraus. Die richtige Lösung war, alle drei kurzen Stöcke hintereinander in die Röhre zu stecken, um so den Futterbrocken hinauszuschieben. Sehr schwierig war diese Aufgabe für die Kapuzineräffchen, die versuchten, von beiden Seiten je einen Stock in die Röhre zu stecken. Aber auch die Menschenaffen zeigten keine Glanzleistung. Manche fanden zwar die Lösung, aber eher durch Zufall, was daran deutlich wird, dass sich ihre Leistung auch nach vielen Wiederholungen nicht verbesserte.[177] Kinder können in einem Alter von zwei Jahren die beiden ersten Probleme mit Leichtigkeit lösen, das dritte mit zweieinhalb Jahren.[178] Diese und ähnliche Versuche führten zu dem Ergebnis, dass Kapuzineräffchen nur ein bescheidenes Verständnis für Kausalzusammenhänge haben, während es bei Menschenaffen zwar besser entwickelt, aber im Vergleich zum Menschen immer noch sehr schwach ist.

Es war bereits vom Konzept der Objektpermanenz und den zugehörigen Versuchen die Rede. Es scheint, dass Affen dieses Konzept nicht entwickeln können. Mit Menschenaffen hat man diesbezüglich nur wenige Versuche gemacht, die auch noch zu widersprüchlichen Ergebnissen führten. Aber zumindest im Fall eines Gorillas sah es sehr danach aus, als sei er in der Lage, mentale Konzepte von Gegenständen zu bilden.[179] Sowohl nach unseren eigenen Beobachtungen als auch nach den Versuchen anderer, sind Hunde ebenso gut wie Kinder zur Lösung dieser Aufgabe in der Lage.[180]

In zahlreichen Versuchen hat man auf das Vorhandensein mentaler Fähigkeiten getestet, die eine gewisse mathematisch-logische Intelligenz erfordern. Dabei stellte sich heraus, dass Schimpansen Gegenstände auf Grundlage ihrer Eigenschaften klassifizieren können. Dies ist natürlich nicht sonderlich überraschend, denn schließlich müssen alle Wirbeltiere irgendwie klassifizieren können, um zu überleben. Es zeigte sich aber auch, dass ihre Fähigkeiten zur Klassifizierung doch eher bescheidener Natur sind, denn es gelang ihnen nicht, eine Gruppe von Gegenständen auf Grundlage von zwei verschiedenen Merkmalen zu klassifizieren.

Trotzdem sind sie in der Lage, Probleme auf Grundlage der Ähnlichkeit von Gegenständen zu lösen. In den entsprechenden Versuchen werden den Tieren für gewöhnlich drei Gegenstände gezeigt, von denen zwei identisch sind, der dritte sich aber unterscheidet. Das Tier wird belohnt, wenn es den andersartigen Gegenstand auswählt. Wenn ihm zum Beispiel zwei gelbe und ein blauer Würfel gezeigt werden, muss es den blauen aussuchen; zeigt man ihm zwei Würfel und einen Ball, muss es den Ball aussuchen.

Sobald die Tiere gelernt haben, diese Problemstellung zuverlässig zu lösen, zeigt man ihnen Gegenstände, die sie noch nie zuvor gesehen haben, wie zum Beispiel zwei Stöcke und einen Ring oder zwei Dreiecke und ein Quadrat. Ist das Tier in der

Lage, sofort die richtige Wahl zu treffen, geht man davon aus, dass es das Konzept von »gleich« und »verschieden« versteht. Affen und Menschenaffen lösen solche Aufgaben mit Leichtigkeit.

Eine separate Frage ist, welche Rolle mentale Abbildungen beim Lösen solcher Probleme spielen. Die Wissenschaftler, die die genannten Versuche durchgeführt hatten, waren größtenteils – wenn auch nicht einstimmig – der Meinung, dass dies bei den Menschenaffen der Fall sei. In manchen Versuchen befand sich die Röhre mit Futter in einem Raum, aber keine Werkzeuge waren vorhanden. Sie lagen nebenan in einem für die Versuchstiere zugänglichen Raum – verschiedene Gegenstände, darunter auch solche, die zum Herausschieben des Futters aus der Röhre taugten. Nur die Menschenaffen suchten die richtigen Werkzeuge heraus. Aufgrund dieser Tatsache nahm man an, dass Menschenaffen auf irgendeine Art in der Lage sein müssten, sich die Aufgabe und deren Lösung vorzustellen.

Nun könnte man gegen diese Versuche und ihre Ergebnisse den Einwand erheben, dass die Aufgabe doch sehr künstlich sei und diese Tiere in der Natur nie über so komplizierte Kausalzusammenhänge nachdenken müssten. Aus diesem Grund machten D.L. Cheney und seine Mitarbeiter Versuche mit Pavianen, um das Verständnis für Kausalzusammenhänge in einem anderen Bereich von Intelligenz zu testen.[181] Die Fragestellung lautete, ob Paviane Kausalzusammenhänge bei sozial interagierenden Individuen in Situationen erkennen können, in denen sie diese nicht sehen, sondern nur hören können. Die Wissenschaftler zeichneten die Lautäußerungen einiger Weibchen während sozialer Interaktionen auf und spielten diese dann den Versuchstieren vor: Wenn die Paviane eine Lautäußerung hörten, die nicht in die soziale Ordnung passte – zum Beispiel den Angstruf eines Weibchens als Reaktion auf die Lautäußerung eines anderen, rangniedrigeren Weibchens – wurden sie sehr aufgeregt. Ertönten die Laute aber in der gewohnten sozialen Reihenfolge – Angstruf eines rangniederen Weibchens als Reaktion auf die Lautäußerung eines ranghöheren – nahmen die Versuchspaviane dies zur Kenntnis, gingen aber weiter ihrer Beschäftigung nach.

Auch mit Delfinen wurden sehr interessante Versuche gemacht. Es konnte nachgewiesen werden, dass sie komplizierte Probleme lösen können, welche Zusammenarbeit und Verständigung zwischen zwei Tieren erfordern. Zwei Delfine wurden in zwei getrennte Becken gesetzt, die so aufgestellt waren, dass die Tiere sich gegenseitig nicht sehen, aber über Lautsprecher hören und über Mikrofone verständigen konnten. Im ersten Becken wurden nah beieinander zwei Lampen angebracht, im zweiten Becken nah beieinander zwei Knöpfe. Die Aufgabe war die folgende: Wenn im ersten Becken die rechte Lampe anging, musste der Delfin im zweiten Becken den rechten Knopf drücken, mit links entsprechend das Gleiche. Für die korrekte Lösung wurden die Delfine belohnt. Es stellte sich heraus, dass sie diese Aufgabe ohne besonderes Training innerhalb von Sekunden lösten und nur dann versagten, wenn die Mikrofone ausgeschaltet wurden. Das bedeutet: Der

Delfin im ersten Becken konnte dem Delfin im zweiten Becken über die Stimme mitteilen, welche der Lampen bei ihm brannte. Zu Versuchen über diese Art von Problemlösungsverhalten gibt es eine große Menge an Literatur. Schon in den 1920er Jahren hatte Wolfgang Köhler seine berühmten Versuche mit Schimpansen gemacht.[182] Köhler hängte eine Banane so hoch unter die Decke, dass ein Schimpanse auch mit Springen nicht herankam. Wenn sich auch eine große Holzkiste in dem Raum befand, kamen die Schimpansen früher oder später auf die Idee, diese unter die Banane zu schieben und hinaufzuklettern. Köhler nannte dieses Verhalten »Lernen durch Einsicht« und glaubte, dass das Tier die Aufgabe nach den ersten erfolglosen Versuchen, an die Banane zu kommen, allein durch Nachdenken löste.

Die Ergebnisse dieser Versuche lösten eine hitzige Debatte aus. Köhler und viele andere dachten, dass im Verlauf dieses Lernens durch Einsicht ein neuer Gedanke im Gehirn des Schimpansen geboren würde und dass ihre Beobachtungen Beispiele für Denken auf höchstem Niveau seien. Spätere Studien bestätigten eher eine alternative Erklärung, nämlich, dass Schimpansen ein Problem nur dann von einem Moment auf den anderen lösen können, wenn sie zuvor die Gelegenheit hatten, die einzelnen Bestandteile der Problemlösung über einen langen Zeitraum zu üben. Der in Amerika arbeitende Ungar Paul Schiller bewies, dass außerdem zahlreiche genetische Faktoren beim Problemlösungsverhalten eine Rolle spielen.[183] In einem von Köhlers Versuchen steckten die Schimpansen Stäbe zusammen, um damit nach einem Gegenstand zu angeln, der außerhalb ihres Käfigs lag. Schiller zeigte, dass diese Tiere eine natürliche Neigung zum Zusammenstecken von Stöcken besitzen und dies, wenn sie die Möglichkeit dazu haben, auch ohne Anleitung versuchen – unabhängig davon, ob sie auf diese Weise ein Problem lösen können oder nicht. Köhlers Versuche wurden unzählige Male wiederholt, und man kam recht eindeutig zu dem Schluss, dass die Ergebnisse davon abhingen, wie viel Gelegenheit die Schimpansen zuvor gehabt hatten, um sich mit der Holzkiste oder den Steckstäben vertraut zu machen.

Tierpsychologen waren schon immer an der Frage interessiert, ob bestimmte Tiere zählen können, oder vielmehr, ob man nachweisen kann, dass sie beim Zählen ein Zahlenkonzept benutzen. Natürlich können die meisten Tiere nicht zählen, aber in einigen Fällen ist das schwierig zu entscheiden. Die vielen widersprüchlichen Schimpansenversuche lassen jedenfalls die Schlussfolgerung zu, dass diejenigen Tiere, denen man den Umgang mit Symbolen beigebracht hat, auch Zähl- und Additionsprobleme lösen können, solange dabei nur kleine Zahlen beteiligt sind. Sie können Zahlen lernen und das Konzept »mehr als« oder »weniger als« in Bezug auf zählbare Gegenstände oder sogar Zahlwörter anwenden. Sie können auch den Begriff der Regelmäßigkeit verstehen, das heißt, dass sie die Reihenfolge der Gegenstände erkennen können, wenn diese sich in der Größe eines Merkmals voneinander unterscheiden. Stellen Sie sich vor, dass verschieden lange Stöcke in eine Reihe gelegt werden und die Versuchstiere den größeren oder kleineren von zwei nebeneinander liegenden Stöcken aussuchen müssen. Wenn sie das gelernt haben, können sie auch dann die richtige Wahl treffen, wenn die Stöcke nicht in einer Reihe liegen oder sie zwischen zwei Stöcken auswählen sollen, die nicht unmittelbar nebeneinander liegen. Die entsprechende Fähigkeit verfestigt sich bei Kindern erst, nachdem sie sprechen gelernt haben, weshalb Wissenschaftler davon ausgehen, dass diese Fähigkeit eng mit Sprache oder zumindest mit Zeichengebrauch verknüpft ist.[184]

Sarah, die Schimpansin von Premack und Premack, zeigte nützliche Beispiele für analogisches Denken und Hinweise darauf, dass die Versuche, ihr Sprache beizubringen, ihr Denken sehr stark beeinflusst hatten. Mit Sarah und vier weiteren Schimpansen, die keinen Sprachunterricht gehabt hatten, wurden folgende Versuche gemacht: Zuerst wurde ein Apfel in verschieden große Stücke geschnitten. Die Schimpansen bekamen dann Modelle von Apfelstücken gezeigt und mussten dann erkennen, welches Apfelstück mit welchem Modell identisch war und den Viertel Apfel oder Dreiviertel Apfel dem entsprechenden Modell zuordnen. Im zweiten Teil des Versuches mussten sie das gleiche Problem mit Flüssigkeit lösen, indem sie diesmal den entweder zu einem Viertel oder zu Dreivierteln gefüllten Behälter dem jeweiligen Modell zuordnen mussten. Alle Schimpansen lernten diese Übung mit Leichtigkeit. Dann aber wurden die beiden Teile des Versuches miteinander kombiniert: Von zwei Behältern, von denen einer zu einem Viertel und einer zu Dreivierteln gefüllt war, mussten die Schimpansen den rechten dem Viertel Apfel zuordnen. Sarah traf ihre Wahl schnell und fehlerlos, während die Schimpansen, die keinen Sprachunterricht gehabt hatten, das Problem nicht lösen konnten.[185]

Das Konzept von Hypothesen bei Tieren stammt aus der Untersuchung von Problemlösungsverhalten. Der russisch-amerikanische Forscher I. Krechevsky untersuchte das Problemlösungsverhalten von Ratten in Labyrinthen, wobei vier Entscheidungen getroffen werden mussten: Das Tier musste sich an vier Stellen entscheiden, ob es durch das rechte oder durch das linke Tor gehen sollte. Nach Untersuchung zahlreicher Tiere stellte sich heraus, dass die meisten die Aufgabe nach zehn oder fünfzehn Versuchen gelernt hatten und größtenteils die richtige Richtung wählten (die, an deren Ende eine Belohnung wartete) und dass sich die Durchschnittsleistung der Gruppe allmählich steigerte.

Die Untersuchung der Einzelleistungen zeigte jedoch andere Ergebnisse: Es sah aus, als würden die Tiere bestimmte Theorien oder Hypothesen ausprobieren. So wählten sie zum Beispiel bei den ersten Versuchen immer das linke (oder immer das rechte) Tor. Erwies sich diese Hypothese als falsch, versuchten sie es mit der jeweils anderen Seite. Dann plötzlich fanden sie die richtige Lösung und hielten sich von nun an daran. Oft fanden sie die richtige Lösung auch zufällig gleich zu Beginn, probierten dann aber trotzdem noch die anderen möglichen Lösungen aus und kehrten erst dann wieder zur richtigen Lösung zurück. Dies beweist, dass es nicht nur die Belohnung allein ist, die das Verhalten des Tieres im Verlauf des Lernens beeinflusst.[186]

»Die anderen« machen die meisten Schwierigkeiten

Wir haben gesehen, dass die Intelligenz von Primaten sich nicht nur in Bezug auf Gegenstände oder Mitglieder anderer Spezies äußert, sondern dass sie ihr höchstes Niveau in der sozialen Interaktion mit Artgenossen erreicht. Soziale Intelligenz ist physikalischer Intelligenz in ihrer Komplexität bei weitem überlegen und offensichtlich eine Eigenart bestimmter Spezies. Affen sind in dieser Hinsicht anderen Wirbeltieren weit überlegen.

Das erste und grundlegende Problem sozialen Zusammenlebens ist, dass der »andere« sich gemäß seiner eigenen Entscheidung und der Umstände, in denen er sich befindet, verhält. Einzeltiere können sich also einen Vorteil sichern, wenn ihre Voraussagen zutreffen, wenn sie also vorhersehen können, was der andere im nächsten Moment tun wird. Die Mitglieder einer Affengruppe kennen sich gegenseitig als Individuen und können deshalb die Gewohnheiten der anderen sowie deren Beziehungen zum Rest der Gruppe und zu ihnen selbst berücksichtigen. Diese Information wird dazu verwendet, einen komplexen sozialen Raum zu schaffen, der kein statisches, sondern ein sich ständig bewegendes und wechselndes System ist. Die Veränderungen in diesem System sind teilweise durch die alltäglichen Geschehnisse im Leben der Affen bedingt – zum Beispiel Nahrungsaufnahme, Fortpflanzung, Wachstum oder Verteidigung – und teilweise durch die Tatsache, dass Individuen ständig um Ressourcen und die Möglichkeit zur Fortpflanzung kämpfen, was wiederum ständig ihre Dominanzbeziehungen verändert. Die Komplexität der sozialen Sphäre wird weiter durch die Tatsache gefördert, dass Affen typischerweise Kontakt zu ihren Verwandten halten und Freundschaften oder Bündnisse auf gegenseitiger Basis eingehen.

Ein zweites grundlegendes Merkmal ist, dass das Verhalten von Artgenossen nicht so einfach wie das eines Gegenstandes verändert werden kann: Dies ist nur über Kommunikation und andere komplizierte soziale Manipulationen wie Täuschung, Beschwichtigung oder Zusammenarbeit möglich. Die Kommunikation unter Primaten beruht auf visuellen und auditiven Signalen und ist in ihrer Komplexität den von anderen Tieren verwendeten Kommunikationsformen weit überlegen. Soziale Manipulation, auch als »Machiavellische Intelligenz« bezeichnet, beinhaltet alle die besonderen Techniken, die ein Individuum in einem so komplexen sozialen Medium nutzen kann, um sich selbst Vorteile zu verschaffen.[187] Machiavellische Manipulationen kommen in vielen Abstufungen vor. Ihre erstaunlichsten Formen sind ohne die Annahme, dass ein Tier genaue geistige Vorstellungen vom Denken der anderen haben muss, schwierig zu interpretieren. Primatenforscher nennen dies die Fähigkeit eines Tieres, eine Theorie des Geistes (*Theory of Mind*) ihrer Artgenossen zu formulieren, die dann wiederum ihr eigenes Verhalten beeinflusst. (Der Begriff »Theory of Mind«, für den es bisher keine einheitliche deutsche Entsprechung gibt, bezeichnet in der Kognitionswissenschaft die Fähigkeit, eigene und fremde psychologische Zustände im eigenen kognitiven System zu repräsentieren, Anm.d.Übers.)

Der dritte fundamentale Faktor im sozialen Leben der Primaten ist das Auftauchen sozialen Lernens unter den verschiedenen Mechanismen, die zur Problemlösung beitragen. Für sozial lebende Tiere können Artgenossen in vielerlei Hinsicht nützlich sein, und dies trifft nicht nur für Primaten zu. So ist es zum Beispiel bei den meisten Säugetieren so, dass das Junge seiner Mutter folgt, die sich um es kümmert, es verteidigt und, falls nötig, füttert. Mütterliche Fürsorge und das Setzen von Beispielen spielen bei Primaten eine wichtige Rolle, bei Schimpansen kommt vielleicht auch noch das Lehren hinzu. Sehr wichtig ist auch, dass sie nicht nur von ihren Altersgenossen, sondern auch von nicht mit ihnen verwandten Erwachsenen lernen können. Dies beruht auf einer Zielorientierung, in der das Tier eher durch die Ergebnisse des Verhaltens eines anderen motiviert wird als durch die eigenen Verhaltensmuster.

Natürlich wirken die drei Faktoren nicht unabhängig voneinander. Die Forschung in diesem Bereich kümmert sich präzise um die Fragestellung, ob das Nachahmen eines Gefährten vom Vorhandensein einer Theorie des Geistes und eines Selbst-Bewusstseins abhängig ist und ob das Zeigen von Täuschung als Verhalten bedeutet, dass eine Theorie des Geistes vorhanden sein muss. Studien, die das Verhalten von Affen oder Menschenaffen beschreiben, behaupten häufig, dass deren Verhalten gelegentlich die Schlussfolgerung zulässt, dass sie ihre Artgenossen und andere Tiere als lebende Wesen erkennen können. Sie betrachten sie also als Wesen mit unabhängigen und spontanen Bewegungen, die sie von unbelebten Gegenständen unterschieden – selbst wenn letztere sich bewegen sollten. Affen und Menschenaffen können andere Lebewesen als Wesen mit Absichten wahrnehmen, die Pläne, Ziele und Entscheidungsmechanismen haben. Schließlich können sie auch andere Lebewesen mit deren geistigen oder psychologischen Eigenheiten wahrnehmen, also als Wesen, deren Gedanken entweder mit den eigenen übereinstimmen oder unterschiedlich zu ihnen sind. Diese Behauptungen können natürlich nur als wahr akzeptiert werden, wenn sie wissenschaftlich unumstößlich bewiesen werden können, und genau das ist es, worum sich die Forschung kümmert.

Denken Schimpansen über den Geist von anderen nach?

Die beiden amerikanischen Psychologen D. Premack und G. Woodruff haben die Frage gestellt, ob Schimpansen über die geistige Befindlichkeit anderer nachdenken. Oder, wie sie es beschreiben: Erstellen die Schimpansen Hypothesen über den momentanen geistigen Zustand anderer?[188] Diese eher überraschende Frage ergab sich daraus, dass Menschen häufig davon sprechen, was »er oder sie denkt / erwartet / plant« und so weiter. Dies alles sind Theorien über den momentanen geistigen

Zustand eines anderen. Theorien deshalb, weil wir nur annehmen können, dass sie stimmen, sie aber nicht direkt überprüfen können. Die Frage ist, ob Schimpansen ebenfalls solche Theorien verwenden – wenn auch nicht in gesprochener Form.

Die Forscher versuchten, diese Frage mit folgendem Versuch zu beantworten. Den Schimpansen wurden verschiedene kurze Videos gezeigt, die alle eine Person zeigten, welche sich mit einem ungelösten Problem konfrontiert sah. Zum Beispiel fror und zitterte jemand ganz erbärmlich und es war gut zu sehen, dass die neben ihm stehende Elektroheizung nicht an den Strom angeschlossen war. Oder jemand schaffte es nicht, sich aus einem Käfig zu befreien, obwohl der Schlüssel neben ihm auf dem Boden lag. In wieder einer anderen Szene versuchte die Person, an eine Banane heranzureichen, aber ihre Arme waren zu kurz. Nach dem Anschauen der Videos zeigte man den Schimpansen mehrere Fotos. Eins von ihnen zeigte die korrekte Lösung des Problems: Die Person im Käfig benutzte den Schlüssel, angelte mit einem Stock nach der Banane oder hatte den Stecker der Elektroheizung eingesteckt. Die Schimpansen mussten ihre Wahl in Abwesenheit des Wissenschaftlers treffen und bekamen eine Belohnung, wenn das ausgesuchte Foto das richtige war. Natürlich hatten alle diese Schimpansen zuvor schon verschiedene Lernerfahrungen gemacht, Fernsehen geschaut und waren mit den in den Filmen und auf den Fotos gezeigten Dingen vertraut.

Die gegebenen Antworten waren in 80% der Fälle korrekt – weit mehr, als durch zufälliges Tippen erklärbar gewesen wäre. Die Erklärung war, dass die Schimpansen sich in die im Film gezeigte Person versetzen konnten und erkennen konnten, was diese falsch machte, was sie machen müsste und was Ziel des Ganzen war. Sie waren in der Lage, die richtige Lösung zu finden – oder zumindest sie unter anderen, weniger geeigneten Lösungen herauszufinden.

Die Erklärung der Wissenschaftler war, dass die Schimpansen sich in die Gedanken der gesehenen Person hineinversetzen und ihre Probleme verstehen konnten – und mit diesem Wissen die richtige Lösung zu finden. Sie hatten also eine »Theorie« des momentanen inneren, geistigen Zustandes der Person aus dem Film.

Schimpansen und Rhesusaffen wurden in verschiedenen Rollentauschexperimenten miteinander verglichen.[189] Dabei wurden jeweils Zweierteams aus einem Schimpansen und einem Menschen oder einem Rhesusaffen und einem Menschen gebildet. Dann wurde im Beisein von nur einem Mitglied des Teams, entweder dem Menschen oder dem Affen, ein leckeres Stück Nahrung in eine Box gelegt, drei weitere, daneben stehende Boxen blieben leer. Im nächsten Teil des Versuches sollte dann derjenige von beiden, der nicht zugeschaut hatte und nicht wusste, was in den Boxen war, eine – aber nur eine – Box aussuchen. Das zweite Teammitglied, das wusste, in welcher Box das Essen war, kam nicht an die Boxen heran. Schnell stellte sich heraus, dass beide an die Belohnung kamen, wenn das eine Teammitglied dem anderen zeigte, welche Box es nehmen sollte. Am einfachsten ging das mit Zeigen. Sowohl die Schimpansen als auch die Rhesusaffen lernten schnell, auf die richtige Box zu zeigen und alle Paare bekamen die Belohnung. Sobald sie diese Aufgabe gut gelernt hatten, wurden die Rollen vertauscht: Derjenige, der zuvor beim Verstecken zugesehen hatte, musste nun die Box aussuchen oder umgekehrt. Die Ergebnisse waren sehr interessant: Die beiden Schimpansen, deren neue Rolle die Informationsweitergabe war, begriffen sofort, was sie zu tun hatten und verhielten sich entsprechend. Nur einer der beiden Schimpansen, die nun die Box aussuchen sollten, begriff sofort, was er tun sollte, aber der andere fand es ebenfalls bald heraus. Die Rhesusaffen hingegen verstanden nicht, was nach dem Rollentausch geschehen war und mussten ihre jetzige Aufgabe von Anfang an ganz neu lernen. Nach Meinung der Wissenschaftler, die diesen Versuch gemacht hatten, bewiesen die Ergebnisse, dass Schimpansen eine »Theorie des Geistes« besitzen. Die Schimpansen, deren neue Rolle die Informationsweitergabe war, erkannten, dass ihren Partnern die richtige Information fehlte – etwas, bei dem sie behilflich sein konnten. Die Versuche wurden auch mit zwei Menschen als Informationsvermittlern wiederholt, von denen aber nur einer wusste, in welcher Box man suchen musste: Der andere hatte entweder den Raum verlassen, als die Belohnung versteckt wurde oder ihm wurde solange eine große Papiertüte über den Kopf gestülpt. Die Schimpansen verstanden sofort, dass nur eine zum Zeitpunkt des Versteckens anwesende und nicht sichtbehinderte Person ihnen mit Informationen weiterhelfen konnte und reagierten nur auf die Signale dieser Person, während sie die der uninformierten anderen Person ignorierten. Die Rhesusaffen kamen mit dieser Situation nicht zurecht.

Versuche mit Kindern zeigten, dass Dreijährige sich genau wie Rhesusaffen benehmen: Sie realisierten nicht, dass nur eine der beiden Personen die richtige Information haben konnte und die andere nicht. Vierjährige Kinder jedoch zeigten die gleiche Leistung wie die Schimpansen. Viele Wissenschaftler waren mit der Interpretation dieser Versuche nicht einverstanden und versuchten zu beweisen, dass die richtige Reaktion im Versuch nicht unbedingt bedeutet, dass die Schimpansen über den derzeitigen geistigen Zustand des anderen nachdachten, sondern dass sie sich ausreichend mit Mechanismen wie assoziativem Lernen oder Konditionierung erklären ließ. Es mag zwar schwierig sein, diese Streitfrage zu klären, aber der Vergleich zwischen Schimpansen und Rhesusaffen spricht eher für die »Theorie des Geistes«, ist es doch sehr unwahrscheinlich, dass das unterschiedliche Verhalten beider Arten nur mit einer besseren Konditionierbarkeit der Schimpansen erklärt werden kann. Beide Arten erlernen Aufgaben, die mit Konditionierung gelöst werden können, schnell und zuverlässig.

Tiere können lügen

Auch in freier Natur wurden Beobachtungen gemacht, die das Vorhandensein einer »Theorie des Geistes« eher plausibel machten. Seyfarth und Cheney beschreiben einen Fall, in dem eine Grüne Meerkatze aggressiv von einem Artgenossen attackiert wurde, woraufhin sie floh und einen Alarmschrei ausstieß, der dem ähnelt, mit dem Meerkatzen sich gegenseitig vor Leoparden warnen.[190] Dieses Verhalten wurde als absichtliche oder taktische Täuschung bezeichnet und wurde häufig beobachtet – nicht nur unter Primaten, sondern auch unter anderen Säugetieren und sogar Vögeln.[191]

Bei Menschenaffen kann sowohl in natürlicher Umgebung als auch unter Laborbedingungen viel Täuschungsverhalten beobachtet werden. Ich habe bereits den Rollentauschversuch mit Schimpansen und Rhesusaffen und dem versteckten Futter beschrieben, in dem sich eine effektive Zusammenarbeit zwischen Menschen und Schimpansen entwickelte.[192] Dann aber variierte man den Versuch so, dass im zweiten Teil eine »egoistische« Person eintrat, die das gefundene Essen nicht mit dem Schimpansen teilte, sondern alleine aufaß. Es galt noch eine weitere Regel: Jede Person durfte nur eine Box öffnen. Fand sie darin kein Essen (egal, ob es die »egoistische« oder die »altruistische« Person war), ging sie einfach fort. In diesem Teil des Versuches begann sich das Verhalten des Schimpansen allmählich zu ändern. Er zeigte immer noch auf die richtige Box, wenn der »faire« Mensch hereinkam, zögerte aber, dem Egoisten die richtige Box zu zeigen. Der Mensch öffnete dann trotzdem irgendeine der Boxen und stieß dabei auch häufig auf das Essen. Nach ungefähr 120 Versuchen zeigte der Schimpansen beständig auf eine leere Box – das heißt, er täuschte den Menschen absichtlich.

Seit man begonnen hat, sich diese Fragen zu stellen, hat man bei mehr und mehr Tieren nachgewiesen, dass sie sogar in ihrer natürlichen Umgebung Täuschungsverhalten zeigen. A.P. Moller hat beobachtet, dass manche Kohlmeisen (*Parus major*) Warnrufe dazu verwenden, Spatzen oder andere Kohlmeisen von einer reichlichen Futterquelle zu verscheuchen.[193] Immer waren es die schwächeren Meisen, die diese erstaunliche Strategie anwendeten, dominante Meisen griffen nicht darauf zurück, sondern jagten die rangniederen Vögel einfach fort.

Diese Versuche müssen als sehr wichtig betrachtet werden, weil das Tier mit einer solchen Täuschung etwas kommuniziert, das in der Realität gar nicht existiert: Es kann nicht nur existente, sondern auch nicht existente Dinge »vor seinem geistigen Auge sehen«. Ein Zeugnis für die außerordentliche Flexibilität des tierischen Geistes!

Wenn Sie als Leser unserem Gedankengang bis hierher gefolgt sind, werden Sie vielleicht festgestellt haben, dass Ethologen in ihrer Forschungsarbeit an höher organisierten Tieren nicht mehr fragen »Ist da jemand?«, weil sie sich dessen bereits sicher sind. Dafür aber fragen sie, wer dieser Jemand ist, wie er denkt, welches seine Absichten sind, welche Pläne er hegt und wie viel »jemand« da im Vergleich zu uns Menschen ist, die ja im Grunde die gleichen Dinge tun. Hervorzuheben ist, dass es mehrere Möglichkeiten gibt, »jemand« zu sein. Wenn dieser Jemand ein sehr einfacher Organismus ist, flackert sein schwacher Geist vielleicht nur gerade eben kurz auf. Er hat vielleicht einige Ziele, an die er sich auch erinnert und die er verfolgt, aber er kann nicht über den Lauf der Welt nachdenken. Lassen Sie mich andererseits aber auch anmerken (und damit etwas Zweifel in Ihr Weltbild einbringen), dass Bienen, deren Hirn nur ein Milligramm wiegt, manchmal beängstigend schlau sind. In einigen Versuchen manipulierten die Forscher das Verhalten der Kundschafterbienen, sodass das Bienenvolk künstlich veränderte Informationen über reiche Futterquellen erhielt. In einem Versuch teilten die Kundschafterbienen mit, dass sich Futter am Ufer eines Sees befand, der nicht weit vom Stock entfernt war. Die Forscher hatten an diesem Seeufer ein Boot vertäut, in das sie einen Honigteller gestellt hatten. Nach Erhalt der Botschaft flogen die Sammelbienen zum bezeichneten Teller aus und brachten den Honig zurück in den Stock. Im nächsten Versuch wurden die Kundschafterbienen so manipuliert, dass sie den anderen mitteilten, Futter befände sich in der Mitte des Sees. Auch diesmal war ein Boot mit einem Honigteller darin in der Mitte des Sees verankert. Zum Erstaunen der Forscher flogen die Bienen, nachdem sie diese Information erhalten hatten, noch nicht einmal zur bezeichneten Stelle los.[194] Was bedeutet, dass sie verstanden, dass es in der Mitte eines Sees keine Blumen geben kann. Ihre Ein-Milligramm-Hirne begriffen dies und sie verhielten sich entsprechend.

Was bedeutet, dass sie denken können!

Kapitel 14

Der Verstand von Kindern

Psychologen haben lange Zeit untersucht, wie die verschiedenen Fähigkeiten des menschlichen Verstandes sich während der Entwicklung eines Kindes herausformen. Die wissenschaftliche Untersuchung des Verstandes von Kindern, die noch nicht sprechen können, stellt die Forscher vor die gleichen Probleme wie beispielsweise bei Affen. Wir können ihnen keine Fragen stellen und wir können nur aus ihrem Verhalten auf mögliche mentale Vorgänge zurückschließen. Sobald Kinder zu sprechen beginnen, haben es die Psychologen etwas einfacher. Sich mit Affen und Menschenaffen befassende Tierpsychologen sowie Kinderpsychologen haben festgestellt, dass sie viele Probleme gemeinsam haben. Heutzutage ist es sehr in Mode gekommen, das Verhalten und Problemlösungsverhalten von Kindern mit dem verschiedener Tierarten zu vergleichen. Sowohl weitreichende Forschungen[195] als auch Allgemeinwissen haben zu beiden Forschungsbereichen beigetragen. Hier werden wir nur diejenigen erwähnen, die für das Nachfolgende wichtig sind.

Kinder sind keine kleinen Tiere

Die frühen Kinderpsychologen interpretierten ihre Beobachtungen so, dass menschliche Kinder sich auf allmähliche Art und Weise mit der Welt bekannt machen. Unmittelbar nach der Geburt sind sie nur eine Art von Mechanismus, der auf Grundlage von Reflexen funktioniert – hilflose kleine Wesen, die nur auf Umweltreize reagieren und die Bewegungen nur dann wiederholen, wenn sie Vergnügen bereiten. Dann beginnen sie allmählich, die physikalischen Prozesse in der Welt um sie herum zu fühlen und lernen, dass es möglich ist, Gegenstände zu bewegen. Noch später erlernen sie dann kompliziertere Handlungen, um irgendein gewünschtes Resultat zu erreichen. Sie beginnen zu experimentieren und beginnen schon vor dem Alter von zwei Jahren, die Symbole der Sprache zu nutzen. Neuere Studien haben aber einige Merkmale herausgearbeitet, die einen viel komplizierteren Verstand voraussetzen – einen, den nur Menschen besitzen.

Diese Merkmale haben alle damit zu tun, dass in unserer menschlichen Spezies die Verbindung zwischen dem Einzelwesen und der Gruppe anders und viel intimer ist als bei den Tieren. In der ersten Lebensphase eines Menschenkindes zeigen sich zwei Reaktionen, die es sehr deutlich von Affen und Menschenaffen differenzieren: Die erste könnte man als Präkonversation bezeichnen. Dabei konzentrieren sich sowohl Kind als auch Elternteil auf die Aufmerksamkeit, die ihm von dem anderen entgegengebracht wird. Beim Anschauen werden Berührungen, Liebkosungen, Lautäußerungen oder Worte dazu benützt, einen gemeinsamen Gefühlszustand zu schaffen. Das erste Anzeichen dafür ist das Lächeln, das schon bald nach der Geburt gezeigt wird und die wichtigste Kommunikationsform zur Aufrechterhaltung von Kontakt ist.

Dieses Verhalten läuft auf beiden Seiten in einem ständigen Zyklus ab. Entweder kommuniziert das Elternteil Gefühle an das Baby und das Baby ist aufmerksam oder umgekehrt. Diese Präkonversation kann zwar in verschiedenen Kulturen verschiedene Formen haben, kann aber trotzdem als allgemeines typisches Merkmal unserer Spezies betrachtet werden.[196]

Die andere typische Reaktion auf frühe Sozialkontakte ist die Imitationsfähigkeit von Neugeborenen, ebenfalls eine menschliche Eigenart. A.N. Meltzoff von der Universität Washington und M.K. Moore stellten fest, dass ein Baby schon kurz nach der Geburt bestimmte Gesichtsausdrücke oder Kopfbewegungen von Erwachsenen nachahmen kann, die sich über es beugen.[197] Nach Meinung der Wissenschaftler ist dies Ausdruck der tief verankerten Neigung des Babys, sich selbst mit seinen Artgenossen zu identifizieren.[198] Ungarische Wissenschaftler sind der Meinung, dass einige Neugeborene nicht nur nachahmen, sondern in Erwartung einer nachahmenden Antwort des Gegenübers selbst Gesten produzieren.[199]

Kulturerwerb und Bindungen der Kinderzeit

Die angeborenen Fähigkeiten zur Kontaktaufnahme und zur Reaktion auf Kontaktaufnahme anderer sind fundamentale menschliche Eigenschaften. Wissenschaftler sind der Meinung, dass diese beiden Fähigkeiten die Grundlage für den großen Durchbruch in der Entwicklung sind, der etwa im Alter von einem Jahr stattfindet und der uns eindeutig vom Affen unterscheidet. Neun bis zwölf Monate alte Kinder haben die eindeutige Neigung, sich selbst in Einklang mit den Interessen und dem Verhalten der Erwachsenen zu bringen und die Erwachsenen dazu zu veranlassen, sich wiederum ihren Interessen und ihrem Verhalten anzupassen. Dieser Prozess hat zahlreiche Submechanismen: Das Baby folgt den Blicken Erwachsener, versucht zu tun, was diese tun, überprüft den Gefühlszustand der Erwachsenen und versucht, an deren Aktivitäten teilzunehmen. Das Kind versucht mit Hilfe von Lautäußerungen,

Blicken oder Hinzeigen die Aufmerksamkeit der Erwachsenen auf den Gegenstand oder auf die Aktivität zu lenken, die es interessiert.

Ich erwähnte bereits, dass das Farbmuster des menschlichen Auges sich deutlich von dem in Tieraugen – auch denen von Schimpansen – unterscheidet. Das Weiß im menschlichen Auge ist unabdingbar, um zu erkennen, wohin jemand anderer schaut. Dies macht es Kindern und Erwachsenen möglich, aufeinander zu achten. Bei Tieren ist es viel schwieriger, ihrer Blickrichtung zu folgen, was evolutionsgeschichtlich gesehen auch Sinn macht: So kann das Tier vor seinen Artgenossen verbergen, wo es hinschaut – zum Beispiel auf ein Stück Futter, das es nicht teilen möchte.

Nach Meinung von Michael Tomasello vom Max Planck Institut für Evolutionäre Anthropologie in Leipzig zeigt die Tatsache, dass Kinder unsere Aufmerksamkeit auf Dinge zu lenken versuchen, eindeutig, dass sie zu verstehen beginnen: Eine andere Person hat Absichten.[200] Sie entdecken nicht nur, dass eine andere Person sich bewegt und Aktivitäten unternimmt, sondern verstehen auch, dass die Reaktionen anderer die Struktur ihrer Umgebung widerspiegeln.[201] Eine Folge dieses Verständnisses ist, dass das Kind in der Lage ist, etwas über Kultur zu lernen: Dass es einen Unterschied zwischen beobachteten und beabsichtigen Handlungen gibt. In einem sehr interessanten Versuch fand Meltzoff heraus, dass ein achtzehn Monate altes Kind, das einem Erwachsenen bei einem erfolglosen Bemühen zusieht, die beabsichtigte Handlung selbst durchführen kann (in dem Versuch hatte ein Erwachsener so getan, als würde er erfolglos versuchen, einen Gegenstand wegzunehmen.)[202] Diese Art von Verhalten kann nur dann auftreten, wenn das Kind die beobachtete Handlung von der beabsichtigten Handlung unterscheiden kann, sich selbst in die Lage der anderen Person versetzen kann und willens ist, sich mit dieser zu identifizieren, um den Gegenstand zu bekommen. Es ist recht sicher, dass diese Fähigkeit die Grundlage zum Lernen von Sprache oder anderen Zeichensystemen ist, sowie weiterhin, dass sie mit der Fähigkeit des Gehirns zur Schaffung sekundärer Abbildungen verknüpft ist. Hervorzuheben ist, dass ein Kind diese Fähigkeit mit Hilfe einer außergewöhnlich starken sozialen Anziehungskraft entwickelt. Es ist nicht zu gewagt, zu behaupten, dass unsere Fähigkeit zum Erlernen der menschlichen Kultur, in der wir leben, auf sozialer Bindung beruht.

Menschen sind dank ihrer außergewöhnlichen Geselligkeit und den starken Bindungen zueinander (so stark, wie sie im Tierreich nicht vorkommen) dazu in der Lage, viele Dinge zu tun. Im allgemeinen Aufbau dieser sozialen Anziehung kann man bestimmte Bestandteile unterscheiden. Die Anziehung zwischen einem Kind und seiner Mutter muss nicht näher erklärt werden, weil sie auch bei allen Säugetieren für einen kürzeren oder längeren Zeitraum besteht. Humanethologen nehmen an, dass dieses alte Merkmal im Verlauf der Evolution modifiziert wurde und sich auf die Schaffung von Bindungen unter Erwachsenen ausdehnte.[203]

Die Arbeit des britischen Psychologen John Bowlby zur Bindung zwischen Mutter und Kind ist in der Psychologie gut bekannt und wurde durch ethologische

Überlegungen angeregt.[204] Unter Ethologen ist bekannt, dass eine besonders enge Bindung zwischen Mutter und Kind in denjenigen Spezies entsteht, in denen die Mütter ihre Jungen säugen müssen. Der biologische Vorteil dieser Bindung ist, dass die Mutter und das Junge ständig die gegenseitige Nähe suchen – was Futter und Schutz für das Junge bedeutet, das noch nicht in der Lage ist, für sich selbst zu sorgen. Auch Menschen kommen hilflos zur Welt, und Bowlby schließt aus dieser Tatsache, dass ähnliche Mechanismen auch unter Menschen entstanden sind. Alle Neugeborenen und Kleinkinder, egal, welcher Kultur sie angehören, tun stets ihr Möglichstes, um in der Nähe ihrer Mutter oder Pflegeperson zu sein. Wenn die Mutter aus irgendeinem Grund für längere Zeit verschwindet, durchläuft das Verhalten des Kindes drei Phasen: Die erste Reaktion ist Protest, nämlich lautes Schreien und Rufen nach der Mutter. Bringt das die Mutter nicht herbei, folgt die passive Phase: Das Kind wird einige Tage lang traurig, ruhig und zurückgezogen sein. In der dritten Phase, der Trennung, beginnt sich die Bindung zur Mutter aufzulösen und das Kind versucht, sich an andere zu binden.

Kinder, die ohne Mutter oder feste Bezugsperson aufwachsen, sind nicht in der Lage, normale Bindungen einzugehen und bleiben in der ersten Phase des Bindungsaufbaus stecken. Sie sind nett zu jedermann, aber sie haben Angst vor Fremden. Wenn ihr Verlangen nach Bindung nicht erfüllt wird, hat dies Auswirkungen auf ihr ganzes Leben: Sie können leicht vorübergehende Bindungen knüpfen, sind aber selbst als Erwachsene nicht zum Eingehen dauerhafter und fester Bindungen fähig. Körperliche Kontakte wie Umarmungen und Liebkosungen sind ein wichtiger Bestandteil zur Bildung und Aufrechterhaltung von Bindungen.

Es wurde bereits erwähnt, dass die Verhaltensreaktionen von Kindern in fremder Umgebung sehr verlässliche Rückschlüsse auf die Art ihrer Bindung zulassen und dass diese Ergebnisse auch reproduzierbar sind. Die Art der Bindung ist ein bleibendes Persönlichkeitsmerkmal.[205]

Die anfängliche Reaktion von Kindern auf Fremde ist ein typisch menschliches Merkmal. In den ersten Monaten lächeln sie jeden an, der sich ihnen nähert. Im Alter von fünf bis sechs Monaten beginnen sie dann, Angst vor Fremden zu entwickeln. In dieser kritischen Phase lächeln sie nur noch Verwandte und Bekannte an, Fremde lösen eine Meidereaktion aus. Wenn die Mutter mit dabei ist, wird das Kind den Fremden zuerst kurz anlächeln, dann seine Augen von ihm abwenden und seine Mutter anschauen, um dann wieder Kontakt zu dem Fremden zu suchen. Dieser Zyklus kann sich mehrmals wiederholen. Wenn sich der Fremde dessen bewusst ist und sich dem Kind langsam und freundlich nähert, wird sich dieses schnell mit ihm anfreunden. Nähert er sich jedoch plötzlich oder hebt das Kind sogar hoch, reagiert es mit Angst oder sogar Panik und beginnt zu weinen. Der zyklische Wechsel zwischen Annäherung an den Fremden und Meidung des Fremden zeigt, dass das Kind unter dem Einfluss von zwei Motivationen steht: Es würde sich dem Fremden gerne nähern, hat aber auch Angst. Natürlich kann Angst verschieden stark sein, und wenn die Mutter nicht da ist, kann es auch sein, dass das Kind bei einem Fremden Schutz sucht. Es verspürt eine große Anziehungskraft zu anderen Menschen hin, kann aber gut entscheiden, wer ein Bekannter ist und wer nicht. Nur als letzte Möglichkeit greift es auf Fremde zurück. In einer späteren Phase der Entwicklung lernen Kinder die kulturellen Rituale ihrer Gesellschaft, die im Umgang mit Fremden üblich sind. Diese besondere Anziehung, die Kinder zu anderen Mitgliedern ihrer Gruppe verspüren, oder noch eher ihre schon früh vorhandene Fähigkeit, sich auf andere einzustimmen, führt zu Verhaltensformen, die bei Tieren nicht bekannt sind. Selbst ein neun bis zwölf Monate altes Kind schafft es, die Aufmerksamkeit eines Erwachsenen nur mit Hilfe seiner Blicke auf eine bestimmte Sache zu lenken. Ebenso gut versteht es Situationen, in denen das Verhalten der Erwachsenen auf eine Absicht schließen lässt: Zum Beispiel, wenn ein Erwachsener versucht, einen Ball hinter einem Möbelstück hervorzuholen. Ab dem Alter von einem Jahr wird das Kind immer besser darin, die Bewegungen und das Verhalten anderer zu beobachten und zu verstehen und kann auf Grundlage einer momentanen Situation voraussagen, was als Nächstes geschehen wird. Man nimmt an, dass das Gehirn eines zweijährigen Kindes in seiner Leistung ungefähr dem eines erwachsenen Gorillas oder Schimpansen entspricht.

Kinderspiele und die Theorie des Geistes

Etwa im Alter von zwei Jahren zeigen sich bei Kindern viele Merkmale, die bei Tieren nicht bekannt sind. Das erste ist die Befolgung von Regeln oder Normen, die dann entsteht, wenn das Kind die Gewohnheiten der Erwachsenen um es herum wahrzunehmen beginnt und versucht, sich daran anzupassen. Es beginnt zu akzeptieren, dass Dinge einen festen Platz haben, befolgt verschiedene Rituale und entwickelt eine Fähigkeit zur Nachahmung. Auch ein zweites Merkmal lässt sich noch beobachten, nämlich, dass das Kind im Verlauf des Sprechenlernens im Alter von zwei Jahren plötzlich Worte zu verwenden beginnt, die vom Vorhandensein eines Selbst-Bewusstseins zeugen. Eine neue und sehr interessante Gruppe von Merkmalen tritt im Zusammenhang mit dem Gebrauch von Sprache auf: Das erste Element dieser Gruppe ist die Theorie des Geistes und das zweite sind »Als-ob-Spiele«.

Psychologen sind der Ansicht, dass alle drei Merkmale auf der Fähigkeit des menschlichen Geistes beruhen, abbildende Kopien der eigenen Erfahrungen zu schaffen[206], also auf der Geisteseigenschaft, die es unabhängig von den Sinnesorganen möglich macht, sich Gegenstände, Ereignisse und Zusammenhänge vor das innere Auge zu rufen und sie geistig zu verändern. Wir haben die »Theorie des Geistes« (Theory of Mind) bereits mehrfach zuvor erwähnt und müssen nur noch hinzufügen, dass sie sich bei Kindern in zwei Stufen zeigt. Zuerst sieht es so aus, als würde das Kind sie nur dazu einsetzen, um sich selbst die Aktionen anderer zu erklären. Ihre Bestandteile könnte man in die Kategorien Glauben, Wunsch, Absicht und

Gefühl aufteilen. Kinder unter einem Alter von vier Jahren können nur in Bezug auf sich selbst eine Theorie des Geistes bilden. In der zweiten Phase aber können sie im Alter ab vier Jahren komplett eine Situation ergründen, in der jemand eine falsche Idee hatte. Sie können das mentale Modell, das die Handlung eines Freundes beschreibt, von dessen symbolischer, linguistischer Bedeutung unterscheiden. Sie wissen nun genau, was eine Annahme oder was eine Absicht ist, und diese Begriffe sind nicht nur Teile einer Erklärungstheorie, sondern haben auch eine eigenständige symbolische Bedeutung.

Die Bildung der »Theorie des Geistes« bei Kindern wurde ausgiebig von Wissenschaftlern untersucht. Wichtige Beobachtungen dazu stammen aus dem »Sarah und Ann-Spiel«. Sarah und Ann sind zwei Puppen. Im Spiel versteckt Sarah eine Glaskugel in einer Kiste und verlässt dann den Raum. Während sie weg ist, legt Ann die Kugel von der Kiste in einen kleinen Korb. Wenn Sarah zurückkommt, wird das Kind, das dem Spiel zugesehen hat, gefragt: »Wo sucht Sarah nach der Kugel?« Drei Jahre alte Kinder verstehen noch nicht, dass sie mit der Antwort nicht die Position der Kugel, sondern Sarahs Gedanken beschreiben sollen, tippen alle ohne Ausnahme auf den Korb. Ein vierjähriges Kind dagegen versteht genau, was Gedanken sind und dass Sarah glaubt, die Kugel sei in der Kiste. In dieser Situation muss der Verstand zwei gegensätzliche Abbildungen konstruieren und mit ihnen umgehen. Eine von ihnen stellt die Wirklichkeit dar, nämlich, dass die Kugel im Korb liegt, die andere Sarahs Überzeugung, dass die Kugel immer noch in der Kiste liegt. Diese beiden Bilder können friedlich nebeneinander existieren, solange der Verstand das Konzept einer Annahme passend anwenden kann – wenn er also begreifen kann, dass die Annahmen, Meinungen und Gedanken im eigenen Kopf sich von denen anderer unterscheiden können.

Als-ob-Spiele und die erste Phase einer Theorie des Geistes beim Kind treten ungefähr im gleichen Alter erstmals auf. In einem von Alan M. Leslie von der Rutgers Universität zitierten Beispiel benutzt ein Kind im Spiel eine Banane als Telefon. Dabei ist klar, dass das Kind die Banane als solche wahrnimmt, auch wenn es sie wie einen Telefonhörer hält und hineinspricht. Würde es das nicht tun, würde etwas mit seinem Sehvermögen nicht stimmen. Weil das aber nicht der Fall ist, ist neben der primären Repräsentation der Banane auch noch eine sekundäre vorhanden, in der die Banane als Telefonhörer dargestellt ist und der Verstand des Kindes kann mit beidem gleichzeitig umgehen.

Je weiter sich ein Kind entwickelt, desto komplizierter werden die Als-ob-Spiele. Selbst ein vierzehn Monate altes Kleinkind kann ein Als-ob-Spiel in seiner simpelsten Form spielen, in dem es selbst der Handelnde ist. So kann es zum Beispiel so tun, als würde es einen Mund voll Brei vom Löffel nehmen, dies aber in Wirklichkeit gar nicht tun. In der nächsten Phase könnte der Hauptakteur eine andere, passive Person sein, zum Beispiel eine Puppe, die von dem Kind gefüttert wird. In der dritten Phase der Als-ob-Spiele wird der passive Handelnde durch einen Stellvertreter ersetzt: Das Kind legt zum Beispiel möglicherweise einen Bauklotz auf das Kopfkissen, um die weggenommene schlafende Puppe zu ersetzen. In der kompliziertesten Version des Spiels ist der Handelnde aktiv und das Kind spielt mit der Puppe, als ob sie selbst vom Löffel essen würde.

Andrew Whiten und Richard W. Byrne von der Universität St. Andrews haben hervorgehoben, dass die bei Kindern festgestellte Verbindung zwischen den Als-ob-Spielen und der Theorie des Geistes auch durch Daten unterstützt wird, die man bei der Beobachtung von Affen gewonnen hat.[207] Kanzi zum Beispiel, ein Bonobo, machte einmal die Handlung des Essens nach und tat so, als würde sie eine unsichtbare Frucht essen, wobei sie sogar die Kerne ausspuckte und zu verstehen gab, dass diese »schlecht« seien.[208] Koko, ein Gorilla, steckte sich einmal einen Gartenschlauch in die Nase und machte mit Zeichensprache klar »Koko ist ein Elefant.«[209] In Gefangenschaft lebende Menschenaffen spielen oft mit Puppen, was ebenfalls ein Als-ob-Spiel ist. Bei anderen Affen wurde dies nicht beobachtet.

Nach Whiten ist neben der Theorie des Geistes und den Als-ob-Spielen die Nachahmung (Imitation) die dritte Komponente dieser geistigen Möglichkeiten.[210] Diese drei Komponenten treten immer gemeinsam auf, und zwar immer nur bei den gleichen wenigen Spezies. Nun könnte man vorbringen, dass dies etwas überzogen dargestellt sei, weil der Imitator das Verhalten seines Modells doch nur kopiere. Warum sollte er dazu die Gedanken seines Modells kennen müssen? Wenn Kopieren eines Verhaltens alles wäre, womit Imitation zu tun hat, dann wäre es sehr einfach, aber in der Praxis ist es unmöglich, andere Affen als Menschenaffen zu echter Imitation zu bewegen. Der Grund dafür ist, dass die Vorbedingung für erfolgreiche Imitation eine sekundäre geistige Abbildung ist. Die primäre geistige Abbildung bestimmt das aktuelle Verhaltensprogramm des Imitators, die sekundäre reflektiert das des Modells, und die Imitation wird durch eine Synchronisation beider Abbildungen ausgedrückt.

Leider gibt es keine präzise und allgemein anerkannte Definition für Imitation. In Tierexperimenten versteht man sie in der Regel als bewusstes Kopieren, wenn also ein Individuum das Verhalten eines Freundes aus irgendeinem Grund bis ins kleinste Detail kopiert. Was Imitation bei uns Menschen betrifft, so benötigen wir dazu nicht unbedingt Bewusstsein, Präzision oder das Vorhandensein eines Grundes dafür. Viele sind der Ansicht, dass auch der Mechanismus der Selbst-Erkenntnis zum Trio aus Imitation, Als-ob-Spielen und der Theorie des Geistes hinzuzurechnen ist.

Können Tiere imitieren?

Der theoretische Diskurs der Wissenschaftler wurde vom Studium der Imitation bei Tieren begleitet, wobei viele interessante Beobachtungen gemacht wurden. Es stellte sich heraus, dass viele der Verhaltenserscheinungen, die man als Beispiele für

Imitation angeführt hatte, einen ganz anderen Mechanismus repräsentierten. Oft ist es so, dass ein Tier ein angeborenes Verhaltensmuster dann zeigt, wenn ein Artgenosse eine Bewegung macht, die es auslöst. Dieses Phänomen spielt zum Beispiel eine wichtige Rolle für die Synchronisation der Aktivitäten innerhalb eines Vogelschwarms, es handelt sich dabei aber nicht um echte Imitation. Es gibt auch noch komplexere Fälle: Affen, die ihren Artgenossen bei einem komplizierten Vorgang des Futtersammelns zusehen, sind in der Lage, das Gleiche zu tun. Eine detailliertere Analyse hat aber ergeben, dass dieses Verhalten keine echte Imitation ist, bei der das Tier das Verhalten eines anderen bis ins letzte Detail nachmacht, sondern eher als »Gefühlsansteckung« (stimulus enhancement) bezeichnet werden muss. Das »Modelltier« lenkt mit seinen Handlungen die Aufmerksamkeit eines Artgenossen auf bestimmte Aspekte der Umgebung, die dann als Reiz dafür dienen, das Individuum zur richtigen Lösung zu führen – wobei sich diese Lösung in Details von der des Modells unterscheiden kann.

Schon in den 1950er Jahren haben englische Wissenschaftler bewiesen, dass Meisen es schaffen, die Deckel von vor der Haustür abgestellten Milchflaschen zu öffnen und die daran angesammelte Milch zu trinken. Es sah so aus, als hätte Imitation bei der Verbreitung dieser Technik eine große Rolle gespielt, weil der Umkreis, in dem dieses Verhalten beobachtet wurde, sich jedes Jahr um etwa 30 km erweiterte. Laborversuche bewiesen dann aber, dass hier kein Fall von Imitation vorlag. Mehrere Meisen, darunter solche, die die Technik des Milchflaschenöffnens beherrschten und »normale«, wurden in eine große Voliere gesetzt. Dann stellte man eine volle Milchflasche in die Voliere, woraufhin die erfahrene Meise sich sofort an die Arbeit machte und sich Milch verschaffte. Die anderen Meisen bekamen diese Leistung natürlich mit und beteiligten sich an der Milchmahlzeit. Nach ein paar Tagen wurde die erfahrene Meise aus der Voliere entfernt und es wurden weiterhin Milchflaschen hineingestellt. Die übrigen Meisen versammelten sich um die Flasche und warteten auf den einen Artgenossen, der sie öffnen konnte. Sie selbst unternahmen keinen Versuch dazu. Erst nach einer Weile begann eine der ungeduldigeren Meisen, am Verschluss herumzuspielen und fand zufällig eine Möglichkeit, die Flasche zu öffnen – aber, und das ist sehr wichtig: Ihre Öffnungstechnik war eine ganz andere als die, die sie zuvor bei dem anderen Vogel beobachtet hatte. Diese Art von Verhaltensimitation nennt man Emulation – es ist das funktionale, nicht aber das formale Kopieren eines Verhaltens.

Affen reagieren auf solche Aufgabenstellungen ähnlich. Das Verhalten der Imitatoren von Imo, dem berühmten »Erfinder« unter den Rhesusaffen, zeigte, dass sie die Technik des Säuberns von Getreidesamen nicht durch Imitation, sondern durch Emulation lernten. Selbst einfacher organisierte Tiere sind dazu in der Lage, die Beziehung von Ursache und Wirkung zwischen einer Handlung und einer Belohnung herzustellen. Affen sind besonders gut darin. Bei den meisten Spezies reicht diese Fähigkeit aber nicht so weit, dass sie dazu in der Lage wären, die Lösungsmethode in kleine, nachahmbare Details zu zerlegen und die einzelnen Verhaltenskomponenten dann in der richtigen Reihenfolge zu zeigen. Um das zu tun, sind wirklich die Werkzeuge einer sekundären geistigen Abbildung nötig.

Während der letzten Jahre haben einige Wissenschaftler es unter sehr strengen Versuchsbedingungen geschafft, überzeugende Beweise für die menschenähnliche Imitationsfähigkeit bei Schimpansen und einem Orang Utan zu finden. D.M. Custance vom Goldsmith College an der Universität London und ihre Mitarbeiterinnen arbeiteten ein ziemlich kompliziertes Trainingssystem aus, in dem das Tier auf den Befehl »Mach das!« die Handlung imitieren sollte, die es gerade beobachtete. Es wurde nur dann belohnt, wenn es die Handlung detailgetreu und genau nachahmte. Sobald das Tier diese Lektion gut gelernt hatte, zeigte man ihm eine Handlung, die es noch nie zuvor gesehen hatte und belohnte es auch hier nur für detailgetreue Nachahmung.[211] Es muss nicht erwähnt werden, dass Menschenkinder diese Lektion sehr schnell lernen und auch recht komplizierte Bewegungsfolgen imitieren können. Schimpansen lernen da langsamer und können auch nur einfachere Bewegungen nachahmen, aber letzten Endes schaffen sie es doch. Einem Orang Utan gelang es, eine relativ komplizierte Bewegungsfolge zu imitieren.[212] Oft wird die Ansicht vertreten, dass Menschenaffen nur dann zur Imitation fähig sind, wenn ihnen das von Menschen gezeigt wurde, weil dieses Verhalten noch nie in freier Natur beobachtet wurde.

Geistige Abbildungen werden komplizierter

Zum Thema Imitation bei Menschenaffen muss unbedingt noch hinzugefügt werden, dass noch niemals das Verhalten des Übens bei ihnen beobachtet wurde – eine Aktivität, die bei Kindern ab einem bestimmten Alter weit verbreitet ist. Es ist ganz offensichtlich, dass der Verstand eines Individuums, das gerade übt, eine sekundäre Abbildung enthalten muss und dass die vorgestellten Bewegungsabläufe das Ziel sind, das mit den eigenen Körperbewegungen in Einklang gebracht werden muss. In komplizierten Fällen ist dies nur mit Hilfe des Übens möglich.

Beim Menschen sind die geistigen Abbildungen dreigestuft.[213] Die primäre Abbildung beruht in erster Linie auf den Sinnesorganen. Ihre Aufgabe ist es, dem Verstand ein möglichst wahrheitsgetreues Bild der Umgebung zu liefern. Diese Abbildung ist die einzige, die sich Kinder bis zum Alter von etwa einem Jahr machen können. Später kommen langsam auch sekundäre Abbildungen hinzu: Sie haben die Aufgabe, uns sehen zu lassen, wie die Welt aussehen könnte. Immer sind sie mit irgendeiner primären Abbildung verknüpft, zum Beispiel mit einer Banane im erwähnten Beispiel des Kindes, das eine Banane als Telefon benutzt. Hinzu kommt aber auch noch ein neues hypothetisches Element, das es dem Kind ermöglicht, sich eine andere Welt vorzustellen. Die dritte Stufe der Abbildungen wurde von dem österreichischen Psychologen Josef Perner als Metarepräsentation bezeichnet und tritt ab einem Alter von etwa fünf Jahren auf. In diesem Alter versteht ein Kind das Prinzip geistiger Abbildungen genau und weiß, dass es Ideen oder Vorstellungen haben kann, die von der wirklichen Welt unabhängig sind oder dass andere Vorstellungen haben können, die sich von den eigenen unterscheiden. Es versteht also, dass der Verstand Bilder schaffen kann. In dieser Phase betreibt der Verstand bewussten »Modellbau«, um Umweltphänomene verstehen und beeinflussen zu können.

Wie schon zuvor erwähnt, müssen diese Fähigkeiten natürlich durch sprachliche Zeichenrepräsentationen ergänzt werden – der wichtigste Repräsentations-Mechanismus in der Welt des Menschen.

Der Verstand von Menschenaffen durchläuft möglicherweise die erste Phase der primären Abbildungen und ist in einfachen Fällen zu sekundären Abbildungen fähig, erreicht aber nicht die dritte Stufe der Metarepräsentation, mit deren Hilfe sich Menschen sogar Vorstellungen von Vorstellungen machen können. Zumindest gibt es dafür bislang noch keinen wissenschaftlich gesicherten Beweis. Zwischen der Intelligenz von Affen und Menschenaffen gibt es zahlreiche Überschneidungen, auch wenn letztere, wie es scheint, zu sekundären geistigen Abbildungen in der Lage sind, was sie zumindest in bestimmten Situationen intelligenter sein lässt als Affen. Aber selbst in den außergewöhnlichsten Fällen erreichen sie niemals das Intelligenzniveau eines vierjährigen Menschenkindes – auch, wenn sie mitunter nahe daran kommen.

Kapitel 15

So funktioniert der Verstand des Hundes

Wir haben unsere Untersuchung des Hundeverhaltens in der Hoffnung begonnen, dass die Ähnlichkeiten im Verhalten von Menschen und Hunden unser Verständnis dafür fördern würden, wie und warum in der Evolution diese außergewöhnlichen Merkmale entstanden, die uns Menschen heute auszeichnen. Lassen Sie uns einmal diejenigen Ähnlichkeiten auflisten, die als gesichert gelten können, diejenigen, die man vermutlich in Zukunft noch mit Hilfe von Versuchen beweisen können wird und diejenigen, die nicht echt sind.

Ähnliche Merkmale der Intelligenz bei Menschen und Hunden

Hier ist es zunächst sinnvoll, verschiedene Bestandteile der menschlichen Intelligenz aufzuzählen:

Physische Intelligenz

- Erkennen von Kausalzusammenhängen
- Fähigkeit, die Folgen einer Interaktion von Gegenständen vorauszusehen
- Erkennen lebender Wesen als eigenständige Individuen

Soziale Intelligenz

- Gruppenzugehörigkeit
- Absichtlichkeit (Intentionalität)
- Mitfühlen
- Gemeinsame Aufmerksamkeit
- Verfolgen von Blickrichtungen anderer
- Zeigen

- Fähigkeit zur Unterscheidung absichtlicher Handlungen von unabsichtlichen
- Erkenntnis seiner selbst

Kulturelle Intelligenz
- Persönliche Rituale, Zeitgefühl
- Regelbefolgung
- Kooperation
- Soziales Lernen: Befolgen von Mustern, Imitation, Kopieren, Lehren
- Zielgerichtete Kommunikation
- Informationen vermitteln oder nach Informationen fragen
- Täuschung
- Theorie des Geistes – beim anderen einen ähnlichen Verstand annehmen wie bei sich selbst
- Erkennen von Rollenspielen, Rollentausch
- Interpretation
- Sprachfähigkeit. Dinge benennen, Symbole verwenden, Befolgung von Sprachregeln

Aus der Aufzählung der verschiedenen Intelligenzarten und -komponenten wird klar, dass das Verhalten von Hunden – sowohl passiv als auch in Versuchen beobachtet – eindeutig ihre physische Intelligenz belegt. Sie können den Bewegungen eines Objektes folgen und sie können zum Beispiel einschätzen, ob ein Objekt, das sie selbst in Bewegung versetzt haben, ein anderes Objekt so weit in ihre Nähe bringen kann, dass sie es erreichen können. Genauso offensichtlich ist, dass sie andere Lebewesen erkennen können, etwas, das sogar niedriger organisierte Lebewesen leisten können.

Recht sicher ist auch, dass Hunde keine technische Intelligenz besitzen, die wir in obiger Liste ausgelassen haben. Diese Fähigkeit ist bei Menschen besonders gut entwickelt und die Ursache für unsere Vorliebe, irgendwelche Gerätschaften herzustellen, zu gebrauchen oder sich generell mit ihnen zu beschäftigen. Menschen sind in dieser Hinsicht unter allen anderen Lebewesen einzigartig und es ist deshalb nicht sinnvoll, Vergleiche in Sachen technischer Intelligenz zwischen Menschen und anderen Arten anzustellen.

Soziale Intelligenz ist kennzeichnend für in Gruppen lebende Tiere. Das Maß ihrer Ausprägung wird davon bestimmt, wie sehr Kooperation bei der jeweiligen Spezies verankert ist. Je nach Tierart kann sie geringfügige oder sehr hohe Ausmaße haben. Wölfe waren bereits sehr soziale Tiere, aber die Hunde, die sich aus ihnen entwickelten, entwickelten sie noch weiter, sodass sie nicht nur Bindungen zu anderen Hunden, sondern auch zu Menschen eingehen konnten. Alle Hunde möchten gern zu irgendeiner Menschengruppe gehören, auch wenn diese nur aus einem einzigen Menschen besteht. Typisch für Hunde ist ihre Vorliebe für gemeinsame Aktionen; sie akzeptieren die internen Gruppenregeln und sind zu selbstaufopferndem Verhalten zugunsten des Gruppenwohls in der Lage. Die sozialen Merkmale von Menschen könnten genauso charakterisiert werden, allerdings mit dem äußerst wichtigen Zusatz, dass Menschen die Fähigkeit zu Kultur, einer gemeinsamen Sprache und zu gemeinsamen Ideen haben. Hierin unterscheiden sie sich von Hunden.

Bisher unerwähnt blieben noch die sehr wichtigen menschlichen Merkmale, dass das Aggressionsniveau innerhalb der eigenen Gruppe niedrig ist, die Hierarchie nicht fest und die Bindung zwischen den einzelnen Gruppenmitgliedern stark ist. Alle drei Aussagen treffen auch für Hunde zu – im Gegensatz zu Wölfen oder den meisten Affenarten. Enge Kooperation könnte niemals ohne diese drei Merkmale entstehen.

Was absichtliches, zielgerichtetes Verhalten oder die Fähigkeit zum Mitfühlen bei Hunden betrifft, müssen wir uns auf unsere eigenen Alltagserfahrungen und die Berichte aus dem Tagebuch verlassen, aber meiner Meinung nach können wir ohne zu übertreiben sagen, dass diese Merkmale auch bei Hunden vorhanden sind. In ihrer Fähigkeit, die Gefühle anderer zu erspüren, übertreffen Hunde vermutlich sogar die Menschenaffen und sind nur mit Menschen vergleichbar.

Was das Richten der eigenen Aufmerksamkeit auf die eines anderen, das Hinweisen auf etwas oder das Verfolgen von Blickrichtungen sowie die Fähigkeit, absichtliche von unabsichtlichen Handlungen zu unterscheiden betrifft, stehen Hunde sicherlich auf einer Stufe mit den hoch entwickelten Schimpansen.

Über eine Frage hingegen wissen wir nichts, nämlich die des Erkennens des eigenen Selbst. Die bekannten Spiegelbildversuche mit Schimpansen und Orang Utans[214] machen plausibel, dass diese Spezies ein Selbst-Bewusstsein besitzen, das mit dem von Menschen vergleichbar ist. Nicht alle Wissenschaftler teilen jedoch diese Ansicht. Die diesbezüglichen Erfahrungen mit Hunden zeigen, dass nur sehr junge, unerfahrene Welpen sich für ihr Spiegelbild interessieren, das Interesse aber auch sehr schnell wieder verlieren. Flip zum Beispiel hatte als Welpe Angst vor seinem eigenen Spiegelbild und machte stets einen großen Bogen um den Spiegel in unserer Diele, erst später gewöhnte er sich daran. Wir fanden aber auch heraus, dass junge Hunde sehr schnell das Prinzip des umgekehrten Spiegelbildes verstehen: Wenn sie im Spiegel sehen, dass jemand ihnen von hinten etwas anreicht, laufen sie nicht in Richtung Spiegel, sondern drehen sich um – ein weiterer Beweis für hohe physische Intelligenz. Negative Ergebnisse bei Spiegelbildversuchen sagen nichts über das Selbst-Bewusstsein aus, weil nur diejenigen, die sich um ihr Äußeres sorgen, in einen Spiegel schauen – so wie Menschen und Schimpansen – beides Wesen, die ein mentales Bild von sich selbst haben, das sie überprüfen und die wissen möchten, warum sich ihr Aussehen verändert hat. Es ist sehr wahrscheinlich, dass Hunde dieses Merkmal nicht besitzen. Ein Hund kann schmutzig oder struppig sein und säubert oder kratzt sich trotzdem so lange nicht, bis es zu jucken beginnt – es ist ihm vollkommen egal, was sich auf seinem Fell befindet.[215] Vermutlich ist es deshalb nicht möglich, das Vorhandensein eines Selbst-Bewusstseins bei Hunden anhand von Spiegelbildversuchen zu beweisen. Leider kennen wir aber keine andere Methode zum Beweisen eines Selbst-Bewusstseins, auch wenn die Wissenschaftler noch danach suchen.

Sehr aufregend ist die Erkenntnis, dass zahlreiche Merkmale der kulturellen Intelligenz beim Menschen – wenn auch vielleicht nicht die wichtigsten – auch bei Hunden in mehr oder weniger stark ausgeprägtem Maß gefunden werden können. Dies betrifft zum Beispiel persönliche Rituale und ein Zeitgefühl sowie die in Versuchen häufig bewiesene Regeltreue.

Persönliche Rituale spielen im Leben von Menschen eine große Rolle. Wenn wir dieses seltsame Verhalten aus dem Blickpunkt der Gehirnforschung betrachten, könnten wir annehmen, dass Rituale früher vielleicht dazu dienten, die Erinnerung zu aktivieren. Wie aber viele anthropologische Studien argumentieren, halfen solche Rituale aber auch bei der Entwicklung eines Zeitgefühls.[216] Im Allgemeinen nimmt man an, dass ein sattes und in Sicherheit befindliches Tier sich im Ruhezustand befindet oder zumindest keine Anzeichen dafür erkennen lässt, dass sein Verstand aktiv ist – mit Ausnahme der nicht sonderlich anspruchsvollen Aufgabe, stets möglichen Gefahren gegenüber wachsam zu bleiben. Der menschliche Geist hingegen – zumindest in seinem gegenwärtigen Zustand – ist fast pausenlos aktiv. Persönliche Rituale und erlernte Regeln unterstützen ihn dabei sehr. Meiner Meinung nach ist es ein typisches Merkmal des Verstandes von Hunden, dass sie nur über Dinge nachdenken, die wir in ihrem Gehirn aktivieren: Ein Ball, eine Leine, ein paar Worte, und schon arbeitet der Verstand des Hundes auf Hochtouren. Wenn aber alle anderen mit irgendetwas beschäftigt sind, legt sich der Hund hin und döst, und sein Verstand arbeitet nur auf kleinster Sparflamme. Ich glaube, dass Hunde den ersten Schritt in Richtung einer länger anhaltenden Wachzeit des Verstandes bereits getan haben, indem sie leicht Rituale lernen – und die Elemente von Ritualen dienen der Aktivierung des Verstandes. Auch haben sie ein genaues Zeitgefühl entwickelt und es ist ganz einfach, ihnen ein Ritual beizubringen, dass zu einer ganz bestimmten Zeit stattfinden soll.

Relativ sicher ist, dass Menschenaffen aufgrund ihrer Aggressivität nur sehr begrenzte und hauptsächlich im Jugendalter vorhandene Fähigkeiten zur Regeltreue haben. Hunde dagegen bilden sehr schnell Regeln und befolgen sie dann ihr ganzes Leben lang. Verschiedene wissenschaftliche Versuche sowie unsere Alltagserfahrungen als Hundehalter bestätigen dies.

Das interessanteste Ergebnis der Analyse menschlich-hündlicher Zusammenarbeit ist, dass alle diesbezüglich grundlegenden für Menschen typischen Eigenschaften auch bei Hunden vorhanden sind. Beispiele hierfür sind Bindungsverhalten, Problemerkennung und Erstellen eines Handlungsplans; die Aufteilung einer Handlung in Unter-Aufgaben, Regelbefolgung, häufiger Wechsel der dominanten Rollen und Informationsaustausch. Vermutlich ist es kein Zufall, dass diese menschentypischen Eigenschaften im Verlauf der Evolution bei Hunden stärker wurden, weil genau diese Eigenschaften für Menschen interessant und wünschenswert sind. Wir haben gezeigt, dass Hunde zu derjenigen Art von sozialem Lernen in der Lage sind, die auf Imitation beruht und dass sie in dieser Hinsicht eher Schimpansen ähneln. Weil sie aber keine Hände besitzen, ist es schwierig zu bestimmten, wie gut ihre Fähigkeiten zur Imitation wirklich sind. Vermutlich erwarten uns in dieser Hinsicht aber schon in naher Zukunft neue hochinteressante wissenschaftliche Entdeckungen. Ein Lehrverhalten bei Hunden ließ sich bislang nur in einzelnen Beobachtungen nachweisen, wenn zum Beispiel ältere Hunde ihren jüngeren Artgenossen das Befolgen von bestimmten Regeln beibringen. Feststehen dürfte aber, dass Hunde nicht die Rolle eines typischen Lehrers wie in einer für Menschen typischen Lehrer-Schüler-Beziehung übernehmen können, weil diese vermutlich untrennbar mit der menschlichen Sprache verknüpft ist.

Hundebesitzer benötigen keinen wissenschaftlichen Beweis dafür, dass Hunde zu zielgerichteter Kommunikation in der Lage sind. Wer selbst keinen Hund besitzt, lässt sich vielleicht durch meine in Flips und Jerrys Tagebuch berichteten Begebenheiten überzeugen.

Meiner Meinung nach lässt sich mit Hilfe von Versuchen und den Daten aus Kapitel 1 auch leicht beweisen, dass Hunde Informationen übermitteln und sie abfragen. Die wichtigste und vielleicht am wenigsten bekannte Tatsache ist, dass Hunde Fragen stellen und Antworten akzeptieren. Dieses Merkmal ist in der Tierwelt ziemlich außergewöhnlich und es ist offensichtlich, dass es sich nur als Ergebnis einer künstlichen Evolution und Domestikation entwickelt hat.

Viele Forscher haben die Existenz von Täuschungsverhalten bei Affen und Menschenaffen untersucht und beschrieben. Ob auch Hunde jemals lügen, bleibt noch herauszufinden.

In einem sehr wichtigen Versuch haben wir festgestellt, dass Hunde eine Theorie des Geistes besitzen, das heißt, dass sie in der Lage sind, über die Gedanken ihrer Gefährten – nämlich der Menschen – nachzudenken. Hunde denken darüber nach, welche Information ein Mensch haben oder nicht haben könnte: Hat jemand anderer den Spazierstock seines Herrn weggestellt, wird der Hund helfen, ihn zu finden – wenn der Hund aber weiß, dass sein Besitzer selbst den Stock weggestellt hat, wird er passiv abwarten, dass er ihn selbst holt. Dies erscheint zunächst plausibel, ist aber eine so wichtige Entdeckung, dass sie nähere Untersuchung verdient.

Die Fähigkeit, Rollen zu erkennen und sich an einem Rollentausch zu beteiligen erfordert ähnliche mentale Fähigkeiten, wie zum Beispiel wieder die Theorie des Geistes oder die Fähigkeit zur Nachahmung. Die früher im Buch beschriebene Begebenheit, als Flip die Kinder auf dem Spielzeugauto nachahmte, ist für mich ein ausreichender Beweis dafür, dass Hunde diese Fähigkeit besitzen. Auch die Versuche, in denen Hunde Aggression zur Verteidigung eines Rucksacks simulieren, unterstreichen dies. Fest steht jedoch, dass die Bedeutsamkeit dieser Entdeckungen uns dazu zwingt, weiter nach Beweisen zu suchen. Die entscheidende Frage ist, ob der Verstand von Hunden sekundäre Abbildungen schaffen kann, und falls ja, inwiefern er diese modifizieren kann.

Die Fähigkeit zur Interpretation war schon bei Wölfen in einem gewissen Maß vorhanden. Ich sagte bereits, dass Interpretation eine wichtige Rolle bei Menschen spielt, die ständig die Handlungen und Aussagen anderer interpretieren. Ich habe zahlreiche Beispiele beschrieben, in denen auch Hunde mitunter zu Interpretation auf hohem Niveau in der Lage waren. Ein Fall, der dies zeigt, ist zum Beispiel, dass Flip in der Lage war, das Handzeichen für »Nein!« im sozialen Kontext einer bestimmten Situation richtig zu interpretieren – nämlich das nicht er, sondern eine andere Person damit gemeint war, und dass meine Absicht dabei war, die andere Person in die Lage zu versetzen, ihm Instruktionen zu erteilen. Wie sehr ich auch nachdachte, gelang es mir nicht, eine einfachere Erklärung für diesen Vorfall zu finden – und das ist beileibe nicht der komplizierteste Fall, der noch auf Klärung wartet.

Typisch ist auch, dass Hunden sehr komplizierte Lösungen nicht in den Kopf kommen. Ausnahmen davon gibt es nur dann, wenn alle Umstände günstig sind: Die Motivation ist richtig, der Verstand ist »bei der Arbeit« und die äußeren Umstände sind passend. Am ehesten lässt sich der Verstand von Hunden vielleicht mit der Aussage charakterisieren, dass er sporadisch arbeitet oder mitunter zerstreut ist. Er ist zu großen Leistungen in der Lage, aber eben nur gelegentlich. Wir haben in unserer Diskussion des menschlichen Verstandes gesehen, dass Abbildungen der Umwelt auf verschiedenen Stufen erstellt werden und dass der Mensch dank seines guten Erinnerungsvermögens zwischen ihnen hin- und herschalten kann: Er kann verschiedene Verhaltensweisen im Geiste durchprobieren und dann die passendste auswählen. Wir wissen heute noch nicht, wie das menschliche Gehirn das genau macht. Welche Art von Erinnerung ist dazu nötig? Ist es möglich, dass das Kurzzeitgedächtnis des Hundes nicht dazu geeignet ist, die verschiedenen geistigen Abbildungen nebeneinander zu speichern und sie miteinander zu vergleichen? Im Allgemeinen sind Hunde (und kleine Kinder) leicht hereinzulegen: Wir können ihre Aufmerksamkeit von etwas ablenken, was vermutlich durch ihre Erinnerungsprobleme ermöglicht wird. Vielleicht wird es eines Tages eine neue Hunderasse geben, die ein gutes Kurzzeitgedächtnis hat. In diesem Fall wäre davon auszugehen, dass auch die Fähigkeiten dieses Hundes zum Umgang mit sekundären Abbildungen verbessert wären. Diese Annahme wird durch die Beispiele hoch motivierter Hunde bestätigt, die dann zu außergewöhnlichen Leistungen in der Lage sind.

Aus dem Blickwinkel der Interpretation ebenso komplex sind die vier Beobachtungen in Bezug auf Schlüssel aus Kapitel 8, in denen es im Grunde um den Gebrauch von Zeichen und Symbolen geht.

Hunde haben keine menschenähnlichen sprachlichen Fähigkeiten. Dingen Namen zu geben, was für Menschen besonders wichtig ist, bedeutet Hunden nichts. Wenn Sie einem Kind gegenüber ein seltsames Wort gebrauchen, wie zum Beispiel in dem Satz »Morgen werde ich Dir etwas über Dingibuups erzählen,« dann können Sie sicher sein, dass es am nächsten Tag kommt und sagt »Du hast mir doch versprochen, dass Du mir was über Dingibuups erzählst.«

Warum ist das Kind an Dingibuups interessiert, über die es doch gar nichts weiß, außer, dass wir sie erwähnt haben? Hätten wir gesagt, dass wir ihm etwas über Zinssätze oder das Bruttosozialprodukt erzählen, hätte das Kind sich vermutlich schon schnell gelangweilt.

»Es war einmal ein großer dunkler Wald, in dem ein Dingibuup lebte« wäre ein Geschichtenanfang, der das Kind sofort interessieren würde, auch wenn es immer noch nicht weiß, was ein Dingibuup ist – aber was ein großer dunkler Wald ist, weiß es sehr wohl, und das reicht, um sein Interesse zu wecken.

»Das arme Ding war sehr einsam,« könnten wir unsere Erzählung fortsetzen und wissen, dass wir damit sehr wirksam die Gefühle und das Mitleid des Kindes ansprechen: Jedes Wesen, das einsam und alleine ist, wird in einem Kind Mitleid auslösen, auch wenn es gar nichts über dieses Wesen weiß.

»Das Dingibuup weinte sehr viel, weil seine Mutter es verlassen hatte,« geht die Geschichte weiter. Dies macht die Angelegenheit für das Kind sehr klar: Das Dingibuup ist offensichtlich ein »Jemand«, der unser Mitgefühl verdient, weil er eine Mama hat, und eine Mama ist auf alle Fälle in Ordnung. Und natürlich ist es sehr verständlich, dass das Wesen weint, wenn seine Mutter weg ist. Wir müssen die Geschichte hier nicht weiter fortführen, aber es ist klar, dass die Tatsache der Benennung mit »es« eine »Seite« im Gehirn des Kindes aufblättert, die dann mit einer Geschichte gefüllt wird. Je mehr Dinge auf dieser Seite erscheinen, die eine Interpretation im Gehirn des Kindes haben, desto schneller ist das Kind in der Lage, mit Hilfe des Erzählers eine Geschichte zu kreieren und daran Spaß zu haben. Diese Fähigkeit fehlt Hunden, ein Zeichen oder ein Name allein bedeuten für sie nichts. Es kann nur dann »etwas« werden, wenn es an sich interessant oder wichtig ist, man es jagen oder festhalten kann und wenn der Hund die Möglichkeit hat, diese Erfahrung selbst zu machen.

Der Verstand des Kindes jedoch ist mit Symbolen gefüllt und das »Dingibuup« ist ein zwar benanntes, aber bedeutungsleeres Symbol, das seine Merkmale und seine Bedeutung erst nach und nach im Verlauf der Geschichte erhält. Und weil es sich nur um eine Geschichte handelt, ist es gar nicht wichtig, dass das Zeichen »Dingibuup« mit überhaupt keinem konkreten, anfass- und fühlbarem, sichtbarem Ding in der wirklichen Welt verbunden ist. Andere Symbole hingegen haben eine Verbindung zur Realität, zum Beispiel das Symbol »Schlüssel«. Es könnte ein konkreter Schlüssel sein, ein Gegenstand, oder aber eine logische Operation wie zum Beispiel der Schlüssel zu einer Lösung oder der Schlüssel zu einem Code, mit dessen Hilfe wir einen Text entschlüsseln können.

In Flips Tagebuch habe ich vier Begebenheiten erzählt, in denen Schlüssel vorkamen, und sie haben alle gemeinsam, dass der Hund die Funktion dieses Gegenstandes verstand – und mehr noch, dass er das verbale Zeichen für den Gegenstand richtig verstand. Er konnte in einer komplizierten Situation die Funktion des Schlüssels verstehen, den ich in der Hand hielt, als wir Tante Gizi besuchten. Anders gesagt: Er konnte verallgemeinern. In der kompliziertesten der berichteten Begebenheiten konnte er sogar eine ganze Reihe von Ereignissen aufgrund des Gegenstandes, den er sah, verallgemeinern. Wir sollten noch die Geschichte von Zsuzsikas Sommerhaus hinzufügen. Man kann es von unserem Garten aus sehen und Flip wusste immer, wenn jemand da war. Es kamen zu verschiedenen Zeiten Leute zu dem Sommerhaus, aber Flip zeigte nie das geringste Interesse, dorthin gehen zu wollen, außer dem einen Mal, als der Schlüssel hin- und zurückgebracht wurde. Der Schlüssel muss also der Auslöser für seinen Wunsch gewesen sein, zum Sommerhaus gehen zu wollen. Dies ist kein direkter Gebrauch eines Zeichens und auch nicht das Ergebnis eines einfachen Konditionierungsprozesses. Ich kann aber auch nicht behaupten, dass dies ein unumstößlicher Beweis dafür ist, dass Flip mit Zeichen umzugehen weiß. Ich bin aber der festen Meinung, dass der Gebrauch von Zeichen und Symbolen keine Sache von »alles oder nichts« ist. Hunde lernen Zeichen leicht und können vielleicht einigen die Eigenschaften von Symbolen zuordnen. Genau das gleiche (ein viel komplizierterer Vorgang als der einfache Gebrauch von Zeichen) ist die Fähigkeit zum Verständnis der Aussage »wenn ... dann«. Ich stelle mir sie als eine Art »aufgeschobene Gegenwart« vor und glaube, dass sie ein Schritt von den Zeichen zu den Symbolen ist.

Symbole stellen im menschlichen Gehirn ein ganzes System dar. Wir haben nicht ein oder zwei Symbole, sondern Hunderttausende, und sie beziehen sich nicht nur auf unsere Umgebung, sondern sind auch untereinander verbunden und beziehen sich aufeinander. Es ist eine interessante Frage, ob man im Verstand eines Hundes ein aus wenigen Symbolen bestehendes System aufbauen könnte, in dem sich die Symbole aufeinander beziehen. Wenn das möglich wäre und wir es beweisen könnten, hätten wir das einfachste und älteste System von Sprachgebrauch und Kulturentwicklung geschaffen. Es erscheint der Mühe wert, noch einige Mühe auf dieses Experiment zu verwenden.

Noch ein paar Worte zum Verstehen von Sprache: Ich glaube, dass Hunde Sprache als Signale für Aktionen verstehen. Substantive bedeuten nicht viel für ihn. Eine Katze ist für ihn nichts, worüber man eine Unterhaltung führen konnte, sondern das Wort bezeichnet für ihn eine konkrete Aktion wie Spielen oder Jagen. Wenn wir ebenfalls nur in »Aktionen« denken würden, könnten wir vieles besser verstehen. Vermutlich würden wir dann aber nur Verben benützen, ohne Adverbien, Adjektive, Substantive und sonstige Feinheiten der Sprache. Haben wir Menschen vielleicht sogar einmal so angefangen? Haben wir Dingen von Anfang an Namen gegeben? Es wäre nicht unmöglich, denn Affen sind seit Millionen von Jahren daran gewöhnt, nach passiven Dingen wie Früchten, Ästen und Blättern Ausschau zu halten und sie anzufassen, weil sie Hände haben. Hunde dagegen sind Beutegreifer, und ihre Vorfahren wurden satt, indem sie ihre Beute jagten. Könnte sich dieser Unterschied auch in der Organisation der Denkstruktur niederschlagen? Es wäre enorm spannend, die Sprachäußerung eines Lebewesens, das nur in Aktionen denkt, mit denen eines Lebewesens zu vergleichen, das sowohl in Objekten als auch in Aktionen denkt und zu untersuchen, wie sich die beiden verstehen. Ob dieser Traum eines Tages wahr wird?

Ein gut erzogener, menschenfreundlicher Schimpanse in unserem Haus?

Der Vergleich der geistigen Fähigkeiten von Hunden mit denen unserer nächsten Verwandten, für die wir leider nicht sehr viele gute Daten besitzen, zeigt ein seltsames Bild. Die meisten Bestandteile der menschlichen Intelligenz sind bei beiden Spezies vorhanden. Die Gehirnmasse eines Hundes ist nur etwa ein Viertel oder ein Drittel so groß wie die eines Schimpansen – ist es trotzdem möglich, dass das intellektuelle Niveau von Hunden das gleiche ist wie von Menschenaffen? Es könnte sein. In der passenden Umgebung erwerben manche Spezies im Lauf der Evolution sehr außergewöhnliche Fähigkeiten. So zum Beispiel der Tanz der Bienen, auf den Säugetiere stolz sein könnten – und das, obwohl das Gehirn der Bienen nur ein Tausendstel Gramm wiegt. Mit Schimpansen kann man nur während ihrer Kindheit experimentieren, solange sie noch nett und zahm sind und sich an ihren Pfleger gewöhnen. Ein großes Problem der Schimpansen ist, dass man sie nicht zu gutem häuslichen Benehmen erziehen kann. Erwachsene Schimpansen sind sehr stark und haben ein mürrisches Temperament. Die Männchen sind besonders unvorhersehbar und haben öfter Wutanfälle, in denen sie randalieren und Dinge kaputt werfen. Sie werden also nie zu unseren Haustieren werden. Erwachsene Schimpansen sind für Versuche in der Regel in stabile Käfige gesperrt. Trotzdem gibt es keinen Zweifel daran, dass ihr Denken sehr weit entwickelt ist und wegen unserer gemeinsamen Ursprünge ähneln sie uns in mancherlei Hinsicht.

Hunde benehmen sich im Haus, lieben uns, gehorchen uns und sind unsere besten Freunde. Das in diesem Buch Gesagte hat Sie als Leser vielleicht davon überzeugt, dass der Verstand von Hunden dem unserer nächsten Verwandten nicht unterlegen ist. Ich bin fest davon überzeugt, dass ein Hund »jemand« ist, und, um auf die Frage von István Hernád aus Kapitel 13 zu antworten: Die kleine Seele eines Hundes ist vielleicht gar nicht so klein.

Menschen haben die Hunde erschaffen – mit fröhlichem Geist und nach ihrem eigenen Vorbild.

Teil Fünf

Menschen und Hunde

Vielleicht wäre es besser gewesen, das Buch mit der Frage zu beginnen: »Warum sollte man einen Hund haben?« Ich bin aber auch der Meinung, dass jemand, der diese Frage wirklich ernst nimmt, vermutlich besser keinen Hund haben sollte. Einen Familienhund zu besitzen hat viele angenehme Seiten: Hunde sind liebevolle und intelligente Begleiter, sie sind tolle Partner auf Spaziergängen und Wanderungen, sie sind verlässliche Spielkameraden für unsere Kinder und oft der einzige Trost für alte Menschen – aber sich um sie zu kümmern, erlegt uns auch Verpflichtungen auf. Je nach Rasse müssen sie ein bis zwei Stunden pro Tag spazieren geführt werden, wir müssen Zeit mit ihnen verbringen und unsere gefühlsmäßige Bindung zu ihnen kann auch zu einer Belastung werden. Menschen, die diese Verantwortung nicht tragen können oder wollen, sollten besser ohne Hund leben. Hunde sind sehr emotionale Tiere und wir haben gesehen, dass sie sich genauso eng an ihren Besitzer binden wie ein Kind an seine Mutter. Einen Hund, der sich an Menschen gebunden hat, zu vernachlässigen oder sogar grausam auszusetzen, fügt ihm seelisches Leid zu, das mit dem vergleichbar ist, das Menschen in ähnlichen Situationen empfinden würden.

Kapitel 16

Wie wird man ein guter Hundehalter?

Der erste Punkt auf der Aufgabenliste ist das Aussuchen eines Hundes, wobei es entscheidend ist, die richtige Hunderasse zum richtigen Menschen zu finden. Zu dieser Frage gibt es viele gute Informationen in der Fachliteratur, zu denen ich wenig hinzuzufügen habe. Versuchen Sie, eine Hunderasse zu finden, die zu Ihrer Persönlichkeit passt. Menschen, die sehr aktiv und immer auf dem Sprung sind, sollten sich auch eine aktive Hunderasse aussuchen. Es gibt aber auch genügend Hunde für diejenigen, die einen ruhigeren Lebensstil bevorzugen. Diejenigen, die nur einen Hund möchten, der er sie liebt und der sie erwartet, wenn sie nach Hause kommen, sollten sich eine Schoßhunderasse aussuchen, die genau zu diesem Zweck gezüchtet wurde. Wer einen auch intellektuell aktiveren vierbeinigeren Partner haben möchte, sollte aber auch bedenken, dass Hunde entsprechender Rassen auch viel geistige Anregung benötigen. Ein intelligenter Hund wird die Aufmerksamkeit seines Besitzers für mehrere Stunden am Tag in Anspruch nehmen und nur dann in der Lage sein, seine geistigen Fähigkeiten voll zu entfalten. Auf jeden Fall muss ein solcher Hund beschäftigt werden, sonst wird er gelangweilt und verwandelt sich ein wildes und unbeherrschbares Wesen, das seine Zeit nur mit dem Aushecken von Unsinn verbringt.

Der amerikanische Psychologe Stanley Coren hat ein Buch darüber geschrieben, welche Hunderassen zu welchen menschlichen Persönlichkeiten passen.[217] Er hat Hunde aufgrund ihrer grundlegenden psychologischen Eigenschaften in sieben Gruppen eingeteilt.

1. ***Freundliche Hunde:*** Bearded Collie, Collie, Spaniel, English Setter, Retriever, Vizsla.
2. ***Beschützerische Hunde:*** Komondor, Rottweiler, Schnauzer, Boxer, Briard.
3. ***Unabhängige Hunde:*** Airedale Terrier, Greyhound, Shar Pei, Dalmatiner, Irish Setter, Samojede, Husky.

4. ***Selbstbewusste Hunde:*** Irish Terrier, Basenji, Zwergschnauzer, Scottish Terrier, Shih Tzu, Welsh Terrier, Foxterrier, Yorkshire Terrier.
5. ***Beständige Hunde:*** Französische Bulldogge, Lhasa Apso, Pekingese, Chihuahua, Dackel, Boston Terrier, Skye Terrier, Tibet Terrier, Mops.
6. ***Hunde mit starkem Charakter:*** Bulldogge, Basset, Beagle, Deutsche Dogge, Pyrenäenberghund, Mastiff, Neufundländer, Bernhardiner.
7. ***Intelligente Hunde:*** Australien Shepherd, Belgischer Schäferhund, Puli, Border Collie, Dobermann, Deutscher Schäferhund, Pudel, Sheltie.

Das ist Corens Einteilung – wenn ich eine eigene aufstellen sollte, würde sie sicherlich ganz anders ausfallen. Als Grundlage für seine Klassifizierung hat er mehrere US-amerikanische Tierärzte befragt. Er hat außerdem einen Hunde-Intelligenztest ausgearbeitet, zu dem interessierte Leser weitere Details in Corens Buch finden. Meine Meinung ist, dass wir noch viel zu wenig über den Verstand von Hunden wissen, um einen guten Hunde-Intelligenztest entwerfen zu können. So ist es zum Beispiel sehr schwierig, zwischen angeborenen und erworbenen Intelligenzmerkmalen zu unterscheiden. Hunde, die sehr viel Beschäftigung haben und öfter alle möglichen Probleme lösen müssen, schneiden bei Intelligenztests meist viel besser ab. Ein anderes ungelöstes Problem bei solchen Tests ist das der Motivation. Es gibt fröhliche und aktive Hunde, die immer zu einem Test bereit sind, während andere ruhiger sind und langsamer reagieren. Dies bedeutet nicht, dass sie weniger intelligent sind, denn mit der richtigen Motivation können sie die gleichen Ergebnisse liefern wie die aktiveren Typen. In einem Wort – es gibt noch viel zu tun.

Coren berücksichtigt natürlich auch die Persönlichkeiten der zukünftigen Hundebesitzer, die er aufgrund komplizierter psychologischer Tests und anhand verschiedener Kriterien in mehrere Kategorien einteilt, die sich als Gegensätze gegenüberstehen:

Extrovertiert versus introvertiert. Extrovertierte Menschen sind fröhlich, freundlich, kontaktfreudig und stehen in einer Gruppe gerne im Mittelpunkt der Aufmerksamkeit. Introvertierte hingegen mögen es nicht besonders, im Zentrum der Aufmerksamkeit zu stehen und sind mit sozialen Kontakten eher zurückhaltend.

Dominante versus bescheidene Menschen. Dominante Menschen mögen es, andere zu führen oder zu lenken, sind ehrgeizig, streben nach Anerkennung und sind entscheidungsfreudig. Bei bescheidenen Menschen ist keins dieser Merkmale stärker ausgeprägt, oft sind sie sogar durch die entgegengesetzten Merkmale geprägt.

Vertrauensvoll versus misstrauisch. Vertrauensvolle Menschen sind leicht zu überzeugen, glauben, was andere sagen und hegen keinen Argwohn gegenüber anderen. Misstrauische Menschen sind das genaue Gegenteil.

Mitfühlend versus gleichgültig. Eine mitfühlende Person ist gut gelaunt, nett, warmherzig, anpassungsfähig und kann leicht auf der Gefühlsebene angesprochen werden. Eine gleichgültige, kalte Person ist wie ein einsamer Wolf, sie verlässt sich lieber auf rationale Überlegungen anstatt auf Gefühle, hält sich selbst für unabhängiger als andere und macht sich nicht viel aus der Meinung anderer Menschen.

Künftige Hundebesitzer sollten versuchen, ihre Persönlichkeit diesen Merkmalen zuzuordnen, auch wenn die meisten Menschen nicht eindeutig einer Kategorie zuzuordnen sein werden.

Coren empfiehlt *freundliche Hunde* für Menschen, die sich ungefähr in der Mitte der oben beschriebenen Persönlichkeitstypen befinden: Nicht übermäßig leichtgläubig, aber auch nicht zu misstrauisch, nicht sehr dominant, aber auch nicht sehr unterwürfig und so weiter.

Beschützerische Hunde sind passend für durchschnittlich vertrauensvolle und gutmütige Frauen und für bescheidene Männer mit eher kalter Persönlichkeit.

Unabhängige Hunde sind gut für extrovertierte, nicht dominante, gutmütige Frauen und für introvertierte, nichtdominante, misstrauische und gleichgültige Männer.

Selbstbewusste Hunde sind passend für introvertierte, misstrauische und gleichgültige Frauen sowie für dominante, misstrauische Männer von mittelmäßiger Extrovertiertheit.

Beständige Hunde passen zu misstrauischen Frauen von mittelmäßiger Extrovertiertheit und zu extrovertierten Männern.

Hunde mit starkem Charakter gehören zu introvertierten und misstrauischen Frauen und zu introvertierten, dominanten, misstrauischen und kalten Männern.

Intelligente Hunde schließlich passen gut zu vertrauensvollen und mitfühlenden Frauen mit mäßig extrovertiertem Charakter und zu introvertierten, mäßig dominanten, vertrauensvollen und mitfühlenden Männern.

Alles, was der Leser wissen muss, ist der eigene Persönlichkeitstyp – dann ist der Rest einfach.

Heutzutage ist es modern, teure Hunderassen zu besitzen. Der Vorteil dabei ist, dass man vorab weiß, was man zu erwarten hat, weil die verschiedenen Rassen typische Merkmale haben. Ich selbst dagegen mag Mischlinge sehr gern, weil sie manchmal unerwartete oder gemischte Merkmale zeigen – auch wenn dies nicht immer wünschenswerte sind!

Aber kaufen Sie bitte auf gar keinen Fall einen Welpen aus einer jener »Welpenfabriken«, in denen Hunde mehrerer Rassen gezüchtet oder vielmehr zugunsten des Profits vermehrt werden!

Die Sozialisation von Hunden

Wenn wir einen Welpen haben möchten, ist es sehr wichtig, dass seine frühe Sozialisation unter den richtigen Umständen stattgefunden hat. Der Welpe sollte Kontakt mit vielen Menschen haben, weil das ihm hilft, später zu einem freundlichen Hund zu werden. Wichtig ist auch, dass wir in seiner Erziehung konsequent sind. Konsequenz ist die Grundlage der Erziehung, was aber nicht bedeutet, dass wir grob sein müssen. Die größte Bestrafung, die wir einem Hund geben können, ist, ihm unsere Ablehnung zu zeigen.

Eine mögliche Bestrafung muss außerdem rassespezifisch sein. Einen Golden Retriever zum Beispiel sollte man niemals schlagen, ein leichter Klaps wird immer ausreichen, damit er versteht. Ein kaukasischer Owtscharka oder ein Rottweiler hingegen benötigen möglicherweise eine strengere Disziplin und manchmal vielleicht sogar körperliche Bestrafung. Natürlich bedeutet dies auf keinen Fall, dass man einen Hund aus jedem beliebigen Grund schlagen kann und soll. Ein einzelner Klaps zur richtigen Zeit ist sehr viel effektiver als ein »Verprügeln«. Das Wichtigste ist aber, dass der Hund stets weiß, was wir von ihm verlangen. Wenn wir das erreichen, wird er gut handzuhaben sein. Wir haben schon zuvor besprochen, wie sich die Beißhemmung beim Welpen entwickelt, die das Ausmaß spielerischer Aggression im Umgang mit Artgenossen regelt.[218] Das Prinzip der Beißhemmung kann sich auf das gesamte Verhalten des Hundes ausweiten: Jeder Hund kann lernen, was gegenüber seinem Besitzer oder den übrigen Familienmitgliedern erlaubt ist und was nicht. Wer dem Hund diese Regeln nicht von Anfang an beibringt, weil ihm der Hund vielleicht leid tut oder er die Korrektur für grausam hält, zahlt später möglicherweise teuer für sein Versäumnis. Das Ergebnis ist möglicherweise ein schlecht erzogener, undisziplinierter Hund, der sogar zur Gefahr für andere werden kann. Solch ein Hund ist dann möglicherweise nicht mehr zurückzuhalten, wenn er einen rennenden Menschen oder einen Fahrradfahrer sieht. Die beiden Extreme, die unbedingt vermieden werden müssen, sind absolute Zügellosigkeit auf der einen und kompromisslose, den Willen des Hundes »brechende« Disziplin auf der anderen Seite. Der richtige Mittelweg kann von Rasse zu Rasse etwas verschieden sein, aber es gibt genügend gute Bücher über Hundeerziehung, die dabei helfen, ihn zu finden.

Für einen Hund ist sehr wichtig, dass er zu einer Gruppe gehört, auch wenn diese Gruppe nur aus seinem Besitzer und ihm besteht. Er muss außerdem wissen, was erlaubt ist und was nicht. Weil Hunde so gruppenorientierte Wesen sind, haben sie großes Vergnügen an gemeinsamen Aktivitäten mit den anderen Gruppenmitgliedern. Sehr wichtig ist ihm auch, dass er etwas zu tun hat, wie vielleicht die Zeitung oder Pantoffeln, seinen Futternapf oder sogar die Fernbedienung für den Fernseher herbringen. Hunde sind überglücklich, wenn sie bei irgendetwas mitmachen können. In meinen Anmerkungen zur Kooperation sagte ich bereits, dass Hunde genau wie Menschen fast alle notwendigen Voraussetzungen für eine Kooperation mit anderen besitzen, nur mit dem Unterschied, dass sie keine Hände haben. Diese Voraussetzungen und Fähigkeiten können mit gemeinsamen Spielen und Aufgaben noch weiter entwickelt werden. Wir haben gesehen, wie weit der Verstand des Hundes entwickelt ist, wie weit seine soziale Intelligenz und seine Verständnisfähigkeit fortgeschritten sind. Dieser Verstand braucht Training! Es sollten nur solche Menschen Hunde besitzen, die auch gerne mit ihnen sprechen, ihnen Aufmerksamkeit entgegenbringen und gemeinsam mit ihnen Aufgaben lösen. Das Schönste daran, einen Hund zu haben, ist, das gegenseitige Verstehen zu vertiefen und weiterzuentwickeln.

Genauso wichtig ist für Hunde aller Rassen Liebe – sie ist sozusagen ein Leitmotiv in ihrem Leben. Einem Hund seine Liebe zu entziehen, bedeutet für ihn eine genauso schwere Bestrafung wie für ein Kind, und er benötigt auch ebenso oft Beteuerungen dieser Liebe. Ihn zu streicheln, zu kraulen und ihm gelegentlich Leckerchen oder interessante Gegenstände zu geben sind für ihn stets wichtige Ereignisse.

Als Faustregel kann man sagen, dass man einen Hund so behandeln sollte, wie man ein drei- bis vierjähriges Kind behandelt. Das bedeutet, ihm viel Liebe zu schenken, ohne ihn dabei die Oberhand gewinnen zu lassen.

Oft liest und hört man, dass der »Rudelführer« eines Hundes ein strenger Zuchtmeister zu sein habe. Dieser Glaube stammt aus dem Studium von Wolfsverhalten, trifft aber auf die meisten Hunde gar nicht zu, außer vielleicht auf die raueren Arbeitshunderassen.

Hunde lieben ihr »Rudel« und geben die Liebe, die sie bekommen, auch zurück. Aufgrund dieses Merkmals ist es auch eine absolut vernünftige Entscheidung, einen Hund aus dem Tierheim zu sich zu nehmen, denn wenn wir ihm genügend Liebe entgegenbringen, wird er zu einem genauso treuen Begleiter werden, als ob wir ihn selbst aufgezogen hätten. Wenn Sie einen Hund aus dem Tierheim aussuchen, sollten Sie darum bitten, dass vier oder fünf Hunde in sicherer Umgebung frei spielen und herumlaufen können. Suchen Sie dann denjenigen aus, der am meisten Ihre Nähe zu suchen scheint, denn auch Hunde haben recht genaue Vorstellungen davon, mit welcher Sorte Mensch sie zusammensein möchten.

Natürlich versteht es sich von selbst, dass der künftige Hundebesitzer auch die äußeren Gegebenheiten berücksichtigen muss: die Größe von Wohnung oder Haus, in welchem Stockwerk sich die Wohnung befindet und so weiter. Allerdings ist diese Überlegung außer für sehr große und sehr aktive Hunderassen für die meisten Hunde gar nicht so grundlegend wichtig. Hunde sind soziale Lebewesen, und deshalb ist es für sie am wichtigsten von allem, dass sie in einer funktionierenden Gemeinschaft leben, gemeinsame Aktivitäten mit dieser unternehmen und viel Liebe bekommen.

Genetisch veränderte Hunde

Hundebesitzer haben schon seit Zehntausenden von Jahren die Gene von Hunden verändert, indem sie Rassen selektiv nach bestimmten Merkmalen züchteten. Vermutlich sahen Hunde eine lange Zeit nach dem Entstehen des Bündnisses zwischen Mensch und Hund äußerlich eher aus wie Wölfe und waren nur ihrem Verhalten nach Hunde. Die typischen Merkmale von Hunden, ihr Hingezogensein zu Menschen, ihre Fähigkeit zur Zusammenarbeit, ihr soziales Verständnis und ihr gut entwickelter Verstand entstanden und verfestigten sich möglicherweise in dieser Zeit, sodass sie in jeder Hunderasse, die seitdem entstanden ist, vorhanden sind. Die Zuchtwahl von Hunden nach der Eignung für spezielle Aufgaben begann vermutlich mehr oder weniger zur Zeit des Neolithikums, als die Menschen erstmals sesshaft wurden und Ackerbau zu treiben begannen.

Hütehunde, Wachhunde und sogar Schoßhunde haben sich um diese Zeit herum entwickelt. Anfangs gab es jedoch nur wenige Rassen. Die unzähligen Hunderassen, die es heute gibt, sind mehrheitlich nur einige Jahrzehnte oder höchstens ein- bis zweihundert Jahre alt. Ursprünglich wurden sie für spezielle Aufgaben gezüchtet – so zum Beispiel die verschiedenen Jagdhunderassen, die zu einer Zeit entstanden, als die Jagd von der reinen Nahrungsbeschaffung allmählich zum Sport wurde. In jüngerer Zeit werden Hunde hauptsächlich nach ihrem Aussehen gezüchtet. Viele Arbeitshunderassen werden heute nach Körperbau oder Farbe gezüchtet und die zur Erfüllung ihrer ursprünglichen Aufgabe nötigen Verhaltensmerkmale werden nicht mehr berücksichtigt. Selbst professionelle Hundezüchter diskutieren darüber, ob dies ein wünschenswerter Trend ist oder nicht. Manche vertreten die Ansicht, dass die Zuchtwahl sich an den Verhaltensmerkmalen der Originalrassen orientieren sollte, will sagen: Hütehunde sollen hüten können und Jagdhunde sollten einen starken und verfeinerten Jagdtrieb besitzen. Beide Standpunkte haben ihr Für und Wider, aber es gibt auch noch einen Dritten, nämlich dass es sinnvoll sein könnte, Familienhunde zu züchten, die von verschiedener Form und Größe sein könnten, aber gut an das Zusammenleben auf engem Raum angepasst sind. Solche Hunde wären sehr zahm und freundlich, aber auch sehr intelligent und besäßen insbesondere eine weit entwickelte soziale Intelligenz.

Ich kann akzeptieren, dass das Aussehen in der Hundezucht eine Rolle spielt, aber ich halte es für einen schweren Irrtum beziehungsweise ein grobes Versäumnis, dass viele Züchter sich keine Gedanken um eine Analyse des Verhaltens der verschiedenen Rassen zu machen scheinen, nicht auf Verhaltensmerkmale kontrollieren und keinen diesbezüglichen fachlichen Rat als Basis zu ihrer Zucht einholen. Dies führt zu einer Verschlechterung der guten Eigenschaften der alten Hunderassen und zum Auftreten vieler neurotischer, hysterischer oder ernsthaft psychotischer Hunde in so manchem Zuchtzwinger. In so mancher Horrorgeschichte spielen solche Hunde die Hauptrolle. Es ist allerhöchste Zeit, dass Züchter und Zuchtverbände in ihrem eigenen Interesse endlich verhaltensbasierte Zuchtkriterien einführen. Besonders wichtig ist das, weil die Auswahlkriterien nicht von denjenigen bestimmt werden, die die Hunde letzten Endes besitzen und mit ihnen umgehen – Zucht und »praktischer Gebrauch« von Hunden entfernen sich immer mehr voneinander!

Diejenigen von uns, die sich für Genetik interessieren, hoffen, dass Hundezüchter irgendwann die Vorteile einer Hybridzucht erkennen. Sie streben aber momentan immer noch nach reinrassigen Hunden und stellen Ahnentafeln nur an individuelle Hunde nach äußerlichen Merkmalen aus. Die Reinheit einer Rasse ist aber kein genetisches Konzept und die Merkmale solcher Hunde müssen nicht notwendigerweise aus identischen Genpools herrühren. Das Konzept der Inzucht wird in der Nutztierzucht und in wissenschaftlich betreuter Tierzucht angewendet, wobei die verwendeten Tiere ebenfalls reinrassig sind. Ein solcher Bestand an Zuchttieren ist in Bezug auf eine große Anzahl von Genen homogen, was sowohl Vor- als auch Nachteile hat. Hunde haben wie andere höher organisierte Lebewesen je zwei Gensätze in ihren Zellen, einen vom Vater und einen von der Mutter. Wenn die korrespondierenden Gene in beiden Sätzen identisch sind, nennt man die aus Sperma und Eizelle gebildete Zygote homozygot für dieses Gen, sind sie unterschiedlich, spricht man von heterozygot. Wenn die Mehrheit der Gene sich in homozygotem Zustand befinden, kann man von einer homozygoten Zuchtbasis sprechen. Eine solche Basis kommt durch Inzucht zustande, zum Beispiel durch die Verpaarung von Geschwistern in etwa zwanzig Generationen. Im Verlauf dieses Prozesses können aber auch schadhafte Gene auftreten. Damit diese nicht an die Folgegenerationen weitergegeben werden, muss der Züchter eine sorgfältige Selektion und gute Anpaarungsentscheidungen treffen.

Tiere aus einer homozygoten Zuchtbasis zahlen in aller Regel einen hohen Preis für ihre genetische Ordnung. In allen Spezies lässt sich feststellen, dass Vitalität, Widerstandskraft und Leistungsfähigkeit unter der von Tieren aus einer heterozygoten Zuchtbasis liegen. Die Bestrebungen der Hundezüchter nach Reinerhalt der Rassen erhöhen das Maß der Inzucht, tragen also zur Verringerung der Vitalität und anderer wünschenswerter Merkmale bei. Dieser Prozess scheint unaufhaltsam zu sein. Es ist kaum möglich, ohne schädliche Nebenwirkungen eine homozygote Hunderasse zu schaffen. Die aus Kreuzungszucht zwischen aus Inzucht stammenden Tieren hervorgehenden Hybriden können jedoch hervorragende Merkmale haben. Eine solche aus zwei verschiedenen Inzuchtlinien stammende Hybridpopulation ist sehr uniform und kann auch in gleicher Qualität reproduziert werden. Die Gene der beiden Elterntiere ergänzen einander und die Nachkommen haben bessere Qualitäten als ihre Eltern.

Es gibt also nur eine wissenschaftlich begründete Lösung, nämlich die Schaffung uniformer Hybriden. Dies wäre ein völlig neuer Ansatz in der Hundezucht, obwohl man ihn in Landwirtschaft, Nutztier- und Pflanzenzucht schon seit langem betreibt. Ein solches Zuchtprogramm spielt sich auf zwei Stufen ab: Die erste besteht in der

Schaffung und Erhaltung der Elterngenerationen. Diese sind größtenteils homozygot, also reinrassig, aber nicht sehr gebrauchstüchtig, da gesundheitlich zu labil. Sie erfordern eine bestimmte Behandlung und sind deshalb teuer zu halten, auch sind die Einzeltiere selbst teuer. Wenn wir sie aber nun kreuzen, erhalten wir zwei oder vier Eltern-Hybriden, die in Aussehen und Verhalten identisch und außerdem vital, hübsch und kräftig sind. Dies ist die zweite Stufe des Zuchtprogramms.

Wenn Hundezüchter verschiedene Inzuchtlinien einer bestimmten Rasse miteinander kreuzen würden, könnten sie mit diesen Hybriden sehr gut zu vermarktende Hunde produzieren, die mit ihrer Uniformität und ihren guten Eigenschaften allen Kundenansprüchen genügten. So könnte man, um bei den ungarischen Rassen zu bleiben, ganz hervorragende Pumis, Pulis und Vizslas züchten.

Mit uns befreundete Hundezüchter lächeln aber eher darüber und meinen, dass zu viele wirtschaftliche Interessen gegen die Akzeptanz eines solchen Systems sprächen. Ich denke aber, dass dies nicht der Fall ist, weil langfristig keine wirtschaftlichen Interessen geschädigt werden, denn die benötigten Inzuchttiere werden an sich schon einen neuen Wert darstellen und die Hybriden werden zu gebrauchstüchtigen und vertrauenswürdigen Tieren werden. Selbst wenn sie einen höheren Preis haben sollten, dann wäre es das sehr wohl wert, denn die heutige Zuchtpraxis ist vom genetischen Standpunkt aus sehr primitiv und wird unvermeidlich zur Verschlechterung oder sogar zum Verschwinden mancher Hunderassen führen. Das legitime Argument zur Verteidigung lautet, dass Mischlinge immer weiter verbreitet sind, was natürlich nicht im Interesse der Hundezüchter ist. Wenn die Züchter erkennen würden, dass sie und die Hundebesitzer gemeinsame Interessen haben und das oben dargestellte System mit der nötigen genetischen Expertise und Planung anwenden würden, könnten sie eine Situation schaffen, von der jeder nur profitieren kann.

Es wäre auch noch ein alternativer genetischer Weg möglich, bei dem man nicht einmal die Schaffung von geeigneten Inzuchtlinien abwarten müsste. Die Schaffung von Hybriden aus verschiedenen, bereits existierenden Rassen, die zu einer großen Diversität führen würde. Man könnte praktisch auf Bestellung fantastische Hunde züchten, und immer mit gleichbleibenden Qualitäten.[219] Wenn wir dies mit den vierhundertsoundsoviel existierenden Hunderassen machen würden, könnten wir über einhunderttausend Kombinationsmöglichkeiten ausprobieren. Zweifellos gäbe es unter den Nachkommen auch unerfreuliche, nutzlose und hässliche Biester, aber wir würden auch Zehntausende neuer Hunde schaffen, welche die positiven Eigenschaften beider Elterntiere in sich vereinen. Die Zuchtbemühungen der letzten Jahrhunderte haben viele spezielle Merkmale in bestimmten Rassen verfestigt. Es ist recht sicher, dass das Zusammenführen erwünschter Merkmale (wie zum Beispiel bei Hybriden mit den Merkmalen aus vier verschiedenen Hunderassen) zu recht außergewöhnlichen Charakteristika führen würde. Es wäre schade, diese Möglichkeit auszulassen. Wenn wir darauf achten, die Elternrassen zu erhalten (was nicht schwierig sein dürfte, weil sie schon so lange bestehen), können wir jederzeit gute

Hybriden produzieren und die erwünschten Merkmale werden verlässlich bei den Nachkommen auftreten. Mit den Hybriden aus verschiedenen Rassen sollte jedoch nicht weiter gezüchtet werden, denn deren Nachkommen würden zu minderwertigen Mischlingen mit dubioser genetischer Zusammensetzung.

Kann man »sprechende« Hunde züchten?

Wo wir uns schon mit Genetik befassen, kann ich kaum der Versuchung widerstehen, die interessiertesten und enthusiastischsten Hundebesitzer zu einem Experiment überreden zu wollen: Lassen Sie uns einen sprechenden Hund züchten!

Wer dieses Buch aufmerksam gelesen hat, wird die These akzeptiert haben, dass Zehntausende von Jahren Domestikation und (oft unbewusst vorgenommene) Zuchtwahl Hunde hervorgebracht haben, die hier und da uns Menschen ähneln. Aber diese teilweise Ähnlichkeit ist auf keinen Fall die Endstufe der Möglichkeiten! Der Verstand von Hunden zeigt mitunter so hohe Fähigkeiten, dass es plausibel erscheint, mit Hilfe eines gut organisierten Zuchtprogramms viel intelligentere und besser kommunizierende Hunde zu schaffen, als wir sie heute kennen: praktisch »sprechende« Hunde.

Wenn wir es schaffen würden, Hunde zu züchten, die klüger sind, die menschliche Sprache besser verstehen und sich selbst effizienter mitteilen könnten, wäre jedermann hoch erfreut, denn solche Hunde wären noch liebenswerter und würden uns noch mehr Freude bereiten. Ein Blindenführhund würde noch sehr viel wertvoller, wenn er nicht nur an jeder Kreuzung anhalten würde, sondern uns das Wort »Auto« sagen könnte oder seinen Herrn nicht nur zur gesuchten Telefonzelle führen, sondern ihm auch sagen könnte, dass sie nun angekommen seien. Auch Behindertenbegleithunde würden noch viel nützlicher, wenn ihre Intelligenz, Auffassungsgabe und Ausdrucksmöglichkeit weiter entwickelt wäre. Wir hätten mehr Freude an unseren Familienhunden, wenn sie mehr verstehen und »sprechen« könnten.

Wenn Hundebesitzer sich wirklich beharrlich mit ihren Hunden beschäftigen und auf allen möglichen Wegen versuchen würden, deren Fähigkeit zum Verstehen von Sprache, Problemlösungsfähigkeiten und Kooperationsverhalten zu fördern, würden sich bei manchen Individuen sehr außergewöhnliche Fähigkeiten entfalten. Alles, was wir dann noch tun müssten, wäre, solche zueinander passenden Hunde miteinander zu verpaaren, um Nachkommen von noch höherer Intelligenz zu erhalten. Sicher wird man es für eine sehr kühne Behauptung halten, wenn ich sage, dass es möglich sein würde, Hunde zu züchten, die mindestens zehn verschiedene Stimmsignale hervorbringen und viel, viel mehr Worte verstehen können. Ich halte das nicht für unmöglich – aber natürlich nur unter der Voraussetzung, dass wir diese Hunde großziehen, uns mit ihnen befassen und ihre Fähigkeiten entsprechend fördern würden.

Vielleicht gibt es Stiftungen oder andere auf Hunde spezialisierte Organisationen, die Geldmittel für solche Zwecke zur Verfügung stellen könnten. Vielleicht könnten wir sogar eine Bewegung zur Schaffung eines neuen und intelligenteren Familienhundes gründen. Die Fakultät für Ethologie an der Eötvös Lóránd Universität wäre gerne zur technischen Unterstützung bereit. Jeder, der einen Hund besitzt und willens ist, Zeit und Energie zu investieren, ist herzlich eingeladen, sich dem Programm für sprechende Hunde anzuschließen. Wir könnten jährliche Wettbewerbe für »sprechende« Hunde organisieren, deren Ergebnisse wiederum zur Entwicklung eines Zuchtprogramms dienen könnten.

Eine Bitte an den Leser

Ganz zu Beginn des Buches hatte ich erwähnt, dass man Erzählungen von einzelnen Hunden und Begebenheiten mit großer Vorsicht behandeln muss, wenn man nach wissenschaftlichen Beweisen sucht. Wie wir gesehen haben, helfen solche Erzählungen aber auch dabei, neue wissenschaftliche Versuche aufzubauen und können damit dazu beitragen, unser Verständnis von den Fähigkeiten des hündischen Verstandes zu verbessern. Ich möchte deshalb jeden Leser, dessen Hund irgendeine ungewöhnliche Begabung zeigt oder irgendetwas tut, das wie die Handlung eines intelligenten Verstandes aussieht, auffordern, uns zu schreiben.[220] Bitte erwähnen Sie Rasse, Geschlecht und Alter des Hundes und versuchen Sie, eine genaue, aber möglichst neutrale Beschreibung zu liefern. Wir möchten diese Geschichten gerne sammeln und sie für unsere weitere Arbeit verwenden. Sobald wir können, werden wir diese Geschichten im Internet veröffentlichen und die Autoren um Genehmigung bitten, sie in der ein oder anderen Form zu veröffentlichen, wobei der Name des Urhebers je nach Wunsch erwähnt oder weggelassen werden kann.

Hunde und menschliche Moral

Menschliche Moral charakterisiert in der Regel diejenigen Gesellschaften und Kulturen, in denen moralische Prinzipien formuliert sind. Die Moral, um die es geht, hat aber immer mit Menschen zu tun. Gut und Schlecht sind immer in menschliche Beziehungen eingebettet. In den letzten Jahrzehnten wurden die Moralkonzepte jedoch auch auf Bereiche ausgedehnt, die entfernter mit Menschen zu tun haben. Heute betrachten wir es als schlecht oder unmoralisch, eine Tier- oder Pflanzenart auszurotten oder die Umwelt und die letzten noch halbwegs intakten Fleckchen Natur auf unverantwortliche Weise zu schädigen. Umweltschützer haben so manchen alten Baum vor dem Gefälltwerden bewahrt. Zahlreiche internationale Organisationen setzen sich zusätzlich für den Schutz intelligenter Tiere wie Affen, Delfine, Wale oder Elefanten ein, und das mit der Rechtfertigung deren besonders hoher Intelligenz. Ich glaube, dass es noch andere Gemeinschaften gibt außer denen, die wir mit anderen Menschen geschaffen haben, zum Beispiel die Gemeinschaft der intelligenten Wesen. Unsere moralischen Prinzipien könnten auch auf sie ausgedehnt werden, wenn die Mehrheit unserer Gesellschaft zustimmt und dies für wichtig erachtet.

Auch wenn das Studium der Ethologie des Hundes noch in den Kinderschuhen steckt, bringt es doch wissenschaftliche Unterstützung für den Standpunkt, dass wir Menschen den Hund im Verlaufe des Zehntausende von Jahren währenden Zusammenlebens praktisch erschaffen haben. Und wir haben ihn nach unserem eigenen Bild geschaffen. Hunde sind wirklich unsere ergebensten Diener, Begleiter und Freunde. In diesem langen Prozess haben sie viele Merkmale ihrer Wolfsvorfahren verloren und stattdessen die Fähigkeit zu lieben erworben, eine hoch entwickelte soziale Intelligenz, die menschlichen Werkzeuge zur Kooperation und die Fähigkeit, menschliches Verhalten bis zu einem gewissen Punkt zu verstehen. Dieser langsame, aber sehr erfolgreiche Prozess der Identifizierung mit uns Menschen erlegt uns bestimmte Verpflichtungen auf. Wir müssen unsere Moralprinzipien gegenüber Hunden überdenken, oder zumindest einen Teil dieser Prinzipien. Ich meine, dass Hunde eine menschliche Behandlung verdient haben.

Die experimentalen Wissenschaften haben Hunderttausende von Hunden in biologischen, biochemischen und pharmazeutischen Versuchen geopfert. Die Ergebnisse solcher Versuche sind nur von zweifelhaftem Wert, weil der menschliche Organismus aus biologischem Gesichtspunkt viel mehr dem Organismus von Affen ähnelt als dem von Hunden. Leider müssen immer noch viele Hunde, die von ihren Familien ausgesetzt wurden, in Versuchslaboren leiden. Oft müssen sie lange und schmerzhafte Versuche über sich ergehen lassen, aber selbst bei kürzeren Versuchen durchleben sie den emotionalen Horror des Eingesperrtseins, des Vorbereitetwerdens für einen Versuch und des Versuches selbst. Hunde werden auch gestohlen, und so mancher Laborhund, der angeblich ausgesetzt wurde, wurde eigentlich gestohlen. So kann es geschehen, dass ein unglücklicher Hund, der vielleicht acht oder zehn glückliche Jahre mit seinem Herrn verbracht hat, sich plötzlich in einer Folterkammer wiederfindet.

Trotz aller Rechtfertigungen meiner studierten Kollegen bin ich der Meinung, dass diese Art der wissenschaftlichen Tierquälerei nicht mit Moral vereinbar ist.

Fussnoten

1 Der Großteil der hier angeführten Informationen über Wölfe stammt aus Mech, D.: *The Wolf: The Ecology and Behavior of an Endangered Species*. Minneapolis: University of Minnesota Press, 1970.

2 Peters, R., »Mental Maps in Wolf Territoriality«. In: Klinghammer, E. (ed.), *The Behavior and Ecology of Wolves*. New York: Garland STPM Press, 1979.

3 Mehr zu den Eigenheiten solcher kognitiver Landkarten in Kapitel 12.

4 Eine sehr interessante vergleichende Untersuchung des Spielverhaltens bei Hunden, Wölfen und Kojoten ist Bekoff, M, »Social Communication in Canids: Evidence for the Evolution of Stereotyped Mammalian Display«. In: *Science,* 197 (1997). S. 1097-99.

5 Dies trifft besonders bei Annäherung fremder Wölfe zu, aber im Fall von Gehegewölfen auch bei Annäherung fremder Menschen.

6 Zimen, E.: *The Wolf: His Place in the Natural World*. New York: Souvenir Press, 1981. (dt.: *Der Wolf. Verhalten, Ökologie und Mythos*.)

7 Lawrence, R.D.: »Pretense and Representation in Infancy: The Origins of the Theory of Mind«. In: *Psychological Review,* 94 (1987).

8 Dies ist möglicherweise vom Futterbettelverhalten der Welpen abgeleitet.

9 Mech, D.: Op.cit.

10 Mech, D.: Op.cit., S. 89

11 Dies wird am häufigsten bei in Gefangenschaft lebenden Wölfen beobachtet: Für diese an große Weiten gewöhnten Tiere ist selbst ein Raum, der uns als weitläufig erscheint, zu eng. Dies könnte auch die Erklärung dafür sein, warum Gehegewölfe oft die schwachen Rudelmitglieder töten: Diese haben keinen Platz, um zu fliehen, sondern sind immer mit den anderen konfrontiert, was zu anhaltender Agression führt. Unter natürlichen Umständen würden diese Wölfe vermutlich einfach fliehen und damit ihr Leben retten.

12 Frank, H. »Evolution of Canine Information Processing under Conditions of Natural and Artificial Selection«. In: *Zeitschrift für Tierpsychologie;* 53 (1980), S. 389-99.

13 Peters, R., »Mental Maps in Wolf Territoriality«. In: Klinghammer, E. (Hrsg.): *The Behavior and Ecology of Wolves*. New York: Garland STPM Press, 1979; und Zimen, E.: Op.cit.

14 Zimen, E.: Op.cit., S. 74.

15 Mech, D.: Op.cit.

16 Eine hervorragende Abhandlung über die freundlicheren nördlichen Wölfe stammt von dem Wolfsethologen F. Mowat: *Ne féljünk a farkastól* (Let us not fear wolves). Budapest: Gondolat, 1976.

17 Zimen, E.: Op.cit., S. 96.

18 Masson, J. Moussaieff: *Dogs never lie about love*. New York: Three Rivers Press, 1997.

19 Mech, D.: Op.cit., S. 298.

20 Näheres zur Geschichte des Menschen kann in meinem anderen Buch nachgelesen werden: *Csányi, V.: Az emberi természet. Humánetológia (Human Nature, Human Ethology)*. Budapest: Vince Kiadó, 1999. In englischer Sprache kann ich empfehlen: Mithen, S.: *The Prehistory of the Modern Mind*. London: Phoenix, 1996.

21 Csányi, V., »Ethology and the Rise of Conceptual Thoughts«. In: Deely, J. (Hrsg.): *Symbolicity*. Lanham, Md.: University Press of America, 1992. S. 479-484; Csányi, V.: »The Brain's Models and Communication«. In: Sebeok, Thomas A. und Umiker-Sebeok, Jean (Hrsg.): *The Semiotic Web*. Berlin: Moyton de Gruyter, 1992. S. 27-43; Csányi, V.: »The 'Human Behavior Complex' and the Compulsion of Communication: Key Factors of Human Evolution«. In: *Semiotica,* 128 (3/4) (2000), S. 45-60; Csányi, V.: »An Ethological Reconstruction of the Emergence of Culture and Language during Human Evolution«. In: Györi, G. (Hrsg.): *Language Evolution*. Frankfurt am Main: Peter Lang Verlag, 2001. S. 43-55.

22 Die verschiedenen Arten der Intelligenz werden besprochen in Mithen, S.: *The Prehistory of the Modern Mind*. London: Phoenix, 1996. Ökologische Intelligenz manifestiert sich in der Tatsache, dass ein Lebewesen schnell die wichtigsten Eigenschaften der in seinem Lebensraum vorkommenden Tier- und Pflanzenarten erkennt und dieses Wissen weiter zu seinem eigenen Vorteil nutzen kann.

[23] Nach der Theorie von Coppinger und Coppinger zogen die ersten Abfallhaufen, die mit den ersten menschlichen Dörfern entstanden, die Wölfe an. Allmählich begannen sie, sich an diese neue Ressource anzupassen, vor allem durch eine Erhöhung ihrer Stresstoleranz. Langsam gewöhnten sie sich an die Nähe von Menschen und tolerierten sie, was die Voraussetzung für die nachfolgenden Änderungen war. Siehe Coppinger, R. und Coppinger, L.: *Dogs*. New York: Scribner, 2001 (dt. Ausgabe: *Hunde,* Animal Learn Verlag, 2004). Meiner Meinung nach ist die Entwicklung menschlicher Dörfer für einen solchen Prozess nicht unbedingt notwendig, weil Menschen über Hunderttausende von Jahren in lagerähnlichen Kulturen gelebt haben. Diese Lager existierten ein paar Wochen oder Monate lang und führten genauso wie Dörfer – oder sogar noch in stärkerem Maße – zur Bildung von Müll- und Abfallhaufen mit Nahrungsresten darin.

[24] Jolicoeur, P.: »Multivariety Geographical Variation in the Wolf, Canis Lupus L.«. In: *Evolution* 13 (1959), S. 283-89.

[25] Gould, R.A.: »Journey to Pulyakara«. In: *Natural History,* 79 (1970).

[26] Ungváry, K.: *Budapest Ostroma (Die Belagerung von Budapest).* Budapest: Corvina, 1998.

[27] Nobis, G.: »Der älteste Haushund lebte vor 14.000 Jahren«. In: *Umschau* 19 (1979), S. 215-25. Nobis beschreibt das Skelett eines Welpen, das man in Israel im Grab eines Kindes aus der Natufien-Kultur fand.

[28] Olsen, S.J. und Olsen, J.W.: »The Chinese Wolf, Ancestor of New World Dogs«. In: *Science,* 197 (1977).

[29] Serpell, J.: *The Domestic Dog*. Cambridge:Cambridge University Press, 1995. S. 8.

[30] Vilá, C., Savolainen, P., Maldonado, J.E., Amorim, I.R., Rice, J.E., Honeycutt, R.L., Crandall, K.A., Ludenberg, J. und Wayne, R.K.: »Multiple and Ancient Origins of the Domestic Dog«. In: *Science,* 276 (1997), S. 1687-1689.

[31] Mitochondrien sind zelluläre Organellen, welche die Kraftquelle der Zelle sind und vom Zellkern unabhängige DNA-Ringe besitzen.

[32] Lorenz widerrief seine Annahme öffentlich im Vorwort zu Fox, M.W. (Hrsg.): *The Wild Canids: Their Systematics, Behavioral Ecology and Evolution*. New York: Van Nostrand Reinhold Co., 1975.

[33] Savolainen, P., Zhang, Y., Ling, J., Lundberg, J. und Leitner, T.: »Genetic Evidence for an East Asian Origin of Domestic Dogs«: In: *Science,* 298 (2002). S. 610-613.

[34] Nach Mech gibt es mindestens vierhundert Hunderassen. Es ist aber möglich, dass die tatsächliche Zahl gut doppelt so hoch ist.

[35] Siehe Mech, D.: *The Wolf: The Ecology and Behavior of an Endangered Species*. Minneapolis: University of Minnesota Press, 1970.

[36] Scott, J.P. und Fuller, J.L.: *Genetics and Social Behavior of the Dog*. Chicago: University of Chicago Press, 1965.

[37] Die Universität befindet sich in Göd, einer Kleinstadt nördlich von Budapest, Ungarn.

[38] Belyaev, D.K. und Trut, L.N.: »Some Genetic and Endocrine Effects of Selection for Domestication of Silver Foxes«. In: Fox, M.E. (Hrsg.), *The Wild Canids*. New York: Van Nostrand, 1975.

[39] Wilde Füchse lassen nur gelegentlich ein kurzes Kläffen ertönen, aber diese bellten viel und genau wie Hunde.

[40] Siehe Sepell, *op.cit*. Zwar gibt es rassespezifische Unterschiede in der Gelehrigkeit von Hundewelpen, aber im Allgemeinen sind Hunde sehr gelehrig und dazu in der Lage, Gehorsam zu verallgemeinern: Sie gehorchen auch auf Kommandos, die von anderen Menschen als ihrem Ausbilder gegeben werden.

[41] Im Ersten Weltkrieg wurden Hunde in den Armeen noch verbreiteter eingesetzt. Die Zeitschrift *Vasárnapi Könyv* berichtete in der Ausgabe Nr. 24 von 1916, dass die wichtigsten Aufgaben von Hunden neben dem Überbringen von Nachrichten und Material in den Rote-Kreuz-Einheiten erfüllt wurden. In Feuerpausen suchten sie auf den Schlachtfeldern nach Verwundeten, bewachten sie oder rannten zurück zu den Ärzten, um ihnen anzuzeigen, dass sie jemand gefunden hatten. Oft brachten sie zu diesem Zweck einen Stück Stoff von der Kleidung des Verwundeten mit oder einen ihm gehörenden Gegenstand. Hunde waren auch besonders erfolgreich darin, unter Schnee verschüttete Soldaten in den Kampfregionen der Karpaten zu finden. Nach Bericht der Zeitschrift wurden Hunde nicht nur in der ungarischen Armee eingesetzt. Auf den französischen Schlachtfeldern muss es Tage gegeben haben, an denen Hunde einige Tausend Verwundete fanden. Das Buch *The Lost History of the Canine Race* von M.E. Thurston, erschienen 1996 bei Andrews und MacEelmin Kansas City, Mo., enthält einen detaillierten Bericht über den Einsatz von Hunden der US Army in Vietnam. Die Armee hatte mehre-

re hundert Hunde im Einsatz, hauptsächlich Deutsche Schäferhunde, die viel zur Ortung von Vietkong-Kämpfern und Minenfallen beitrugen sowie in mancherlei anderer Hinsicht nützlich waren. Vielen Tausend amerikanischen Soldaten retteten sie das Leben. Als die US Army aus dem Vietnam abzog, wurden die Hunde entweder zurückgelassen oder auf militärischen Befehl hin euthanasiert. Viele Veteranen, die diesen Hunden ihr Leben verdankten, konnten darüber niemals hinwegkommen.

42 Davis, K.D.: *Therapy Dogs*. New York: Howell Bookhouse, 1992.

43 Csányi, V. und Miklósi, A.: »A kutya mint a korai evolúció modellje« (Hunde als Modell für die frühe Evolution). In: *Magyar Tudomány,* 63 (1998).

44 Das Rad der Evolution dreht sich sehr langsam. Damit solche Veränderungen stattfinden konnten, war es sicher nicht nötig, dass Menschen ständig zu jeder Hundegeneration sprachen. Es hätte gereicht, wenn sie die Hunde hin und wieder angesprochen und nur diejenigen Welpen behalten hätten, die leichter auf ihre Kommandos gehorchten. Über hunderttausend Generationen hinweg können selbst winzige selektive Vorteile zu erheblichen genetischen Veränderungen führen.

45 Ich spreche hier insbesondere von Schimpansen, Bonobos, Gorillas, Orang Utans und Gibbons.

46 Durkheim, É.: *The Elementary Forms of Religious Life,* translated by Joseph Ward Swain, New York, Collier, 1961; Wallace, R.A. und Hartley, S.F.: »Religious Elements in Friendship: Durkheimian Theory in an Empirical Context«. In Alexander, J.C. (Hrsg.): *Durkheimian Sociology: Cultural Studies*. Cambridge: Cambridge University Press, 1988.

47 In meinem Buch über die Natur des Menschen (Csányi, V., op.cit.) habe ich gezeigt, dass die vier Faktoren mit einigen Ergänzungen als vereinheitlichtes Prinzip für die Organisation gesellschaftlicher Systeme betrachtet werden können. Ihre Rolle ist in der Beschreibung von Ursprung und Funktion menschlicher Gesellschafts- und Gruppenstrukturen klar nachweisbar, egal, ob wir Freundschafts- oder Paarbeziehungen, einen Arbeitsplatz oder einen ganzen Staat anschauen.

48 Auch als »conspecific« bezeichnet.

49 Pfaffenberg, C.J., Scott, J.P., Fuller, J.L., Ginsburg, BE. Und Bielfeldt, S.W.: *Guide Dogs for the Blind: Their Selection, Development and Training*. Amsterdam: Elsevier, 1976.

50 Hundeexperten unterscheiden zwischen Ein-Mann-Hunden und Mehr-Personen-Hunden (Single-Master-Dog und Multiple-Master-Dog), je nachdem, ob sie nur einem oder mehreren Familienmitgliedern gehorchen.

51 Freedman, D.G., King, J.A. und Elliot, O.: »Critical Period in the Social Development of Dogs«. In: *Science,* 133 (1961).

52 Cairns, R.B. und Werboff, J.: »Behavior Development in the Dog: An Interspecific Analysis«. In: *Science,* 158 (1967).

53 Gácsi, M., Topál, J., D´ka, A. und Csányi, V.: »Attachment Behavior of Adult Dogs *(Canis familiaris)* Living at Rescue Center: Forming New Bonds«. In: *Journal of Comparative Psychology;* 115 (2001). S. 423-31.

54 Scott, J.P. und Martson, M.V.: »Critical Periods Affecting Normal and Maladjustive Social Behavior in Puppies«. In: *Journal of Genetic Psychology;* 77 (1950).

55 Pettijohn, T.F., Wong, T.W., Ebert, P.D. und Scott, P.J.: »Alleviation of Separation Distress in 3 Breeds of Young Dogs«. In: *Developmental Psychology,* 10 (1977), S. 373-81.

56 Ainsworth, M.D.S, Blehar, M.C., Walters E. und Wall, S.: *Patterns of Attach-ment: A Psychological Study of the Strange Situation*. Hillsdale, N.J.: Erlbaum, 1978.

57 Topál, J., Miklósi, Á., Csányi, V. und Dóka, A.: »Attachment Behavior in Dogs (Canis familiaris): A New Application of Ainsworth's (1969) Strange Situation Test«. In: *Journal of Comparative Psychology,* 112 (1998). S. 1-11.

58 Scott, J.P., Stewart, M. und Ghett, V.J.: »Separation of Infant Dogs«. In: Senay, E. und Scott, J.P. (Hrsg.): *Separation and Depression: Clinical and Research Aspects*. Washington,. DC.: American Association for the Advancement of Science, 1973.

59 Das einflussreiche und wissenschaftlich fundierte Buch von Jeffrey Moussaieff Masson und Susan McCarthy über die Schwierigkeit der Erforschung von Gefühlen bei Tieren basierte auf der Erkenntnis, dass Gefühle bei Tieren existieren. Es gilt als Durchbruch in der Verhaltensforschung. Masson, J. Moussaieff und McCarthy, S.: When Elephants Weep : *The Emotional Life of Animals*. New York, Delacorte Press, 1995. Wenn nicht anders angegeben, beziehe ich meine Beispiele aus diesem Werk.

60 *Op. Cit.,* S. 29.

61 Masson, J. Moussaieff: *Dogs Never Lie About Love*. New York: Three Rivers Press, 1997.

62 Natürlich sind nicht alle Hunde gleich umsichtig. Jerry zum Beispiel hatte sich bei dem Unfall auch Sorgen gemacht, ihn aber bis zum nächsten Winter wieder komplett vergessen.

63 Masson, J. Moussaieff: *Op. cit.,* S. 160-161.

64 Polcz, A.: *Asszony a fronton* (Frauen an der Front). Budapest: Szépirodalmi Kiadó, 1991.

65 Siehe Masson, J. Moussaieff: *Op. cit.,* S. 176.

66 *Op. Cit.,* S. 119-120.

67 Morris, D.: *Dogwatching*. New York: Three Rivers Press, 1993.

68 De La Malle, D.: »Mémoire sur le développement des facultés intellectuelles des animaux sauvages et domestiques«. In: *Annales des Sciences Naturelles,* Ser. 1, 22 (1831).

69 Masson, J. Moussaieff: *Op. cit.,* S. 170-171.

70 Darwin. C.: *The Origin of Species*. New York: Oxford University Press, 1996. (dt.: Über die Entstehung der Arten durch natürliche Zuchtwahl).

71 Sprechende Hunde kommen in vielen Werken der Literatur vor. Zu meinen Lieblingsbüchern gehören Jack Londons *Jerry, der Insulaner* und Franz Werfels *Stern der Ungeborenen*.

72 Tomasello, M. und Call, J.: *Primate Cognition*. Oxford: Oxford University Press, 1997.

73 Tomasello bezeichnet dieses Phänomen als ontogenetische Ritualisierung, um es deutlich von der unter Ethologen bekannten, genetisch bedingten evolutionären Ritualisierung abzugrenzen. Ontogenetische Ritualisierung basiert immer auf gegenseitigem Lernen voneinander, während evolutionäre Ritualisierung, wie z.B. die Entwicklung von Droh- oder Werbungsgesten, das Ergebnis genetischer Veränderungen ist.

74 Siehe Kapitel 15.

75 Sebeok,T.A. und Umiker-Sebeok: *Op.cit.*

76 Eine Zusammenfassung aus philosophischem Gesichtspunkt findet sich in: Schauer, F.: *Playing by the Rules*. Oxford: Clarendon Press, 1991.

77 De Waal, F.: *Good Natured*. Cambridge, Mass.: Harvard University Press, 1996. Dieses hervorragende Buch befasst sich prinzipiell mit dem Verhalten, das innerhalb von Affen- und Menschenaffengruppen entsteht und mit der Art tierischen Verhaltens, das am ehesten dem menschlichen Konzept von richtig und falsch entspricht. Im nächsten Abschnitt des Kapitels finden Sie Beispiele von Formen einfachen regelbefolgenden Verhaltens bei Hunden und Wölfen.

78 Siehe Kapitel 9.

79 Freedman, D.G.: »Constitutional and Environmental Interactions in Rearing Four Breeds of Dogs«: In: *Science,* 133 (1961). S. 585-586.

80 Ähnliche Experimente wurden auch mit anderen Tierarten wie z.B. Ratten durchgeführt: Davis, H.: »Theoretical Note on the Moral Development of Rats (Rattus norvegicus)«. In: *Journal of Comparative Psychology*. 101 (1989), S. 88-90. Man brachte Ratten bei, in Anwesenheit der Testperson nur eine bestimmte Anzahl von Futterstückchen zu fressen, anderenfalls erhielten sie eine leichte Strafe. Sie lernten dies schnell, aber es zeigte sich, dass sie sich auf die Hinterbeine stellten, ein wenig umherschnüffelten und dann das übrige Futter fressen, nachdem die Testperson den Raum verlassen hatte.

81 Watson, J.S., Gergely, J., Topál, G., Gácsi, M., Sárközi, Z. und Csányi, V.: »Distinguishing Logic Versus Association in the Solution of an Invisible Displacement Task by Children and Dogs: Using Negation of Disjunction«. In: *Journal of Comparative Psychology,* 115 (2001), S. 219-26.

82 Siehe Kap. 14

83 Das alternative Kommando war das ungarische »csücs«, gesprochen »chüch«, was übersetzt ungefähr so viel heißt wie »Setz dich hin«.

84 Besitzer beklagen sich häufig darüber, dass ihr Hund etwas, das alle anderen Hunden scheinbar routinemäßig können, einfach nicht lernt. Von der Tatsache abgesehen, dass die verschiedenen Hunderassen sich in ihrer Lern- und Aufnahmefähigkeit unterscheiden, kann es oft so sein, dass erfolgreiches Lernen durch emotionale Faktoren verhindert wird. Vielleicht hat der Besitzer den Lernprozess durch den falschen Einsatz eines Kommandos verdorben, oder dadurch, dass er schlechte Laune hatte oder ähnliches. Gute Hundetrainer betonen stets, dass neben Konsequenz und Disziplin auch die emotionale Stabilität des Hundes eine wichtige Rolle beim Lernen spielt und dass uninteressierte, teilnahmslose Hunde nichts lernen können. Das gleiche Problem stellt sich auch in der Kindererziehung: Das eine Kind übernimmt problemlos neues Wissen, es liest von sich aus, ist interessiert, lernt und zeigt Leis-

tung, während die Eltern mit dem anderen ständig Probleme haben. In den meisten Fällen haben solche Probleme eine emotionale Ursache.

85 Dugatkin, L.A.: *Cooperation Among Animals*. Oxford: Oxford University Press, 1997.

86 Weitere Einzelheiten dazu in meinem früher bereits zitierten Buch über die Natur des Menschen; Csányi, V.: *Op. cit.,* 1999.

87 Einige Beispiele für die verschiedenen Ausbildungsbereiche sind: Fox, M.W.: *Superdog*. New York: Howell Bookhouse, 1990; Templeton, J. und Mundello, M.: *Working Sheep Dogs*. Ramsbury, UK: The Crowood Press, 1998; Irving, J.: *Gundogs – Their Learning Chain*. Dumfries: Loreburn Publ., 4 1983; *Police Dogs, Training and Care*. London: Home Office, HMSO, o.J.; Davis, Kathy D.: *Therapy Dogs*. New York: Howell Bookhouse, 1992; Johnston, B.: *Harnessing Thought*. Harpenden: Lennard Publishing, 1995.

88 Zum Beispiel Frank, H.: »Evolution of Canine Information Processing under Condition of Natural and Artifical Selection«. In: *Zeitschrift der Tierpsychologie* 53 (1980), S. 389-99; und Frank, H. und Frank, M.G.: »Comparative Manipulation-test Performance in Ten-Week-Old Wolves *(Canis lupus)* and Alaskan Malamutes *(Canis familiaris)*«. In: *Journal of Comparative Psychology,* 99 (1985), S. 266.74.

89 Topál, J., Miklósi, A. und Csányi, V.: »Dog-Human Relationship Affects Problem Solving Behavior in the Sog,« *Anthozoös,* 10 (1997).

90 Eine wissenschaftliche Analyse der Unterschiede zwischen Wolf und Hund findet sich in Miklósi, A.; Kubinyi, E.; Topál, J.; Gácsi, M.; Virányi, Z. und Csányi V.: »A Simple Reason for a Big Difference: Wolves Do Not Look Back at Humans but Dogs Do«. In: *Current Biology* 13 (2003), S. 763-66. Dieser Artikel beinhaltet die Kritik einer ähnlichen, aber weniger sorgfältig durchgeführten Studie, nämlich von Hare, B., Brown, B., Williamson, C. und Tomasello, M.: »The Domestication of Cognition in Dogs«. In: *Science,* 298 (2002), S. 1634-36.

91 Tópál, J.; Miklósi, A. und Csányi, V.: Op.cit.

92 Pfaffenberg, C.J.; Scott, J.P.; Fuller, J.L.; Ginsburg, B.E. und Bielfeldt, S.W.: *Guide Dogs for the Blind. Their Selection, Development and Training*. Amsterdam: Elsevier, 1976.

93 Ireson, P. (Hrsg.): *Guiding Stars*. Harpenden: Lennard Publishing, 1993.

94 Hoken, S.: *Emma és én (Emma und ich)*. Budapest: Magyar Könyvklub, 2000.

95 Die letzte Gruppe nahm dank der freundlichen Erlaubnis meines Freundes Frigyes Janza, Direktor der Polizeihundeschule in Dunakeszi, teil.

96 Naderi, S., Miklósi, Á., Dóka, A. und Csányi, V.: »Cooperative Interactions between Blind Persons and Their Dogs«. In: *Applied Animal Behaviour Sciences* 74 (2001), S. 59-80; Naderi, S., Miklási, à., Dóka A. und Csányi, V.:»Does Dog-Human Attachment Affect Their Inter-specific Cooperation?«. In: *Acta Biologica Hungarica* 53 (2002), S. 537-50.

97 Als Beispiel für eine solche Geschichte s. Ireson, P. (Hrsg.): Op.cit., S. 93.

98 Tomasello, M. und Call, J.: *Primate Cognition*. Oxford: Oxford University Press, 1997. Die Autoren beschreiben zahlreiche diesbezüglich relevante Versuche in Kap. 8.

99 Anderson, J.R., Sallaberry, P. und Barbier, H.: »Use of Experimenter-Given Cues During Object Choice Tasks by Capuchin Monkeys«. In: *Animal Behavior* 49 (1995), S. 201-208 und Anderson, J., Montant, M. und Schmidt, D.: »Rhesus Monkeys Fail to Use Gaze Direction as an Experimenter-Given Cue in an Object Choice Task«. In: *Behavioral Proceedings* 37 (1996), S. 47-55.

100 Itakaura, S. und Tanaka, M.: »The Use of Experimenter-Given Cues During Object Choice Tasks by Chimpanzee (Pa troglodytes) und Orangutan (Pongo pygmaeus) and Human Infants (Homo Sapiens)«. In: *Journal of Comparative Psychology,* 112 (1998).

101 Emery, N.J., Lorincz, E.N., Perrett, D.I., Oram, M.W. und Baker, C.I.: »Gaze Following and Joint Attention in Rhesus Monkey (Macaca mulatta)«. In: *Journal of Comparative Psychology,* 111 (1997).

102 Die leuchtend gelben Augen von Wölfen, die von keinem weißen Ring umgeben sind, erfüllen möglicherweise ebenfalls eine soziale Funktion. Vermutlich helfen sie, während der Jagd Kontakt miteinander zu halten.

103 Miklósi, Á., Polgárdi, R., Topál, J. und Csányi, A., »Intentional Behavior in Dog-Human Communication: Experimental Analysis of ´Showing´Behavior in the Dog«. In: *Animal Cognition,* 3 (1998), S. 159-66; Soproni, K., Miklósi, Á., Topál, J. und Csányi, V.: »Comprehension of Human Communicative Signs in Pet Dogs«. In: *Journal of Comparative Psychology,* 115 (2001), S. 122-26; Soproni, K., Miklósi, Á., Topál, J. und Csányi, V.: »Dogs' Responsiveness to Human Pointing

Gestures«. In: *Journal of Comparative Psychology,* 116 (2002), S. 27-34.

104 Dies war wichtig, um auszuschließen, dass die Hunde Signale zur Objektunterscheidung gelernt hatten. Wenn das Signal weitergegeben worden wäre, nachdem der Hund sich schon auf den Weg gemacht hatte, hätte es das Signal sein können, das den Hund den ganzen Weg bis zum richtigen Ziel hingeführt hätte.

105 Miklósi, Á., Polgárdi, R., Topál, J. und Csányi, V.: »Intentional Behavior in Dog-Human Communication: An Experimental Analysis of 'Showing'-Behavior«. In: *Animal Cognition,* 3 (2000), S. 159-66.

106 Diese Ergebnisse wurden von anderen Wissenschaftlern bestätigt, siehe Hare, B. und Tomasello, M.: »Domestic Dogs *(Canis familiaris)* Use Human and Conspecific Social Cues to Locate Hidden Food«. In: *Journal of Comparative Psycho-logy,* 113 (1999).

107 Die Daten für die Schimpansen stammen aus Itakaura, S., Agnetta, B., Hare, B. und Tomasello, M.: »Chimpanzee Use of Human and Conspecific Social Cues to Locate Hidden Food«. In: *Development Science,* 2 (1999), S. 448-456.

108 Povinelli, D.J., Nelson, K.E. und Boysen, S.T.: »Inferences about Guessing and Knowing by Chimpanzees«. In: *Journal of Comparative Psychology,* 104 (1992). S. 203-10.

109 Gerne räume ich ein, dass wir weitere Versuche benötigen, um Fragen von solcher Bedeutung beantworten zu können. Wir arbeiten bereits daran.

110 In diesem konkreten Moment liegt Flip vor der Haustür und Jerry auf meinem Bett.

111 Der Pumi ist eine bekannte ungarische Hunderasse, eine Beschreibung finden Sie im »Kynos Atlas Hunderassen der Welt«.

112 Als er alt wurde, kümmerte sich unsere Assistentin Andrea um ihn.

113 Menzel, C.R.: »Cognitive Aspects of Foraging in Japanese Monkeys«. In: *Animal Behaviour,* 41 (1991).

114 Tomasello, M. und Call, J.: *Op. cit.,* S. 300-302.

115 Dodo selbst tat auch etwas Seltsames, das ich eigentlich nicht öffentlich an die große Glocke hängen wollte, aber meine Kollegen lesen die Fußnoten ohnehin nicht. Wie bereits gesagt, lebte Dodo bei uns und fraß gut, konnte aber leider nicht fliegen. Jeden Morgen hielten wir mit ihr in einem langen und schmalen Zimmer eine Flugübungsstunde ab, aber sie konnte nur flattern. Nach etwa drei Wochen begann sie, ein seltsames Verhalten zu zeigen. Bis dahin hatte sie immer ruhig auf einer Stange in ihrem Käfig gesessen und diese nur zum Körnerpicken oder Trinken verlassen, aber nach drei Wochen begann sie am Käfigrand herumzuflattern, so als ob sie hinauswollte. Nach ein paar Tagen ging sie mir auf die Nerven, weil sie ja schließlich nicht fliegen konnte und es vielleicht auch nie mehr können würde. In meinem Ärger stellte ich den Käfig vor unsere Haustür und machte die Käfigtür auf. Dodo fand den Ausgang sofort, stieg hinaus, schaute sich um und versuchte zwei oder drei Mal, auf den Handlauf des Treppengeländers zu fliegen, fiel aber jedes Mal wieder zu Boden. Ich schaute durch die Tür hindurch zu – und zu meiner größten Überraschung ging Dodo wieder fein in den Käfig zurück und setzte sich auf ihre Stange. Ich hatte Mitlied mit ihr und brachte den Käfig zurück an die gewohnte Stelle, und während der nächsten drei Wochen benahm sie sich nicht ein einziges Mal mehr so, als ob sie hinaus wollte. Weitere drei Wochen später ließen sich in den Flugstunden erste Fortschritte vermerken und es schien ihr besser zu gehen. Sie konnte mehr oder weniger erfolgreich fliegen und auf Möbeln landen. Eines Tages zeigte sie wieder, dass sie aus dem Käfig hinauswollte und wir beschlossen, sie da freizulassen, wo wir sie gefunden hatten. Wir brachten sie also zum Burgberg und ließen sie frei. Zuerst machte sie eine Bruchlandung, aber nach ein paar Sekunden erhob sie sich auf eine enorme Höhe und flog in einem großen Bogen zur Donau hin. Eva schluchzte leise, als Dodo in der Ferne verschwand. Noch nie zuvor hatte ich ein Tier so große Freude ausdrücken sehen. Und ich möchte in meiner Eigenschaft als Wissenschaftler nicht zum Verhalten dieses Vogels äußern, das er zeigte, während er bei mir in Gefangenschaft lebte. Anekdoten sind und bleiben Anekdoten, und jeder kann die Geschichten erzählen, die er erzählen möchte.

116 De La Malle, D., *op. cit.,* S. 388-419.

117 Ireson, P. (Hrsg.): *Op. cit.*

118 Kubinyi, E.; Miklósi, Á.; Topál, J. und Csányi, V.: »Social Anticipation in Dogs: New Form of Social Influence«. In: *Animal Cognition* 6 (2002), S. 57-64.

119 Pongrácz, A.; Miklósi, Á.; Kubinyi, E.; Gurobi, K.; Topál, J. und Csányi, V.: »Social Learning in Dogs I. The Effect of a Human Demonstrator on the Performance of Dogs (Canis familiaris) in a Detour

Task«. In: *Animal Behaviour* 62 (2001). S. 1109-17. Leser, die sich für das Imitationsverhalten anderer Tiere interessieren, finden interessante Informationen in Miklósi, Á.: »The Ethological Analysis of Imitation«. In: *Biological Review* 74 (1999), S. 347-74; sowie in Pongrácz, P.; Miklósi, A.; Kubinyi, E.; Topál, J. und Csányi, V.: »Interaction between Individual Experience and Social Learning in Dogs«. In: *Animal Behaviour* 65 (2003). S. 595-603.

[120] Vermutlich konnten die Hunde die Bälle riechen und wussten so, dass diese sich im Inneren des Apparates befanden.

[121] Hayes, K.J. und Hayes, C.: »Imitation in a Home Raised Chimpanzee«. In: *Journal of Comparative Psychology* 45 (1952), S. 450-59; Custance, T.N..; Whiten, A. und Bard, K.A.: »Can Young Chimpanzees (Pan Troglodytes) Imitate Arbitrary Actions? Hates and Hayes (1952) Revisited«. In: *Behaviour* 132 (1995). S. 837-59.

[122] Seyfarth, R., Cheney, D.L. und Marler, P.: »Monkey Responses to Three Different Alarm Calls: Evidence of Predator Classification and Semantic Communication«. In: *Science* 210 (1980).

[123] Hayes, K.J. und Hayes, C.H.: »The Intellectual Development of a Home-Raised Chimpanzee«. In: *Proceedings of the American Philosophical Society* 95 (1951).

[124] Gardner, B.T. und Gardner, R.A.: »Teaching Sign Language to a Chimpanzee«. In: *Science* 165 (1969).

[125] Premack, D.: *Intelligence in Ape and Man*. Hillsdale, N.J.: Lawrence Erlbaum, 1976.

[126] Rambaugh, D.M. (Hrsg.): *Language Learning by a Chimpanzee: The Lana Project*. New York: Academic Press, 1977.

[127] Patterson, F. und Linden, E.: *The Education of Koko*. New York: Owl Books, 1981.

[128] Sebeok, T.A. und Umier-Sebeok, J.: *Speaking of Apes*. New York: Plenum Press, 1980.

[129] Wallman, J.: *Aping Language*. Cambridge: Cambridge University Press, 1992. Ein neues Kapitel in dieser Geschichte wurde von Bonobos eröffnet. Sie achten auf englische Worte, die als Symbole gebraucht werden können. Es wird vermutet, dass sie viel mehr Zeichen lernen können, vielleicht sogar um die tausend. Wenn das stimmen sollte, dann könnten Bonobos vielleicht in der Lage sein, eine relativ einfache Sprache zu lernen. Derzeit wartet man noch gespannt auf Ergebnisse.

[130] Siehe Kap. 12

[131] Schustermann, R.J. und Krieger, K.: »California Sea Lions are Capable of Semantic Comprehension«. In: *Psychol*. Rec. 34 (1984).

[132] Hermann, L.M.: *Cognition and Language Competencies of Bottlenosed Dolphins*. Hillsdale, N.J.: Lawrence Erlbaum Assoc., 1986.

[133] Savage-Rumbaugh, S.K.; McDonald, K.; Sevcik, R.A.; Hopkins, W.D. und Rupert, E.: »Spontaneous Symbol Acquisition and Communicative Use by Pygmy Chipmanzees«. In: *Journal of Experimental Psychology, General* 115 (1986), S. 211-35.

[134] Warden, C.J. und Warner, L.H.: »The Sensory Capacities and Intelligence of Dogs, With a Report on the Ability of the Noted Dog 'Fellow' to Respond to Verbal Stimuli«. In: *The Quarterly Review of Biology* 3 (1928).

[135] Coren, S.: *The Intelligence of Dogs*. New York: The Free Press, 1998.

[136] Pongrácz, P.; Miklósi, Á. und Csányi, V.: »Owners' Belief in the Ability of Their Pet Dogs to Understand Human Verbal Communication. A Case of Social Understanding«. In: *Current Cognitive Psychology* 20 (2002), S. 87-107.

[137] Jerry verstand auch seinen Spitznamen, Jerke.

[138] Diósgyör ist eine etwa neunzig Kilometer von Budapest entfernt gelegene Kleinstadt.

[139] Siehe www.akc.org/breeds/recbreeds/puli.cfm

[140] Möglicherweise bedeutet der Laut für ihn einfach »Ich bin hier!«

[141] Ein kleines Dorf, knapp sechzig Kilometer von Budapest entfernt und Ausgangspunkt für Wanderungen in die Berge von Börzsöny.

[142] Lubbock, J., *Report of the British Association for the Advancement of Science,* 1885, S. 1089.

[143] Denjenigen, die sich für die wissenschaftliche Methode interessieren, empfehle ich Arthur Koestlers herausragendes Werk *The Sleepwalkers: A History of Man´s Changing Vision of the Universe*. New York, Macmillan, 1959.

[144] Pfungst, O.: *Clever Hans, The Horse of Mr. Von Osten*. New York: Holt, 1911.

[145] Oskar Heinroth war der Lehrer von Konrad Lorenz. Seine Studien ermöglichten Lorenz später die Schaffung der Ethologie als Wissenschaftszweig.

146 Darwin, C.: *Op. Cit.*

147 Darwin, C.: *The Expression of Emotions in Man and Animals*. Oxford: Oxford University Press, 1996. (in dt. Übersetzung erschienen unter: *Der Ausdruck der Gefühle bei Mensch und Tier*).

148 Darwin, C.: *The Descent of Man and Selection in Relation to Sex*. London: J. Murray, 1913.

149 Romanes, G.J.: *Animal Intelligence*. London: Kegan Paul, 1882 ; Romanes, G.J.: *Mental Evolution in Animals*. London: Kegan Paul, Trench and Co., 1883; Romanes, G.J.: *Mental Evolution in Man: Origin of Human Faculty*. Kegan Paul, Trench & Co., 1888.

150 Griffin, D.R.: *The Question of Animal Awareness: Evolutionary Continuity of Mental Experience*. New York: Rockefeller University Press, 1976. Eine neuere und detailliertere Arbeit zu diesem Thema ist Griffin, D.R.: *Animal Minds*. Chicago: University of Chicago Press, 1992.

151 Beide Extremrichtungen und der Standpunkt der neuen Anthropomorphisten werden in folgendem hervorragendem Buch diskutiert: Mitchell, R.W., Thompson N.S. und Miles, H.L. (Hrsg.): *Anthropomorphism, Anecdotes and Animals*. New York: State University of New York Press, 1997.

152 Whiten, A. und Byrne, W.: »The St. Andrews Catalog of Tactical Deception in Primates«. In: St. Andrews Psychological Reports, Nr. 10 (1986). S. 1-47. Zur Auswertung der Berichte und zu den Reaktionen vieler Wissenschaftler siehe Whiten, A. und Byrne, R.W.: »Tactical Deception in Primates«. In: *Behavioral and Brain Sciences*, 11(1998),

153 Pepperberg, I.M.: »Functional Vocalization by an African Grey Parrot *(Psittacus erithacus)*«. In: *Zeitschrift für Tierpsychologie,* 55 (1981), S. 139-160 sowie Pepperberg, I.M.: »Evidence for Conceptual Quantitative Abilities in the African Grey Parrot: Labeling of Cardinal Sets«. In: *Ethology,* 75 (1987), S. 37-61 und Pepperberg, I.M.: »Some Cognitive Capacities of the African Grey Parrot *(Psittacus erithacus)*«. In: *Advances in the Study of Behavior,* 19 (1992), S. 357-409 und Pepperberg, I.M.: *The Alex Studies*. Cambridge, Mass.: Harvard University Press, 1999.

154 Bemerkenswert ist, dass die wissenschaftliche Freiheit eigentlich erst dann beginnt, nachdem man Fördergelder erhalten hat.

155 Craik, K.J.W.: *The Nature of Explanation*. Cambridge: Cambridge University Press, 1943; McKay, D.M.: »Mindlike Behavior of Artefacts«. In: *British Journal of the Philosophy of Science,* 2 (1951-1952), S. 105-21; Collett, T.S.: »Sensory Guidance of Motor Behaviour«. In Halliday, T.R. und Slater, P.J.B.: *Animal Behaviour.* Bd. I, Causes and Effects. Oxford: Blackwell, 1983.

156 Knudsen, E.I.: »The Hearing of the Barn Owl«. In: *Scientific American,* 245/6 (1981), S. 82-91.

157 Suga, N.; Kuzirai, K. Und O' Neill, W.E.: »How Biosonar Information is Represented in the Bat Cerabral Cortex«. In Syka, J. und Aitkin, L. (Hrsg.): *Neural Mechanisms of Hearing*. New York: Plenum Press, 1981. S. 197-219.

158 Dräger, U.C. und Hubel, D.H.: »Responses to Visual Stimulation and Relationship between Visual, Auditory and Stomatosensory Inputs in Mouse Superior Colliculus«. In: *Journal of Neurophysiology,* 38 (1975), S. 690-713.

159 Menzel, C.R.: *Op.cit.,* S. 397-402.

160 Csányi, V.: »Contribution of the Genetical and Neural Memory to Animal Intelligence«. In: Jerison, H. and Jerison, I. (Hrsg.): *Intellligence and Evolutio-nary Biology*. Heidelberg: Springer, 1988.

161 Csányi, V.: *Etológia*. Budapest: Nemzeti Tankönyvkiadó, 1994.

162 Einen winzig kleinen Jemand könnte es dort allerdings trotzdem geben – mehr darüber später!

163 Eine detaillierte Diskussion der konstruktiven Aktivität findet sich in Csányi, V.: *Az emberi természet. Humánetológia (Human Nature, Human Ethology)*. Budapest: Vince Kiadó, 1999.

164 Wir sprechen hier nicht von gesellschaftlichen Ritualen wie dem Ritterschlag, einer akademischen Abschlussfeier oder religiösen Riten, die mit komplexen symbolischen Bedeutungen einhergehen.

165 Alle Lebewesen besitzen Nervengruppen, deren Aktivierung einem regelmäßigen Rhythmus folgt und die wie eine innere Uhr funktionieren. Manche davon sind mit dem Tageszyklus verbunden.

166 Harnad, S.: *Categorical Perception: The Groundwork of Cognition*. Cambridge: Cambridge University Press, 1987.

167 Csányi, V.: *Op.cit*. In diesem Werk finden sich eine detaillierte Diskussion menschlicher Intelligenz und viel zusätzliches Material. Hier wurden nur diejenigen Punkte besprochen, die zum Verständnis des Verstandes von Hunden notwendig sind.

168 Byrne, R.: *The Thinking Ape*. Oxford: Oxford University Press, 1995.

169 Dennett, D.C.: »Intentional Systems in Cognitive Ethology: The ‚Panglossian Paradigm' Defended«. In: *Behavioral Brain Science* 6 (1983).

[170] Byrne, R.: *Op. Cit.*
[171] Dennett, D.C.: *Op. Cit.*
[172] Shimp, C.P.: »On Metaknowledge in the Pigeon: An Organism's Knowledge About Its Own Behavior«. In: *Animal Learning Behavior* 10 (1982), S. 358-64.
[173] Gallup, G.G. Jr.: »Chimpanzees: Self-recognition«. In: *Science* 167 (1970).
[174] Heyes, C.M.: »Reflection on Self-recognition in Primates«. In: *Behavioral and Brain Sciences* 16 (1994), S. 524-25.
[175] Premack, D. und Premack, A.J.: »Does the Chimpanzee have a Theory of Mind?«. In: *Behavioral Brain Science* 1 (1978), S. 347-62.
[176] Visalberghi, E. und Trinca, L.: »Tool Use in Capuchin Monkeys: Distinguishing between Performing and Understanding«. In: *Primates* 30 (1989), S. 511-21.
[177] Bard, K.A.; Faragaszy, D.M. und Visalberghi, E.: »Acquisition and Comprehension of Tool-using Behavior by Young Chimpanzees *(Pan troglodytes)*: Effects of Age and Modelling«. In: *International Journal of Comparative Psychology* 8 (1995). S. 52-60.
[178] Visalberghi, E: Faragaszy, D.M. und Savage-Rumbaugh, E.S.: »Performance in a Tool-Using Task by Common Chimpanzees (Pan troglodytes), Bonobos (Pan paniscus) and an Orangutan (Pongo pygmaeus), and Capuchin monkeys (Cebus paella)«. In: *Journal of Comparative Psychology* 109 (1995), S. 52-60.
[179] Natale, F.; Antonucci, F., Spinozzi, G. und Poti, P., »Stage 6 Object Concept in Nonhuman Primate Cognition: A Comparison between Gorilla *(Gorilla gorilla)* and Japanese Macaque *(Macata fuscata)*, in: *Journal of Comparative Psychology* 100 (1986), S. 335-39.
[180] Triana, E. und Pasnak, R.: »Object Permanence in Cats and Dogs«. In: *Animal Learning and Behavior* 9 (1981), S. 135-39;Gagon, S. und Doré, F.: »Search Behavior in Various Breeds of Adult Dogs *(Canis familiaris)*: Object Permanence and Olfactory Cues«. In: *Journal of Comparative Psychology* 106 (1992). S. 58-68-
[181] Cheney, D.L., Seyfarth, R.M. und Silk, J.B.: »The Response of Female Baboons (Papio cynocephalus ursinus) to Anomalous Social Interactions: Evidence for Causal Reasoning?«. In: *Journal of Comparative Psychology* 109 (1995). S. 131-41.
[182] Köhler, W.: *The mentality of Apes*. New York: Harcourt Brace, 1925.
[183] Schiller, P.: »Innate Constituents of Complex Responses in Primates«. In: *Psychological Review* 59 (1952), S. 177-91.
[184] Tomasello, M. und Call, J.: *Op.cit*.
[185] Woodruff, G. und Premack, D.: »Primitive Mathematical Concepts in the Chimpanzee: Proportionality and Numerosity«. In: *Nature* 293 (1981), S. 568-70.
[186] Krechevsky, I.: »Hereditary Nature of Hypotheses«. In: *Journal of Comparative Psychology* 16 (1993). S. 99-116.
[187] Byrne, R. und Whiten, A.: *Machiavellian Intelligence*. Oxford: Clarendon Press, 1998.
[188] Premack, D. und Woodruff, G.: »Does the Chimpanzee have a Theory of Mind?«. In: *Behavioral Brain Science* 1 (1978). S. 515-26.
[189] Povinelli, D.J., Nelson, K.E. und Boysen, S.T.: »Comprehension of Role Reversal in Chimpanzees: Evidence or Empathy?«. In: *Animal Behavior* 40 (1990). S. 754-64.
[190] Seyfarth, R.M. und Cheney, D.L.: »The Assessment of Vervet Monkeys of Their Own and Other Species' Alarm Calls«. In: *Animal Behavior* 40 (1990). S. 754-64.
[191] Byrne, R. und Whiten, A.: *Op. Cit.*, S. 669-73.
[192] Tomasello, M. und Call, J.: *Op.cit*.
[193] Moller, A.P.: »False Alarm Calls as a Means of Resource Usurpation in the Great Tit *(Parus major)*«. In: *Ethology* 79 (1988). S. 25-30.
[194] Gould, I. und Gould, C.G.: *The Honey Bee*. New York: Freeman Press, 1988.
[195] Cole, M. und Cole, S.R.: *The Development of Children*. 3. Aufl., New York: W.H. Freeman and Co., 1996.
[196] Trevarthen, C.: »The Functions of Emotions in Early Communication and Development«. In: Nadel, J. und Camaioni, L. (Hrsg.): *New Perspectives in Early Communicative Development*. New York: Routledge, 1993.
[197] Meltzoff, A.N. und Moore, K.M.: »Imitation of Facial Expression and Manual Gestures by Human Neonates«. In: *Science* 198 (1977). S. 75-78.

[198] Tomasello, M. und Call, J.: *Op. cit.*

[199] Nagy, E. und Molnár, P.: »Az elsö dialogus: útban a szoptatás interdiszciplináris szemlélete felé«. (The First Dialog: Toward an Interdisciplinary View of Nursing). In: *Lege Artis Medicinae* 6 (1996), S. 314-22.

[200] Tomasello, M., »Joint Attention as Social Cognition«. In: Moore, C. und Dunham, O. (Hrsg.): *Joint Attention: Its Origins and Role in Development*. Hillsdale, N.J.: Lawrence Erlbaum Assoc., 1955.

[201] Gergely, G., Nádasdy, Z., Csibra, G. und Bíró, S.: »Taking the Intentional Stance at 12 Months of Age«. In: *Cognition* 56 (1995). S. 165-93.

[202] Meltzoff, A.: »Understanding the Intentions of Others: Re-enactment of Intended Acts by 18-month Old Children«. In: *Developmental Psychology* 31 (1995). S. 838-50.

[203] Eibel-Eibesfeld, I.: *Human Ethology*. New York: Aldine de Gruyter, 1989.

[204] Bowlby, J.: *Attachment and Loss, Attachment*. Vol. 1. London: The Hogarth Press and the Institute of Psycho-Analysis, 1969; Bowlby, J.: *Attachment and Loss, Separation*. Vol. 2, London: The Hogarth Press and the Institute of Psycho-Analysis, 1973; Bowlby, J.: *Attachment and Loss, Loss*. Vol. 3, London: The Hogarth Press and the Institute of Psycho-Analysis, 1980.

[205] Ainsworth, M.D.S.; Blehar, M.C.; Waters, E. und Wall, S.: *Op. cit.*

[206] Leslie, A.M.: »Pretense and Representation in Infancy: The Origins of the Theory of Mind«. In: *Psychological Review* 94 (1987). S. 84-106.

[207] Whiten, A. und Byrne, R.W.: »The Emergence of Metarepresentation in Human Ontogeny and Primate Phylogeny«. In: Whiten, A. (Hrsg.): *Natural Theories of the Mind: Evolution, Development and Simulation in Everyday Mindreading*. Oxford: Basil Blackwell Ltd., 1991, S. 276-81.

[208] Savage-Rumbaugh, E.S. und McDonald, K.: »Deception and Social Manipulation in Symbol Using Apes«. In: Byrne, R.W. und Whiten, A. (Hrsg.): *Machiavellian Intelligence*. Oxford: Clarendon Press, 1988, S. 224-37.

[209] Patterson, F. und Linden, E.: *Op. Cit.*

[210] Whiten, A.: »Imitation, Pretence and Mindreading: Secondary Representation in Comparative Primatology and Developmental Psychology?«. In: Russin, A.E., Bard, K.A. und Parker, S.T. (Hrsg.): *Reaching into Thought: The Minds of Great Apes*. Cambridge: Cambridge University Press, 1996. S. 224-237.

[211] Custance, D.M., Whiten, A. und Bard, K.A.: »Can Young Chimpanzees Imitate Arbitrary Actions? Hayes and Hayes (1952) Revisited«. In: *Behaviour* 132 (1995), S. 839-58.

[212] Russon, A. und Galdikas, B.M.F.: »Imitation in Free-ranging Rehabilitant Orang-utans (Pongo pygmaeus)«. In: *Journal of Comparative Psychology* 107 (1993). S. 146-61.

[213] Perner, J.: *Understanding the Representational Mind*. Cambridge, Mass.: MIT Press, 1991.

[214] Gallup, G.G. Jr.: *Op. cit.*, S. 417-21.

[215] Dies stimmt komplett mit den Ergebnissen überein, die man aus einer Versuchsreihe mit Tamarinaffen erhielt. Es wurde bewiesen, dass sie ebenso wie Schimpansen auf ihr Spiegelbild reagieren und sich vermutlich auch selbst im Spiegel erkennen können. Ihr Gehirn ist weit schlechter entwickelt als das von Schimpansen, aber die Wissenschaftler fanden heraus, dass bestimmte weiße Haarbüscheln in ihrem Fell eine wichtige Rolle in ihrem Leben spielen. In den Versuchen wurden diese weißen Fellflecken mit einer anderen Farbe übermalt und die Tiere waren in der Lage, sich selbst zu erkennen, weil ihr Äußeres für sie wichtig ist. Hauser, Md., Kralik, J., Botto-Mahan, C., Garrett, M. und Oser, J., »Self-Recognition in Primates: Phylogeny and Salience in Species-typical Features,« in: *Proceedings of the National Academy of Science* 92 (1995), S. 10811-14.

[216] Gell, A.: *The Anthropology of Time*. Oxford: Berg, 1992.

[217] Coren, S.: *The Intelligence of Dogs*. New York: The Free Press, 1998. Coren hat spezielle Merkmale zur Intelligenzmessung bei Hunden ausgearbeitet.

[218] Siehe Kapitel 5.

[219] Ein sehr guter Artikel, der sich mit der Verschlechterung der Hunderassen und den genetischen Möglichkeiten beschäftigt, dieser Entwicklung Einhalt zu gebieten, ist McGreevy, P.D. und Nichols, F.W.: »Some Practical Solutions to Welfare Problems in Dog Breeding,« in: *Animal Welfare*, 8 (1999), S. 329-41.

[220] Anschrift: Fakultät für Etholgoie, Eötvös Lóránd Universität, Jávorka Sándor u. 14, H - 2131 Göd, Ungarn. Bitte schreiben Sie außen auf den Umschlag die ungarischen Worte »Beszélökutya« (Sprechender Hund).

BIBLIOGRAPHIE

Ainsworth, M.D.S., M.C. Blehar, E. Walters und S. Wall, *Patterns of Attachment: A Psychological Study of the Strange Situation,* Hillsdale, N.J.: Lawrence Erlbaum, 1978.

Anderson, J., M. Montant und D. Schmidt, »Rhesus Monkeys Fail to Use Gaze Direction as an Experimenter-Given cue in an Object Choice Talk,« *Behavioral Proceedings,* 37 (1996), pp. 47-55.

Anderson, J.R., R. Sallaberry und H. Barbier, »Use of Experimenter-Given Cues During Object Choice Tasks by Cauchin Monkeys,« *Animal Behavior,* 49 (1995), pp. 201-208.

Bard, K.A., D.M. Faragaszy und E. Visalberghi, »Acquisition and Comprehension of Tool-Using Behavior by Young Chimpanzees *(Pan troglodytes)*: Effects of Age and Modelling,« *International Journal of Comparative Psychology,* 8 (1995), pp. 47-68.

Bekoff, M., »Social Communication in Canids: Evidence for the Evolution of Stereotyped Mammalian Display,« *Science,* 197 (1997), pp. 1097-99.

Belyaev, D.K. und L.N. Trut, »Some Genetic and Endocrine Effects of Selection for Domestication of Silver Foxes,« in Fox, M.e. (ed.), *The Wild Canids,* New York: Van Nostrand, 1975.

Bowlby, J., *Attachment and Loss, Attachment,* vol. 1, London: The Hogarth Press and The Institute of Psycho-Analysis, 1969.

_____, *Attachment and Loss, Separation,* vol. 2, London: The Hogarth Press and The Institute of Psycho-Analysis, 1973.

_____, *Attachment and Loss, Separation,* vol. 3, London: The Hogarth Press and The Institute of Psycho-Analysis, 1980.

Byrne, R., *The Thinking Ape,* Oxford: Oxford University Press, 1995.

Byrne, R., und A. Whiten, *Machiavellian Intelligence,* Oxford: Charendon Press, 1998.
Cairns, R.B. und J. Werboff, »Behavior Development in the Dog: An Interspecific Analysis,« *Science,* 158 (1967.

Cheney, D.L., R.M. Seyfarth und J.B. Silk, »The Response of Female Baboons *(Papio cynocephalus ursinus)* to Anomalous Social Interactions: Evidence for Causal Reasoning?« *Journal of Comparative Psychology,* 109 (1995), pp. 131-41.

Cole, M. und S.R. Cole, *The Development of Children,* 3rd ed., New York: W.H. Freeman & Co., 1996.

Collett, T.S., »Sensory Guidance of Motor Behaviour,« in Halliday, T.R. und P.J.B. Slater, *Animal Behaviour,* vol. 1, *Causes and Effects,* Oxford: Blackwell, 1983.

Coppinger, R. und L. Coppinger, *Dogs,* New York: Scribner, 2001.

Coren, S., *The Intelligence of Dogs,* New York: The Free Press, 1998,

_____, *Why We Love the Dogs We Do,* New York: The Free Press, 1998.

Craik, K.J.W., *The Nature of Explanation,* Campridge: Campridge University Press, 1943.

Csányi, V., »Contribution of the Genetical and Neural Memory of Animal Intelligence,« in Jerison H. und Irene Jersion (eds.), *Intelligence and Evolutionary Biology,* Berlin: Springer-Verlag, 1988.

_____, »Ethology and the Rise of Conceptual Thoughts,« in Deely, J. (ed.), *Symbolicity,* Lanham, MD: University Press of America, 1992, pp. 479-84.

_____, »The Brain's Models and Communication« in Sebeok, Thomas A. und Jean Umiker-Sebeok (eds.), *The Semiotic Web,* Berlin: Moyton de Gruyter, 1992, pp. 27-43.

_____, *Etológia,* Budapest: Nemzeti Tankönyvkiadó, 1994.

_____, *Az emberi természet. Humánetológia (Human Nature, Human Ethology),* Budapest: Vince Kiadó, 1999.

_____, »The 'Human Behavior Complex' and the Compulsion of Communication: Key Factors of Human Evolution,« *Semiotica,* 128 (3/4) (2000), pp. 45-60.

_____, »An Ethological Reconstruction of the Emergence of Culture and Language during Human Evolution,« in Gyóri, G. (ed.), *Language Evolution,* Frankfurt am Main: Peter Lang, 2001, pp. 43-55.

Csányi, V. und Á. Miklósi, »A kutya mint a korai evolúció modellje« (Dogs as models for early evolution), *Magyar Tudomány,* 63 (1998).

Custance, D.M.A. Whiten und K.A. Bard, »Can Young Chimpanzees Imitate Arbitrary Actions? Hayes and Hayes (1952) Revisited,« *Behaviour,* 132 (1995), pp. 839-58.

Darwin, C., *The Descent of Man and Selection in Relation to Sex,* London: J. Murray, 1913.

_____, *The Expression of the Emotions in Man and Animals,* Oxford und New York: Oxford University Press, 1996.

_____, *The Origin of Species,* New York: Oxford University Press, 1996.

Davis, H., »Theoretical Note on the Moral Development of Rats *(Rattus novegi-cus)*«, *Journal of Comparative Psychology,* 101 (1989).

Davis, K.D., *Therapy Dogs,* New York: Howell Bookhouse, 1992.

De Waal. F., *Good Natured,* Cambridge: Harvard University Press, 1996.

De La Malle, D., »Mémoire sur de développement des facultés intellectuelles des animaux sauvages et domestiques« (»Notes on the Development of the Intellectual Faculties of Wild and Domestic Animals«), *Annales des Sciences Naturelles,* Ser. 1,22 (1831).

Dennett, D.C., »Intentional Systems in Cognitive Ethology: the 'Panglossian Paradigm' Defended,« *Behavioral Brain Science,* 6 (1983).

Dienzel, M., *Vadászebek (Hunting Dogs),* Szeged: Szukits Könyvkiadó reprint, 1899.

Dräger; U.C. und D.H. Hubel, »Responses to Visual Stimulation and Relationship between Visual, Auditory and Somatosensory Inputs in Mouse Superior Colliculus,« *Journal of Neurophysiology,* 38 (1975), pp. 690-713.

Dugatkin, L.A., *Cooperation Among Animals,* Oxford: Oxford University Press, 1997.

Durkheim, E., *The Elementary Forms of Religious Life,* transl. by Joseph Wars Swain, New York: Collier, 1961.

Eibl-Eibesfeld: I., *Human Ethology,* New York: Aldine de Gruyter, 1989.

Emery, N.J., E.N. Lorincz, D.I. Perrett, M.W. Oram und C.I. Baker, »Gaze Following and Joint Attention in Rhesus Monkeys *(Macaca mulatta),« Journal of Comparative Psychology,* III (1997).

Fox, M.W. (ed.), *The Wild Canids: Their Systematics, Behavioral Ecology and Evolution,* New York; Van Nostrand Reinhold Co., 1975.

Fox, M.W., *Superdog,* New York: Howell Bookhouse, 1990.

Frank, H., »Evolution of Canine Information Processing under Condition of Natural and Artificial Selection,« *Zeitschrift für Tierpsychologie,* 53 (1980), pp. 389-99.

Frank, H. und M.G. Frank, »Comparative Manipulation-Test Performance in Ten-Week-Old Wolves (Canis lupus) and Alaskan Malamutes *(Canis familiaris),« Journal of Comparative Psychology,* 99 (1985), pp. 266-74.

Freedman, D.G., »Constitutional and Environmental Interactions in Rearing Four Breeds of Dogs,« *Science,* 133 (1961).

Freedman, D.G., J.A. King und O. Elliott, »Critical Period in the Social Development of Dogs,« *Science,* 133 (1961).

Gácsi, M. und T. Ferenczy, *Kutyaiskola (Dog School),* Budapest: privately published, 1998.

Gácsi, M., J. Topál, Á. Dóka und V. Csányi, »Attachment Behavior od Adult Dogs *(Canis familiars)* Living at Rescue Center: Forming New Bonds,« *Journal of Comparative Psychology,* 115 (2001), pp. 423-31.

Gagon, S. und F. Doré, »Search Behavior in Various Breeds of Adult Dogs *(Canis familiaris)*: Object Permanence and Olfactory Cues,« *Journal of Comparative Psychology,* 106 (1992), pp. 58-68.

Gallup, G.G., Jr., »Chimpanzees: Self-Recognition,« *Science,* 167 (1970).

Gardner, B.T. and R.A. Gardner, »Teaching Sign Language to a Chimpanzee,« *Science,* 165 (1969).

Gell, A., *The Anthropology of Time,* Oxford: Berg, 1992.

Gergely, G., Z. Nádasdy, G. Csibra und S. Biró, »Taking the Intentional Stance at 12 Months of Age,« *Cognition,* 56 (1995), pp. 65-93.

Gould, R.A., »Journey to Pulyakara«, *Natural History,* 79 (1970).

Gould, I. und C.G. Gould, *The Honey Bee,* New York: Freeman Press, 1988.

Griffin, D.R., *The Question of Animal Awarenes: Evolutionary Continuity of Mental Experience,* New York: Rockefeller University Press, 1976.

_____, *Aimal Minds,* Chicago: University of Chicago Press, 1992.

Hans-Günther, H., *Játsszunk a kutyánkkal! Agility (Let Us Play with Our Dog! Agiliy),* Budapest: Holló és Társa, 1998.

Hare, B., B. Brown, C. Williamson und M. Tomasello, »The Domestication of Cognition in Dogs,« *Science,* 298 (2002), pp. 1634-36.

Hare, B. und M. Tomasello, »Domestic Dogs *(Canis familiaris)* Use Human and Conspecific Social Cues to Locate Hidden Food,« *Journal of Comparative Psycho-logy,* 113 (1999).

Harnad, S., *Categorical Perception: The Groundwork of Cognition,* Cambridge: Cambridge University Press, 1987.

Hauser, M.D., J. Kralik, C. Botto-Mahan, M. Garrett und J. Oser, »Self-Recognition in Primates: Phylogeny and Salience in Species-Typical Features,« *Proceedings of the National Academy of Sciences,* 92 (1995), pp. 10811-14.

Hayes, K.J. und C.H. Hayes, »The Intellectual Development of a Home-Raised Chimpanzee,« *Proceedings of the American Philosophical Society,* 95 (1951).

_____, »Imitation in a Home-Raised Chimpanzee,« *Journal of Comparative Psychology,* 45 (1952), pp. 450-59.

Hermann, L.M., *Cognition and Language Competencies of Bottlenosed Dolpins,* Hillsdale, N.J.: Lawrence Erlbaum, 1986.

Morris, D., *Dogwatching,* New York: Three Rivers Press, 1993.

Mowat, F., *Ne féljünk a farkastól (Let Us Not Fear Wolves)*, Budapest: Gondolat, 1976.

Naderi, S., Á. Miklósi, A. Dóka und V. Csányi, »Cooperative Interactions between Blind Persons and Their Dogs,« *Applied Animal Behaviour Sciences,* 74 (2001), pp. 59-80.

_____, »Does Dog-Human Attachment Affect Their Inter-Specific Cooperation?« *Acta Biologica Hungarica,* 53 (2002), pp. 537-50.

Nagy, E. und P. Molnár, »Az első dialogues: útban a szoptatás interdiszciplináris szemléte felé« (The first dialog: toward an interdisciplinary view of nursing), *Lege artis Medicinate,* 6 (1996), pp. 314-22.

Natale, F., F. Antonucci, G. Spinozzi und P. Poti, »Stage 6 Object Concept in Nonhuman Primate Cognition: A Comparsion between Gorilla *(Gorilla gorilla)* and Japanese Macaque *(Macata fuscata),« Journal of Comparative Psychology,* 100 (1986), pp. 335-39.

Nobis, G., »Der älteste Haushund lebte vor 14.000 Jahren« (»The Oldest Domestic Dog Lived 14,000 Years Ago«), *Umschau,* 19 (1979), pp. 215-25.

Olsen, S.J. und J.W. Olsen, »The Chinese Wolf, Ancestor of New World Dogs,« *Science,* 197 (1977).

Patterson, F. und E. Linden, *The Education of Koko,* New York: Owl Books, 1981.

Pepperberg, I.M., »Functional Vocalization by an African Grey Parrot *(Psittacus erithacus),« Zeitschrift für Tierpsychologie,* 55 (1981), PP. 139-60.

_____, »Evidence for Conceptual Quantitative Abilities in the African Grey Parrot: Labeling of Cardinal Sets,« *Ethology,* 75 (1987), pp. 37-61.

_____, »Some Cognitive Capacities of the African Grey Parrot *(Psittacus eritha-cus),« Advances in the Study of Behavior,* 19 (1992), pp. 357-409.

_____, *The Alex Studies,* Cambridge, Mass.: Havard University Press, 1999.

Perner, J., *Understanding the Representational Mind,* Cambridge, Mass.: Bradford, MIT Press, 1991.

Peters, R., »Mental Maps in Wolf Territoriality,« in Klinghammer, E. (ed.), *The Behavior and Ecology of Wolves,* New York: Garland STPM Press, 1979.

Pettijohn, T.F., T.W. Wong, P.D. Ebert und P.J. Scott, »Alleviation of Separation Distress in 3 Breeds of Young Dogs,« *Developmental Psychobiology,* 10 (1977), pp. 373-81.

Pfaffenberg, C.J., J.P. Scott, J.F. Fuller, B.E. Ginsburg und S.W. Bielfeldt, *Guide Dogs for the Blind: Their Selection, Development and Training,* Amsterdam: Elsevier, 1976.

Pfungst, O., *Clever Hans, the Horse of Mr. von Osten,* New York: Holt, 1911.

Police Dogs, Training and Care, London: Home Office; HMSO, undated.

Pongrácz, P., Á. Miklósi und V. Csányi, »Owners' Belief on the Ability of Their Pet Dogs to Understand Human Verbal Communication. A Case of Social Understanding,« *Current Cognitive Psychology,* 20 (2001), pp. 87-107.

Pongrácz, P., Á. Miklósi, E. Kubinyi, K. Gurobi, J. Topál und V. Csányi, »Social Learning in Dogs I. The Effect of a Human Demonstrator on the Performance of Dogs *(Canis familiaris)* in a Detour Task,« *Animal Behaviour,* 62 (2001), pp. 1109-17.

Pongrác, P., Á. Miklósi, E. Kubinyi, J. Topál und V. Csányi, »Interaction between Individual Experience and Social Learning in Dogs,« *Animal Behaviour,* 65 (2003), pp. 595-603.

Povinelli, D.J., K.E. Nelson und S.T. Boysen, »Inferences about Guessing and Knowing by Chimpanzees,« *Journal of Comparative Psychology,* 104 (1990), pp. 203-10.

_____, »Comprehension of Role Reversal in Chimpanzees: Evidence of Empathy?« *Animal Behaviour,* 43 (1992), pp. 633-40.

Premack, D., *Intelligence in Ape and Man,* Hillsdale, N.J.: Lawrence Erlbaum, 176.

Premack, D. und A.J. Premack, »Levels of Causal Understanding in Chimpanzees and Children,« *Cognition,* 50 (1994), pp. 347-2.

Premack, D. und G. Woodruff, »Does the Chimpanzee Have a Theory of Mind?« *Behavioral Brain Science,* 4 (1978), pp. 515-26.

Rambaugh, D.M. (ed.), *Language Learning by a Chimpanzee: The Lana Project,* New York: Academic Press, 1977.

Rithnovszky, J., *A fény túlsó oldalán (On the Other Side of Light),* Budapest: Gondolat, 1991.

Romanes, G.J., *Animal Intelligence,* London: Kegan Paul, Trench and Co., 1882.

_____, *Mental Evolution in Animals,* London: Kegan Paul, Trench and Co., 1883.

_____, *Mental Evolution in Man: Origin of Human Faculty,* London: Kegan Paul, Trench and Co., 1888.

Russon, A. und B.M.F. Galdikas, »Imitation in Free-Ranging Rehabilitation Organgutans *(Pongo pygmeus),*« *Journal of cComprative Psychology,* 107 (1993), pp. 146-61.

Savage-Rumbaugh, E.S. und K. McDonald, »Deception and Social Manipulation in Symbol Using Apes,« in Byrne, R.W., and A. Whiten (eds.), *Machiavellian Intelligence,* Oxford: Clarendon Press, 1988, pp. 224-37.

Savage-Rumgaugh, E.S., K. McDonald, R.A. Sevrik, W.D. Hopkins und E. Rupert, »Spontaneus Symbol Acquisition and Communicative Use by Pygmy Chimpanzees,« *Journal of Experimental Pschology, General,* 115 (1986), pp. 211-35.

Savolainen, P., Y. Zhang, J. Ling, J. Lundberg und T. Leitner, »Genetic Evidence for an East Asian Origin of Domestic Dogs,« *Science,* 298 (2002), pp. 610-13.

Schauer, F., *Playing by the Rules,* Oxford: Clarendon Press, 1991.

Schiller, P., »Innate Constituents of Complex Responses in Primates,« *Psycholo-gical Review*, 59 (1952), pp. 177-91.

Schusterman, R.J. und K. Krieger, »California Sea Lions are Capable of Semantic Comprehension,« *Psychol. Rec.,* 34 (1984).

Scott, J.P. und J.L. Fuller, *Genetics and the Social Behavior of the Dog,* Chicago: University of Chicago Press, 1965.

Scott, J.P. und M.V. Martson, »Critical Periods Affecting Normal and Maladjustive Social Behavior in Puppies,« *Journal of Genetic Psychology,* 77 (1950).

Scott, J.P., J.M. Stewart und V.J. Ghett, »Separation of Infant Dogs,« in Senay, E., und J.P. Scott (eds.), *Separation and Depression: Clinical and Research Aspects,* Washington, D.C.: American Association for the Advancement of Science, 1973.

Seboek, T.A. und J. Umiker-Sebeok, *Speaking of Apes,* New York: Plenum Press, 1980.

Serpell, J., *The Domestic Dog,* Cambridge: Cambridge University Press, 1995.

Seyfarth, R.M. und D.L. Cheney, »The Assessment by Vervet Monkeys of Their Own and Other Species' Alarm Calls,« *Animal Behaviour,* 40 (1990), pp. 754-64.

Seyfarth, R.M., D.L. Cheney und P. Marler, »Monkey Responses to Three Different Alarm Calls: Evidence of Predator Classification and Semantic Communication,« *Science,* 210 (1980).

Shimp, C.P., »On Metaknowledge in the Pigeon: An Organism's Knowledge about Its Own Behavior,« *Animal Learning Behavior,* 10 (1982), pp. 358-64.

Soproni, K., Á. Miklósi, J. Topál und V. Csányi, »Comprehension of Human Communicative Signs in Pet Dogs,« *Journal of Comparative Psychology,* 115 (2001), pp. 122-26.

_____, »Dogs' Responsiveness to Human Pointing Gestures,« *Journal of Compara-tive Psychology,* 116 (2002), pp. 27-34.

Suga, N., K. Kuzirai und W.E. O'Neill, »How Biosonar Information Is Represented in the Bat Cerebal Cortex,« in Syka, J., and L. Aitkin (eds.), *Neural Mechanismus of Hearing,* New York: Plenum Press, 1981, pp. 197-219.

Szinák, J. und I. Veress, *Harci kutyák: Örzo-védö ebek (Fighting Dogs for Protec-tion),* Budapest: Dunakanyar 2000, 1996.

Templeton, J. und M. Mundello, *Working Sheep Dogs,* Ramsbury: The Crowood Press, 1988.

Thurston, M.E., *The Lost History of the Canine Race,* Kansas City, MO: Andrews and MacEel, 1996.

Tomasello, M., »Joint Attention as Social Cognition,« in Moore, C., und O. Dunham (eds.), *Joint Attention: Its Origins and Role in Development,* Hillsdale, N.J.: Lawcrence Erlbaum, 1955.

Tomasello, M. und J. Call, *Primate Cognition,* Oxford: Oxford University Press, 1997.

Topál, J., Á. Miklósi und V. Csányi, »Dog-Human Relationship Affects Problem Solving Behavior in the Dog,« *Anthozoös,* 10 (1997), pp. 219-29.

Topál, J., Á. Miklósi, V. Csányi und A. Dóka, »Attachment Behavior in Dogs *(Canis familiaris):* A New Application of Ainsworth's (1969) Strange Situation Test,« *Journal of Comparative Psychology,* 112 (1998), pp. 1-11.

Trevarthen, C., »The Functions of Emotions in Early Communication and Development,« in Nadel, J., and L. Camaioni (eds.), *New Perspectives in Early Communica-tive Development,* New York: Routledge, 1993.

Triana, E. und R. Pasnak, »Object Permanence in Cats and Dogs,« *Animal Learning and Behavior,* 9 (1981), pp. 135-39.

Ungváry, K., *Budapest Ostroma (The Siege of Budapest),* Budapest: Corvina, 1998.

Vilá, C., P. Savolainen, J.E. Maldonado, I.R. Amorim, J.E. Rice, R.L. Honeycutt, K.A. Crandall, J. Ludenberg und R.K. Wayne, »Multiple and Ancient Origins of the Domestic Dog,« *Science,* 276 (1997), pp. 1687-89.

Visalberghi, E., D.M. Faragaszy und E.S. Savage-Rumbaugh, »Performance in a Tool-Using Task by Common Chimpanzees *(Pan troglodytes),* bonobos *(Pan panis-cus),* and an orangutan *(Pongo pygmae-us),* and capuchin monkeys *(Cebus paella),« Journal of Comparative Psychology,* 109 (1995), pp. 52-60.

Visalberghi, E. und L. Trinca, »Tool Use in Capuchin Monkeys: Distringuishing between Performing and Understanding,« *Primates,* 30 (1989), pp. 511-21.

Wallace, R.A. und S.F. Hartley, »Religious Elements in Friendship: Durkheimian Theory in an Empirical Context,« in Alexander, J.C. (ed.), *Durkheimian Sociology: Cultural Studies,* Cambridge University Press, 1988.

Wallman, J., *Aping Language,* Cambridge: Cambridge University Press, 1992.

Warden, C.J. und L.H. Warner, »The Sensory Capacities and Intelligence of Dogs, with a Report on the Ability of the Noted Dog 'Fellow' to Respond to Verbal Stimuli,« *The Quarterly Review of Biology,* 3 (1928).

Watson, J.S., G. Gergely, G. Topál, J. Gácsi, Z. Sárközi und V. Csányi, »Distinguishing Logic Versus Association in the Solution of an Invisible Displacement Task by Children and Dogs: Using Negation of Disjunction,« *Journal of Comparative Psychology,* 115 (2001), pp. 219-26.

Whiten, A., »Imitation, Pretence and Mindreading: Secondary Representation in Comparative Primatology and Developmental Psychology?« in Russon, A.E., K.A. Bard und S.T. Parker (eds.), *Reaching into Thought: The Minds of the Great Apes,* Cambridge: Cambridge University Press, 1996, pp. 300-24.

Whiten, A. und R.W. Byrne, »The St. Andrews Catalogue of Tactical Deception in Primates.« *St. Andrews Psychological Reports,* no. 10, 1986.

_____, »Tactical Deception in Primates,« *Behavioral and Brain Sciences,* 11 (1988).

_____, »The Emergence of Metarepresentation in Human Ontogeny and Primate Phylogeny,« in Whiten, A. (ed.), *Natural Theories of the Mind: Evolution, Develop-ment and Simulation in Everyday Mindreading,* Oxford: Basil Blackwell, Ltd., 1991, pp. 276-81.

Woodruff, G. und D. Premack, »Primitive Mathematical Concepts in the Chimpanzee: Proportionality and Numerosity,« *Nature,* 293 (1981), pp. 568-70.

Zimen, E., *The Wolf: His Place in the Natural World,* New York: Souvenir Press, 1981.

Danksagung

Seit wir unsere wissenschaftlichen Untersuchungen zum Hundeverhalten im Lehrstuhl für Ethologie an der Eötvös Lóránd Universität in Budapest begonnen und einige der Ergebnisse veröffentlicht haben, haben viele Menschen unserer Arbeit ungewöhnlich großes Interesse entgegengebracht. Wir werden oft von Fernsehsendern, Radio- und Zeitungsreportern mit der Bitte aufgesucht, unsere Arbeit zu erklären. Außerdem kommt es fast täglich vor, dass irgendjemand Fremder mich auf der Straße anspricht – meistens, wenn ich mit den Hunden unterwegs bin – um mir zu sagen, dass er von uns gehört hat und unsere Arbeit sehr interessant findet. Zu meiner größten Überraschung haben auch meine Berufskollegen, mit denen wir sonst ständig im Wettstreit um Forschungsgelder und professionelle Anerkennung stehen, echtes Interesse an unserem Hunde-Forschungsprojekt ausgedrückt.

Seit einer ganzen Weile schon kann ich mir nun ungefähr denken, was dies alles zu bedeuten hat. Vor ein paar Jahren standen meine Kollegin Szima Naderi und ich einmal auf einer internationalen Ethologiekonferenz in Hawaii neben einem Poster, das wir selbst vorbereitet hatten. Es war eine Standarddarstellung zur Beschreibung der wissenschaftlichen Forschungsergebnisse, die wir erreicht hatten mit ein paar Grafiken und ein bisschen Text. Interessierte Kollegen konnten es sich anschauen, Fragen dazu stellen und die Dinge mit uns diskutieren. Die Kernaussage unseres Posters war eine Beobachtung, die wir bei der Beobachtung von Blindenführhunden gemacht hatten, nämlich die, dass die Zusammenarbeit zwischen einem solchen Hund und seinem Herrn nur der Zusammenarbeit zwischen Menschen ähnelte und dass so etwas niemals unter Tieren beobachtet wurde. Wir freuten uns darüber, dass viele Teilnehmer der Konferenz sich für Einzelheiten unserer Darstellung interessierten, aber unsere Begeisterung bekam einen gewaltigen Dämpfer, als ein junger Mann scharf anmerkte: »Sie sind noch Lichtjahre davon entfernt, das beweisen zu können!« In diesem Moment drehte sich ein älterer Teilnehmer zu uns um und sagte nur: »Ich habe einen Labrador und ich glaube Ihnen jedes Wort.«

In diesem Buch haben wir versucht, verständlich zu erklären, was wir mit den Hunden machen, wie wir arbeiten und was wir herausgefunden haben. Es würde mich sehr freuen, wenn nicht nur wissenschaftlich Interessierte es lesen würden, sondern auch Hundeliebhaber.

Noch erfreulicher fände ich es, denjenigen von Nutzen sein zu können, die sich ernsthaft dafür interessieren, wie man Hundeverhalten wissenschaftlich untersuchen kann und die wissen möchten, ob Hunde wirklich einen Verstand besitzen, und falls ja, wie er funktioniert.

Ich verdanke dieses Werk denjenigen, deren Interesse uns zu unseren Studien ermutigt hat. Natürlich verdanke ich es auch den Hunden, Flip, Jerry, Balthasar und

Casper, von denen ich unglaublich viel gelernt habe – und zwar sowohl darüber, wie es ist, ein Hund zu sein als auch darüber, wie es ist, ein Mensch zu sein.

In den Fußnoten beziehe ich mich häufig auf wissenschaftliche Literatur und meine eigenen durch Beobachtung gesammelten Daten sowie auf einige gemeinsam mit meinen Kollegen erzielten Arbeitsergebnisse. Besonders danke ich Antal Dóka, Márta Gácsi, Ádám Miklósi, József Topál und Péter Pongrácz. Mit uns zusammen arbeiten auch viel Doktoranden – besonders viel beigetragen haben Zita Fekete, Zsolt Förgeteg, Einkö Kubinyi, Szima Naderi, Réka Polgárdi, Krisztina Soproni, Viktória Szetei und Zsófia Virányi.

Flip und Jerry wären ohne die unschätzbare emotionale und praktische Unterstützung meiner Frau Eva Nádai nicht in den Genuss gekommen, so liebenswert schlecht erzogene Familienhunde sein zu dürfen. Auch muss ich meinem Freund Tamás Dávid für seine Hilfe beim Großziehen von Jerry danken. Unsere Freunde Zsuzsa Kovács und Endre Kovács haben uns unzählige Male geholfen, wenn wir unsere Hunde für kürzere oder längere Zeit alleine lassen mussten.

Besonderen Dank schulde ich meinem Freund, dem Philosophen Bence Nánay, mit dem ich zahlreiche Fragen zum Verstand des Hundes diskutiert habe.

Ferner gilt mein Dank auch den Leitern mehrerer Einrichtungen, die sich mit Hunden beschäftigen, unter ihnen Frigyes Janza, Leiter der Polizeihundestaffel von Dunakeszi und Péter Vasteleki, Leiter der Blindenführhundeschule von Csepel. Beide waren uns in unseren Forschungen eine große Hilfe, obwohl ihnen das ein zusätzliches Arbeitspensum auferlegte. Auch ein paar Institutionen aus dem Ausland halfen uns, indem sie uns Einblick in ihre Arbeit gestatteten. Insbesondere lernten wir sehr viel von der British Association of Seeing Eye Dogs, The Guide Dogs for the Blind Association und dem österreichischen Verein zur Förderung von Partnerhunden für Behinderte.

Vielen Dank an alle Genannten, besonders aber an alle Hunde und ihre Besitzer, die an unseren Versuchen teilgenommen haben.

Vilmos Csányi

Patricia B. McConnell

Das andere Ende der Leine

Was unseren Umgang mit Hunden bestimmt

Dies ist eigentlich kein Buch über Hunde-, sondern eines über Menschenerziehung! Intelligent, wissenschaftlich, humorvoll und oft verblüffend erklärt die Autorin, welche typischen Missverständisse zwischen dem »Affen« Mensch und dem »Wolf« Hund einer ungetrübten Beziehung oft im Wege stehen. Menschen wie Affen umarmen gerne, was sie lieben – für Hunde ist das eine glatte Beleidigung. Zahlreiche Aha-Erlebnisse und vergnügtes Schmunzeln sind beim Lesen garantiert!

Patricia B. McConnell ist Professorin für Zoologie an der Universität von Wisconsin-Madison und zertifizierte Tierhaltenstherapeutin.

256 Seiten, s/w-Fotos

ISBN 978-3-933228-93-2, 19,90 € (D) 20,50 € (A) 34,90 CHF

Sophia Yin

Wie der Mensch, so sein Hund

Erziehungsprogramm für Hundehalter

Eigentlich ist es ganz einfach, das Beste aus seinem Hund herauszuholen: Man muss nur das Richtige tun! Diese so banal klingende Tatsache erweist sich im Alltag oft als tückenreich, wenn uns die klare Vorstellung davon fehlt, was wir erreichen wollen und wie.

Dr. Sophia Yin, selbst Dozentin für Haustierverhalten an der University of California und anerkannte Tierverhaltenstherapeutin, erklärt wissenschaftlich fundiert und zugleich humorvoll-eingänglich, wie positive Bestärkung in der Praxis wirklich funktioniert.

Tiertraining ist ein Handwerk, das man mit diesem Buch lernen kann.

256 Seiten, s/w-Fotos

ISBN 978-3-938071-13-7, 19,90 € (D) 20,50 € (A) 34,90 CHF